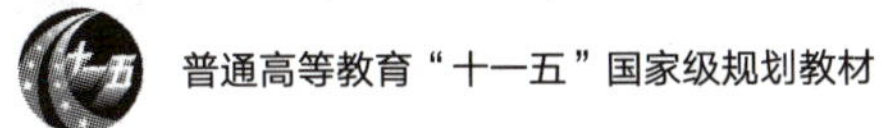

高等学校统计学类系列教材

非参数统计分析

（第二版）

王静龙 邓文丽 编著

高等教育出版社·北京

内容提要

本书共分十章。第一章阐述非参数统计的特点。第二章讲解描述性统计方法。第三、四章分别讲解符号检验法、符号秩和检验法,第五到第八章分别讲解两样本、多样本和区组设计等问题以及相关分析的非参数统计方法。第九章讲解非参数密度估计与非参数回归,第十章讲解检验的渐近相对效率。本书结合统计软件和案例分析讲解非参数统计的理论与方法,可以作为统计学专业的教学用书,也适宜社会学、心理学、人口学、医学、教育学及生物学等学科的研究和应用的人士阅读,作为这些学科的教学用书。

图书在版编目(CIP)数据

非参数统计分析/王静龙,邓文丽编著. --2版. --北京:高等教育出版社,2020.3(2024.6重印)

ISBN 978-7-04-053583-9

Ⅰ.①非… Ⅱ.①王… ②邓… Ⅲ.①非参数统计-统计分析-高等学校-教材 Ⅳ.①O212.7

中国版本图书馆CIP数据核字(2020)第023791号

策划编辑 张晓丽　　责任编辑 安 琪　　封面设计 张 楠　　版式设计 张 杰
插图绘制 于 博　　责任校对 窦丽娜　　责任印制 沈心怡

出版发行 高等教育出版社
社　　址 北京市西城区德外大街4号
邮政编码 100120
印　　刷 人卫印务(北京)有限公司
开　　本 787mm×960mm 1/16
印　　张 17.5
字　　数 320千字
购书热线 010-58581118
咨询电话 400-810-0598

网　　址 http://www.hep.edu.cn
　　　　 http://www.hep.com.cn
网上订购 http://www.hepmall.com.cn
　　　　 http://www.hepmall.com
　　　　 http://www.hepmall.cn
版　　次 2006年4月第1版
　　　　 2020年3月第2版
印　　次 2024年6月第4次印刷
定　　价 33.80元

物 料 号 53583-00

第二版前言

本书第一版是2006年出版的，至今已有十余年了。不少教师选用此书作为教材，他们除了给予鼓励，还指出了它的不足，并提出了很多的修改建议。特别令人感动的是，有些学生主动通过邮件提出问题，指出书中欠缺的做法，并提出他们的建议。本次再版使得已发现的不足与欠缺得以修正。

除了修正原书中已发现的不足与欠缺，再版还适当调整与增加了一些内容：

原书使用的统计软件以 Minitab 为主，本次改为以统计领域广泛使用的、免费的自由软件 R 为主，并增加了附录 20：R 软件简介。

将原书第二章的偏度与峰度的内容合并在一起，调整为附录 2。原书的附录 2（中位数的估计）与附录 3（分位数的检验），合并调整为附录 3（中位数与分位数）。

第二章较原书增加了两个内容，探索性数据分析（见第二章 §2.1）与自助法（见第二章 §2.2.4）。

第七章较原书第七章多了第 4 节，讲述 C 检验。仿照 §7.2 的 Hodges-Lehmann 检验，提出了 C 检验，用于区组设计的趋势性检验问题。C 检验的名称取自中科院院士陈希孺的姓的首字母，多次聆听陈希孺院士讲授非参数统计，谨以此感谢他的谆谆教诲。

第九章是新增加的内容，讲述非参数密度估计与非参数回归。原书的第九章调整为第十章。

希望修正、调整与增加的这些内容能够对读者有所帮助。希望本次再版能继续得到大家的支持和鼓励。如有不当之处，恳请批评指正。感谢宋仲义教授仔细审阅书稿，推荐书稿早日出版。最后，特别要感谢高等教育出版社的李蕊、张晓丽与安琪三位编辑，感谢她们一直以来的关心与支持。

王静龙、邓文丽
2019 年 4 月

第一版前言

非参数统计是统计学的一个重要分支,它与总体究竟是怎样的分布几乎没有什么关系,仅需要一些非常一般性(例如连续分布、对称分布等)的假设,进行统计推断时只利用样本观察值中一些非常直观(例如次序)的信息,所以非参数统计分析含有丰富的统计思想并在实践中有着广泛的应用。

1983年陈希孺院士来我系讲授非参数统计。他的讲学使我们领略到非参数统计的魅力,了解了非参数统计产生的背景,它不仅理论丰富、方法巧妙而且应用范围很广。1993年起系里年年都为本科生开设非参数统计这一门课。我们采用陈希孺院士和柴根象教授所写的《非参数统计教程》与吴喜之和王兆军两位教授所写的《非参数统计方法》作为教学用书。在教学的过程中,我们陆续编写了各个章节的讲义,试图综合这两本书的特点,包含我们在教学过程中处理教材的一些做法,增加一些新近发展的学生不难理解并富有实用价值的内容。本书就是将修改多次的讲义整理加工而成的。

本书共有九章。第一章引言通过实例使得学生了解非参数统计的特点,激发他们学习非参数统计的兴趣。使用非参数统计方法处理数据的第一步工作是描述性统计。第二章将结合Excel统计软件讲解描述性统计中的表格法、图形法和数值方法。接下来我们根据数据结构由简单到复杂的原则安排教学内容。第三章的符号检验最为简单直观。由单样本的符号检验到成对数据的符号检验,然后引出符号秩和检验。第四章的符号秩和检验处理成对数据。很自然地,由成对数据到第五章的两样本问题,由两样本到第六章的多样本问题,再由多样本到第七章的区组设计问题。无论是两样本、多样本还是区组设计,都假设观察值相互独立。第八章的相关分析研究数据独立还是相依的问题。随着计算机技术的发展与统计软件的开发,复杂的统计运算变得简单可行。本书结合计算机,使用Minitab、SAS和Excel等统计软件讲解非参数统计方法。渐近相对效率问题是非参数统计的一个理论问题,本书的第九章检验的渐近相对效率试图用学生能理解的方式分别具体计算出t检验对符号检验与对秩和检验的渐近相对效率。本书的某一些章节标有星号,初学或若教学时间紧可以跳过去，这并不影响全书的连贯。本书收集、编写了大量的例子，其中有一些案例，它们反映了非参数统计数据分析方法应用的很多方面的问题。本书各章都附有习题，标有星号的习题比较难。

本书力求结合实际例子讲清楚非参数统计方法的直观意义、来龙去脉、适用于哪一类问题以及其证明的思路，有的证明放在附录中，有的证明请学生参阅相关的参考书目自己完成。

我们建议，教学时数的分配如下：每周 3 学时（其中 1 学时为上机实验），教学周 20 周（含复习考试 1 周）。

章次	一	二	三	四	五	六	七	八	九	复习考试
学时	3	3	3	6	12	9	9	9	3	3

本书除了作为大学统计学专业的教学用书外，还可以作为从事理论研究和应用的统计工作者、教师和学生的参考用书，此外，本书适宜于进行社会学、心理学、人口学、医学、教育学及生物学等学科的研究和应用的人士阅读，也可以作为这些学科的教学用书。

感谢陈希孺院士，本书的完稿得益于他 1983 年来我系的讲学和他写的有关非参数统计的著作，得益于他对我们的关心、指导和教诲。谨以此书纪念陈希孺院士。

感谢汪嘉冈、柴根象、孙山泽、吴喜之和王兆军等教授，阅读他们写的书以及与他们的讨论使我们得益匪浅。

感谢茆诗松教授，他在百忙之中审阅了书稿，提出了很多宝贵的意见，并推荐书稿早日出版。我们也要感谢华东师范大学统计系的历届学生，正因为有他们的参与，我们才在教学中对所涉及的内容越来越有体会，享受着极大的乐趣。如果没有他们的参与，本书难以成稿。最后，要感谢高等教育出版社的李蕊编辑。没有他们的关心、支持和辛勤劳动，本书不可能很快出版。

王静龙、梁小筠于华东师范大学统计系

2005 年 10 月

目　录

第一章 引 言

如果根据实践经验,人们知道产生数据的总体具有某种分布(例如正态分布),只是其中的几个参数的值未知(如正态分布的均值或方差未知,或均值和方差都未知),那么在这种类型假设条件下的数据分析方法称为参数型的.一般的统计教学主要讲授参数数据分析方法及其原理.参数数据分析方法既利用数据的信息,又利用产生数据的总体的信息,所以它是一个很有效的数据分析方法.但是在实践中可能发生这样的情况:人们没有足够的实践经验,或者情况比较特殊,难以假设总体具有某种分布.这时如果仍然使用参数数据分析方法,其统计分析的结果显然是不可信的,甚至有可能是错的.看下面的两个例子.

例 1.1 供应商供应的产品是否合格?

某工厂产品的零件由某个供应商供应.合格零件标准长度为(8.5±0.1)cm.这也就是说合格零件长度的中心位置为 8.5 cm,允许误差界为 0.1 cm,即长度在 8.4~8.6 cm 之间的零件是合格的.为评估近来供应的零件是否合格,随机抽查了 $n=100$ 个零件.它们的长度数据 $x_1,x_2,\cdots,x_n$ 如表 1.1.

表 1.1 100 个零件的长度 单位:cm

8.503	8.508	8.498	8.374	8.494	8.500	8.498	8.500	8.502	8.501	8.491	8.504
8.502	8.503	8.501	8.505	8.492	8.497	8.150	8.496	8.501	8.489	8.506	8.497
8.505	8.501	8.500	8.499	8.490	8.493	8.501	8.497	8.501	8.498	8.503	8.505
8.510	8.499	8.489	8.496	8.500	8.503	8.497	8.504	8.503	8.506	8.497	8.507
8.346	8.310	8.489	8.499	8.492	8.497	8.506	8.502	8.505	8.489	8.503	8.492
8.501	8.499	8.804	8.505	8.504	8.499	8.506	8.499	8.493	8.494	8.490	8.505
8.511	8.502	8.505	8.503	8.782	8.502	8.509	8.499	8.498	8.493	8.897	8.504
8.493	8.494	7.780	8.509	8.499	8.503	8.494	8.511	8.501	8.497	8.493	8.501
8.495	8.461	8.504	8.691								

经计算,平均长度为 $\bar{x}=8.4958$ cm,非常接近所要求的中心位置 8.5 cm.样本标准差为 $s=\sqrt{\dfrac{\sum\limits_{i=1}^{n}(x_i-\bar{x})^2}{n-1}}=0.1047$ cm.一般来说,产品的质量指标往往服从正态分

布. 因此，工厂使用参数数据分析方法来评估零件是否合格. 假设供应商供应的零件长度 X 服从正态分布：$X \sim N(\mu,\sigma^2)$，则零件合格的可能性近似等于

$$P(8.4 \leqslant X \leqslant 8.6)=\Phi\left(\frac{8.6-\mu}{\sigma}\right)-\Phi\left(\frac{8.4-\mu}{\sigma}\right)$$
$$\approx \Phi\left(\frac{8.6-8.4958}{0.1047}\right)-\Phi\left(\frac{8.4-8.4958}{0.1047}\right)$$
$$\approx 66\%,$$

所以约有三分之一的零件不合格. 由于样本标准差 0.104 7 cm 非常接近允许误差界 0.1 cm，我们也可以根据正态分布 3σ 原则：

$$P(8.4 \leqslant X \leqslant 8.6) \approx P(\mu-\sigma \leqslant X \leqslant \mu+\sigma)=68.26\%,$$

知道大约只有三分之二的零件合格. 看来该工厂需要换另一个供应商了.

这个统计分析的结论和数据不相吻合. 事实上，在这 100 个样本零件中有 91 个零件的长度在 8.4～8.6 cm 之间，所以零件合格的比例为 91%，超过三分之二很多. 考虑到这家供应商的价格不高，它的近 10% 的不合格率是被允许的，该工厂不需要换供应商. 上面的统计分析的结论之所以和数据不相吻合，就是由于假设供应商供应的零件长度 X 服从正态分布. 在使用参数数据分析方法之前，最好对数据进行描述性分析，比如列出频率分布表和画直方图. 100 个样本数据的频率分布表和直方图分别如表 1.2 和图 1.1 所示.

表 1.2 100 个零件长度的频率分布表

长度/cm	频率/%
～8.40	5
8.40～8.46	0
8.46～8.48	1
8.48～8.50	45
8.50～8.52	45
8.52～8.60	0
8.60～	4
合计	100

注：本书的频率（或频数）分布表的每一个分组都是左开右闭，它们都只包含右端的值，而不包含左端的值. 这里的～8.40，8.40～8.46，…，8.60～分别表示 $(-\infty,8.40]$，$(8.40,8.46]$，…，$(8.60,+\infty)$.

频率分布表和直方图告诉我们，将供应商供应的零件长度 X 的分布假设为正态分布是不合理的. 由描述性分析可以看到，90% 的零件长度在 (8.5 ± 0.02) cm 之间，

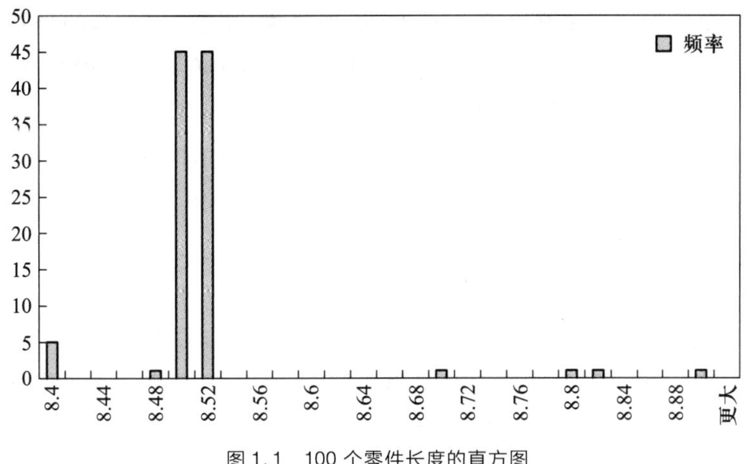

图 1.1 100 个零件长度的直方图

误差只有 0.02 cm,它们是相当不错的.有 9% 的零件不合格,而且它们的长度离标准长度的中心位置很远,这很可能是因为少数几名职工操作不当,或者由于生产工具失灵的缘故.这些问题工厂向供应商指出即可.看来该工厂不需要换另一个供应商.

例 1.2 哪一个企业职工的工资高?

这里有 22 名职工,其中 12 名职工来自企业 1,另外 10 名职工来自企业 2.他们的工资如表 1.3 所示.

表 1.3 两个企业职工的工资 单位:千元

企业 1	11	12	13	14	15	16	17	18	19	20	40	60
企业 2	3	4	5	6	7	8	9	10	30	50		

显然,企业 1 职工的工资高.倘若假设企业 1 和企业 2 职工的工资分别服从正态分布 $N(a,\sigma^2)$ 和 $N(b,\sigma^2)$,则这两个企业职工工资的比较问题就转化为一个参数的假设检验问题,其原假设为 $H_0:a=b$,备择假设为 $H_1:a>b$.由于两样本 t 检验统计量的值 $t=1.282$,显著性水平 $\alpha=0.05$ 的临界值为 $t_{0.95}(20)=1.725$,所以我们不能拒绝原假设,因而认为这两个企业职工的工资没有差异.即使取显著性水平 $\alpha=0.10$,由于临界值 $t_{0.90}(20)=1.325$,我们仍然不能拒绝原假设.我们也可以通过计算 p 值完成检验的程序.p 值等于自由度为 20 的 t 分布随机变量大于等于检验统计量的值 1.282 的概率,所以检验的 p 值为 $P(t(20)\geqslant 1.282)=0.1073$.由于 p 值不小,因而我们仍不能拒绝原假设.这个统计分析的结论显然和数据不相吻合.之所以有问题,

就是因为假设职工的工资服从正态分布.一般来说,工资、收入等的分布是不对称的,并且由于有一部分人的收入比较高,所以分布的右边有比较长的尾巴.将企业职工工资的分布假设为正态分布,并且在正态分布假设条件下使用参数数据分析方法是不恰当的.这时通常有以下两种处理方法:一是仍想使用参数数据分析方法,那就必须对企业职工工资分布给予一个非正态的、其他类型分布的假设;二是非参数数据分析方法.当然,还有另外的处理方法,例如将参数方法和非参数方法结合起来,这就是所谓的半参数数据分析方法.半参数数据分析方法本书从略.

非参数数据分析方法对产生数据的总体的分布不作假设,或仅给出很一般,例如连续型分布、对称分布等这样一些简单的假设.在这样条件下的数据分析方法称为非参数型的.非参数数据分析方法与总体究竟是什么分布没有什么关系,所以它的应用范围很广.当然,如果关于总体分布有很多的信息,以至于能够给出总体分布的具体数学形式,只是其中的几个参数值未知,基于这种类型分布的参数数据分析方法,一般来说较非参数数据分析方法好.人们很可能会就此认为,既然非参数数据分析方法应用范围广,它的效率势必不高.其实不然.本书第十章将正态总体假设下的 t 检验方法与相应的非参数方法进行比较,从中大家可以看到,即使在正态总体时使用 t 检验方法的效率也仅比相应的非参数方法略微高一些,而在非正态总体假设时使用 t 检验方法的效率有的还比相应的非参数方法低.从这个意义上讲,非参数数据分析方法犹如所谓的广谱类抗生素.广谱是指这类抗生素对很多类病菌均有作用.阿莫西林克拉维酸钾片(商品名:君尔清)是广谱类抗生素.下面摘录它的说明书中药理毒理栏目的一段话.

本品为阿莫西林和克拉维酸钾的复方制剂.阿莫西林为广谱青霉素类抗生素,克拉维酸钾本身只有微弱的抗菌活性,但具有强大的广谱 β-内酰胺酶抑制作用,两者合用,可保护阿莫西林免遭 β-内酰胺酶水解.本品的抗菌谱与阿莫西林相同,且有所扩大.对产酶金黄色葡萄球菌、表皮葡萄球菌、凝固酶阴性葡萄球菌及肠球菌均具良好作用,对某些产 β-内酰胺酶的肠杆菌科细菌、流感嗜血杆菌、卡他莫拉菌、脆弱拟杆菌等也有较好的抗菌活性.

阿莫西林克拉维酸钾片用于很多种感染的治疗,引起感染例如呼吸道感染的病菌有好几个类别,要检验出究竟是哪一类病菌引起感染通常不是一件轻而易举立即就可解决的事.在不能确切肯定是什么病菌引起感染的情况下,为了及时治好感染,医生往往倾向于选用广谱类抗生素例如阿莫西林克拉维酸钾片等.广谱类抗生素应用范围广,且其治疗效果也不错.在某种程度上,用非参数统计方法去分析数据犹如用广谱类抗生素去治病.

参数和非参数数据分析方法是针对不同情况提出来的两种统计分析方法，它们各有其优缺点，是互为补充的. 本书着重介绍非参数数据分析方法.

有关例 1.2 问题的非参数数据分析方法的讨论见第五章.

习 题 一

由 26 个被调查者组成的样本提供了每周看电视和读书的时间(单位:h)，数据列于下表. 取显著性水平 0.05，检验原假设:看电视和读书的时间一样多，备择假设:看电视的时间比读书的时间多. 这是成对数据的比较问题，应算出看电视的时间与读书的时间的差值. 差值也列于下表内.

被调查者	看电视时间/h	读书时间/h	差值/h	被调查者	看电视时间/h	读书时间/h	差值/h
1	10	8	2	14	19	16	3
2	14	10	4	15	10	8	2
3	4	17	-13	16	17	2	15
4	6	7	-1	17	10	6	4
5	12	14	-2	18	12	4	8
6	13	12	1	19	7	10	-3
7	14	10	4	20	19	3	16
8	13	11	2	21	12	11	1
9	10	5	5	22	11	7	4
10	14	9	5	23	2	25	-23
11	9	9	0	24	9	10	-1
12	12	8	4	25	8	6	2
13	4	18	-14	26	16	5	11

试用单样本 t 检验法检验上述假设. 你认为该检验结果可信吗?

第二章 描述性统计

描述性统计是在对产生数据的总体的分布不作任何假设的情况下，整理数据、显示数据和分析数据，将数据中有用的信息提取出来的统计方法. 常用的描述性统计方法有表格法、图形法和数值方法. 图形法中的点图与茎叶图，以及数值方法中的箱线图，是探索性数据分析的三个基本技巧. 数值方法中的自助法可用来构造区间估计与求解假设检验问题.

§2.1 表格法和图形法

表格法主要有频数分布表和频率分布表. 看下面的例子.

例 2.1 某电子公司测试新灯丝的燃烧寿命，表 2.1 列出了 200 个灯泡样本的灯丝可使用小时数.

表 2.1 灯丝寿命数据 单位：h

107	73	68	97	76	79	94	59	98	57	73	81	54	65	71	80	84	88	62	61
79	98	63	65	66	62	79	86	68	74	61	82	65	98	63	71	62	116	65	88
64	79	78	79	77	86	89	76	74	85	73	80	68	78	89	72	58	69	82	72
92	78	88	77	103	88	63	68	88	81	64	73	75	90	62	89	71	71	74	70
74	70	85	61	65	81	75	62	94	71	85	84	83	63	92	68	81	62	79	83
93	61	65	62	92	65	64	66	83	70	70	81	77	72	84	67	59	58	73	83
78	66	66	94	77	63	66	75	68	76	73	76	90	78	71	101	78	43	59	67
61	71	77	91	96	75	64	76	72	77	74	65	82	86	79	74	66	86	96	89
81	71	85	99	59	92	94	62	68	72	77	60	87	84	75	77	51	45	63	102
85	67	87	80	84	93	69	76	89	75	59	77	83	68	72	67	92	89	82	96

这 200 个数杂乱无章,不经过整理难以发现其内在的规律. 首先构造它的频数分布表和频率分布表,步骤如下:

① 找出最小值 43 和最大值 116;

② 将数据分组. 一般取组数:5 ~ 20,组距 $\approx \dfrac{\text{最大值}-\text{最小值}}{\text{组数}}$. 200 个灯泡的灯丝寿命数据分为 16 组,组距为 5;

③ 手工或使用软件(例如 Excel,使用 Excel 作分布表和直方图的方法将在下面介绍)列出 200 个灯泡的灯丝寿命数据的频数分布表和频率分布表(如表 2.2 所示).

表 2.2 灯丝寿命数据频数频率分布表

灯丝寿命/h	频数	频率/%
40 ~ 44	1	0.5
44 ~ 49	1	0.5
49 ~ 54	2	1.0
54 ~ 59	8	4.0
59 ~ 64	24	12.0
64 ~ 69	28	14.0
69 ~ 74	30	15.0
74 ~ 79	34	17.0
79 ~ 84	23	11.5
84 ~ 89	22	11.0
89 ~ 94	14	7.0
94 ~ 99	8	4.0
99 ~ 104	3	1.5
104 ~ 109	1	0.5
109 ~ 114	0	0.0
114 ~ 119	1	0.5
总和	200	100.0

由分布表可以看到,灯丝寿命很长和很短的都是少数,多数是中间状态,从中间往两头看,寿命长和短的比例基本相等. 这种趋势在直方图中会更明显地显示出来. 200 个灯泡的灯丝寿命数据的直方图见图 2.1(其纵轴的单位是“个”). 直方图钟形对称. 所谓钟形对称,就是直方图“中间高,两头低,左右近似对称”.

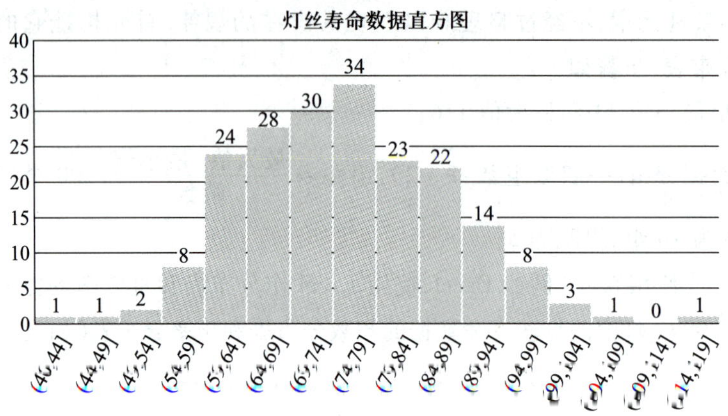

图 2.1 灯丝寿命数据直方图

下面介绍利用 Excel(2016 版)作频数分布表和直方图的步骤.

① 建立数据文件.原始数据见图 2.2 中第 1 列的第 1 至第 200 个单元格,即 A1:A200.

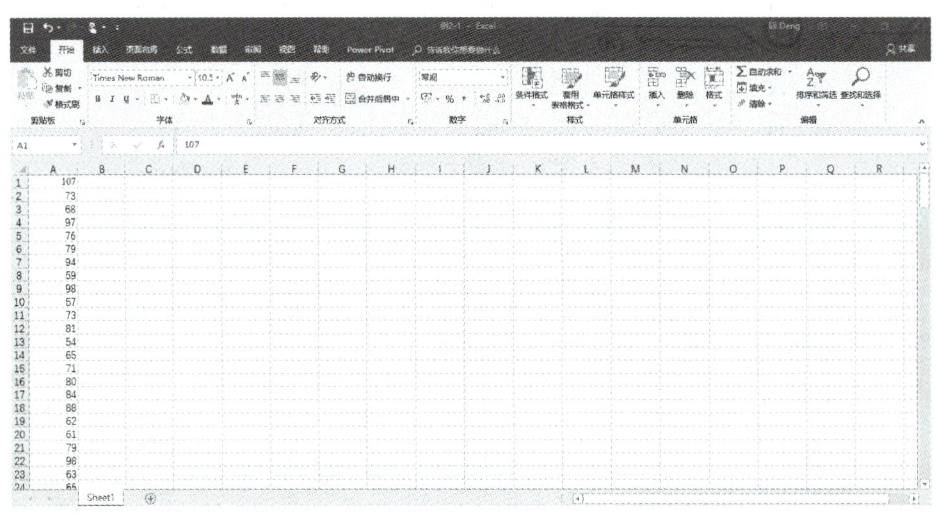

图 2.2 Excel 工作表格的灯丝寿命数据

② 按下面的顺序作数据直方图:

a. 选中上图所示的数据区域;

b. 依次单击"插入"、"图表"、"插入统计图表"与"直方图".

就得到了 Excel 默认生成的直方图(如图 2.3 所示).

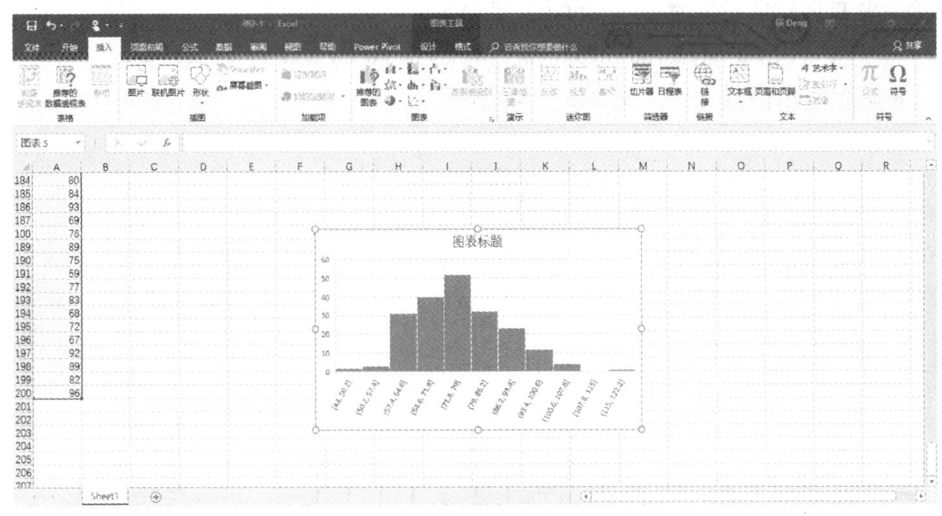

图 2.3　Excel 默认生成的灯丝寿命数据直方图

如果要得到自定义的直方图,右键单击图表的水平坐标轴,单击“设置坐标轴格式”,然后单击“坐标轴选项”.在“坐标轴选项”的下拉菜单中选中“水平坐标轴”.设置“箱宽度”为 5,“下溢箱”为 44.右键单击图表,单击“添加数据标签”,直方图上会显示每个组的频数.左键单击图表的标题,把标题改为“灯丝寿命数据直方图”.这时就得到图 2.4 所示的直方图.

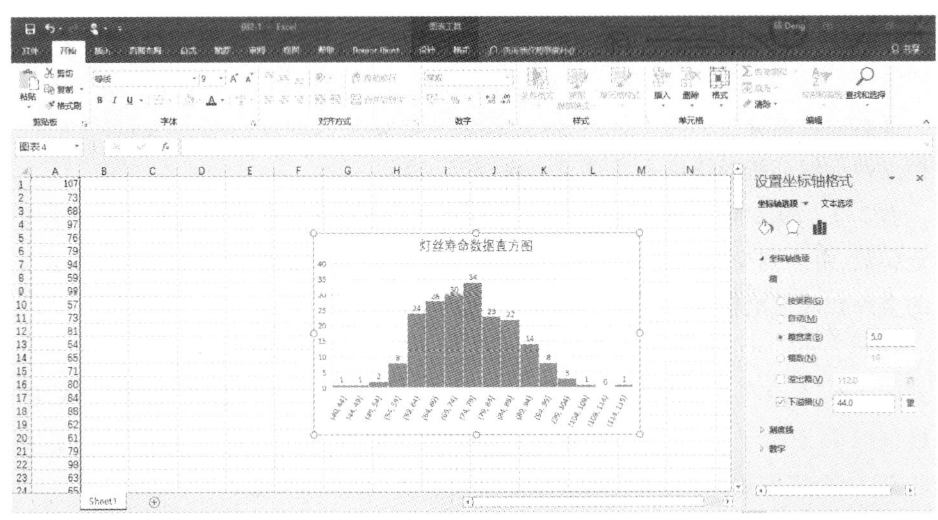

图 2.4　Excel 中自定义的直方图

直方图的绘制,也可以利用 R 软件中的函数 hist()来完成. 将 200 个灯泡样本的灯丝寿命数据赋值给变量 CI,运行下面程序:

```
hist(CI,breaks=39.5+(0:16)*5,freq=T)
```

R 软件给出的直方图见图 2.5.

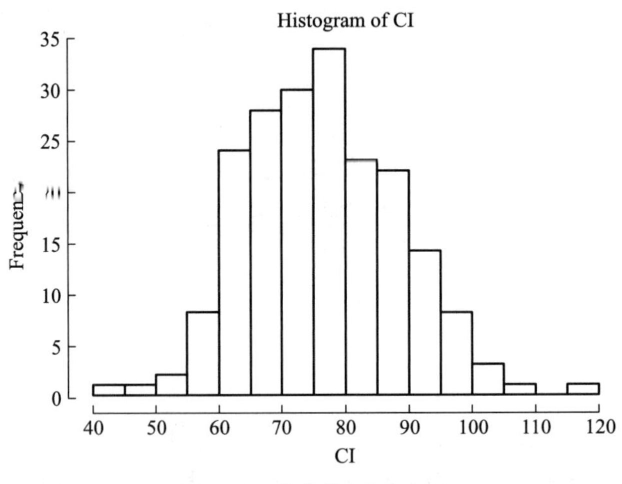

图 2.5 R 软件给出的直方图

注:将数据分组应尽可能使得所有数据不在端点取值,考虑到 200 个灯泡样本的灯丝寿命数据都是整数,我们将这些数据分成 39.5~44.5,44.5~49.5,…,114.5~119.5 共 16 组,组距为 5.

和直方图相类似的有点图、茎叶图等. 它们都可以用来显示数据中的信息和规律. 点图与茎叶图用的是数据的具体数值,而直方图用的是数据的大小范围. 所以在某些情况,用点图或茎叶图有其优点. 点图与茎叶图是美国著名统计学家 Tukey 提出的探索性数据分析的两个基本技巧. 探索性数据分析的理论与方法非常丰富,有关探索性数据分析的详细介绍请见参考书目[11].

例 2.2 2016 年巴西里约热内卢奥运会共有 59 个国家或地区获得金牌. 他们的金牌数,由多到少排列见表 2.3. 下面在 R 软件中绘制这些数据的点图,将表 2.3 中的金牌数赋值给变量 CI,然后运行下面的程序:

```
stripchart(CI,method="stack",offset=.5,at=.15,pch=19)
```

得到图 2.6. 点图有一条标有刻度的横线,称之为横坐标. 美国的金牌数为 46,那就在横坐标 46 处画上 1 个点. 如果很多国家或地区有同样的金牌数,例如获得 1 块金牌的有 21 个国家或地区,则在横坐标 1 处重叠着画上 21 个点.

表 2.3 巴西里约热内卢奥运会国家或地区的金牌数

国家或地区	金牌	国家或地区	金牌	国家或地区	金牌	国家或地区	金牌
美国	46	牙买加	6	乌克兰	2	印度尼西亚	1
英国	27	克罗地亚	5	塞尔维亚	2	罗马尼亚	1
中国	26	古巴	5	波兰	2	巴林	1
俄罗斯	19	新西兰	4	朝鲜	2	越南	1
德国	17	加拿大	4	泰国	2	中国台北	1
日本	12	乌兹别克斯坦	4	比利时	2	独立奥林匹克运动员	1
法国	10	哈萨克斯坦	3	斯洛伐克	2	巴哈马	1
韩国	9	哥伦比亚	3	格鲁吉亚	2	科特迪瓦	1
意大利	8	瑞士	3	阿塞拜疆	1	波多黎各	1
澳大利亚	8	伊朗	3	白俄罗斯	1	科索沃	1
荷兰	8	希腊	3	土耳其	1	新加坡	1
匈牙利	8	阿根廷	3	亚美尼亚	1	约旦	1
巴西	7	丹麦	2	捷克	1	塔吉克斯坦	1
西班牙	7	瑞典	2	埃塞俄比亚	1	斐济	1
肯尼亚	6	南非	2	斯洛文尼亚	1		

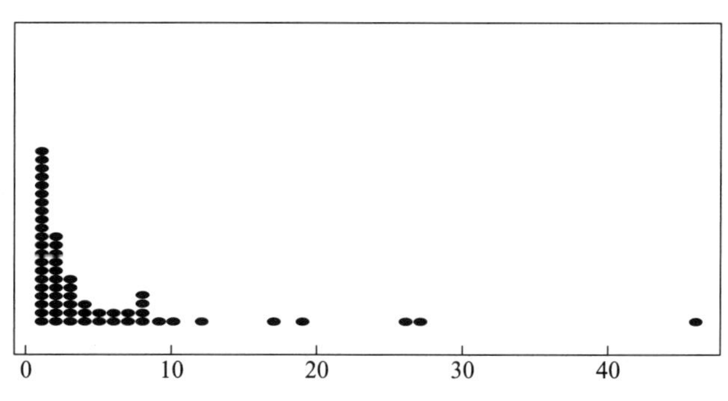

图 2.6 巴西里约热内卢奥运会国家或地区的金牌数的点图

美国获得 46 块金牌,远多于其余国家,它可被看成是异常值. 获得金牌的 59 个国家或地区大致有一簇簇的 4 个集群. 第 1 个集群只有美国一个国家,第二与第三个集群分别由英国与中国，以及俄罗斯与德国组成，剩下的 54 个国家或地区组成第四个集群.

用点图整理数据，可手工操作，快捷、简单且有效. 点图的数据量不能太大. 数据量过大，点往往拥挤在一起，难以分辨. 除了点图，茎叶图也是可手工操作、简单且有效的探索性数据分析方法的一个基本技巧. 茎叶图可用于数据量比较大的情况.

例 2.3 美国黄石国家公园建于 1872 年，是美国的第一个国家公园，也是世界上第一个国家公园. 黄石公园的间歇泉很著名. 所谓间歇泉是指大量的地下热水，过一段时间就会向大空喷射一次，形成不同形状的热水柱. 最具代表性的间歇泉是老忠实喷泉(Old Faithful Geyser). 该泉名副其实，每天总是非常忠实地喷发 21 次或 22 次，每次喷发时间不等，短的 1 分半左右，长的约 5 分钟. 它把 45 000 升的滚热泉水抛向高空，喷发高度可达 40 到 60 米，蔚为壮观. 1978 年 8 月 1 日至 8 月 8 日清晨 8 时至午夜老忠实喷泉喷发持续时间的 107 个数据及其茎叶图分别见表 2.4 与图 2.7. 数据摘自参考书目[12]第九章例 9.1.

表 2.4 美国黄石国家公园老忠实喷泉喷发的持续时间 单位:min

8 月 1 日	8 月 2 日	8 月 3 日	8 月 4 日	8 月 5 日	8 月 6 日	8 月 7 日	8 月 8 日
4.4	4.3	4.5	4.0	4.0	1.8	3.5	4.2
3.9	1.7	3.9	3.7	2.3	4.6	2.0	4.4
4.0	3.9	4.3	3.7	4.4	3.5	4.3	4.1
4.0	3.7	2.3	4.3	4.1	4.0	1.8	4.1
3.5	3.1	3.8	3.6	4.3	3.7	4.1	4.0
4.1	4.0	1.9	3.8	3.3	1.7	1.8	4.1
2.3	1.8	4.6	3.8	2.0	4.6	4.7	2.7
4.7	4.1	1.8	3.8	4.3	1.7	4.2	4.6
1.7	1.8	4.7	2.5	2.9	4.0	3.9	1.9
4.9	3.2	1.8	4.5	4.6	1.8	4.3	4.5
1.7	1.9	4.6	4.1	1.9	4.4	1.8	2.0
4.6	4.6	1.9	3.7	3.6	1.9	4.5	4.8
3.4	2.0	3.5	3.8	3.7	4.6	2.0	4.1
			3.4	3.7	2.9		

首先找出最小值 1.7 与最大值 4.9. 然后将每一个数拆分为茎与叶两个数. 图 2.7 的茎是小数点前的数,叶是小数点后的数. 每一个茎上有两支叶,小数点后的数从 0 到 4 的是第一支叶,5 到 9 的是第二支叶. 图 2.7 的茎叶图形如横写的“U”,有两个峰. 黄石公园的老忠实喷泉的喷发持续时间,在 2 分钟左右的可能性比较大. 过了 2 分钟尚没有停歇,那喷发持续时间就可能是 4 分钟左右.

```
茎          叶
1 | 77777888888888899999
2 | 00000333
2 | 5799
3 | 12344
3 | 5555667777777888889999
4 | 000000001111111112233333334444
4 | 5555666666666677789
```

图 2.7 老忠实喷泉的喷发持续时间的茎叶图

把表 2.4 中 107 个间歇泉喷发持续时间的数据赋值给变量 CI,在 R 软件中运行程序:

```
stem(CI,scale=0.5,width=80,atom=1e-08)
```

得到的茎叶图见图 2.7.

数据分布的下列特性在点图与茎叶图中清晰可见:

- 数据的最大值与最小值;
- 数据有没有异常值;
- 数据之间有没有空隙;
- 数据有没有一簇簇地聚集成好几个集群.

对于实际问题,应具体问题具体分析,例如最大值与最小值,以及异常值的成员告诉我们什么信息;有空隙的,以及同一个集群的成员,相互之间有什么异同之处;我们感兴趣的某些成员所处的相对位置等.

§ 2.2 数值方法

数值方法主要是用数值来表示数据的中心位置(或平均大小)和离散程度等. 下面以上述 200 个灯泡的灯丝寿命数据为例,介绍利用 Excel 求衡量中心位置和离散程度的数值的描述性统计量的方法.

在 Excel 中进行描述性统计,需要用到“数据”的下拉菜单“分析”中的“数据分析”功能. 如果没有显示这项功能,需要先按下面的方式进行加载. 点击“文件”下拉菜单中的“选项”,点击“加载项”,找到“分析工具库”,然后在下面点击“转到”后,点击“确定”,即可在“数据”选项的分析中,添加“分析工具库”.

要在 Excel 中得到描述性统计量,步骤如下:

a. 在“数据”的菜单中选择“数据分析”;

b. 在“数据分析”框中选择“描述统计”,点击“确定”;

c. 在“描述统计”对话框中:

在“输入区域”栏中键入 A1:A200,在“输出区域”栏中键入 C1(让输出的频数分布表的左上角在 C1 单元格),在“汇总统计”前面的框里打钩,单击“确定”.

于是在屏幕上就出现了一个以 C1 单元格为左上角的一列数值,其中观测数为 200,200 个观测数的总和为 15 210,最小值为 43,最大值为 116. 除了这些表示基本信息的数值之外,还有表示中心位置(或平均大小)和离散程度等的数值. 下面分别加以介绍.

§2.2.1 表示中心位置的数值

由 Excel 算得(见图 2.8),表示灯丝寿命数据的中心位置的数值有平均数(mean)$\overline{x}=76.05$、中位数(median)$me=75.5$ 和众数(mode)$mo=77$. 由于灯丝燃烧寿命的直方图钟形对称,所以它的平均数、中位数和众数差不多大. 但有的数据,尤其是经济方面的数据往往就不是这样的情况. 看下面的例子.

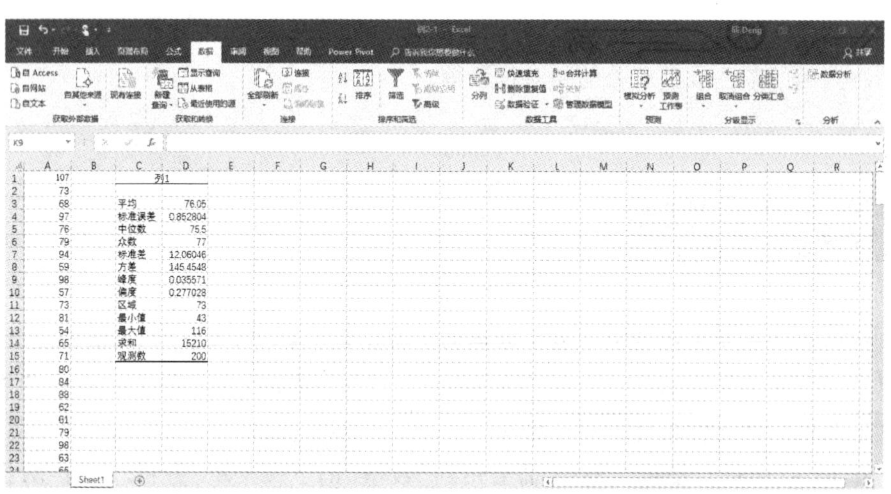

图 2.8 Excel 给出的中心位置和离散程度的数值量度

例 2.4 某保险公司 100 个赔款样本的赔款额如表 2.5 所示.

表 2.5 赔款样本数据频数分布表

赔款额/元	赔款次数
0 ~ 400	2
400 ~ 800	32
800 ~ 1 200	24
1 200 ~ 1 600	19
1 600 ~ 2 000	10
2 000 ~ 2 400	6
2 400 ~ 2 800	3
2 800 ~ 3 200	2
3 200 ~ 3 600	1
3 600 ~ 4 000	1
合计	100

它的直方图(见图 2.9)向右偏. 所谓向右偏,就是直方图在靠近左边的地方高,两头低,但左右不对称,右边有一条长的尾巴. 其形状有点像儿童玩的滑梯,左边的楼梯较陡且直到顶部,而右边滑梯渐渐倾斜到地面. 类似地,直方图也可能向左偏. 所谓向左偏,就是直方图在靠近右边的地方高,两头低,但左右不对称,左边有一条长的尾巴.

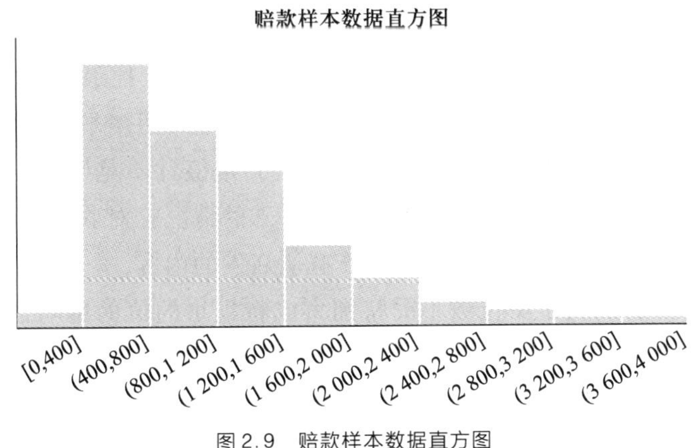

图 2.9 赔款样本数据直方图

通常取组的中间值代表组内数据的值,从而算得赔款样本数据的平均数、中位数和众数分别为 1 224,1 000 和 600. 直方图向右偏时,往往平均数最大,中位数在中间，众数最小．而当直方图向左偏时，往往平均数最小，中位数在中间，众数最大．

人们通常喜欢用平均数表示数据的中心位置．在直方图钟形对称时，光用平均数是可以的．而在直方图向右偏（或向左偏）时，光用平均数是不够的．如果数据中有特别大或特别小的值，平均数就要受到这些异常值的影响，不能很好地代表数据的中心位置．例如，某地区某年农民户均年纯收入增长了2.9%．但是该地区农民减收户却多达60%，平收、增收的农户只占40%．所以，户均年纯收入的增长只是由并不占多数的农民的收入增长拉动的．相对平均数而言，若计算切尾平均数就能较好地反映农民收入的真实情况．所谓 $\alpha\%$ 切尾平均数，就是各去掉大的一头和小的一头的 $\alpha\%$ 个数据后的平均数．人们熟知的去掉一个最大值和去掉一个最小值后的平均数，也是切尾平均数．

12名经济学专业毕业生，他们的月收入如表2.6：

表2.6 经济学专业毕业生的月收入数据

毕业生	月收入/元	毕业生	月收入/元
1	1 850	7	1 890
2	1 950	8	2 130
3	2 050	9	1 940
4	1 880	10	2 340
5	1 750	11	1 920
6	1 700	12	1 880

经计算，这12名毕业生的平均月收入为1 940元，其中收入最高的是2 340元，次高的2 130元，相差210元；而收入最低的1 700元，次低的1 750元，仅相差50元．由此可见，最高的2 340元很高，而最低的1 700元并不是很低．去掉最大值（2 340）和最小值（1 700）后的切尾平均数比总的平均数小，为1 924元．切尾平均数能比较好地代表这12名毕业生的月收入情况．必须注意的是，异常值并不是贬义词．我们需要对它进行分析：是不是记录错了？是不是有一些特殊的情况？对收入最高的那位毕业生进行调查，有可能发现一些对我们的工作有所启发的内容．

除了切尾平均数，由于中位数不受特别大或特别小的值的影响，它也能较好地表示数据的中心位置．12名毕业生月收入的中位数为1 905元．而去掉一个最大值和一个最小值后的中位数仍为1 905元．这就是所谓的中位数是稳健的意义．我们不能总是用平均数，还应该用中位数来描述数据的中心位置．

此外，众数也能用来描述数据的中心位置，尤其是定性数据的中心位置．例如某糖果制造商观察发现，带有硬糖外层的小巧克力生产中有各种类型的问题发生，其频数如表 2.7 所示：

表 2.7 小巧克力不合格品问题的频数频率分布表

代码	问题	频数	频率/%
1	硬糖外层不够	486	52.83
2	两个粘在一起	43	4.67
3	被压扁	295	32.07
4	外层太多	84	9.13
5	破裂	12	1.30

有时(例如在计算机输入数据时)为方便起见,常用数(例如 1,2,…,5)依次表示这些问题. 这些数只是一个代码,没有大小关系,不能进行运算. 所以对这批定性数据来说,计算平均数和中位数是没有什么意义的. 它的中心位置用众数表示. 由于“1”出现的频率最高,所以这批数据的众数是 1. 这说明“硬糖外层不够”是小巧克力有缺陷的主要原因. 厂家应首先关心这个问题.

我们建议平均数、中位数和众数一起用. 有了这三个数,不仅可以从不同的角度表示数据的中心位置,还可以对数据的分布情况给出一个大致的描述. 例如某企业职工收入的平均数为 5 700 元,中位数为 3 000 元,众数为 2 000 元. 这说明该企业职工收入 2 000 元的人最多;有一半职工的收入低于 3 000 元,有一半职工的收入高于 3 000 元;由于平均数 5 700 元大于中位数 3 000 元,所以有一些职工的工资特别高.

下面我们对平均数和中位数为什么能表示数据的中心位置给出 种解释. 很自然地,我们要求数据的中心位置满足这样一个条件:它到各个数据点的距离的和比较小. 度量两个点之间的距离通常有两种方法:平方值距离法和绝对值距离法. 不同的距离度量方法导出了描述数据中心位置的不同的数值. 平方值距离法导出的是平均数,绝对值距离法导出的是中位数,所以就这个意义而言,平均数和中位数同等重要. 我们不能一味地强调平均数,忽视中位数.

如果用平方值距离法,则一个点 a 到各个数据点 $x_1,x_2,\cdots,x_n$ 的距离的和可以用 $\sum_{i=1}^{n}(x_i-a)^2$ 来衡量. 平均数 $\bar{x}=\dfrac{x_1+x_2+\cdots+x_n}{n}$满足条件:

$$\sum_{i=1}^{n}(x_i-\bar{x})^2=\min_{a}\sum_{i=1}^{n}(x_i-a)^2 \tag{2.1}$$

(它的证明见附录 1). 上式表示平均数这一点到各个数据点的平方值距离和最短.

所以在平方值距离法下,数据中心位置的代表是平均数.

如果用绝对值距离法,则一个点 a 到各个数据点 $x_1,x_2,\cdots,x_n$ 的距离的和可以用 $\sum_{i=1}^{n}|x_i-a|$ 来衡量. 中位数 me 满足条件:

$$\sum_{i=1}^{n}|x_i-\mathrm{me}|=\min_{a}\sum_{i=1}^{n}|x_i-a| \tag{2.2}$$

(它的证明见附录 1). 上式表示中位数这一点到各个数据点的绝对值距离和最短. 所以在绝对值距离法下,数据中心位置的代表是中位数. 平均数和中位数都能作为一批数据中心位置的代表,只是它们有不同的距离意义.

平均数的物理意义是物体的重心. 在平均数这一点的支撑能达到平衡,而中位数也有实际的解释. 例如,中位数是非线性规划选址问题的解(如图 2.10). 假设在点 1,5,7,8 和 9 各有一棵树木,在点 2 和 3 分别有 4 棵和 2 棵树木,这些树木一样重. 它们的重心是 4. 在 4 这一点的支撑能达到平衡. 它们的中位数是 3. 把这些树木集中运输到 3 这一点,所走的路最短.

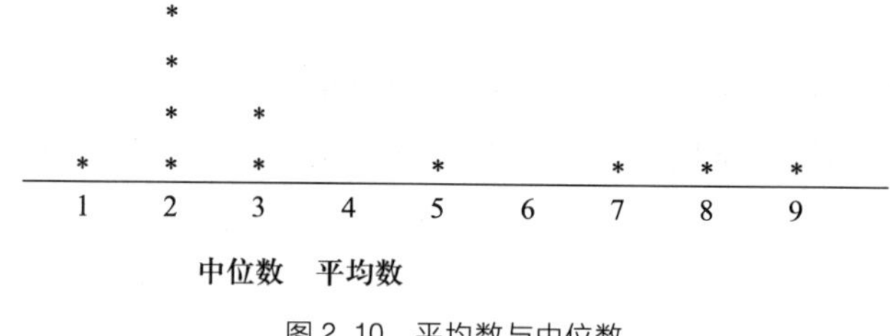

图 2.10 平均数与中位数

同样地,产生数据的总体的中心位置可以用总体的均值表示,也可以用总体的中位数或总体的众数表示.

§2.2.2 表示离散程度的数值

表示数据的离散程度的数值有样本方差 S^2(sample variance)、标准差 S(standard deviation,简写为 StDev)和全距 R(range). 在 Excel 中,S^2 的计算公式为 $S^2=\dfrac{\sum_{i=1}^{n}(x_i-\bar{x})^2}{n-1}$,全距 R 的计算公式为 $R=$样本最大值$-$样本最小值. 由 Excel 算得(见图 2.8),表示灯丝寿命数据离散程度的数值:样本方差 $S^2=145.4547739$,标准差 $S=\sqrt{145.4547739}=12.06046325$,全距 $R=73$(在图 2.8 中显示为"区域").

此外,离散程度还可以用四分位数间距(inter quartile range,简记为 IQR)来度量,其中 $IQR=Q_U-Q_L$,Q_U(upper quartile)和 Q_L(lower quartile)分别表示上四分位数和下四分位数,即第 75 和第 25 百分位数.一般来说,第 p 百分位数是这样的一个值,它使得至少有 $p\%$ 的数据项小于或等于这个值,且至少有 $(100-p)\%$ 的数据项大于或等于这个值.中位数就是第 50 百分位数.

百分位数(percentile)的计算方法有很多种,这里给出一个较为简单的计算方法.第 p 百分位数(the pth percentile)可以按以下的步骤计算:

① 将原数据 $x_1,x_2,\cdots,x_n$ 按递增(由小到大)的顺序排列为 $x_{(1)}\leqslant x_{(2)}\leqslant\cdots\leqslant x_{(n)}$;

② 计算 $i=\left(\frac{p}{100}\right)n$;

③ 若 i 不是整数,将 i 向上取整得 k,即 k 是大于 i 的毗邻整数,则 $x_{(k)}$ 就是第 p 百分位数;若 i 是整数,则 $x_{(i)}$ 与 $x_{(i+1)}$ 的平均值:$\frac{x_{(i)}+x_{(i+1)}}{2}$ 就是第 p 百分位数.

上海市儿童保健所某年制订了市区 0—6 岁儿童体格发育的五项指标(体重、身高、头围、胸围、坐高)评价的参考值,供医务人员和家长了解小孩的发育情况.限于篇幅,下面仅摘录初生婴儿体重、身高指标评价的参考值(见表 2.8).

表 2.8 上海市市区初生婴儿体重、身高指标评价参考值

		p3	p10	p20	p50	p80	p97
体重/kg	男童	2.58	2.81	3.00	3.24	3.59	4.00
	女童	2.60	2.80	2.90	3.22	3.60	3.95
身高/cm	男童	47.90	48.11	49.00	50.30	51.50	53.00
	女童	46.40	47.51	48.20	49.95	51.00	52.50

其中 p3 表示第 3 百分位数,其他的依此类推.

和数据的方差、标准差和四分位数间距相对应地,有总体的方差、标准差和四分位数间距.它们可用来表示总体的离散程度.但和数据的全距相对应,并能用来表示总体的离散程度,这样的总体特征量是没有的.

一批数据可以用五个数来概括(five numbers summary,称为五数概括),这五个数是最小值、下四分位数、中位数、上四分位数和最大值.它们分别称为第 0,1,2,3 和 4 四分位数,并分别记为 Q_0,Q_1,Q_2,Q_3 和 Q_4.在 Excel 中使用函数 QUARTILE.INC 可以求得这五个数.只需输入“=QUARTILE.INC(a1:a12,q)”,在 $q=0,1,2,3$

和 4 时，就分别得到 12 名经济学专业毕业生月收入数据的最小值、下四分位数、中位数、上四分位数和最大值，它们分别为 1 700，1 872.5，1 905，1 975 和 2 340. 四分位数间距 IQR = 1 975 - 1 872.5 = 102.5.

也可以用箱线图(box plot)来概括一批数据，同点图与茎叶图一样，箱线图也是探索性数据分析的一个基本技巧. 使用 R 软件可以画箱线图. 下面介绍利用 R 软件计算描述性统计量和画箱线图的方法.

将 12 名经济学专业毕业生月收入样本的数据赋值给变量 CI，函数 summary()可以计算出单组数据的平均值和五数. 如果只需要计算平均值可以用平均值函数 mean()，只需要计算中位数可用中位数函数 median(). 样本的变异程度可以用极值 max()-min()、四分位数间距函数 IQR()、标准差函数 sd()、方差函数 var()来计算. 标准误的计算可以用下面的程序：

```
se <- function(x) sqrt(var(x)/length(x))
  se(CI)
```

表 2.9 显示了 R 软件给出的描述性统计量的值.

表 2.9 R 软件给出的描述性统计量的值

数据容量 N	12
平均数 mean	1 940
中位数 median	1 905
切尾平均数 trimmed mean	1 924
标准差 sd	170.6
标准误 standard error	49.3
最小值 min	1 700
最大值 max	2 340
下四分位数 1st Qu	1 872.5
上四分位数 3rd Qu	1 975

注：① 表 2.9 中计算的是 10% 切尾平均数. 在 R 软件中计算切尾平均数可以在 mean()函数中加入一个选项 trim，如 mean(x，trim = 0.1)是分别去掉最大的和最小的 10% 个数据后的切尾平均数. 由于这里的数据容量为 12，12 的 10% 的整数部分等于 1，所以表 2.9 中的 1 924 实际上是去掉一个最大值和去掉一个最小值后的切尾平均数.

② 表 2.9 中的 1st Qu(first quartile)与 3rd Qu(third quartile)分别是前面所述的下四分位数 Q_L 与上四分位数 Q_U.

③ 标准误(standard error)将在下面 § 2.2.3 中解释. 至于反映分布对称性的偏度(skewness)与反映分布峰的尖峭程度的峰度(kurtosis)将在附录 2 中加以介绍.

在 R 软件中使用函数 boxplot()画箱线图(见图 2.11). 将 12 名经济学专业毕业生月收入样本的数据赋值给变量 CI,运行下面程序:

```
library(lattice)
library(DAAG)
boxplot(CI)
```

这段程序中涉及两个 R 程序包(lattice 和 DAAG)的调用,调用的方法可以参考附录 20.

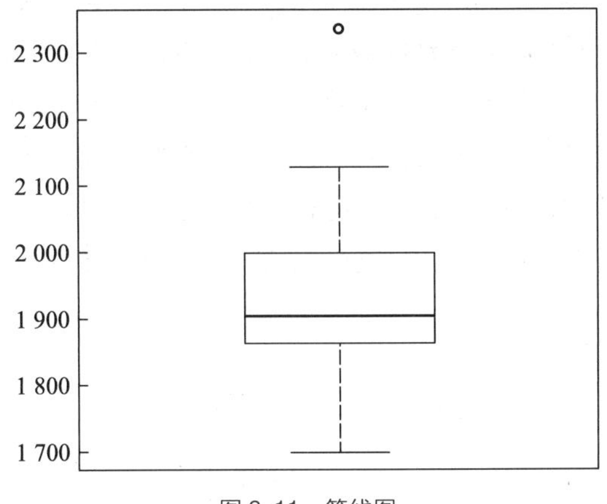

图 2.11 箱线图

箱线图中的盒子,其上边界和下边界分别是上四分位数和下四分位数. 各去掉一批最大的和最小的 25% 的数据后,中间的 50% 的数据在这个盒子里. 盒子里面的那根线是中位数. 这根线既将数据分为数据个数相等的两个部分,也将盒子分为数据个数相等的两个部分. 从盒子的上边界起,向上画一根虚线到最大值为止. 这条线上有着这一批数据大的一头的 25% 的数据. 再从盒子的下边界起,向下画一根虚线到最小值为止. 这条线上有着这一批数据小的一头的 25% 的数据. 由于按下面的方法检测,本例的最大值是异常值,所以从盒子的上边界起,向上画线仅到次大值为止,而最大值用"∘"表示. "∘"表示异常值.

异常值的检测方法很多,这里给出利用箱线图检测异常值的一个方法,其步骤如下:

① 设定界限:称"$Q_L-1.5\times\mathrm{IQR}$"和"$Q_U+1.5\times\mathrm{IQR}$"两个数为内篱笆(inner fences). 由 R 软件算得的 12 名经济学专业毕业生中月收入数据的下、上四分位数分别是 $Q_L=1\ 872.5$ 和 $Q_U=1\ 975$,因而四分位数间距 $\mathrm{IQR}=102.5$,所以内篱笆为 $Q_L-1.5\times$

IQR = 1 718. 75 和 $Q_U+1.5\times\text{IQR}=2\ 128.75$.

称“$Q_L-3\times\text{IQR}$”和“$Q_U+3\times\text{IQR}$”的两个数为外篱笆(outer fences).上述 12 名毕业生中月收入数据的外篱笆为 $Q_L-3\times\text{IQR}=1\ 565$ 和 $Q_U+3\times\text{IQR}=2\ 282.5$.

② 位于内、外篱笆之间的数称为弱异常值(mild outliers),而在外篱笆外面的数称为强异常值(extreme outliers).所以第 10 个毕业生的月收入 2 340 元是强异常值.

③ 在用 R 软件画的箱线图中,它不区分弱异常值和强异常值.弱异常值和强异常值都用“。”表示.

图 2.12 是某学校某年级语文、数学和英语三门课程学生成绩的箱线图.比较这三个箱线图,我们发现语文成绩分数最高,英语最低.此外,语文成绩的最高分与最低分差别不大,而数学和英语成绩的最高分与最低分差别就比较大.由此例可以看到,如果有两批或更多批的数据,画每一批数据的箱线图,通过观察分析这些箱线图的相似和差异,就可以对不同批的数据进行比较.箱线图的批比较有很多应用,例如用在证券市场对不同股票的表现进行比较,或对同一个股票在不同交易日的表现进行比较.

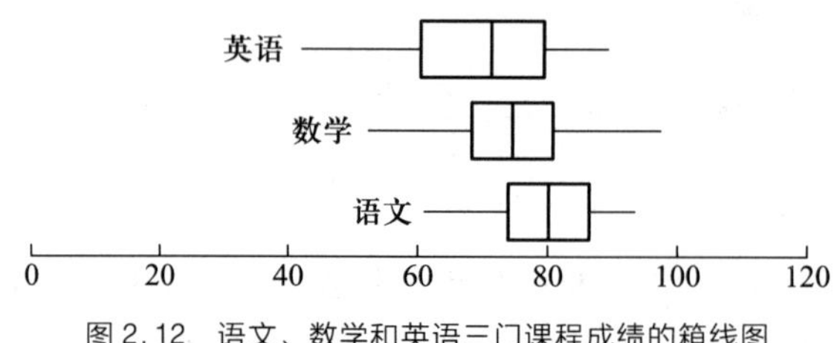

图 2.12 语文、数学和英语三门课程成绩的箱线图

倘若该学校该年级有个学生的语文和数学成绩都是 70 分,英语成绩是 84 分.该学生这三门功课的成绩在箱线图中用“■”表示(见图 2.13).由“■”所处的位置可以了解到,这个学生的英语成绩很好,语文成绩比较差,而数学成绩属中下水平.由此可见,看成绩的高低,不仅要看绝对分数,更要看相对分数.

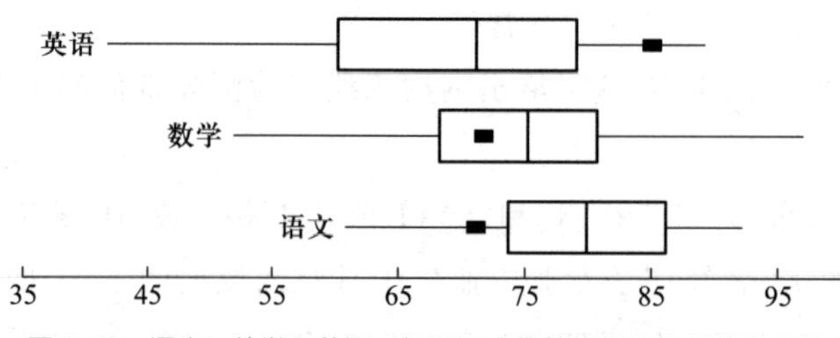

图 2.13 语文、数学和英语三门课程成绩箱线图上的某学生成绩

§2.2.3 标准误

假设产生数据的总体的均值为μ,方差为σ^2,标准差为σ. 它们的估计分别为平均数$\bar{x}$,样本方差S^2和标准差S. 由于平均数$\bar{x}$的标准差为$\dfrac{\sigma}{\sqrt{n}}$,所以它的估计取为$\dfrac{S}{\sqrt{n}}$,$\dfrac{S}{\sqrt{n}}$称为平均数$\bar{x}$的标准误,简称标准误. 在数据是正态分布总体的独立同分布样本观察值的时候,除了平均数$\bar{x}$是总体的均值μ的(点)估计外,我们还可以构造总体均值μ的区间估计.

我们以12名经济学专业毕业生月收入数据为例,首先介绍如何利用Excel构造总体均值μ的区间估计,其方法如下. 图2.14为Excel的描述性统计量对话框:

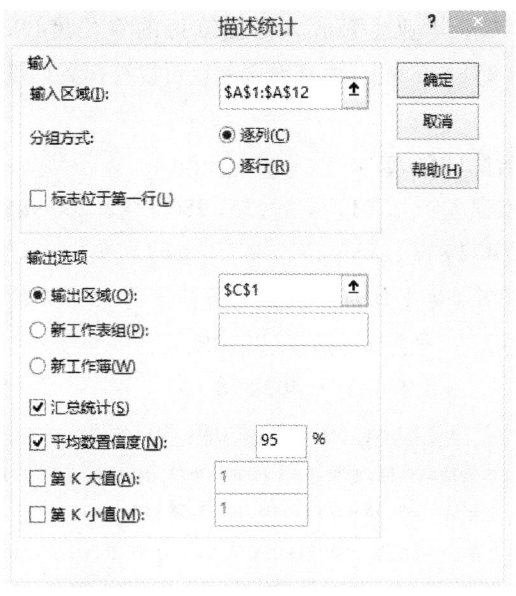

图2.14 Excel给出的描述性统计量

在"描述统计"对话框中,除了在"输入区域"栏中键入A1:A12,选择"输出区域"并在"输出区域"栏中键入C1和选择"汇总统计"外,还要选择"平均数置信度". 若取均值的区间估计的置信水平为95%,则在"平均数置信度"栏中键入95. 在Excel给出的中心位置和离散程度的数值量度中,除了平均,……观测数等数值外,还有置信度(95.0%)的值(见图2.15).

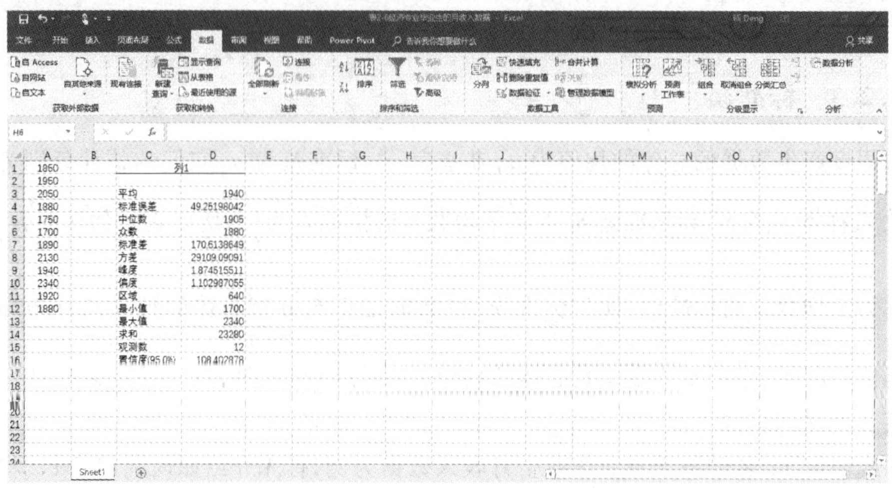

图 2.15 Excel 给出的描述性统计量

由 12 名经济学专业毕业生月收入数据算得的置信度(95.0%,也称置信水平)的值为 108.402 878. 事实上,由标准误差也可以算出置信度(95.0%)的值. 计算公式如下:

$$
\begin{aligned}
&\text{置信度}(95.0\%)\\
&=\text{标准误差}\times t_{0.975}(11)=49.251\,980\,42\times 2.200\,985\,160\\
&=108.402\,878,
\end{aligned}
$$

由此得到经济学专业毕业生平均月收入 μ 的置信度为 95.0% 的区间估计为

$$
\begin{aligned}
&\text{平均}\pm\text{置信度}(95.0\%)\\
&=1\,940\pm 108.402\,878\\
&=[1\,831.597\,122,2\,048.402\,878] \qquad (2.3)
\end{aligned}
$$

注:可以用 Excel 计算 t 检验的临界值. 如果在 Excel 的某个单元格中输入"=T. INV. 2T(α,n)",就可求得 $t_{1-\frac{\alpha}{2}}(n)$ 的值. 所以在 Excel 中输入"=T. INV. 2T(0. 05,11)",就得到 $t_{0.975}(11)=2.200\,985\,160$. 也可以用 Excel 计算 t 检验的 p 值. 如果在 Excel 的某个单元格中输入"=T. DIST. RT(x,n)"和"=T. DIST. 2T(x,n)",就可分别求得 $P(t(n)\geqslant x)$ 和 $P(|t(n)|\geqslant x)$ 的值,从而得到 t 检验的 p 值.

下面介绍如何使用 R 软件计算总体均值 μ 的区间估计. 其程序如下:

```
CI<-c(1 850,1 950,2 050,1 880,1 750,1 700,1 890,2 130,1 940,2 340,
1 920,1 880)
t.test(CI) $conf.int
```

运行结果为:

```
[1] 1 831.597  2 048.403
```

```
attr(,"conf.level")
[1]0.95
```

由此得到经济学专业毕业生平均月收入 μ 的置信度为 95.0% 的区间估计为 [1 831.597,2 048.403]. 由 R 软件得到的区间估计与由 Excel 得到的区间估计(见式(2.3))差别很小.

必须注意的是,上述求总体均值 μ 的区间估计的方法是参数型方法,必须假设总体服从正态分布. 在样本容量比较小的时候,如果总体不服从正态分布,所求得的区间估计是否可信,应予以怀疑. 经济学专业毕业生的样本容量 12 不算大,且月收入一般不服从正态分布,因而对所求得的平均月收入的置信度为 95.0% 的区间估计,应质疑它的可信性. 当样本容量比较大时,例如 200 个灯泡灯丝的寿命数据,由独立同分布中心极限定理知,不论总体是否服从正态分布,所求得的区间估计都是可信的. 下面介绍一个非参数型方法.

§2.2.4 自助法

再抽样的自助(bootstrap)法技术,不仅可用来构造总体均值,还可用来构造总体中位数、总体百分位数以及总体其他很多特征量的区间估计. 这个方法是非参数型方法. 既然数据是独立同分布样本的观察值,因此这些是带有随机性的数据,而且它们是被等可能地观察到的. 设表 2.6 的 12 名经济学专业毕业生月收入数据,是从众多的毕业生中随机抽样调查得到的,故而认为这些数据得到的可能性是全都相等的. 据此就有了一个分布:

$$\begin{pmatrix} 1\,850 & 1\,950 & 2\,050 & 1\,880 & 1\,750 & 1\,700 & 1\,890 & 2\,130 & 1\,940 & 2\,340 & 1\,920 & 1\,880 \\ \dfrac{1}{12} & \dfrac{1}{12} & \dfrac{1}{12} & \dfrac{1}{12} & \dfrac{1}{12} & \dfrac{1}{12} & \dfrac{1}{12} & \dfrac{1}{12} & \dfrac{1}{12} & \dfrac{1}{12} & \dfrac{1}{12} & \dfrac{1}{12} \end{pmatrix}$$

$$= \begin{pmatrix} 1\,850 & 1\,950 & 2\,050 & 1\,880 & 1\,750 & 1\,700 & 1\,890 & 2\,130 & 1\,940 & 2\,340 & 1\,920 \\ \dfrac{1}{12} & \dfrac{1}{12} & \dfrac{1}{12} & \dfrac{1}{6} & \dfrac{1}{12} & \dfrac{1}{12} & \dfrac{1}{12} & \dfrac{1}{12} & \dfrac{1}{12} & \dfrac{1}{12} & \dfrac{1}{12} \end{pmatrix}.$$

这个分布称为经验分布,它是总体原有分布的估计. 自助法的基本思想是:既然经验分布是总体分布的估计,那么来自经验分布的随机观察值,就可近似地看成是来自总体分布的随机观察值,而前者可通过计算机模拟甚至直接计算而得到. 经验分布来自原始样本,因而来自经验分布的随机观察值,实际上就是对原始样本进行再抽样,使得样本数据所含有的信息更多地被挖掘出来. 这个方法是美国著名统计学家 Bradley Efron(1979)提出的,他把这个方法命名为 bootstrap 法."bootstrap"的原意是"(长筒)靴的鞋带",我国老一辈统计学家魏宗舒教授将它译成"自助法",妙不可言.

一般而言,自助法可用来得到总体均值、总体中位数与总体百分位数的区间估计.设原始数据 $x_1,x_2,\cdots,x_n$ 是某个总体的独立同分布的容量为 n 的样本的观察值,欲估计总体的某个特征量,例如均值、中位数或百分位数.将这个特征量记为 θ,并设基于数据 $x_1,x_2,\cdots,x_n$ 的 θ 的估计为 $\hat{\theta}=\hat{\theta}(x_1,x_2,\cdots,x_n)$.在 θ 是总体均值、中位数或百分位数时,$\hat{\theta}$ 就可取为数据 $x_1,x_2,\cdots,x_n$ 的平均数、中位数或百分位数.下面使用自助法,估计 θ 的标准差,构造 θ 的区间估计.

- 从经验分布$\begin{pmatrix} x_1 & x_2 & \cdots & x_n \\ \dfrac{1}{n} & \dfrac{1}{n} & \cdots & \dfrac{1}{n} \end{pmatrix}$中随机抽取容量为 n 的自助样本,这也就是说在原始数据 $x_1,x_2,\cdots,x_n$ 中有放回地随机抽取 n 个数.使用 Excel 或 R 软件很容易得到经验分布的 n 个随机数,这 n 个随机数就构成了一个自助样本.记自助样本为 $x_1^*,x_2^*,\cdots,x_n^*$,并记基于数据 $x_1^*,x_2^*,\cdots,x_n^*$ 的 θ 的估计为 $\theta^*=\theta^*(x_1^*,x_2^*,\cdots,x_n^*)$.称 θ^* 为总体特征量 θ 的自助估计.
- 如此重复,模拟 N 次,抽取 N 组自助样本,得到总体特征量 θ 的 N 个自助估计 $\theta_1^*,\theta_2^*,\cdots,\theta_N^*$.通常取模拟次数 N 比较大,例如 100,500,甚至 1 000,5 000 等.显然,原始数据的容量 n 与模拟次数 N 越大,自助法就越精确.但要想提供确切的 n 与 N 的值,那是很困难的一件事.
- 总体特征量 θ 的这些自助估计来自原始数据(经验分布),它们可近似地看成是来自总体.若将 $\theta_1^*,\theta_2^*,\cdots,\theta_N^*$ 的第 $100\cdot\left(1-\dfrac{\alpha}{2}\right)$ 与第 $100\cdot\dfrac{\alpha}{2}$百分位数分别记为 $\hat{\theta}_{1-\frac{\alpha}{2}}^*$与 $\hat{\theta}_{\frac{\alpha}{2}}^*$,则取$[\hat{\theta}_{\frac{\alpha}{2}}^*,\hat{\theta}_{1-\frac{\alpha}{2}}^*]$为 θ 的置信水平为 $1-\alpha$ 的区间估计顺理成章.用自助法得到的区间估计通常称为自助区间估计.显然,这个自助区间估计的置信水平仅近似等于 $1-\alpha$,原始样本容量 n 与模拟次数 N 越大,区间估计的近似程度就越好些.类似地,取 $\hat{\theta}_{1-\alpha}^*$为 θ 的置信水平为 $1-\alpha$ 的自助置信上限;取 $\hat{\theta}_{\alpha}^*$ 为 θ 的置信水平为 $1-\alpha$ 的自助置信下限.

下面根据表 2.6 的 $n=12$ 名经济学专业毕业生月收入数据,使用 Excel 计算经济学专业毕业生月收入的均值、中位数与第 15 百分位数的置信水平为 95% 的自助区间估计.取模拟次数 $N=5\ 000$.

- 建立经验分布数据文件. 表 2.6 的数据放在第 Q 列的第 1 至第 12 个单元格，在第 R 列的第 1 至第 12 个单元格分别都写上数字“$\frac{1}{12}$”;
- 依次点击“数据”、“数据分析”与“随机数发生器”;
- 在对话框中：
  “变量个数”栏中键入 12,“随机数个数”栏中键入 5 000,“分布”栏中显示的默认选项是“离散”,那正是我们所需的,“数值与概率输入区域”栏中键入 Q1:R12,“输出区域”栏中键入 T1,单击“确定”.

于是屏幕上就出现了 5 000×12 个来自经验分布的随机数. 每一行的 12 个随机数组成一个自助样本,共有 5 000 个自助样本.

计算一批数据的平均数、中位数与第 p 百分位数的 Excel 命令分别为

$$\text{“}=\text{AVERAGE(数据集)”“}=\text{MEDIAN(数据集)”与“}=\text{PERCENTILE. INC}\left(\text{数据集},\frac{p}{100}\right)\text{”}$$

基于表 2.6 的 $n=12$ 名经济学专业毕业生月收入数据,算得平均数 $\bar{x}=1\,940$、中位数 me = 1 905、第 15 百分位数为 1 815. 它们分别是毕业生月收入的均值、中位数与第 15 百分位数的估计. 这一次 $N=5\,000$ 的模拟结果见表 2.10 的第二列. 总体均值水平为 95% 的自助区间估计为[1 847.866,2 034.888],与式(2.3)给出的区间估计[1 831.597 122,2 048.402 878]相差不大,这个区间估计还是颇为可信的. 显然,若再做一次模拟,模拟结果与表 2.10 会有所不同. 由于模拟次数 $N=5\,000$ 很大,所以它们不会相差很大.

表 2.10 置信水平为 95% 的自助区间估计的模拟结果

	Excel 运行结果	R 运行结果
总体均值	[1 847.866, 2 034.888]	[1 856.667, 2 039.167]
总体中位数	[1 838.248, 1 984.600]	[1 865, 2 000]
总体第 15 百分位数	[1 691.097, 1 931.463]	[1 700.0, 1 886.5]

下面在 R 软件中计算 12 名经济学专业毕业生月收入的均值、中位数与第 15 百分位数的置信水平为 95% 的自助区间估计. 运行下面的程序,本次运行结果记录在表 2.10 的第三列中.

```
library(bootstrap)
  CI<-c(1 850,1 950,2 050,1 880,1 750,1 700,1 890,2 130,1 940,
  2 340,1 920,1 880)
```

```
theta1<- function(x){mean(x)}
mean_CI<- bootstrap(CI,5 000,theta1)
theta2<- function(x){median(x)}
median_CI<- bootstrap(CI,5 000,theta2)
theta3<-function(x){quantile(x,.15)}
quantile_CI<- bootstrap(CI,5 000,theta3)
quantile(mean_CI $thetastar,prob<-c(0.025,0.975))
quantile(median_CI,prob<-c(0.025,0.975))
quantile(quantile_CI,prob<-c(0.025,0.975))
```

有了置信水平为 $1-\alpha$ 的自助区间估计、置信上限与置信下限,很自然地就有了表 2.11 第一列中这些假设检验问题的水平为 α 的自助检验,见表 2.11 第二列.

表 2.11 自助检验

假设检验问题(θ_0 给定)	置信水平为 α 的自助检验
$H_0:\theta=\theta_0$, $H_1:\theta\neq\theta_0$	在 $\theta_0>\theta^*_{1-\frac{\alpha}{2}}$,或 $\theta_0<\theta^*_{\frac{\alpha}{2}}$时,拒绝 H_0,认为 $\theta\neq\theta_0$
$H_0:\theta\leqslant\theta_0$, $H_1:\theta>\theta_0$	在 $\theta_0>\theta^*_{1-\alpha}$时,拒绝 H_0,认为 $\theta>\theta_0$
$H_0:\theta=\theta_0$, $H_1:\theta>\theta_0$	
$H_0:\theta\geqslant\theta_0$, $H_1:\theta<\theta_0$	在 $\theta_0<\theta^*_{\alpha}$ 时,拒绝 H_0,认为 $\theta<\theta_0$
$H_0:\theta=\theta_0$, $H_1:\theta<\theta_0$	

有关非参数自助方法的详细介绍请见参考书目[13]第八章.

习 题 二

1. 某航空公司为了解旅客对公司服务态度的满意程度,对 50 名旅客作调查. 要求他们写出对乘机服务、机上服务和到达机场服务的满意程度. 满意程度的评分从 0 到 100. 分数越高,满意程度越高. 表 2.12 是收集到的数据.

① 对 50 名旅客关于乘机服务的满意程度数据作描述性统计分析;

② 对 50 名旅客关于机上服务的满意程度数据作描述性统计分析;

③ 对 50 名旅客关于到达机场服务的满意程度数据作描述性统计分析;

④ 对 50 名旅客关于这三个方面服务的满意程度数据作一个综合比较的描述性统计分析.

表 2.12　50 名旅客对乘机服务、机上服务和到达机场服务的满意程度的评分

乘机服务	机上服务	到达机场服务	乘机服务	机上服务	到达机场服务
71	49	58	72	76	37
84	53	63	71	25	74
84	74	37	69	47	16
87	66	49	90	56	23
72	59	79	84	28	62
72	37	86	86	37	59
72	57	40	70	38	54
63	48	78	86	72	72
84	60	29	87	51	57
90	62	66	77	90	51
72	56	55	71	36	55
94	60	52	75	53	92
84	42	66	74	59	82
85	56	64	76	51	54
88	55	52	95	66	52
74	70	51	89	66	62
71	45	68	85	57	67
88	49	42	65	42	68
90	27	67	82	37	54
85	89	46	82	60	56
79	59	41	89	80	64
72	60	45	74	47	63
88	36	47	82	49	91
77	60	75	90	76	70
64	43	61	78	52	72

2. 生存时间是评价抗肿瘤药物疗效的一个重要指标. 中位数通常用来表示平均生存时间，并称它为中位生存时间. 接受某药物治疗的 $n=11$ 例某类癌症患者的生存时间(单位:天)数据如下所示:

180　632　195　76　70　13　18　700　210　1 296　23

试根据这一批数据计算接受该药物治疗的这类癌症患者的中位生存时间的估计，以及它的置信水平为 95% 的自助区间估计.

3. VaR 是 Value at Risk(风险价值)的缩写. 它是市场波动正常时，在一定的时间期限内与给

定的置信水平下,预期的最大损失量. 例如某投资公司的一个投资组合,在未来的一周内与给定95% 的置信水平下,市场波动正常时 VaR 值为 600 万元,其含义是说该公司的这个投资组合,一周之内由于市场价格变化而导致的损失超过600 万元的概率仅为5%. 由此可见,这个600 万元就是损失量的第 95 百分位点. 假设过去的 10 周以及未来的一周市场波动均正常,过去的 10 周内公司每周的损失量(单位:万元)如下所示:

480 -520 650 750 -830 -860 865 -1 090 -1 200 1 690

其中损失量若是负数,意即公司盈余. 试计算未来的一周内与给定 95% 的置信水平下 VaR 的估计,以及它的置信水平为 90% 的自助区间估计.

第三章 符号检验法

平均数（包括切尾平均数）、中位数和众数都可用来表示数据的中心位置（或平均大小）. 在参数数据分析方法中，总体的中心位置常用总体的均值表示，所以关于中心位置的检验问题就是关于均值的检验问题. 例如在总体服从正态分布时，使用 t 检验方法检验均值. 而在非参数数据分析方法中，总体的中心位置常用总体的中位数表示，所以关于中心位置的检验问题就是关于中位数的检验问题. 本章讨论中位数检验问题的符号检验方法.

§3.1 符号检验

符号检验是较为简单的非参数数据分析方法，中位数检验是它的一个重要应用. 看下面的例子.

例 3.1 某市 2016 年高级技师的年可支配收入的中位数为 72 300 元. 该市某个行业有一个由 50 名高级技师组成的样本，这些高级技师的年可支配收入（单位：元）如下：

73 672	74 970	70 927	74 896	72 856	69 740	76 269	73 004	77 344	77 344
74 006	71 038	75 490	75 415	75 156	69 072	72 114	73 116	75 712	74 080
77 122	74 674	68 664	73 190	75 861	71 780	76 788	72 225	74 933	73 746
68 924	54 198	76 640	71 446	71 038	70 074	69 814	73 672	77 344	74 043
75 230	77 493	77 085	68 738	70 779	77 344	74 154	76 306	72 188	68 590

经计算，这 50 名高级技师年可支配收入的中位数为 73 876 元，超过了全市高级技师年可支配收入的中位数 72 300 元. 那么，在总体中该行业高级技师的年可支配收入的中位数 me 是否比全市高级技师的年可支配收入的中位数 72 300 元高？这个假设检验问题的原假设和备择假设分别为 H_0：me = 72 300 和 H_1：me > 72 300.

用第二章介绍的再抽样的自助法技术，固然可用来解这个中位数的检验问题. 这里介绍的符号检验法，不需要再抽样，也可用来解这个检验问题. 符号检验的计算很简单，只需将每一个样本数据与 72 300 进行比较，然后计算一下，有多少个样本数据大于 72 300. 本例有 $S^+=32$ 个样本数据大于 72 300. 为简化讨论，不妨假设 $P(X<\mathrm{me})=P(X>\mathrm{me})=\frac{1}{2}$，其中 X 为该行业高级技师的年可支配收入. 于是若 $\mathrm{me}>72\,300$，则

$$P(X<72\,300)<P(X<\mathrm{me})=\frac{1}{2},\quad P(X>72\,300)>P(X>\mathrm{me})=\frac{1}{2}.$$

所以一般来说，观察到的大于 72 300 的样本数据的个数比较多，而小于 72 300 的样本数据的个数比较少，即 S^+ 比较大. 因此我们在 S^+ 比较大的时候拒绝原假设 $H_0:\mathrm{me}=72\,300$，从而认为总体中该行业高级技师的年收入的中位数 $\mathrm{me}>72\,300$.

中位数的符号检验问题的一般提法如下. 样本 $x_1,x_2,\cdots,x_n$ 独立同分布，总体为 X. 符号检验对于总体 X 的分布仅作这样的假设：$P(X<\mathrm{me})=P(X>\mathrm{me})=\frac{1}{2}$. 由此可见，$P(X=\mathrm{me})=0$. 如果总体服从连续型分布，这个假设必定成立.

符号检验问题的原假设和备择假设有三种情况（如表 3.1）. 这三种情况的原假设 H_0 都是 $\mathrm{me}=\mathrm{me}_0$，其中 me_0 是给定的常数. 备择假设 H_1 分别是 $\mathrm{me}>\mathrm{me}_0$、$\mathrm{me}<\mathrm{me}_0$ 和 $\mathrm{me}\neq\mathrm{me}_0$. 由于 $P(X=\mathrm{me})=0$，所以不妨假设样本单元 $x_1,x_2,\cdots,x_n$ 都不等于 me_0. 符号检验的检验统计量为

$$S^+={}^{\#}G={}^{\#}\{x_i:x_i-\mathrm{me}_0>0,i=1,2,\cdots,n\},\tag{3.1}$$

记号“#”表示计数，即 S^+ 是集合 G 中元素的个数，其中 $G=\{x_i:x_i-\mathrm{me}_0>0,i=1,2,\cdots,n\}$，它是使得 $x_i-\mathrm{me}_0>0$ 成立的 $x_1,x_2,\cdots,x_n$ 构成的集合. S^+ 也可以等价地表示为

$$S^+=\sum_{i=1}^{n}u_i,\quad u_i=\begin{cases}1, & x_i-\mathrm{me}_0>0,\\ 0, & \text{否则},\end{cases}\quad i=1,2,\cdots,n.\tag{3.2}$$

如果 $\mathrm{me}>\mathrm{me}_0$，则 $P(X<\mathrm{me}_0)<P(X<\mathrm{me})=\frac{1}{2}$，$P(X>\mathrm{me}_0)>P(X>\mathrm{me})=\frac{1}{2}$. 一般来说，这时观察到的大于 me_0 的样本数据的个数比较多，小于 me_0 的样本数据的个数比较少，即 S^+ 比较大. 所以我们在 S^+ 比较大的时候拒绝原假设 $H_0:\mathrm{me}=\mathrm{me}_0$，而认为 $\mathrm{me}>\mathrm{me}_0$. 由于在 $\mathrm{me}=\mathrm{me}_0$ 时，$S^+\sim b\left(n,\frac{1}{2}\right)$，所以检验的显著性水平为 α 的拒绝域为 $S^+\geqslant c$，其中 c 满足条件

$$c=\inf\left\{c^*:\left(\frac{1}{2}\right)^n\sum_{i=c^*}^{n}\binom{n}{i}\leqslant\alpha\right\}.\tag{3.3}$$

也可以通过计算 p 值完成检验的程序. 由于是在 S^+ 比较大的时候拒绝原假设,根据样本数据算得的 S^+,究竟是一个比较大的数,还是比较小的数? 它的大小程度可以用 p 值来度量. p 值等于二项分布 $b\left(n,\frac{1}{2}\right)$ 的随机变量大于等于 S^+ 的概率 $P\left(b\left(n,\frac{1}{2}\right)\geqslant S^+\right)$,$p$ 值越小,表示 S^+ 越大. 如果 p 值 $\leqslant\alpha$,则在显著性水平 α 下拒绝原假设,认为 $\mathrm{me}>\mathrm{me}_0$;如果 p 值 $>\alpha$,则在显著性水平 α 下不拒绝原假设.

由 Excel 可以算得 p 值. 如果在 Excel 中输入"=BINOM.DIST(k,n,p,1)",就可以求得累积概率 $P(b(n,p)\leqslant k)$ 的值;如果在 Excel 中输入"=BINOM.DIST(k,n,p,0)",则求得概率 $P(b(n,p)=k)$ 的值. 所以在 Excel 中输入"=1-BINOM.DIST(S⁺-1,n,0.5,1)",就可以得到符号检验的 p 值,即 $P\left(b\left(n,\frac{1}{2}\right)\geqslant S^+\right)$ 的值. 例 3.1 的 $n=50$,$S^+=32$,由 Excel 可以算得检验的 p 值为 $P\left(b\left(50,\frac{1}{2}\right)\geqslant 32\right)=0.032\,454\,32$. 由于 p 值比较小,我们认为在总体中该行业高级技师年可支配收入的中位数 me 比全市高级技师年可支配收入的中位数 72 300 元高. 倘若要根据观察值算得的 S^+ 拒绝原假设,那么 p 值也可以用来度量犯第一类错误的概率. 例 3.1 的 p 值为 0.032 454 32. 它表示,人们若要根据 $S^+=32$ 拒绝原假设,那么犯第一类错误的概率只有 0.032 454 32. 人们是甘愿冒如此小的风险拒绝原假设的.

R 软件中进行符号检验可以通过定义并调用下面的函数来完成. 定义 R 函数:

```
sign.test<-function(x,m0,alpha=0.05,alter="greater"){
p<-list()
sign<-as.numeric(x>m0)
s<-sum(sign)
signneg<-as.numeric(x<m0)
sneg<-sum(signneg)
n<-s+sneg
result<-binom.test(s,n,p=0.5,alternative=alter,conf.lev-
el=alpha)
p$p.value=result$p.value
p
}
```

下面调用这个 R 函数来对例 3.1 进行符号检验. 将 50 名高级技师的年可支配

收入数据赋值给变量 CI,运行下面的程序:

```
sign.test(CI,723 00)
```

运行结果如下:

```
$p.value
[1] 0.032 454 32
```

注:符号检验函数 sign.test( )的定义中有四个自变量,x 对应的是需要进行符号检验的数据变量,m0 对应的是原假设的中位数取值,alpha 可以赋予检验水平值(这里取了 0.05),alter 是备择假设的类型"less","greater","two.sided",本例中选取的是"greater". 函数定义时预先设定检验的显著性水平值和备择假设类型,在函数调用时只需要在自变量处填入数据变量和原假设下中位数的取值就可以了

如果 $\mathrm{me}<\mathrm{me}_0$,则 $P(X<\mathrm{me}_0)>P(X<\mathrm{me})=\frac{1}{2}$,$P(X>\mathrm{me}_0)<P(X>\mathrm{me})=\frac{1}{2}$. 一般来说,这时观察到的大于 me_0 的样本数据的个数比较少,小于 me_0 的样本数据的个数比较多,即 S^+ 比较小. 所以我们在 S^+ 比较小的时候拒绝原假设 $H_0:\mathrm{me}=\mathrm{me}_0$,而认为 $\mathrm{me}<\mathrm{me}_0$. 由于在 $\mathrm{me}=\mathrm{me}_0$ 时,$S^+\sim b\left(n,\frac{1}{2}\right)$,所以检验的显著性水平为 α 的拒绝域为 $S^+\leqslant d$,其中 d 满足条件

$$d=\sup\left\{d^*:\left(\frac{1}{2}\right)^n\sum_{i=0}^{d^*}\binom{n}{i}\leqslant\alpha\right\}. \tag{3.4}$$

因为在 $p=\frac{1}{2}$ 时二项分布 $b(n,p)$ 是对称分布,所以式(3.3)的 c 和式(3.4)的 d 有关系 $d=n-c$. 我们也可以通过计算 p 值完成检验的程序. 由于是在 S^+ 比较小的时候拒绝原假设,所以 p 值等于二项分布 $b\left(n,\frac{1}{2}\right)$ 的随机变量小于等于 S^+ 的概率 $P\left(b\left(n,\frac{1}{2}\right)\leqslant S^+\right)$. 如果 p 值 $\leqslant\alpha$,则在显著性水平 α 下拒绝原假设,认为 $\mathrm{me}<\mathrm{me}_0$;如果 p 值 $>\alpha$,则在显著性水平 α 下不拒绝原假设. 由 Excel 可以算得 p 值. 我们在 Excel 中输入"=BINOM.DIST(S^+,n,0.5,1)",就可以求得 $P\left(b\left(n,\frac{1}{2}\right)\leqslant S^+\right)$ 的值.

如果 $\mathrm{me}=\mathrm{me}_0$,则 $P(X<\mathrm{me}_0)=P(X>\mathrm{me}_0)=\frac{1}{2}$. 一般来说,这时观察到的大于 me_0 的样本数据的个数与小于 me_0 的样本数据的个数没有太大的差别,即 S^+ 不很大,也不很小. 所以我们在 S^+ 比较大或比较小的时候拒绝原假设 $H_0:\mathrm{me}=\mathrm{me}_0$,而认为 $\mathrm{me}\neq\mathrm{me}_0$. 由于在 $\mathrm{me}=\mathrm{me}_0$ 时,$S^+\sim b\left(n,\frac{1}{2}\right)$,所以在显著性水平 α 下,当 $S^+\geqslant c$ 或

$S^+ \leqslant d$ 时拒绝原假设,其中 c 和 d 满足条件

$$c=\inf\left\{c^*:\left(\frac{1}{2}\right)^n \sum_{i=c^*}^{n}\binom{n}{i} \leqslant \frac{\alpha}{2}\right\}, \quad d=n-c. \tag{3.5}$$

也可以通过计算 p 值完成检验的程序. 由于是在 S^+ 比较大或比较小的时候拒绝原假设,所以 p 值等于两端的概率. 因为在 $p=\frac{1}{2}$ 时二项分布 $b(n,p)$ 是对称分布,所以在 $S^+ \geqslant \frac{n}{2}$,即 S^+ 在平均水平之上时,p 值等于 $2P\left(b\left(n,\frac{1}{2}\right) \geqslant S^+\right)$;而在 $S^+<\frac{n}{2}$,即 S^+ 在平均水平之下时,p 值等于 $2P\left(b\left(n,\frac{1}{2}\right) \leqslant S^+\right)$. 如果 p 值 $\leqslant \alpha$,则在显著性水平 α 下拒绝原假设,认为 $\mathrm{me} \neq \mathrm{me}_0$;如果 p 值 $>\alpha$,则在显著性水平 α 下不拒绝原假设. 由 Excel 可以算得 p 值. $S^+ \geqslant \frac{n}{2}$ 时输入"=2(1-BINOM.DIST(S^+-1,n,0.5,1))";$S^+<\frac{n}{2}$ 时输入"=2(BINOM.DIST(S^+,n,0.5,1))",即可求得 p 值.

中位数符号检验问题的解如表 3.1 所示.

表 3.1 符号检验问题的解

原假设 H_0	备择假设 H_1	水平 α 的拒绝域	p 值的计算
$\mathrm{me}=\mathrm{me}_0$	$\mathrm{me}>\mathrm{me}_0$	$S^+ \geqslant c$,c 满足式(3.3)	$P\left(b\left(n,\frac{1}{2}\right) \geqslant S^+\right)$
	$\mathrm{me}<\mathrm{me}_0$	$S^+ \leqslant d$,d 满足式(3.4)	$P\left(b\left(n,\frac{1}{2}\right) \leqslant S^+\right)$
	$\mathrm{me} \neq \mathrm{me}_0$	$S^+ \geqslant c$ 或 $S^+ \leqslant d$,c 和 d 满足式(3.5)	$S^+ \geqslant \frac{n}{2}$ 时,$2P\left(b\left(n,\frac{1}{2}\right) \geqslant S^+\right)$ $S^+<\frac{n}{2}$ 时,$2P\left(b\left(n,\frac{1}{2}\right) \leqslant S^+\right)$

在实际问题中可能有某一些观察值 x_i 正好等于 me_0,这时有以下两种处理方法:

① 将这些正好等于 me_0 的观察值舍去,并相应地减少样本容量 n 的值;

② 为什么这些观察值正好等于 me_0,这很可能与我们使用的计量单位有关. 如果使用更小的计量单位,这些观察值就有可能不会正好等于 me_0 了,可能比 me_0 大,也有可能比 me_0 小. 第 2 种处理方法就是将符号检验统计量 S^+ 修正为

$$S^{+}={}^{\#}\{x_i:x_i-\mathrm{me}_0>0,i=1,2,\cdots,n\}+\frac{1}{2}{}^{\#}\{x_i:x_i-\mathrm{me}_0=0,i=1,2,\cdots,n\}.$$

前面定义的 R 符号检验函数对等于 me_0 的观察值采用了第 1 种处理方法. 如果想要采用第 2 种处理方法, 只需要在函数的定义中对 n 和 S^{+} 的取值方式进行修改即可. 有的时候, 需要对具体问题进行具体分析, 然后决定采用哪一种处理方法. 有时, 也可以这两种处理方法都采用, 将它们的检验结果进行比较. 如果检验结果相同, 这无疑增加了这个检验结果的可信性; 如果不同, 就要具体问题具体分析, 很有可能需要再进行观察, 增加样本容量.

至此我们讨论了中位数的检验问题, 至于中位数的估计 (包括区间估计) 问题将在本书的附录 3 中进行讨论. 我们知道中位数是第 50 百分位数. 附录 3 还将介绍一般的分位数的检验问题.

§3.2 符号检验在定性数据分析中的应用

有的时候, 观察值是一些定性数据. 如果定性数据仅取两个值, 就可以使用符号检验对它进行统计分析. 看下面的例子.

例 3.2 某项调查询问了 2 000 名青年人. 问题是: "你认为我们的生活环境是比过去更好、更差, 还是没有变化?" 有 800 人觉得"越来越好", 有 720 人感觉"一天不如一天", 有 400 人表示"没有变化, 一直如此", 还有 80 人说"不知道". 根据调查结果, 你是否相信, 在总体中认为"我们的生活环境比过去更好"的人比认为"我们的生活环境比过去更差"的人多?

将回答"没有变化, 一直如此"和说"不知道"的人舍去, 只需要回答"越来越好"和"一天不如一天"的人, 它们共有 800+720=1 520 人. 因此这项研究所用的样本容量 $n=1\ 520$. 令 p 表示认为"越来越好"的青年人所占的比例, 则我们所要检验的原假设和备择假设分别为 $H_0:p=\frac{1}{2}$ 和 $H_1:p>\frac{1}{2}$.

有时 (例如在计算机中输入数据时), 为方便起见, 常用数 1 和 0, 或 +1 和 −1, 或干脆用符号"+"和"−"分别表示"越来越好"和"一天不如一天", 这就是取两个值的定性数据. 符号检验可以用来对这样的数据作统计分析, 这个问题实际上是二项分布 $b(n,p)$ 的 p 是否等于 $\frac{1}{2}$ 的检验问题. 它和上面讨论的中位数检验问题没有实质的差别，其解见表 3.1.

例 3.2 的检验问题的检验统计量为 1 520 个人中认为“我们的生活环境比过去更好”的人数 S^+. 我们在 S^+ 比较大的时候拒绝原假设，认为 $p>\frac{1}{2}$. S^+ 越大，我们越是相信：认为“我们的生活环境比过去更好”的人比认为“我们的生活环境比过去更差”的人多. 由调查得到 S^+ 的观察值为 800. 因为原假设 $H_0:p=\frac{1}{2}$ 成立时，$S^+\sim b\left(1\,520,\frac{1}{2}\right)$，所以检验的 p 值等于 $P(S^+\geqslant 800)=P\left(b\left(1\,520,\frac{1}{2}\right)\geqslant 800\right)$. 在 Excel 中输入“1-BINOM. DIST(799,1 520,0.5,1)”即得 p 值，它等于 0.021 348 979. 由于样本容量 $n=1\,520$ 很大，还可以使用二项分布的正态近似计算 p 值. 众所周知，当 n 比较大时，若 $S^+\sim b(n,p)$，则 $z=\frac{S^+-np}{\sqrt{np(1-p)}}$ 的渐近分布为标准正态分布 $N(0,1)$. 这个结果简单地表示为，S^+ 近似地服从正态分布 $N(np,np(1-p))$，记为 $S^+\sim N(np,np(1-p))$. 对本例来说，由于 $S^+\sim b\left(1\,520,\frac{1}{2}\right)$，所以 $S^+\sim N(760,380)$，故 p 值近似等于

$$P(S^+\geqslant 800)\approx\Phi\left(\frac{760-800}{\sqrt{380}}\right)=0.020\,086\,935. \tag{3.6}$$

另一方面，由于二项分布是离散型分布，所以 $P(S^+\geqslant 800)=P(S^+>799)$，故 p 值也近似等于

$$P(S^+\geqslant 800)=P(S^+>799)\approx\Phi\left(\frac{760-799}{\sqrt{380}}\right)=0.022\,714\,641. \tag{3.7}$$

这两个 p 值互不相等，其原因就在于二项分布是离散型分布，而正态分布是连续型分布. 在离散型分布用连续型分布近似时，要作连续性修正. 按照英国统计学家 F. Yates(1934)提出的，在二项分布用正态分布近似时的连续性修正方法，符号检验的 p 值近似地取为

$$P(S^+\geqslant 800)\approx\Phi\left(\frac{760-799.5}{\sqrt{380}}\right)=0.021\,366\,655. \tag{3.8}$$

Yates 的连续性修正方法可以看成式(3.6)和式(3.7)的综合. 它与 Excel 精确计算得到的检验 p 值 0.021 349 非常接近. 由于 p 值很小，我们相信：认为“我们的生活环境比过去更好”的人比认为“我们的生活环境比过去更差”的人多.

在 R 软件中,可以通过编程计算的方式计算出例 3.2 的符号检验的精确 p 值. 在上一节定义的 sign. test()函数的基础上,运行如下程序:

```
x<-c(rep(1,800),rep(-1,720),rep(0,400))
sign.test(x,0)
```

运行结果:

```
$p.value
[1] 0.021 348 98
```

本例是假设检验问题,检验的假设是:认为“我们的生活环境比过去更好”的人是否比认为“我们的生活环境比过去更差”的人多. 所以可以将回答“没有变化,一直如此”和说“不知道”的人舍去,只需要回答“越来越好”和“一天不如一天”的样本. 如果要估计青年人中认为生活环境“越来越好”的人所占的比例 p_1,与青年人中认为生活环境“一天不如一天”的人所占的比例 p_2 的差 p_1-p_2,就不可以将回答“没有变化,一直如此”和说“不知道”的人舍去,而将 p_1-p_2 估计为 $\frac{800-720}{1\,520}=0.053$. 显然,$p_1-p_2$ 的估计应为 $\frac{800-720}{2\,000}=0.04$. 至于 p_1-p_2 的区间估计问题见本章习题第 5 题.

注:在 $x \sim b(n,p)$ 时,Yates 的连续性修正有以下一些:

$$P(X\leqslant k)\approx\Phi\left(\frac{k+\frac{1}{2}-np}{\sqrt{np(1-p)}}\right),\quad P(X<k)\approx\Phi\left(\frac{k-\frac{1}{2}-np}{\sqrt{np(1-p)}}\right),$$

$$P(X\geqslant k)\approx\Phi\left(\frac{np-k+\frac{1}{2}}{\sqrt{np(1-p)}}\right),\quad P(X>k)\approx\Phi\left(\frac{np-k-\frac{1}{2}}{\sqrt{np(1-p)}}\right).$$

§3.3 成对数据的比较问题

比较成对数据是测试某品种农作物(或某品种饲料、某生产方式等)的效果的一个有效方法,符号检验可用于成对数据的比较问题. 例如,农作物的产量和它的生长环境密切相关,所以要比较两个不同品种的农作物产量有没有差异,必须为它们选择相同的生长环境. 一个通常采用的方法如下:首先挑选 n 块田,同一块田上作物生长环境相同,不同块田上作物生长环境可以互不相同;然后把每一块田一分为二,分别同时种上这两个品种的作物.假设它们的产量分别如表 3.2 所示.

表 3.2　两个不同品种的农作物产量

	第 1 块田	第 2 块田	…	第 n 块田
品种 1	x_{11}	x_{12}	…	x_{1n}
品种 2	x_{21}	x_{22}	…	x_{2n}

其中 x_{ji} 是第 i 块田上品种 j 作物的产量,$j=1,2,i=1,2,\cdots,n$.假设所有的观察值相互独立.由于这 n 块田的作物生长环境并不完全相同,所以我们可以假设 $x_{11},x_{12},\cdots,x_{1n}$ 相互独立,但不能假设它们同分布.关于 $x_{21},x_{22},\cdots,x_{2n}$,我们同样也只能假设它们相互独立,而不能假设它们同分布.所以两样本的统计比较的方法,例如两个正态样本的 t 检验方法,以及本书后面介绍的两样本非参数检验方法等,都不能用于这种类型数据的分析工作.

由于同一块田的作物生长环境相同,不同块田的作物生长环境不一定相同,所以将这批数据写为成对数据的形式

$$\begin{pmatrix} x_{11} \\ x_{21} \end{pmatrix},\begin{pmatrix} x_{12} \\ x_{22} \end{pmatrix},\cdots,\begin{pmatrix} x_{1n} \\ x_{2n} \end{pmatrix}.$$

同一对里的两个数 x_{1i} 和 x_{2i} 的差异除了与随机误差有关外,还可能与品种 1 和 2 的差异有关.不同对里的两个数 x_{1i_1} 和 $x_{2i_2}(i_1\neq i_2)$ 的差异除了与随机误差有关,可能与品种 1 和 2 的差异有关外,还可能与不同作物的生长环境有关.分析成对数据的关键就是作同一对里的两个数 x_{1i} 和 x_{2i} 的差值 $d_i=x_{1i}-x_{2i},i=1,2,\cdots,n$.关于 $d_1,d_2,\cdots,d_n$,我们不仅假设它们相互独立,而且还可以假设它们同分布.基于差值 $d_1,d_2,\cdots,d_n$ 的中位数的符号检验,将说明这两个不同品种的农作物的产量有没有显著的差异.

通常用可加模型解释成对数据.假设第 i 块田上品种 j 作物的产量

$$x_{ji}=\alpha_j+\beta_i+\varepsilon_{ji},\quad j=1,2,\ i=1,2,\cdots,n,$$

其中 α_j 表示品种 j 的效应,或者将 α_j 理解为品种 j 作物的平均产量($j=1,2$);β_i 表示第 i 块田的作物生长环境的效应,或者将 β_i 理解为第 i 块田生长的作物的平均产量($i=1,2,\cdots,n$);ε_{ji} 表示随机误差.一般来说,误差分布为对称分布.在使用参数型数据分析方法时,通常假设这些 ε_{ji} 独立同正态 $N(0,\sigma^2)$ 分布.这里我们使用非参数型数据分析方法,仅假设这些 $\varepsilon_{ji}(j=1,2,i=1,2,\cdots,n)$ 相互独立,$\varepsilon_{11},\varepsilon_{12},\cdots,\varepsilon_{1n}$ 同服从关于原点 0 对称的连续型分布,$\varepsilon_{21},\varepsilon_{22},\cdots,\varepsilon_{2n}$ 同服从关于原点 0 对称的连续型

分布.

由可加模型的假设,

$$d_i = x_{1i} - x_{2i} = \theta + \delta_i, \quad i = 1, 2, \cdots, n,$$

其中 $\theta=\alpha_1-\alpha_2$,表示品种 1 和品种 2 的效应的差;$\delta_i=\varepsilon_{1i}-\varepsilon_{2i}$. 所以这两个不同品种的农作物有没有显著差异的检验问题,就等价于 θ 是否等于 0 的检验问题. 由于 $\varepsilon_{ji}(j=1,2,i=1,2,\cdots,n)$ 相互独立,$\varepsilon_{11},\varepsilon_{12},\cdots,\varepsilon_{1n}$ 同服从关于原点 0 对称的连续型分布,$\varepsilon_{21},\varepsilon_{22},\cdots,\varepsilon_{2n}$ 同服从关于原点 0 对称的连续型分布,所以 $\delta_i=\varepsilon_{1i}-\varepsilon_{2i}(i=1,2,\cdots,n)$ 独立同分布. 下面证明 δ_i 也服从关于原点对称的分布,即它满足条件:对任意的 $c\geqslant 0$,都有 $P(\delta_i>c)=P(\delta_i<-c)$.

由于 ε_{1i} 和 ε_{2i} 都服从关于原点 0 对称的分布,所以 $\varepsilon_{1i}-\varepsilon_{2i}$ 和 $(-\varepsilon_{1i})-(-\varepsilon_{2i})=\varepsilon_{2i}-\varepsilon_{1i}$ 有相同的分布,记为 $\varepsilon_{1i}-\varepsilon_{2i}\overset{\mathrm{d}}{=\!=}\varepsilon_{2i}-\varepsilon_{1i}$,其中符号"$\overset{\mathrm{d}}{=\!=}$"表示等式两边的这两个随机变量同分布. 所以

$$\begin{aligned} P(\delta_i>c) &= P(\varepsilon_{1i}-\varepsilon_{2i}>c) = P(\varepsilon_{2i}-\varepsilon_{1i}>c) \\ &= P(\varepsilon_{1i}-\varepsilon_{2i}<-c) = P(\delta_i<-c). \end{aligned}$$

从而知,$d_1,d_2,\cdots,d_n$ 独立同分布,同为关于 θ 对称的分布. 这样一来,这两个不同品种的农作物有没有差异的检验问题,就等价于对称中心 θ 是否等于 0 的检验问题. 显然,对称分布的均值和中位数相同,都等于对称中心 θ. 由此可见,中位数检验问题的符号检验可用于关于对称中心的检验问题. 此外,还有下面一章将要介绍的符号秩和检验也可用于关于对称中心的检验问题.

习 题 三

1. 某地区从事管理工作的职员的月可支配收入的中位数是 6 500 元. 现有一个该地区从事管理工作的 40 位女性职员组成的样本. 她们的月可支配收入数据如下:

6 200	5 100	6 300	4 900	7 100
5 700	4 900	5 200	6 600	7 200
6 500	6 900	5 500	5 800	6 400
7 000	3 900	5 100	7 500	6 300
5 400	6 000	6 700	6 000	4 800
5 800	7 200	6 200	7 100	6 900

6 000	7 300	6 600	6 300	6 800
6 200	5 500	6 300	5 400	4 800

① 使用样本数据检验:该地区从事管理工作的女性职员的月可支配收入的中位数是否低于6 500元?

② 使用样本数据给出该地区从事管理工作的女性职员的月可支配收入的中位数的(点)估计和95%的区间估计.

2. 某地区新建住宅的房价(单位:元/m^2)中位数是6 500.在一个由72所新建住宅组成的样本中,40所住宅的房价超过6 500,30所住宅的房价低于6 500,另有2所住宅的房价恰好等于6 500.使用样本数据检验:该地区新建住宅的房价中位数是否是6 500?

3. 一项调查询问了2 506个成年人.其中的一个问题是:“你认为你的孩子将来会过上比你现在更好的生活、比你现在较差的生活,还是将过上与你现在一样的生活?”调查结果如下:有1 552个人认为更好,有527个人认为较差,有327个人认为一样,还有100个人认为很难说.

① 使用样本数据检验:相信孩子会过上更好的生活的成年人是否比相信孩子会过上较差的生活的成年人多?

② 令p表示相信孩子会过上更好的生活的成年人在成年人中的比例,使用样本数据给出p的(点)估计和95%的区间估计.

4. 由往年的人口调查数据知,某地区65岁及以上的老年人口占总人口的比重为9.4%.这说明65岁是该地区居民年龄的90.6%分位数.今年的人口调查样本容量为157 860人,其中65岁及以上的老年人有18 154人.使用样本数据检验:该地区65岁及以上的老年人口占总人口的比重是否超过了9.4%?这也就是使用样本数据检验:该地区居民年龄的90.6%分位数是否超过了65岁?

*5. 在样本$x_1,x_2,\cdots,x_n$中,$^{\#}\{x_i=a_1,i=1,2,\cdots,n\}=n_1$,$^{\#}\{x_i=a_2,i=1,2,\cdots,n\}=n_2$,$^{\#}\{x_i=a_3,i=1,2,\cdots,n\}=n_3$,其中$n_1+n_2+n_3=n$.令$P(x_1=a_i)=p_i,i=1,2,3$,其中$p_1+p_2+p_3=1$.

① 证明:$E(n_1-n_2)=n(p_1-p_2)$,$D(n_1-n_2)=n[p_1+p_2-(p_1-p_2)^2]$;

② 设原假设为$p_1=p_2$,备择假设为$p_1\neq p_2$,基于观察值$n_i,i=1,2,3$,求该检验问题的解;

③ 基于观察值$n_i,i=1,2,3$,求p_1-p_2的(点)估计和区间估计;

④ 试给出例3.2中p_1-p_2的95%区间估计,其中p_1和p_2分别为青年人中认为“我们的生活环境比过去更好”的人和认为“我们的生活环境比过去更差”的人所占的比例.

第四章　符号秩和检验法

如果随机变量 X 的密度函数 $f(x)$ 是偶函数，则 X 的分布关于原点 0 对称. 关于原点 0 对称的分布满足条件：对任意的实数 $a>0$，都有 $P(X>a)=P(X<-a)$. 如果 $f(x)$ 是密度函数，不难证明 $f(x-\theta)$ 也是密度函数. 所以在密度函数 $f(x)$ 为偶函数时，$f(x-\theta)$ 是关于点 θ 对称的密度函数. 如果随机变量 X 的密度函数关于点 θ 对称，则 X 的分布关于点 θ 对称. 关于点 θ 对称的分布满足条件：对任意的实数 $a>0$，都有 $P(X>\theta+a)=P(X<\theta-a)$. 本节讨论对称中心 θ 的检验问题.

§4.1　对称中心为原点的检验问题

上一节我们将成对数据的比较问题归结为对称中心 θ 是否为原点 0 的检验问题，这个检验问题的一般提法如下. 假设样本 $x_1,x_2,\cdots,x_n$ 独立同分布，总体 X 服从连续型分布，且 X 的分布关于点 θ 对称，其密度函数为 $f(x-\theta)$，$f(\cdot)$ 是偶函数. 我们假设总体服从连续型分布只是为了理论讨论的方便，在实际应用时不必拘泥于这个假设是否成立，对于离散型分布也可以使用符号秩和检验方法. 对称中心 θ 是否为原点 0 的检验问题的原假设和备择假设有三种情况. 它们的原假设 H_0 都是对称中心 θ 为原点，即 $\theta=0$，而备择假设 H_1 分别是 $\theta>0$，$\theta<0$ 和 $\theta\neq0$. 显然，若 X 的分布关于点 θ 对称，则 X 的均值和中位数相同，都等于 θ. 所以对称中心 θ 是否为原点的检验问题，可以转化为中位数 θ 是否等于 0 的检验问题，因此符号检验可用于对称中心 θ 是否为原点的检验问题. 但符号检验并没有充分运用分布是对称分布的信息，它并不能有效地解决对称中心 θ 是否为原点的检验问题. 符号秩和检验方法作为符号检验的改进，能有效地解决此问题.

关于对称中心 θ 是否为原点 0 的检验问题，符号检验统计量为

$$S^+=\sum_{i=1}^{n}u_i,\quad u_i=\begin{cases}1, & x_i>0,\\ 0, & 否则,\end{cases}\quad i=1,2,\cdots,n.$$

显然，S^+仅使用了样本数据是正数还是负数的信息，而没有使用样本数据的值有多大或多小的信息. 符号秩和检验方法之所以是符号检验的改进，就是因为它还用到了样本数据值的大小的信息. 首先将样本的绝对值$|x_1|,|x_2|,\cdots,|x_n|$按由小到大的次序排列. 由于总体服从连续型分布，不妨假设样本$x_1,x_2,\cdots,x_n$互不相等，都不等于0，且样本的绝对值$|x_1|,|x_2|,\cdots,|x_n|$也互不相等. 为此我们假设$|x_1|,|x_2|,\cdots,|x_n|$由小到大排列成$z_{(1)}<z_{(2)}<\cdots<z_{(n)}$. 若$|x_i|=z_{(R_i)}$，则称$|x_i|$的秩为$R_i$，$R_i=1,2,\cdots,n$. 符号秩和检验统计量为

$$W^+=\sum_{i=1}^{n}u_iR_i.$$

显然，W^+不仅有样本数据是正数还是负数的信息，而且还有样本数据值的大小的信息.

表 4.1 给出了样本容量 $n=10$ 的 10 个观察值，以及它们的符号、绝对值和绝对值的秩.

表 4.1　10 个观察值和它们的符号、绝对值和绝对值的秩

观察值	−7.6	−5.5	4.3	2.7	−4.8	2.1	−1.2	−6.6	−3.3	−8.5
符号	−	−	+	+	−	+	−	−	−	−
绝对值	7.6	5.5	4.3	2.7	4.8	2.1	1.2	6.6	3.3	8.5
绝对值的秩	9	7	5	3	6	2	1	8	4	10

因为 10 个观察值中有 3 个是正的，所以符号检验统计量 $S^+=3$. 它的计算相当简单. 而符号秩和检验统计量 $W^+=5+3+2=10$. 它的计算稍许复杂一些.

下面讨论符号秩和检验的检验方法. 首先考虑备择假设 H_1 为 $\theta>0$ 的检验问题. 如果 $\theta>0$，则总体 X 的分布关于正数 θ 对称，从而有 $P(X>0)>P(X>\theta)=\dfrac{1}{2}$，$P(X<0)<P(X<\theta)=\dfrac{1}{2}$. 所以一般来说，观察到的取正值的样本数据的个数比较多，取负值的样本数据的个数比较少. 对任意正数 a，

$$\begin{aligned}P(X>a)&=P(X>\theta+(a-\theta))=P(X<\theta-(a-\theta))\\&=P(X<-a+2\theta)>P(X<-a).\end{aligned}$$

如图 4.1 所示，由于对任意正数 a，$P(X>a)>P(X<-a)$，所以一般来说，不仅观察到

的取正值的样本数据的个数比较多，而且取正值的样本数据的绝对值也比较大. 由此可见，W^+ 比较大. 所以我们在 W^+ 比较大的时候拒绝原假设 $H_0:\theta=0$，而认为 $\theta>0$. 给定显著性水平 α，则在 $W^+\geqslant c$ 时拒绝原假设，其中 c 为检验的临界值（下述各个临界值与 p 值的概率都是在原假设 H_0 为真的时候进行计算的）

$$c=\inf\{c^*:P(W^+\geqslant c^*)\leqslant\alpha\}.$$

检验的 p 值为尾部概率

$$P(W^+\geqslant \text{由样本 } x_1,x_2,\cdots,x_n \text{ 算得的 } W^+\text{的值}).$$

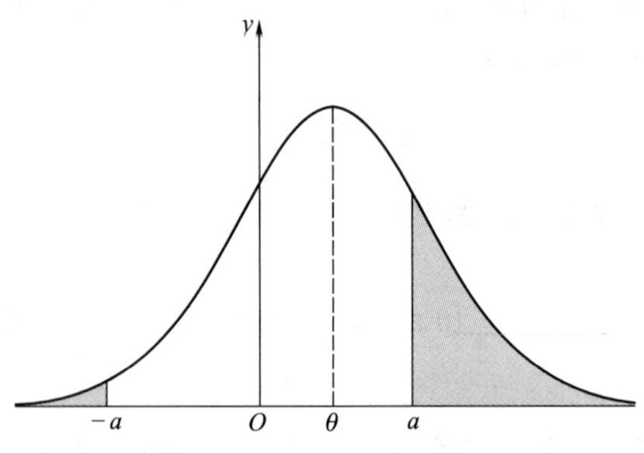

图 4.1 关于正数 θ 对称的分布

接下来考虑备择假设 H_1 为 $\theta<0$ 的检验问题. 如果 $\theta<0$，则总体 X 的分布关于负数 θ 对称. 从而有 $P(X>0)<P(X>\theta)=\dfrac{1}{2}$ 和 $P(X<0)>P(X<\theta)=\dfrac{1}{2}$，以及对于任意正数 a，$P(X>a)<P(X<-a)$. 所以一般来说，这时观察到的取正值的样本数据的个数比较少，而且取正值的样本数据的绝对值也比较小. 由此可见，W^+ 比较小. 所以我们在 W^+ 比较小的时候拒绝原假设 $H_0:\theta=0$，而认为 $\theta<0$. 给定显著性水平 α，则在 $W^+\leqslant d$ 时拒绝原假设，其中 d 为检验的临界值

$$d=\sup\{d^*:P(W^+\leqslant d^*)\leqslant\alpha\},$$

检验的 p 值为累积概率

$$P(W^+\leqslant \text{由样本 } x_1,x_2,\cdots,x_n \text{ 算得的 } W^+\text{的值}).$$

最后考虑备择假设 H_1 为 $\theta\neq0$ 的检验问题. 由于我们在 W^+ 比较大的时候认为 $\theta>0$，在 W^+ 比较小的时候认为 $\theta<0$，所以关于备择假设 $H_1:\theta\neq0$ 的检验问题，我们是在 W^+ 比较大或 W^+ 比较小的时候拒绝原假设 $H_0:\theta=0$，而认为 $\theta\neq0$. 给定显著性水平 α，则在 $W^+\geqslant c$，或 $W^+\leqslant d$ 时拒绝原假设，其中检验的临界值 c 和 d 分别为

$$c=\inf\left\{c^*:P(W^+\geqslant c^*)\leqslant\frac{\alpha}{2}\right\},\quad d=\sup\left\{d^*:P(W^+\leqslant d^*)\leqslant\frac{\alpha}{2}\right\}.$$

下面讨论备择假设为 $\theta\neq 0$ 时 p 值是如何计算的.

显然,W^+的分布为离散型分布,$W^+=0,1,2,\cdots,\frac{n(n+1)}{2}$. 在所有的观察值都是负数的时候,$W^+=0$;在只有一个观察值是正数且它的绝对值最小的时候,$W^+=1$;依此类推,在所有的观察值都是正数的时候,$W^+=\frac{n(n+1)}{2}$. 下一节我们将证明(见性质 4.3),在原假设成立即总体的分布关于原点 0 对称时,W^+服从对称分布,其对称中心为$\frac{n(n+1)}{4}$. 由此可见,在备择假设为 $\theta\neq 0$ 时,由于我们在 W^+比较大或 W^+比较小的时候拒绝原假设 $\theta=0$,所以在由样本 $x_1,x_2,\cdots,x_n$ 算得的 W^+的值小于等于$\frac{n(n+1)}{4}$时,检验的 p 值为累积概率的 2 倍,即

$$2P(W^+\leqslant \text{由样本 } x_1,x_2,\cdots,x_n \text{ 算得的 } W^+\text{的值});$$

同样地,在由样本 $x_1,x_2,\cdots,x_n$ 算得的 W^+的值大于等于$\frac{n(n+1)}{4}$时,检验的 p 值为尾部概率的 2 倍,即

$$2P(W^+\geqslant \text{由样本 } x_1,x_2,\cdots,x_n \text{ 算得的 } W^+\text{的值}).$$

符号秩和检验问题的解如表 4.2 所示.

表 4.2 符号秩和检验问题的解

H_0	H_1	水平 α 的拒绝域	p 值的计算
$\theta=0$	$\theta>0$	$W^+\geqslant c$, $c=\inf\{c^*:P(W^+\geqslant c^*)\leqslant\alpha\}$	$P(W^+\geqslant$ 由 $x_1,x_2,\cdots,x_n$ 算得的 W^+的值)
	$\theta<0$	$W^+\leqslant d$, $d=\sup\{d^*:P(W^+\leqslant d^*)\leqslant\alpha\}$	$P(W^+\leqslant$ 由 $x_1,x_2,\cdots,x_n$ 算得的 W^+的值)
	$\theta\neq 0$	$W^+\geqslant c$,或 $W^+\leqslant d$, $c=\inf\left\{c^*:P(W^+\geqslant c^*)\leqslant\frac{\alpha}{2}\right\}$ $d=\sup\left\{d^*:P(W^+\leqslant d^*)\leqslant\frac{\alpha}{2}\right\}$	由 $x_1,x_2,\cdots,x_n$ 算得的 W^+的值$\leqslant\frac{n(n+1)}{4}$时, $2P(W^+\leqslant$ 由 $x_1,x_2,\cdots,x_n$ 算得的 W^+的值); 由 $x_1,x_2,\cdots,x_n$ 算得的 W^+的值$>\frac{n(n+1)}{4}$时, $2P(W^+\geqslant$ 由 $x_1,x_2,\cdots,x_n$ 算得的 W^+的值)

由上面的讨论知,符号秩和检验的临界值和 p 值的计算归结为原假设成立即总体的分布关于原点 0 对称时,W^+ 的累积概率和尾部概率的计算问题. 这个问题在下一节讨论.

§4.2 符号秩和检验统计量 W^+ 的性质

为讨论 W^+ 的累积概率(或尾部概率)的计算问题,我们首先对 W^+ 的分布的性质进行讨论. 在 W^+ 的分布的众多性质中,最为关键的是下面这一个性质.

性质 4.1 令 $S=\sum_{i=1}^{n} iu_i$,则在总体的分布关于原点 0 对称时,W^+ 与 S 同分布,即

$$W^+ \stackrel{d}{=} S.$$

由于 $W^+=\sum_{i=1}^{n} u_iR_i$,所以 $S=\sum_{i=1}^{n} iu_i$ 是 W^+ 当 $R_i=i(i=1,2,\cdots,n)$ 时的特殊情况. $R_i=i\ (i=1,2,\cdots,n)$ 意味着 $|x_1|<|x_2|<\cdots<|x_n|$,所以我们可以用下面这样的方式去理解性质 4.1. 首先把原本的样本观察值 $x_1,x_2,\cdots,x_n$ 相互交换重新排列,使得 $|x_1|<|x_2|<\cdots<|x_n|$. 这相当于将 $R_1,R_2,\cdots,R_n$ 相互交换重新排列,使得 $R_i=i\ (i=1,2,\cdots,n)$. 相互交换重新排列后的样本观察值的符号秩和检验统计量 $W^+=\sum_{i=1}^{n} iu_i$.

对表 4.1 来说,10 个观察值重新排列后它们的符号、绝对值和绝对值的秩如表 4.3 所示.

表 4.3 10 个观察值重新排列后它们的符号、绝对值和绝对值的秩

观察值	−1.2	2.1	2.7	−3.3	4.3	−4.8	−5.5	−6.6	−7.6	−8.5
符号	−	+	+	−	+	−	−	−	−	−
绝对值	1.2	2.1	2.7	3.3	4.3	4.8	5.5	6.6	7.6	8.5
绝对值的秩	1	2	3	4	5	6	7	8	9	10

它的符号秩和检验统计量 $W^+=2+3+5=10$,与按表 4.1 计算的,原本的样本观察值的 W^+ 值相同.

人们可能会产生这样一个错觉，既然原本的样本观察值的 $W^+=\sum_{i=1}^n u_iR_i$，相互交换重新排列后的样本观察值的 $W^+=\sum_{i=1}^n iu_i$，所以 $W^+=\sum_{i=1}^n u_iR_i=\sum_{i=1}^n iu_i$，性质 4.1 得到证明. 这样的证明方法是有问题的. 细心的读者会发现，这个证明方法并没有用到性质 4.1 的假设条件：“总体的分布关于原点 0 对称.”事实上，性质 4.1 并没有就此得到证明. 性质 4.1 的证明见附录 4.

由性质 4.1 知，W^+的分布的性质与 S 的分布的性质相同. 由于 $W^+=\sum_{i=1}^n u_iR_i$，所以 W^+与随机变量 $u_1,u_2,\cdots,u_n$ 和 $R_1,R_2,\cdots,R_n$ 都有关系，而 $S=\sum_{i=1}^n iu_i$ 仅与随机变量 $u_1,u_2,\cdots,u_n$ 有关系，所以研究 S 的分布的性质比研究 W^+的分布的性质容易得多. 下面我们首先研究 S，然后研究 W^+的分布的性质.

① 概率分布

在总体 X 的分布关于原点 0 对称时，$u_1,u_2,\cdots,u_n$ 相互独立同分布，每一个 u_i 的分布都是 $P(u_i=0)=P(u_i=1)=\dfrac{1}{2}$，$i=1,2,\cdots,n$. 所以 $S=\sum_{i=1}^n iu_i$ 是离散型分布，它的取值范围为 $0,1,2,\cdots,\dfrac{n(n+1)}{2}$，并且

$$P(S=d)=P\left(\sum_{i=1}^n iu_i=d\right)=\frac{t_n(d)}{2^n},\quad d=0,1,2,\cdots,\frac{n(n+1)}{2},\tag{4.1}$$

其中 $t_n(d)$ 表示从 $1,2,\cdots,n$ 这 n 个数中任取若干个数（包括一个都不取），其和恰为 d，共有多少种取法.

显然，$t_n(0)=t_n(1)=t_n(2)=1$. 因为从 $1,2,\cdots,n$ 这 n 个数中任取若干个数其和恰为 3 的取法只有 2 种：3 和 1+2，所以 $t_n(3)=2$. 同理，$t_n(4)=2$. 因为从 $1,2,\cdots,n$ 这 n 个数中任取若干个数其和恰为 5 的取法只有 3 种：5，1+4 和 2+3，所以 $t_n(5)=3$. 因为从 $1,2,\cdots,n$ 这 n 个数中任取若干个数其和恰为 6 的取法只有 4 种：6，1+5，2+4 和 1+2+3，所以 $t_n(6)=4$.

由于 W^+与 S 有相同的概率分布，所以由式(4.1)我们得到了 W^+的分布的一个性质.

性质 4.2 在总体的分布关于原点 0 对称时，W^+的概率分布为

$$P(W^+=d)=P\left(\sum_{i=1}^n u_iR_i=d\right)=\frac{t_n(d)}{2^n},$$

$$d=0,1,2,\cdots,\frac{n(n+1)}{2}. \tag{4.2}$$

② 对称性

如果从 1,2,⋯,n 这 n 个数中任取若干个数(包括一个都不取),其和恰为 d,那么剩下来没有取到的数的和就为$\frac{n(n+1)}{2}-d$,所以从 1,2,⋯,n 这 n 个数中任取若干个数(包括一个都不取)其和恰为 d 的取法种数 $t_n(d)$,等于从 1,2,⋯,n 这 n 个数中任取若干个数(包括一个都不取)其和恰为$\frac{n(n+1)}{2}-d$ 的取法种数 $t_n\left(\frac{n(n+1)}{2}-d\right)$. 从而由式(4.2)知,对所有的 $d=0,1,2,\cdots,\frac{n(n+1)}{2}$,都有 $P(W^+=d)=P\left(W^+=\frac{n(n+1)}{2}-d\right)$. 由此推得,对所有的 $d=0,1,2,\cdots,\frac{n(n+1)}{2}$,都有

$$P(W^+\leqslant d)=P\left(W^+\geqslant\frac{n(n+1)}{2}-d\right), \tag{4.3}$$

这也就是说,对所有的 $d=0,1,2,\cdots,\frac{n(n+1)}{4}$,都有

$$P\left(W^+=\frac{n(n+1)}{4}-d\right)=P\left(W^+=\frac{n(n+1)}{4}+d\right),$$

$$P\left(W^+\leqslant\frac{n(n+1)}{4}-d\right)=P\left(W^+\geqslant\frac{n(n+1)}{4}+d\right).$$

由此可见,W^+服从对称分布,从而有 W^+的分布的又一个性质.

性质 4.3 在总体的分布关于原点 0 对称时,W^+服从对称分布,对称中心为 0,1,2,⋯,$\frac{n(n+1)}{2}$的中点$\frac{n(n+1)}{4}$.

由式(4.2)和式(4.3),人们构造了符号秩和检验临界值表(见本书附表 1). 在样本容量 $n\leqslant 30$ 时,查附表 1 得到的 c_α 满足条件 $c_\alpha=\inf\{c:P(W^+\geqslant c)\leqslant\alpha\}$. 有时为方便起见,将 c_α 满足的条件简写为 $P(W^+\geqslant c_\alpha)=\alpha$. 由性质 4.3 知,当 $d_\alpha=\frac{n(n+1)}{2}-c_\alpha$ 时,它满足条件 $d_\alpha=\sup\{d:P(W^+\leqslant d)\leqslant\alpha\}$,或简写为$P(W^+\leqslant d_\alpha)=\alpha$.

例 4.1 有 12 位工人,每位工人都分别使用两种生产方式完成一项生产任务,而首先使用哪一种生产方式是随机挑选的. 表 4.4 是每位工人提供的一对完工时间(单位:min)的数据,以及每一对时间的差值:

表 4.4　用两种方式完成一项生产任务的完工时间及其差值

工人	方式 1 x_i	方式 2 y_i	差值 $d_i=x_i-y_i$	工人	方式 1 x_i	方式 2 y_i	差值 $d_i=x_i-y_i$
1	20.3	18.0	2.3	7	16.1	17.2	-1.1
2	23.5	21.7	1.8	8	18.5	14.9	3.6
3	22.0	22.5	-0.5	9	21.9	20.0	1.9
4	19.1	17.0	2.1	10	24.2	21.1	3.1
5	21.0	21.2	-0.2	11	23.4	22.7	0.7
6	24.7	24.8	-0.1	12	25.0	23.7	1.3

这些数据是否表明,这两种生产方式在完工时间上有差异?

假设差值 $d_1,d_2,\cdots,d_n$ 独立同分布. 它们同为关于点 θ 对称的分布. $\theta=0$ 意味着这两种生产方式在完工时间上没有差异,而 $\theta>0$ 意味着方法 1 需要更多的时间,$\theta<0$ 意味着方法 2 需要更多的时间. 本例欲检验的原假设 H_0 为 $\theta=0$,备择假设 H_1 为 $\theta\neq 0$. 差值的符号、绝对值以及绝对值的秩列于表 4.5.

表 4.5　差值的符号、绝对值及绝对值的秩

工人	差值	符号	差的绝对值	绝对值的秩	工人	差值	符号	差的绝对值	绝对值的秩
1	2.3	+	2.3	10	7	-1.1	-	1.1	5
2	1.8	+	1.8	7	8	3.6	+	3.6	12
3	0.5	-	0.5	3	9	1.9	+	1.9	8
4	2.1	+	2.1	9	10	3.1	+	3.1	11
5	-0.2	-	0.2	2	11	0.7	+	0.7	4
6	-0.1	-	0.1	1	12	1.3	+	1.3	6

符号检验统计量 $S^+=8$,p 值为 $2P(b(12,0.5)\geqslant 8)=0.387\,695\,313$. 根据符号检验的结果,我们不能拒绝原假设,从而认为这两种生产方式在完工时间上没有差异.

符号秩和检验统计量

$$W^+=10+7+9+12+8+11+4+6=67,$$

p 值为 $2P(W^+\geqslant 67)$. 查附表 1,由 $n=12$ 得到 $c_{0.025}=65$,所以 p 值小于 $2P(W^+\geqslant 65)=0.05$. 根据符号秩和检验的结果,我们拒绝原假设,认为这两种生产方式在完工时间上有差异. 由于 W^+ 比较大,故认为方法 1 不如方法 2,方法 1 需要更多的时间.

符号检验与符号秩和检验的结论不同. 其原因就在于符号检验仅使用样本数据

是正数或负数的信息,而符号秩和检验不仅使用样本数据是正数或负数的信息,而且还使用样本数据值的大小的信息. 在 12 个观察数据中有 8 个正数,4 个负数. 正数虽然比较多,但还没有足够得多,没有多到让我们能够拒绝原假设的程度. 而符号秩和检验不仅注意到这 12 个观察数据中有 8 个正数和 4 个负数,而且还注意到,这 4 个负数的绝对值不大,它们绝对值的秩都比较小,而正数都比较大,所以符号秩和检验统计量的值足够得大,大到我们能够拒绝原假设的程度. 对本例来说,符号秩和检验比符号检验有效. 但需要指出的是,应用符号秩和检验的前提条件是,总体服从对称分布. 成对数据的比较分析常用符号秩和检验法就是这个原因. 而符号检验不需要这个前提条件,况且符号检验还可用于定性数据的统计分析,所以它的应用范围比符号秩和检验广. 这两个检验方法各有其优缺点,不同的情况用不同的方法,互为补充.

下面以例 4.1 为例在 R 软件中进行符号秩和检验. 把表格 4.4 中的两种生产方式下的数据分别赋值给变量 x 和 y,然后运行下面的程序:

```
wilcox.test(x, y, mu=0, paired=TRUE,conf.level=0.95)
```

输出结果为

```
                Wilcoxon signed rank test
data: x and y
V=67, p-value=0.026 86
alternative hypothesis: true location shift is not equal to 0
```

也可以把表格 4.4 中的差值数据赋值给变量 CI,然后运行下面的程序:

```
wilcox.test(CI,mu=0,conf.level=0.95)
```

输出结果和上面一致,符号秩和统计量的值为 67,p 值为 0.026 86.

在实际问题中可能有某一些观察值 x_i 正好等于 y_i,使得一部分差值为 0. 同符号检验,符号秩和检验法采用的处理方法通常也是将这些值舍去,并相应地减少样本容量 n 的值. 但对 R 软件自带的 wilcox.test()函数而言,它不会自动排除差值为 0 的那些记录. 所以在调用 R 软件自带的 wilcox.test()函数前,可先对数据进行预处理,把差值为 0 的那些记录排除,然后对差值不等于 0 的那些数据调用函数 wilcox.test().

§4.3 符号秩和检验统计量 W^+ 的渐近正态性

附表 1 上没有样本容量 $n>30$ 时的符号秩和检验的临界值,这时需要应用 W^+ 的渐近分布. 下面我们继续先研究 S 然后研究 W^+的分布的性质,从而得到 W^+的渐近分布.

① 期望和方差

在总体 X 的分布关于原点 0 对称时,$u_1,u_2,\cdots,u_n$ 相互独立同分布,每一个 u_i 的分布都是 $P(u_i=0)=P(u_i=1)=\frac{1}{2}, i=1,2,\cdots,n$. 由于 $E(u_i)=\frac{1}{2}, D(u_i)=\frac{1}{4}, i=1, 2,\cdots,n$,所以很容易得到 $S=\sum_{i=1}^{n} iu_i$ 的期望和方差,它们分别为

$$E(S)=\frac{1}{2}\sum_{i=1}^{n} i=\frac{n(n+1)}{4},$$

$$D(S)=\frac{1}{4}\sum_{i=1}^{n} i^2=\frac{n(n+1)(2n+1)}{24}.$$

由于 W^+与 S 有相同的分布,所以我们求得了 W^+的期望和方差.

性质 4.4　在总体的分布关于原点 0 对称时,

$$E(W^+)=\frac{n(n+1)}{4}, \tag{4.4}$$

$$D(W^+)=\frac{n(n+1)(2n+1)}{24}. \tag{4.5}$$

② 渐近正态性

在附录 5,我们将利用独立随机变量和的 Liapunov 中心极限定理,证明 S 有渐近正态性:在样本容量 n 趋于无穷大时,$\frac{S-E(S)}{\sqrt{D(S)}}\xrightarrow{L}N(0,1)$. 由于 W^+与 S 有相同的分布,所以 W^+也有渐近正态性.

性质 4.5　如果总体的分布关于原点 0 对称,则在样本容量 n 趋于无穷大时,W^+有渐近正态性,即

$$Z=\frac{W^+-E(W^+)}{\sqrt{D(W^+)}}=\frac{W^+-\frac{n(n+1)}{4}}{\sqrt{\frac{n(n+1)(2n+1)}{24}}}\xrightarrow{L}N(0,1),$$

该渐近正态性简记为

$$W^+ \dot{\sim} N\left(\frac{n(n+1)}{4},\frac{n(n+1)(2n+1)}{24}\right).$$

在 n 比较大的时候,符号秩和检验问题 p 值的计算方法如表 4.6 所示.

表 4.6 大样本时符号秩和检验问题的解

H_0	H_1	p 值
$\theta=0$	$\theta>0$	$1-\Phi(Z)$
	$\theta<0$	$\Phi(Z)$
	$\theta\neq0$	$W^+\leqslant\frac{n(n+1)}{4}$时, $2\Phi(Z)$ $W^+\geqslant\frac{n(n+1)}{4}$时, $2(1-\Phi(Z))$

注:其中 $\Phi(\cdot)$表示标准正态分布的分布函数.

§4.4 平均秩法

实际问题中可能有这样的情况,观察值的绝对值中有相等的值,这时称有结. 比如有以下 10 个观察值:5,2,9,-4,1,2,-2,6,3,4. 它们的绝对值由小到大排列后为 1,2,2,2,3,4,4,5,6,9,共有 $g=2$ 个结. 一个结是"2,2,2",它们的秩为"2,3,4";另一个结是"4,4",它们的秩为"6,7". 我们称第 1 个结的长度为 $\tau_1=3$;第 2 个结的长度为 $\tau_2=2$. 事实上,我们也可以说它们的绝对值由小到大排列后共有 $g=7$ 个结,除了上面一个长度为 3,另一个长度为 2 的 2 个结外,还有 5 个长度都为 1 的结. 本书后面说"有结",指的是有相等的观察值,也就是说至少有一个长度超过 1 的结. 一般来说,有两种方法给出长度超过 1 的结里观察值的秩. 一是随机化法;二是平均秩法. 所谓随机化法,就是同一结里观察值的秩用"抽签"的方法决定. 例如,第 1 个结里的 3 个观察值都是 2,它们的秩有 6 种可能性:(2,3,4),(2,4,3),(3,2,4),(3,4,2),(4,3,2)和(4,2,3). 随机化法就是在这 6 个可能性中随机任取 1 个作为它们的秩,使得每一种可能性取到的概率都是$\frac{1}{6}$. 第 2 个结里 2 个观察值都是 4,它们的秩有 2 种可能性:(6,7)和(7,6). 究竟是哪一种可能性,用"抽签"的方法决定. 随机化法分配秩的各种可能的情况列于表 4.7. 从表中可以看出,由于秩是用"抽签"的方法决定的，随机化法得到了不同的符号秩和检验统计量 W^+ 的值.

表 4.7　随机化法分配秩

观察值	绝对值	随机化法分配秩的各种可能的情况											
5	5	8	8	8	8	8	8	8	8	8	8	8	8
2	2	2	2	3	3	4	4	2	2	3	3	4	4
9	9	10	10	10	10	10	10	10	10	10	10	10	10
−4	4	6	6	6	6	6	6	7	7	7	7	7	7
1	1	1	1	1	1	1	1	1	1	1	1	1	1
2	2	3	4	2	4	2	3	3	4	2	4	2	3
−2	2	4	3	4	2	3	2	4	3	4	2	3	2
6	6	9	9	9	9	9	9	9	9	9	9	9	9
3	3	5	5	5	5	5	5	5	5	5	5	5	5
4	4	7	7	7	7	7	7	6	6	6	6	6	6
W^+		45	46	45	47	46	47	44	45	44	46	45	46

W^+ 有可能取 44,45,46 和 47 等值. 它们的 p 值也各不相同. 在 $n=10$ 时，查附表 1，得到 $c_{0.05}=45$，$c_{0.025}=47$. 从而得到 W^+ 取 44,45,46 和 47 等值时的 p 值(如表 4.8 所示).

表 4.8　随机化法分配秩的 p 值

	W^+			
	44	45	46	47
单尾 p 值	>0.05	0.025 ~ 0.05	0.025 ~ 0.05	≤0.025
双尾 p 值	>0.10	0.05 ~ 0.10	0.05 ~ 0.10	≤0.05

注：$W^+=44$ 时的单尾 p 值为 $P(W^+\geqslant 44)$，双尾 p 值为 $2P(W^+\geqslant 44)$，其余的依此类推.

不同的 p 值有可能导致不同的检验结论. 在给定显著性水平 α 之后，有可能发生这样的情况：随机化方法的这样一种分配秩的方法得出的结论是拒绝原假设，而另一种分配秩的方法得出的结论却是不拒绝原假设，所以随机化法分配秩有二义性，实际应用工作者难以接受这样的事实. 这不能不说是用随机化法分配秩的一个缺点. 为此,人们提出了两个解决方案,用来避免二义性. 方案 1:计算 W^+ 可能取的值的平均值,以这个平均值作为符号秩和检验统计量 W^+ 的值,然后计算 p 值. 这个 p 值是唯一确定的. 表 4.7 中 W^+ 可能取的 12 个值的平均值为45.5. $W^+=45.5$ 时的单尾 p 值为 $P(W^+\geqslant 45.5)$,双尾 p 值为 $2P(W^+\geqslant 45.5)$. 方案 2:计算可能得到的 p 值的平均值,以这个平均值作为检验的 p 值,这个 p 值也是唯一确定的. 这两个方法的计算结果差别不大. 事实上,第一个解决方案就是下面介绍的平均秩法.

所谓平均秩法,就是对同一结里的值,平均地分配秩. 例如,第 1 个结里有 3 个"2". 它们的秩取为 2,3 和 4 的平均,都等于 3. 第 2 个结里有 2 个"4". 它们的秩取为 6 和 7 的平均,都是 6.5. 平均秩法分配秩的情况如表 4.9 所示.

表 4.9 平均秩法分配的秩

观察值	5	2	9	−4	1	2	−2	6	3	4
绝对值	5	2	9	4	1	2	2	6	3	4
秩	8	3	10	6.5	1	3	3	9	5	6.5

平均秩法得到的符号秩和检验统计量 W^+ 只有一个值:$W^+=8+3+10+1+3+9+5+6.5=45.5$. 它恰好等于表 4.7 中 W^+ 的可能取的 12 个值的平均值. 平均秩法的单尾 p 值为 $P(W^+\geqslant 45.5)$,它在 0.025 和 0.05 之间;双尾 p 值为 $2P(W^+\geqslant 45.5)$,它在 0.05 和 0.10 之间.

在有结时,人们通常采用平均秩法. 统计软件 R 中的符号秩和检验法就是采用平均秩法.

平均秩法避免了随机化法分配秩的二义性,它直观自然,易被实际工作者接受. 但是它的理论比较复杂,有兴趣的读者请参阅参考书目[2].

下面计算平均秩法得到的符号秩和检验统计量 W^+ 的期望和方差. 不妨将按平均秩法得到的 W^+ 记为 $W^+=\sum_{i=1}^{n}u_ia(R_i)$,在结的长度为 1 时,$a(R_i)=R_i$,而在结的长度大于 1 时,$a(R_i)$ 等于秩的平均. 函数 $a(r)$, $r=1,2,\cdots,n$,称为计分函数. 与性质 4.1 相类似地,在有结秩取平均时我们有

$$W^+=\sum_{i=1}^{n}u_ia(R_i)\overset{\mathrm{d}}{=\!=}\sum_{i=1}^{n}u_ia(i).$$

由于 $u_1,u_2,\cdots,u_n$ 相互独立同分布,每一个 u_i 的分布都是 $P(u_i=0)=P(u_i=1)=\dfrac{1}{2}$, $i=1,2,\cdots,n$,所以

$$E(W^+)=E\left(\sum_{i=1}^{n}u_ia(i)\right)=\sum_{i=1}^{n}\frac{a(i)}{2}, \tag{4.6}$$

$$D(W^+)=D\left(\sum_{i=1}^{n}u_ia(i)\right)=\sum_{i=1}^{n}\frac{a^2(i)}{4}. \tag{4.7}$$

下面分析有结时 W^+ 的期望和方差(见式(4.6)和式(4.7))与无结时 W^+ 的期望和方差(见性质 4.4)有什么关系. 看看它们相等还是不等? 如果不等,有结时应如何修正?

首先分析 τ 个观察值的绝对值相等和互不相等时,它们秩的和与平方和有没有差别? 若有差别,有多大的差别? 假设有 τ 个观察值,在它们的绝对值互不相等时它们的秩分别为 $r+1,r+2,\cdots,r+\tau$. 由于这 τ 个秩的平均为

$$\frac{(r+1)+(r+2)+\cdots+(r+\tau)}{\tau}=r+\frac{\tau+1}{2},$$

所以当这 τ 个观察值的绝对值相等,形成一个长度为 τ 的结时,它们的秩都是 $r+\frac{\tau+1}{2}$. 由此可见,在这 τ 个观察值的绝对值相等时它们秩的和与平方和分别为

$$\left(r+\frac{\tau+1}{2}\right)+\cdots+\left(r+\frac{\tau+1}{2}\right)=\tau\left(r+\frac{\tau+1}{2}\right), \tag{4.8}$$

$$\left(r+\frac{\tau+1}{2}\right)^2+\cdots+\left(r+\frac{\tau+1}{2}\right)^2=\tau\left(r+\frac{\tau+1}{2}\right)^2. \tag{4.9}$$

而在这 τ 个观察值的绝对值互不相等时它们秩的和与平方和分别为

$$(r+1)+(r+2)+\cdots+(r+\tau)=\tau\left(r+\frac{\tau+1}{2}\right), \tag{4.10}$$

$$(r+1)^2+(r+2)^2+\cdots+(r+\tau)^2=\tau r^2+r\tau(\tau+1)+\frac{\tau(\tau+1)(2\tau+1)}{6}. \tag{4.11}$$

由式(4.8)和式(4.10)可以看出,这 τ 个观察值的绝对值相等和互不相等时,它们秩的和是相等的,没有差别;而由式(4.9)和式(4.11)可以看出,这 τ 个观察值的绝对值相等和互不相等时,它们秩的平方和是有差别的,

$$\tau\left(r+\frac{\tau+1}{2}\right)^2=(r+1)^2+(r+2)^2+\cdots+(r+\tau)^2-\frac{\tau^3-\tau}{12}, \tag{4.12}$$

这说明秩平均之后其平方和有变化,减少了$\frac{\tau^3-\tau}{12}$,其减少的量仅与观察值的个数 τ,也就是结的长度有关,而与结的起点,即 $r+1$ 无关.

由于在观察值的绝对值相等和互不相等时,它们秩的和没有差别,所以秩平均

之后其和不变,即

$$\sum_{i=1}^{n} a(i)=1+2+\cdots+n=\frac{n(n+1)}{2}. \tag{4.13}$$

由于在观察值的绝对值相等和互不相等时,它们秩的平方和有差别,其差别见式(4.12),所以秩平均之后其平方和有变化,

$$\begin{aligned}\sum_{i=1}^{n} a^2(i)&=1^2+2^2+\cdots+n^2-\sum_{j=1}^{g}\frac{\tau_j^3-\tau_j}{12}\\&=\frac{n(n+1)(2n+1)}{6}-\sum_{j=1}^{g}\frac{\tau_j^3-\tau_j}{12},\end{aligned} \tag{4.14}$$

其中 g 为样本数据中结的个数,而 τ_j 是第 j 个结的长度,$j=1,2,\cdots,g$.

从式(4.6)和式(4.13),以及式(4.7)和式(4.14)可以求得有结秩取平均时 W^+ 的期望和方差.

性质 4.6 在总体的分布关于原点 0 对称,有结秩取平均时,

$$E(W^+)=\frac{n(n+1)}{4}, \tag{4.15}$$

$$D(W^+)=\frac{n(n+1)(2n+1)}{24}-\sum_{j=1}^{g}\frac{\tau_j^3-\tau_j}{48}. \tag{4.16}$$

将性质 4.6(即式(4.15)和式(4.16))与性质 4.4(即式(4.4)和式(4.5))相比较后知,有结秩取平均后符号秩和检验统计量 W^+ 的期望没有变化,方差有变化,方差应按式(4.16)进行修正.

有结秩取平均后的符号秩和检验统计量 W^+ 也有渐近正态性. 该渐近正态性简记为

$$W^+ \dot{\sim} N\left(\frac{n(n+1)}{4},\frac{n(n+1)(2n+1)}{24}-\sum_{j=1}^{g}\frac{\tau_j^3-\tau_j}{48}\right).$$

事实上,由式(4.15)和式(4.16)给出的有结时 W^+ 的期望和方差是条件期望和条件方差. 它们是在样本数据中给定有 g 个结,结的长度分别给定为 $\tau_1,\tau_2,\cdots,\tau_g$ 时的条件期望和条件方差. 所以严格地说,式(4.15)和式(4.16)应该写为

$$E(W^+\mid\tau_1,\tau_2,\cdots,\tau_g)=\frac{n(n+1)}{4},$$

$$D(W^+\mid\tau_1,\tau_2,\cdots,\tau_g)=\frac{n(n+1)(2n+1)}{24}-\sum_{j=1}^{g}\frac{\tau_j^3-\tau_j}{48}.$$

为简单起见,通常不这样写,而是按式(4.15)和式(4.16)写. 下面各章有结时的检验统计量的期望和方差一般都应理解为条件期望和条件方差.

§4.5　对称中心的检验问题

一般来说,对称中心 θ 是否等于 θ_0 的检验问题(其中 θ_0 是任意给定的常数)也有三种情况,其原假设 H_0 都是 $\theta=\theta_0$,而备择假设 H_1 分别是 $\theta>\theta_0$、$\theta<\theta_0$ 和 $\theta\neq\theta_0$. 很明显,如果 X 的分布关于点 θ 对称,则 $Z=X-\theta_0$ 的分布关于点 $\eta=\theta-\theta_0$ 对称. 所以"根据数据 $x_1,x_2,\cdots,x_n$ 检验对称中心 θ 是否等于 θ_0"的检验问题,可以等价地转换为"根据数据 $z_1,z_2,\cdots,z_n$ 检验对称中心 η 是否等于原点 0"的检验问题,其中 $z_i=x_i-\theta_0,i=1,2,\cdots,n$.

至此我们讨论了对称中心的检验问题,至于对称中心的估计(包括区间估计)问题将在本书的附录 6 进行讨论.

例 4.2　通常认为,人在放松的条件下入睡所需要的时间(单位:min)比在没有放松的条件下入睡所需要的时间少 2min. 现有 10 名成年男性,他们在放松和没有放松的条件下入睡所需要的时间分别为 x_i 与 y_i. x_i,y_i 以及它们的差值 $d_i=x_i-y_i$ 见表 4.10. 表中显示,这 10 个差值中有 8 个小于-2,只有 2 个不小于-2. 所以我们有理由猜测,成年男性在放松的条件下入睡所需要的时间比在没有放松的条件下入睡所需要的时间少 2 min 这个看法是否正确? 即对成年男性来说,他们在放松的条件下入睡所需要的时间与在没有放松的条件下入睡所需要的时间的差值是否比 2 min 还要多?

假设差值 $d_1,d_2,\cdots,d_n$ 独立同分布. 它们同为关于点 θ 对称的分布. 本例欲检验的原假设 H_0 为 $\theta=-2$,备择假设 H_1 为 $\theta<-2$. 令 $c_i=d_i+2=(x_i+2)-y_i$. 这些 c_i 和它们的绝对值以及绝对值的秩如表 4.10 所示.

表 4.10　成年男性在放松的条件下和在没有放松的条件下入睡所需要的时间

研究对象 i	放松条件 x_i	无放松条件 y_i	差值 d_i	差值+2 c_i	绝对值 $\lvert c_i\rvert$	秩 R_i
1	10	15	−5	−3	3	7
2	9	12	−3	−1	1	3
3	12	22	−10	−8	8	10
4	8	15	−7	−5	5	8

续表

研究对象 i	放松条件 x_i	无放松条件 y_i	差值 d_i	差值+2 c_i	绝对值 $\|c_i\|$	秩 R_i
5	9	10	−1	1	1	3
6	7	7	0	2	2	6
7	8	16	−8	−6	6	9
8	7	10	−3	−1	1	3
9	11	14	3	1	1	3
10	6	9	−3	−1	1	3

对于数据 $c_1,c_2,\cdots,c_{10}$来说,它们同为关于点 $\eta=\theta+2$ 对称的分布. 本例欲检验的原假设 H_0 为 $\eta=0$,备择假设 H_1 为 $\eta<0$. 第 2、5、8、9 和 10 名研究对象的 c_2,c_5,c_8,c_9 和 c_{10}的绝对值都相等,它们都等于 1. 我们现在使用的时间计量单位是 min. 设想一下,倘若 1 使用更小的时间计量单位,例如 s、ms 和 μs 等,它们的值就很可能不相等了. 例如,某国的国家标准局有个 10 g 的标准质量,它的质量被认为精确地等于 10 g. 如果不是使用很精确的测量仪器,这个标准质量的重复测量值都相等,都等于 10 g. 但如果使用很精确的测量仪器,这个标准质量的重复测量值就不完全相等,相互之间略有差别. 这个国家标准局曾每周一次,在同一个房间内,在同样的温度、气压等条件下,遵循相同的程序对这个标准质量进行测量,发现这些测量值互不相等,差别在 10 μg 左右. 1 μg 大概是一大点灰尘的质量,所以精确地称重后我们会发现重复测量值不相等,测量误差是客观存在的. 当我们使用的是不很精确的仪器测量,或者我们使用的是比较大的计量单位时,有可能使得原本不同的观察值之间的差别消失了,得到了相同的观察值. 所以在有相同的观察值时,用平均秩法,或用随机化法给出它们的秩是合理的. 考虑到随机化法分配秩有二义性,故人们通常使用平均秩法. 秩如上表 4.10 的最后一列.

符号秩和检验统计量 $W^+=3+6=9$. 由于本例检验的备择假设 H_1 为 $\eta<0$,所以我们在 W^+比较小的时候拒绝原假设,故检验的 p 值为 $P(W^+\leqslant 9)$. 查附表 1,由 $n=10$ 得到 $c_{0.05}=45$,从而有 $d_{0.05}=\dfrac{n(n+1)}{2}-c_{0.05}=10$. 所以 p 值小于$P(W^+\leqslant 10)=0.05$. 在显著性水平 0.05 下,我们能拒绝原假设,认为 $\eta<0$,即认为$\theta=\eta-2<-2$. 10名成年男性,他们在放松和没有放松的条件下入睡所需要的时间的数据表明,成年男性在放松的条件下入睡所需要的时间与在没有放松的条件下入睡所需要的时间的差值多于 2 min.

由于 $n=10$,所以 W^+ 的期望为 $E(W^+)=\dfrac{n(n+1)}{4}=27.5$. 本例有 $g=1$ 个结,结的长度 $\tau=5$,由式 (4.16) 知,W^+ 的方差为

$$D(W^+)=\frac{n(n+1)(2n+1)}{24}-\frac{\tau^3-\tau}{48}=93.75.$$

如前所说,W^+ 的期望和方差应理解为条件期望和条件方差:

$$E(W^+\mid \text{有一个长度为 5 的结})=27.5, \tag{4.17}$$

$$D(W^+\mid \text{有一个长度为 5 的结})=93.75. \tag{4.18}$$

下面我们将说明如何理解给定的条件:"有一个长度为 5 的结". 由观察数据知,由小到大排列后结排在最前面(见表 4.10). 但 W^+ 的条件期望和条件方差(见式(4.17)和式(4.18))给出的条件只是说,有一个长度为 5 的结,并没有说由小到大排列后这个结一定要排在最前面. 这个结可能排在最前面,或中间,也有可能排在最后面. 这也就是说,"有一个长度为 5 的结"意味着,计分函数 $a(1),a(2),\cdots,a(10)$ 可能如表 4.10 所示,等于 $3,3,\cdots,3,6,7,\cdots,10$,也可能等于 $1,4,4,\cdots,4,7,8,9,10,\cdots$,甚至可能等于 $1,2,\cdots,5,8,8,\cdots,8$.

W^+ 的渐近正态性简记为 $W^+ \dot\sim N(27.5,93.75)$. 无连续性修正的 p 值的近似值为

$$P(W^+\leqslant 9)\approx\Phi\left(\frac{9-27.5}{\sqrt{93.75}}\right)=0.028\ 023,$$

连续性修正后的 p 值的近似值为

$$P(W^+\leqslant 9)\approx\Phi\left(\frac{9.5-27.5}{\sqrt{93.75}}\right)=0.031\ 511.$$

若利用 R 软件求解本例,可以通过在函数 wilcox.test()中对参数进行设置进行. 用下面程序直接进行两组样本的比较:

```
x<-c(10,9,12,8,9,7,8,7,11,6)
y<-c(15,12,22,15,10,7,16,10,14,9)
wilcox.test(x, y, mu=-2, paired=TRUE,conf.level=0.95,alternative=c("less"))
```

运行结果:

```
  Wilcoxon signed rank test with continuity correction
data: x and y
V=9, p-value=0.031 51
alternative hypothesis: true location shift is less than -2
```

也可以直接基于差值 d_i(在放松的条件下入睡所需要的时间与在没有放松的条件下入睡所需要的时间的差值)进行计算. 将 d_i 的值赋给变量 CI,运行下面程序:

```
CI<-c(-5,-3,-10,-7,-1,0,-8,-3,-3,-3)
wilcox.test(CI,mu=-2,conf.level=0.95,alternative=c("less"))
```

运行结果:

```
  Wilcoxon signed rank test with continuity correction
data: CI
V=9, p-value=0.031 51
alternative hypothesis: true location is less than -2
```

习 题 四

1. 为检验两种燃料添加剂对客车每加仑汽油行驶里程数的影响是否不同,随机挑选 12 辆车,让每一辆车都先后使用这两种添加剂. 12 辆车使用这两种添加剂每加仑汽油行驶里程数的检测结果如下:

车辆	行驶里程/km		车辆	行驶里程/km	
	添加剂 1	添加剂 2		添加剂 1	添加剂 2
1	22.32	21.25	7	18.36	19.40
2	25.76	23.97	8	20.75	17.18
3	24.23	24.77	9	24.07	22.23
4	21.35	19.26	10	26.43	23.35
5	23.43	23.12	11	25.41	24.98
6	26.97	26.00	12	27.22	25.90

试检验:这两种添加剂有没有差异?

2. 对习题一的题目分别用符号检验法和符号秩和检验法检验题中所述假设. 试比较单样本 t 检验法、符号检验法和符号秩和检验法的检验结果. 你认为对本题而言,哪一个检验结果比较可信?

3. 某厂生产豪华型和普通型两种家用电器,由各个零售点抽样得到的这两种型号电器的销售价格如下:

零售点	销售价格/元		零售点	销售价格/元	
	豪华型	普通型		豪华型	普通型
1	390	270	6	390	340
2	390	280	7	350	290
3	450	350	8	400	320
4	380	300	9	370	280
5	400	300	10	430	320

厂方建议这两种型号电器的销售价格有 100 元的差价. 利用样本数据检验:它们的差价是否是 100 元?

*4. 假设样本 $x_1,x_2,\cdots,x_n$ 独立同分布,总体 X 服从连续型分布.

① 试证明:符号秩和检验统计量

$$W^+ = {}^{\#}\left\{(x_i,x_j):\frac{x_i+x_j}{2}>0,1\leqslant i\leqslant j\leqslant n\right\};$$

② 令 $W^+(b)=\sum_{i=1}^{n}u_iR_i$,其中 u_i 在 $x_i>b$ 时为 1,否则为 0;R_i 为 $|x_i-b|$ 在 $|x_1-b|,|x_2-b|,\cdots,|x_n-b|$ 中的秩,$i=1,2,\cdots,n$. 试证明:

$$W^+(b)={}^{\#}\left\{(x_i,x_j):\frac{x_i+x_j}{2}>b,1\leqslant i\leqslant j\leqslant n\right\}.$$

提示:令 $y_i=x_i-b,i=1,2,\cdots,n$,则 $W^+(b)$ 就是 $y_1,y_2,\cdots,y_n$ 的符号秩和检验统计量.

第五章　两样本问题

第一章的例 1.2 是两个样本的比较问题. 我们已经看到，对于这个问题，如果将总体分布假设为正态分布，使用参数数据分析的 t 检验方法是不恰当的. 本章前三节(§5.1—§5.3)介绍的非参数检验方法都可以用来解决此类问题. §5.1 介绍 Mood 中位数检验法. §5.2 介绍 Wilcoxon 秩和检验法. §5.3 介绍 Mann-Whitney U 统计量检验法. 后两个(§5.2 和 §5.3 介绍的)检验方法其实是同一个方法，是比较两样本的位置参数的检验方法. §5.4介绍比较两样本的尺度参数的秩检验方法.

§5.1　Mood 中位数检验法

例 1.2 的原假设为 H_0:这两个企业职工的工资没有差异,备择假设为 H_1:企业 1 职工的工资比企业 2 职工的工资高.

Mood 中位数检验法关于这个问题的求解过程如下:

① 将这两个企业一共 22 名职工合在一起,把他们的工资由小到大排列:

$$\boxed{3},\boxed{4},\boxed{5},\boxed{6},\boxed{7},\boxed{8},\boxed{9},\boxed{10},11,12,13,$$

$$14,15,16,17,18,19,20,\boxed{30},40,\boxed{50},60,$$

其中带有□的数表示企业 2 的职工的工资,不带□的数表示企业 1 的职工的工资. 我们发现企业 1 的职工的工资倾向于排在后边,企业 2 的倾向于排在前边;

② 22 名职工合在一起后的合样本的中位数为 13.5 千元. 在工资低于 13.5 千元的 11 名职工中企业 1 的职工少(企业 1 的有 3 名,企业 2 的有 8 名). 而在工资高于 13.5 千元的 11 名职工中企业 1 的职工多(企业 1 的有 9 名,企业 2 的有 2 名). 由此人们把比较两个企业职工工资的假设检验问题转化为四格表(如表 5.1 所示)的检验问题.

表 5.1　四　格　表

	工资<13.5 千元	工资>13.5 千元	合计
企业 1	$N_{11}=3$	$N_{12}=9$	$N_{1+}=12$
企业 2	$N_{21}=8$	$N_{22}=2$	$N_{2+}=10$
合计	$N_{+1}=11$	$N_{+2}=11$	$N=22$

其中 N_{11} 和 N_{12} 分别是企业 1 的 12 名职工中，工资低于和高于合样本中位数 13.5 千元的职工人数；N_{21} 和 N_{22} 分别是企业 2 的 10 名职工中，工资低于和高于合样本中位数 13.5 千元的职工人数；

③ 四格表中的 $N_{11}, N_{12}, N_{21}, N_{22}$ 视为随机变量. 由于这是两侧 $N_{1+}=12, N_{2+}=10$ 和 $N_{+1}=11, N_{+2}=11$ 都给定的四格表，所以在 $N_{11}, N_{12}, N_{21}, N_{22}$ 这 4 个变量中，只要给定 1 个变量的值，其余 3 个变量的值也就随之给定了. 通常将 N_{11} 视为变量. 显然，我们在 N_{11} 比较小的时候拒绝原假设，从而认为企业 1 职工的工资比企业 2 职工的工资高；

④ 对表 5.1 来说，N_{11} 不可能等于 0，它的取值范围为 $\{1,2,\cdots,11\}$. 对两侧都给定的四格表而言，N_{11} 服从超几何分布. 它的概率分布律记为 $P(N_{11}, N_{1+}, N_{+1}, N)=P(N_{11}, 12, 11, 22)$，$N_{11}=1,2,\cdots,11$，其中

$$P(N_{11}, N_{1+}, N_{+1}, N)=\frac{\begin{pmatrix}N_{+1}\\N_{11}\end{pmatrix}\begin{pmatrix}N_{+2}\\N_{12}\end{pmatrix}}{\begin{pmatrix}N\\N_{1+}\end{pmatrix}}. \tag{5.1}$$

下面解释为什么说 N_{11} 服从超几何分布. 13.5 千元是合样本的中位数，在总共 $N=22$ 名职工中有一半，即 $N_{+1}=11$ 名职工的工资低于 13.5 千元. 企业 1 有 $N_{1+}=12$ 名职工，则企业 1 的职工中有 N_{11} 名职工的工资低于 13.5 千元的概率如表 5.1 所示. 它等于

$$P(N_{11}, 12, 11, 22)=\frac{\begin{pmatrix}11\\N_{11}\end{pmatrix}\begin{pmatrix}11\\N_{12}\end{pmatrix}}{\begin{pmatrix}22\\12\end{pmatrix}},$$

所以说 N_{11} 服从超几何分布；

⑤ 由于我们在 N_{11} 比较小的时候拒绝原假设，从而认为企业 1 职工的工资比企

业 2 职工的工资高,所以在 N_{11} 的观察值为 3 时,检验的 p 值等于 $\sum_{k=1}^{3} P(k,12,11,22)$. 我们使用 Excel 中的超几何分布概率函数来计算 p 值. 打开 Excel,在某一个单元格中输入"=hypgeomdist(N_{11},N_{1+},N_{+1},N)",即得式(5.1)的值. 让 $N_{1+}=12$,$N_{+1}=11$,$N=22$,并让 N_{11} 分别取 1,2,3 等值,算得 p 值为

$$1.7\cdot 10^{-5}+0.000\,936+0.014\,034=0.014\,987. \tag{5.2}$$

p 值很小,所以拒绝原假设,认为企业 1 职工的工资比企业 2 职工的工资高. 这个统计分析的结论和数据相吻合. 由此可见,对于第一章的例 1.2 的数据来说,非参数数据分析的 Mood 中位数检验法相当有效.

Mood 中位数检验法的一般提法如下. 样本 $x_1,x_2,\cdots,x_m$ 和 $y_1,y_2,\cdots,y_n$ 分别来自相互独立的连续型随机变量总体 X 和 Y. 分别记总体 X 和 Y 的中位数为 me_x 和 me_y. Mood 中位数检验法检验的原假设和备择假设有三种情况. 这三种情况的原假设 H_0 都是 $\mathrm{me}_x=\mathrm{me}_y$,而备择假设 H_1 分别是 $\mathrm{me}_x>\mathrm{me}_y$,$\mathrm{me}_x<\mathrm{me}_y$ 和 $\mathrm{me}_x\neq\mathrm{me}_y$. 将样本 $x_1,x_2,\cdots,x_m$ 和 $y_1,y_2,\cdots,y_n$ 合在一起,记合样本 $x_1,x_2,\cdots,x_m,y_1,y_2,\cdots,y_n$ 的样本中位数为 me,然后构造四格表(表 5.2):

表 5.2 Mood 中位数检验法四格表

	<me	>me	合计
X 的样本	N_{11}	N_{12}	N_{1+}
Y 的样本	N_{21}	N_{22}	N_{2+}
合计	N_{+1}	N_{+2}	N

其中 N_{11} 和 N_{12} 分别是 X 的样本 $x_1,x_2,\cdots,x_m$ 中,小于和大于合样本中位数 me 的观察值个数;N_{21} 和 N_{22} 分别是 Y 的样本 $y_1,y_2,\cdots,y_n$ 中,小于和大于合样本中位数 me 的观察值个数. 显然,在合样本的容量 $n+m$ 为偶数时,$N=n+m$,$N_{+1}=N_{+2}=\dfrac{N}{2}$,$N_{1+}=m$,$N_{2+}=n$;而在 $n+m$ 为奇数时,$N=n+m-1$,$N_{+1}=N_{+2}=\dfrac{N}{2}$,在合样本中位数 me 属于 X 的样本时,$N_{1+}=m-1$,$N_{2+}=n$;而在合样本中位数 me 属于 Y 的样本时,$N_{1+}=m$,$N_{2+}=n-1$. 这是两侧 N_{1+},N_{2+} 和 N_{+1},N_{+2} 都给定的四格表,通常取 N_{11} 为检验统计量. N_{11} 服从超几何分布,它的概率分布律记为 $P(N_{11},N_{1+},N_{+1},N)$,如式(5.1)所示.

① 当 H_0 为 $\mathrm{me}_x=\mathrm{me}_y$,$H_1$ 为 $\mathrm{me}_x>\mathrm{me}_y$ 时,在 N_{11} 比较小的时候拒绝原假设,从而认为 $\mathrm{me}_x>\mathrm{me}_y$. 检验的 p 值为

$$\sum_{k \leqslant N_{11}} P(k, N_{1+}, N_{+1}, N);$$

② 当 H_0 为 $\mathrm{me}_x = \mathrm{me}_y$, H_1 为 $\mathrm{me}_x < \mathrm{me}_y$ 时,在 N_{11} 比较大的时候拒绝原假设,从而认为 $\mathrm{me}_x < \mathrm{me}_y$. 检验的 p 值为

$$\sum_{k \geqslant N_{11}} P(k, N_{1+}, N_{+1}, N);$$

③ 当 H_0 为 $\mathrm{me}_x = \mathrm{me}_y$, H_1 为 $\mathrm{me}_x \neq \mathrm{me}_y$ 时,在 N_{11} 比较小或比较大的时候拒绝原假设,从而认为 $\mathrm{me}_x \neq \mathrm{me}_y$. 由于超几何分布不是对称分布,所以在 N_{11} 比较小或比较大拒绝原假设的时候,检验的 p 值的计算比较复杂. 下面分两种情况具体讨论 p 值的计算问题.

情况 1. 在 N_{11} 比较小,以至于 $\sum_{k \leqslant N_{11}} P(k, N_{1+}, N_{+1}, N) \leqslant 0.5$ 时,检验的 p 值为

$$\sum_{k \leqslant N_{11}} P(k, N_{1+}, N_{+1}, N) + \sum_{k \geqslant a} P(k, N_{1+}, N_{+1}, N),$$

其中

$$a = \inf\left\{a: \sum_{k \geqslant a} P(k, N_{1+}, N_{+1}, N) \leqslant \sum_{k \leqslant N_{11}} P(k, N_{1+}, N_{+1}, N)\right\}.$$

情况 2. 在 N_{11} 比较大,以至于 $\sum_{k \geqslant N_{11}} P(k, N_{1+}, N_{+1}, N) < 0.5$ 时,检验的 p 值为

$$\sum_{k \geqslant N_{11}} P(k, N_{1+}, N_{+1}, N) + \sum_{k \leqslant a} P(k, N_{1+}, N_{+1}, N),$$

其中

$$a = \sup\left\{a: \sum_{k \leqslant a} P(k, N_{1+}, N_{+1}, N) \leqslant \sum_{k \geqslant N_{11}} P(k, N_{1+}, N_{+1}, N)\right\}.$$

下面讨论 Mood 中位数检验法在大样本时的渐近形式. 超几何分布的均值和方差分别是

$$E(N_{11}) = N_{+1} \cdot \frac{N_{1+}}{N}, \quad D(N_{11}) = \frac{N_{1+}}{N} \cdot \frac{N_{2+}}{N} \cdot \frac{N_{+1} N_{+2}}{N-1},$$

令

$$U = \frac{N_{11} - E(N_{11})}{\sqrt{D(N_{11})}} = \frac{N_{11} - N_{+1} \cdot \dfrac{N_{1+}}{N}}{\sqrt{\dfrac{N_{1+}}{N} \cdot \dfrac{N_{2+}}{N} \cdot \dfrac{N_{+1} N_{+2}}{N-1}}}$$

$$= \frac{\sqrt{N-1}\,(N_{11} N_{22} - N_{12} N_{21})}{\sqrt{N_{1+} N_{2+} N_{+1} N_{+2}}},$$

$$\chi^2 = U^2 = \frac{(N-1)(N_{11}N_{22}-N_{12}N_{21})^2}{N_{1+}N_{2+}N_{+1}N_{+2}}.$$

根据 J. Hajek 在 1960 年证明的一个定理(见 J. Hajek 于 1960 年发表在匈牙利科学院数学研究所刊物第 5 期,361 至 374 页上的文章 *Limiting distributions in simple random sampling from a finite population*),可以证明:U 的渐近分布为 $N(0,1)$ 分布,χ^2 的渐近分布为 $\chi^2(1)$ 分布.

大样本时 Mood 中位数检验法的 p 值的计算方法如下(用 Z 表示 $N(0,1)$ 标准正态分布随机变量,W 表示自由度为 1 的 χ^2 分布随机变量):

① 备择假设 H_1 为 $\mathrm{me}_x>\mathrm{me}_y$ 时,我们在 U 比较小的时候拒绝原假设,p 值为 $P(Z\leqslant U)$;

② 备择假设 H_1 为 $\mathrm{me}_x<\mathrm{me}_y$ 时,我们在 U 比较大的时候拒绝原假设,p 值为 $P(Z\geqslant U)$;

③ 备择假设 H_1 为 $\mathrm{me}_x\neq\mathrm{me}_y$ 时,我们在 U 比较小或比较大的时候拒绝原假设.这等价于我们在 χ^2 比较大的时候拒绝原假设,检验的 p 值为 $P(W\geqslant\chi^2)$.

注:我们可以用 Excel 计算 χ^2 分布的尾部概率.如果在 Excel 中输入"=chidist(x,n)",就可求得自由度为 n 的 χ^2 分布的随机变量大于 x 的概率值.

Mood 中位数检验,其实就是四格表 Fisher 精确检验,所以对于例 1.2 中两个企业职工的工资是否有差异的检验问题,可调用 R 软件的 fisher.test 函数进行 Mood 中位数检验,把四格表的数据赋值给矩阵 **A**,运行下面的程序:

```
A<-matrix(c(3,8,9,2),nrow=2)
fisher.test(A,alternative="less")
```

运行结果:

```
          Fisher's Exact Test for Count Data
data:A
p-value=0.014 99
alternative hypothesis:true odds ratio is less than 1
95 percent confidence interval:
 0.000 000 0 0.647 321 5
sample estimates:
odds ratio
 0.096 119 5
```

在实际问题中可能有某些观察值正好等于合样本的样本中位数 me. 例如,在 $N=m+n$ 为奇数时,至少有 1个观察值正好等于 me. 这时有以下一些处理方法:

① 将这些正好等于 me 的观察值舍去,仍然按上面所述的方法去求解;

② 这些正好等于 me 的观察值,它们真正的值,可能比 me 大,也有可能比 me 小. 第 2 种处理方法就是将四格表中的值进行修正,将

$$N_{11}={}^{\#}\{x_i:x_i<\mathrm{me},i=1,2,\cdots,m\}$$

修正为

$$N_{11}={}^{\#}\{x_i:x_i<\mathrm{me},i=1,2,\cdots,m\}+\frac{1}{2}{}^{\#}\{x_i:x_i=\mathrm{me},i=1,2,\cdots,m\},$$

对 N_{12},N_{21}和 N_{22}作类似的修正;

③ 将这些正好等于 me 的观察值全都归入四格表的第 1 列:"<me". 这也就是说,将"<me"修改为"≤me",即令

$$N_{11}={}^{\#}\{x_i:x_i\leqslant \mathrm{me},i=1,2,\cdots,m\},\quad N_{21}={}^{\#}\{y_i:y_i\leqslant \mathrm{me},i=1,2,\cdots,n\},$$

同样地,也可以将">me"修改为"≥me".

第 3 种处理方法可能发生这样的情况:将"<me"修改为"≤me"得出的结论是拒绝原假设,而将">me"修改为"≥me"得出的结论却是不拒绝原假设. 与符号秩和检验的随机化法分配秩一样,第 3 种处理方法有二义性. 我们建议采用第 1 或第 2 种处理方法. 通常,人们倾向于采用第 1 种处理方法.

§ 5.2　Wilcoxon 秩和检验法

秩检验方法是非常重要的非参数统计检验方法. 在第四章,我们利用秩方法构造了符号秩和检验统计量,有效地解决了对称中心的检验问题. 但是最为著名的秩方法是 1945 年 F. Wilcoxon 提出的秩和检验. 秩和检验方法用于两个总体位置参数的比较问题,它在应用上有很大的意义,同时也正是由于它的提出,极大地推动了秩方法的发展.

秩和检验以及其他的秩方法都是建立在秩与秩统计量基础上的非参数方法. 在第四章我们对秩有了一个初步的了解,下面对秩与秩统计量的基本概念和基本结论作较为详细的介绍.

§5.2.1 秩

设有独立同分布的样本 $x_1,x_2,\cdots,x_N$，不妨假设总体 X 是连续型随机变量，从而以概率 1 保证样本单元 $x_1,x_2,\cdots,x_N$ 互不相等. 将样本单元由小到大排列成 $x_{(1)}<x_{(2)}<\cdots<x_{(N)}$，若 $x_i=x_{(R_i)}$，则称 $x_i(i=1,2,\cdots,N)$ 在 $x_1,x_2,\cdots,x_N$ 中的秩为 R_i，简称 x_i 的秩为 R_i，$R_i=1,2,\cdots,N$. 秩方法的基本思想是，用 x_i 的秩 R_i 代替 x_i 作统计推断. $R=(R_1,R_2,\cdots,R_N)$ 以及由 R 构造的任意的统计量都称为秩统计量.

R 服从离散型分布，它取 $N!$ 个值. 由于样本 $x_1,x_2,\cdots,x_N$ 独立同分布，所以 R 取任意一组值 $(r_1,r_2,\cdots,r_N)$ 的概率都是 $\frac{1}{N!}$，其中 $(r_1,r_2,\cdots,r_N)$ 是 $(1,2,\cdots,N)$ 的任意一个排列，这说明 R 服从均匀分布. 由此可见，秩统计量的分布与总体服从什么样的分布是没有关系的，这就是秩方法之所以是非参数方法的缘由.

由于 R 服从均匀分布，所以单个的秩 $R_i(i=1,2,\cdots,N)$ 也服从均匀分布：

$$P(R_i=r)=\frac{1}{N},\quad r=1,2,\cdots,N,$$

从而我们有

定理 5.1 对任意的 $i=1,2,\cdots,N$，都有

$$E(R_i)=\frac{N+1}{2},$$

$$D(R_i)=\frac{N^2-1}{12}.$$

证明 对任意的 $i=1,2,\cdots,N$，都有

$$E(R_i)=\sum_{r=1}^{N} r\cdot P(R_i=r)=\sum_{r=1}^{N}\frac{r}{N}=\frac{N+1}{2},$$

$$E(R_i^2)=\sum_{r=1}^{N} r^2\cdot P(R_i=r)=\frac{\sum_{r=1}^{N} r^2}{N}=\frac{(N+1)(2N+1)}{6},$$

所以

$$D(R_i)=E(R_i^2)-(E(R_i))^2=\frac{(N+1)(2N+1)}{6}-\left(\frac{N+1}{2}\right)^2$$

$$=\frac{N^2-1}{12}.$$

定理 5.1 得到证明.

同单个的秩 R_i，R_i 和 $R_j(i\neq j)$ 的联合分布也是均匀分布：

$$P(R_i=r_1,R_j=r_2)=\frac{1}{N(N-1)},\quad r_1\neq r_2,$$

从而我们有

定理 5.2　对任意的 $1\leqslant i<j\leqslant N$,都有

$$\mathrm{Cov}(R_i,R_j)=-\frac{N+1}{12}.$$

证明　对任意的 $1\leqslant i<j\leqslant N$,都有

$$E(R_iR_j)=\sum_{r_1\neq r_2}r_1r_2P(R_i=r_1,R_j=r_2)=\frac{\sum\limits_{r_1\neq r_2}r_1r_2}{N(N-1)}.$$

由于

$$\begin{aligned}\sum_{r_1\neq r_2}r_1r_2&=\Big(\sum_{r=1}^{N}r\Big)^2-\Big(\sum_{r=1}^{N}r^2\Big)=\left(\frac{N(N+1)}{2}\right)^2-\frac{N(N+1)(2N+1)}{6}\\&=\frac{N(N+1)(3N+2)(N-1)}{12},\end{aligned}$$

所以

$$E(R_iR_j)=\frac{(N+1)(3N+2)}{12},$$

$$\begin{aligned}\mathrm{Cov}(R_i,R_j)&=E(R_iR_j)-E(R_i)E(R_j)\\&=\frac{(N+1)(3N+2)}{12}-\left(\frac{N+1}{2}\right)^2\\&=-\frac{N+1}{12}.\end{aligned}$$

§ 5.2.2　Wilcoxon 秩和检验的求解过程

第一章例 1.2 利用 Wilcoxon 秩和检验法的求解过程如下:

① 将这两个企业一共 22 名职工合在一起,把他们的工资由小到大排列,并记下它们的秩(如表 5.3).

表 5.3　两个企业职工的工资和它们的秩

工资	$\boxed{3}$	$\boxed{4}$	$\boxed{5}$	$\boxed{6}$	$\boxed{7}$	$\boxed{8}$	$\boxed{9}$	$\boxed{10}$	11	12	13
秩	1	2	3	4	5	6	7	8	9	10	11
工资	14	15	16	17	18	19	20	$\boxed{30}$	40	$\boxed{50}$	60
秩	12	13	14	15	16	17	18	19	20	21	22

注:其中带有□的数表示企业 2 的职工的工资,不带□的数表示企业 1 的职工的工资.

② 考虑到企业 1 有 $m=12$ 名职工,企业 2 有 $n=10$ 名职工,企业 2 的职工人数少,为简单起见,我们计算企业 2 的职工的工资的秩,它们是 1,2,3,4,5,6,7,8,19,21;

③ 将企业 2 的职工的工资的秩相加,得到它们的和:

$$W_2=1+2+3+4+5+6+7+8+19+21=76;$$

④ 显然,在 W_2 比较小的时候认为企业 2 职工的工资比企业 1 低,在 W_2 比较大的时候认为企业 2 职工的工资比企业 1 高. 现在的问题是,$W_2=76$ 究竟是比较小,还是比较大? 这就需要我们研究,倘若这两个企业职工的工资没有差异,W_2 是如何分布的? 这可以查 Wilcoxon 秩和检验临界值表,关于该表的制作原理和方法在下面叙述. 查 Wilcoxon 秩和检验临界值表(如本书附表 2),在 $m=12$, $n=10$ 时,我们有 $P(W_2\leqslant 76)=0.005$. $W_2=76$ 的 p 值很小,说明 $W_2=76$ 是一个比较小的数,所以我们认为企业 2 职工的工资比企业 1 低. 这个统计分析的结论和数据相吻合. 对于例 1.2 的数据来说,与 Mood 中位数检验法一样,Wilcoxon 秩和检验法也是相当有效的.

注:Wilcoxon 秩和检验临界值表中的 m 不小于 $n(m\geqslant n)$,表中的秩和是容量比较小的那一组样本的秩和.

§5.2.3 Wilcoxon 秩和检验统计量的性质

假设样本 $x_1,x_2,\cdots,x_m$ 和 $y_1,y_2,\cdots,y_n$ 分别来自相互独立的连续型随机变量总体 X 和 Y. 由于总体服从连续型分布,不妨假设合样本 $x_1,x_2,\cdots,x_m,y_1,y_2,\cdots,y_n$ 的各个单元之间互不相等,记合样本容量为 $m+n=N$. Wilcoxon 秩和检验问题的原假设为 H_0:X 和 Y 同分布.

记 $y_j(j=1,2,\cdots,n)$ 在合样本中的秩为 $R_j(R_j=1,2,\cdots,N)$,则在原假设 H_0 为真时,$(R_1,R_2,\cdots,R_n)$ 服从均匀分布,即

$$P(R_1=r_1,R_2=r_2,\cdots,R_n=r_n)=\frac{1}{N(N-1)\cdots(N-n+1)}, \tag{5.3}$$

其中 $r_1,r_2,\cdots,r_n$ 是从 $1,2,\cdots,N$ 这 N 个数中任取 n 个数的一个排列.

记 Y 样本 $y_1,y_2,\cdots,y_n$ 的秩和为

$$W_y=\sum_{j=1}^{n}R_j.$$

下面讨论 Wilcoxon 秩和检验统计量 W_y 的分布的性质.

① 概率分布

显然,W_y 服从离散型分布,它依次取 $\frac{n(n+1)}{2},\frac{n(n+1)}{2}+1,\cdots,\frac{n(n+1)}{2}+mn$ 各个

值,其中最小值与最大值分别为

$$\frac{n(n+1)}{2}=1+2+\cdots+n,$$

$$\frac{n(n+1)}{2}+mn=(m+1)+(m+2)+\cdots+(m+n).$$

由于$(R_1,R_2,\cdots,R_n)$服从均匀分布(见式(5.3)),所以有 W_y 的分布的一个性质.

性质 5.1 在原假设 H_0 为真时,W_y 的概率分布和累积概率分别为

$$P(W_y=d)=P\left(\sum_{i=1}^{n}R_i=d\right)=\frac{t_{m,n}(d)}{\binom{N}{n}},$$

$$P(W_y\leqslant d)=P\left(\sum_{i=1}^{n}R_i\leqslant d\right)=\frac{\sum\limits_{i\leqslant d}t_{m,n}(i)}{\binom{N}{n}},$$

$$d=\frac{n(n+1)}{2},\cdots,\frac{n(n+1)}{2}+mn,$$

其中的 $t_{m,n}(d)$表示从 $1,2,\cdots,N=m+n$ 这 N 个数中任取 n 个数,其和恰为 d 的取法种数. 在 $m=12,n=10$ 时,$t_{12,10}(d)$的值如表 5.4 所示:

表 5.4 $t_{12,10}(d)$的值

d	从 $1,2,\cdots,22$ 中任取 10 个数,其和恰为 d 的取法	$t_{12,10}(d)$
55	$1+2+\cdots+10=55$	$t_{12,10}(55)=1$
56	$1+2+\cdots+9+11=56$	$t_{12,10}(56)=1$
57	$1+2+\cdots+8+10+11=57$ $1+2+\cdots+9+12=57$	$t_{12,10}(57)=2$
58	$1+2+\cdots+7+9+10+11=58$ $1+2+\cdots+8+10+12=58$ $1+2+\cdots+9+13=58$	$t_{12,10}(58)=3$
59	$1+2+\cdots+6+8+9+10+11=59$ $1+2+\cdots+7+9+10+12=59$ $1+2+\cdots+8+11+12=59$ $1+2+\cdots+8+10+13=59$ $1+2+\cdots+9+14=59$	$t_{12,10}(59)=5$
⋮	⋮	⋮

② 对称性

假设从 1,2,⋯,N 这 N 个数中取出的 n 个数为 $a_1,a_2,\cdots,a_n$,其和 $\sum_{i=1}^{n} a_i=d$. 若令 $b_i=(N+1)-a_i,i=1,2,\cdots,n$,那么 $1\leqslant b_i\leqslant N,i=1,2,\cdots,n$,并且它们的和为 $\sum_{i=1}^{n} b_i=n(N+1)-d$. 这说明从 1,2,⋯,$N$ 这 N 个数中任取 n 个数,其和恰为 d 与其和恰为 $n(N+1)-d$ 的取法种数相等,即 $t_{m,n}(d)=t_{m,n}(n(N+1)-d)$,故由性质 5.1 推得

$$P(W_y=d)=P(W_y=n(N+1)-d),$$
$$P(W_y\leqslant d)=P(W_y\geqslant n(N+1)-d),$$
$$d=\frac{n(n+1)}{2},\cdots,\frac{n(n+1)}{2}+mn,$$

从而有

$$P\left(W_y=\frac{n(N+1)}{2}-d\right)=P\left(W_y=\frac{n(N+1)}{2}+d\right),$$
$$P\left(W_y\leqslant\frac{n(N+1)}{2}-d\right)=P\left(W_y\geqslant\frac{n(N+1)}{2}+d\right),$$
$$d=0,1,2,\cdots,\frac{nm}{2}.$$

由此得到 W_y 的分布的又一个性质.

性质 5.2 在原假设 H_0 为真时,W_y 服从对称分布,对称中心为 $\frac{n(n+1)}{2}$, $\frac{n(n+1)}{2}+1,\cdots,\frac{n(n+1)}{2}+mn$ 的中点 $\frac{n(N+1)}{2}$.

根据性质 5.1 和性质 5.2,人们在 $n\leqslant m\leqslant 20$ 时,制作了 Wilcoxon 秩和检验临界值表. 本书的 Wilcoxon 秩和检验临界值表给出了显著性水平为 α 的左侧临界值 d_α,它满足条件

$$d_\alpha=\sup\{d:P(W_y\leqslant d)\leqslant\alpha\}.$$

有时为方便起见,将 d_α 满足的条件简写为 $P(W_y\leqslant d_\alpha)=\alpha$. 有了显著性水平为 α 的左侧临界值 d_α 之后,根据性质 5.2,可以求得显著性水平为 α 的右侧临界值 $c_\alpha=n(N+1)-d_\alpha$,它满足条件

$$c_\alpha=\inf\{c:P(W_y\geqslant c)\leqslant\alpha\},$$

或简写为 $P(W_y\geqslant c_\alpha)=\alpha$.

在 $n\leqslant m,m>20$ 时,我们无法利用 Wilcoxon 秩和检验临界值表计算显著性水平为 α 的临界值. 这时,需要应用 W_y 的渐近分布. 下面我们继续研究 W_y 的分布的性

质,首先计算 W_y 的期望和方差,然后给出 W_y 的渐近分布.

③ 期望和方差

由定理 5.1 和 5.2 知,

$$E(W_y)=E\left(\sum_{i=1}^{n}R_i\right)=nE(R_1)=n\frac{N+1}{2}=\frac{n(N+1)}{2}$$

$$\begin{aligned}D(W_y)&=D\left(\sum_{i=1}^{n}R_i\right)=\sum_{i=1}^{n}D(R_i)+2\sum_{1\leqslant i<j\leqslant n}\mathrm{Cov}(R_i,R_j)\\&=nD(R_1)+n(n-1)\mathrm{Cov}(R_1,R_2)\\&=n\frac{N^2-1}{12}+n(n-1)\left(-\frac{N+1}{12}\right)=\frac{n(N+1)(N-n)}{12}\\&=\frac{nm(N+1)}{12}.\end{aligned}$$

从而 W_y 有下述性质:

性质 5.3　在原假设 H_0 为真时,

$$E(W_y)=\frac{n(N+1)}{2},$$

$$D(W_y)=\frac{nm(N+1)}{12}.$$

注:事实上,由性质 5.2 立即可以推得 W_y 的期望 $E(W_y)=\frac{n(N+1)}{2}$.

④ 渐近正态性

可以证明,在 m 和 n 都趋近 ∞ 的条件下,W_y 有渐近正态性,这就是下面的性质 5.4.

性质 5.4　在原假设 H_0 为真时,若 $\min\{m,n\}\to\infty$,且 $\frac{m}{N}\to\lambda\in(0,1)$,$\lambda$ 是一个常数,则

$$\frac{W_y-E(W_y)}{\sqrt{D(W_y)}}=\frac{W_y-\frac{n(N+1)}{2}}{\sqrt{\frac{mn(N+1)}{12}}}\xrightarrow{L}N(0,1).$$

我们将 W_y 的渐近正态性简记为

$$W_y\dot{\sim}N\left(\frac{n(N+1)}{2},\frac{mn(N+1)}{12}\right).$$

由 W_y 的渐近正态性可以近似地计算 Wilcoxon 秩和检验的显著性水平为 α 的临界值.

有关 Wilcoxon 秩和检验统计量的渐近正态性的详细内容请参阅参考书目[2]—[4].

§5.2.4 Wilcoxon 秩和检验的备择假设

在上一小节,我们说 Wilcoxon 秩和检验问题的原假设为 H_0:X 和 Y 同分布,即 $X \overset{d}{=\!=} Y$. 我们把两个随机变量相等理解为它们同分布. 那么应如何理解两个随机变量的大小关系？什么叫大？什么叫小？很自然地,两个随机变量的大小关系可直观地理解为,比较大的随机变量倾向于取比较大的值,比较小的随机变量倾向于取比较小的值. 这也就是说,若 X 比 Y 大,则 X 的样本 $x_1,x_2,\cdots,x_m$ 和 Y 的样本 $y_1,y_2,\cdots,y_n$ 合在一起由小到大排列后,X 样本倾向于排在后边,Y 样本倾向于排在前边. 这仅仅是一种定性的描述. 下面研究两个随机变量的大小关系如何定量描述的问题. 这个问题涉及 Wilcoxon 秩和检验问题的备择假设如何表述的问题.

关于两个随机变量的大小关系通常有以下四个定量描述的方法,从而有 Wilcoxon 秩和检验问题备择假设四种不同的表述.

① 在 $P(X>Y)>\frac{1}{2}$时,X 倾向于取比较大的值,Y 倾向于取比较小的值,若将合样本 $x_1,x_2,\cdots,x_m,y_1,y_2,\cdots,y_n$ 由小到大排列,X 样本 $x_1,x_2,\cdots,x_m$ 倾向于排在后边,Y 样本 $y_1,y_2,\cdots,y_n$ 倾向于排在前边. 由此有两个随机变量大小关系的第 1 个定量描述方法.

$$\text{当 } P(X>Y)>\frac{1}{2}\text{ 时,我们说 } X \text{ 比 } Y \text{ 大.}$$

根据这个定量描述方法,我们有 Wilcoxon 秩和检验问题备择假设的第 1 种表述方法,如表 5.5 所示.

表 5.5 Wilcoxon 秩和检验备择假设的第 1 种表述方法

原假设 H_0	备择假设 H_1
X 和 Y 同分布	$P(X>Y)>\frac{1}{2}$
	$P(X>Y)<\frac{1}{2}$
	$P(X>Y)\neq\frac{1}{2}$

② 总体 X 的分布函数和密度函数分别记为 $F(x)$ 和 $f(x)$,总体 Y 的分布函数和

密度函数分别记为 $G(y)$ 和 $g(y)$. 下面给出 $P(X>Y)>\frac{1}{2}$成立的一个充分条件.

定理 5.3　如果总体 X 和 Y 相互独立,其分布函数满足条件:对任意的实数 c,都有 $F(c)<G(c)$,则 $P(X>Y)>\frac{1}{2}$.

证明　由于对任意的实数 c,都有 $F(c)<G(c)$,所以

$$P(X>Y)=\iint\limits_{x>y} f(x)g(y)\,\mathrm{d}x\mathrm{d}y=\int_{-\infty}^{\infty}\left(\int_{-\infty}^{x} g(y)\,\mathrm{d}y\right)f(x)\,\mathrm{d}x$$

$$=\int_{-\infty}^{\infty} G(x)f(x)\,\mathrm{d}x>\int_{-\infty}^{\infty} F(x)f(x)\,\mathrm{d}x.$$

令 $t=F(x)$,则有

$$P(X>Y)>\int_{0}^{1} t\,\mathrm{d}t=\frac{1}{2}.$$

定理 5.3 得到证明.

根据定理 5.3,我们有两个随机变量大小关系的第 2 个定量描述方法:

当对任意的实数 c 都有 $F(c)<G(c)$时,我们说 X 比 Y 大.

由此可见,分布函数小的随机变量倾向于取比较大的值,而分布函数大的随机变量倾向于取比较小的值. 这似乎与人们的直觉不相符. 记 $\bar{F}(x)=1-F(x)=P(X>x)$, $\bar{G}(y)=1-G(y)=P(Y>y)$. $\bar{F}(x)$和 $\bar{G}(y)$分别称为 X 和 Y 的生存函数. 显然,"$F(c)<G(c)$"等价于"$\bar{F}(c)>\bar{G}(c)$". 所以分布函数小的随机变量,其生存函数大. 显然,生存函数大的随机变量倾向于取比较大的值. 由此不难理解为什么分布函数小的随机变量倾向于取比较大的值.

根据两个随机变量的大小关系的此定量描述方法,我们有 Wilcoxon 秩和检验问题备择假设的第 2 种表述方法,如表 5.6 所示.

表 5.6　Wilcoxon 秩和检验备择假设的第 2 种表述方法

($F(x)$和 $G(y)$分别是 X 和 Y 的分布函数)

原假设 H_0	备择假设 H_1
X 和 Y 同分布	$\forall c\in(-\infty,+\infty)$,都有 $F(c)<G(c)$
	$\forall c\in(-\infty,+\infty)$,都有 $F(c)>G(c)$
	$\forall c\in(-\infty,+\infty)$,都有 $F(c)<G(c)$,或都有 $F(c)>G(c)$

由定理 5.3 知,在第 2 个定量描述方法意义下的随机变量的大小关系也是在第 1 个定量描述方法意义下的大小关系,所以 Wilcoxon 秩和检验问题备择假设的第 2

种表述方法可以导出第1种表述方法.这时我们说,第2种表述方法比第1种表述方法严格.下面的第3种表述方法最为严格.

③ 既然我们把 X 和 Y 同分布,即 $X \overset{d}{=\!=} Y$,理解为 X 和 Y 相等,所以很自然地,我们有两个随机变量大小关系的第3个定量描述方法:

当 $X+a \overset{d}{=\!=} Y$,且 $a<0$ 时,我们说 X 比 Y 大;

当 $X+a \overset{d}{=\!=} Y$,且 $a>0$ 时,我们说 X 比 Y 小.

称 a 为位置参数,a 可看成"Y 与 X 在位置上的差异".

下面给出与大小关系第3个定量描述方法等价的一个定量描述方法.设 X 和 Y 的分布函数分别为 $F(x)$ 和 $G(y)$.

定理 5.4 $X+a \overset{d}{=\!=} Y$ 成立的充分必要条件为对任意的 c 都有 $G(c)=F(c-a)$.

证明 必要性的证明.由 $X+a \overset{d}{=\!=} Y$ 知,对任意的 c 都有

$$G(c)=P(Y\leqslant c)=P(X+a\leqslant c)=P(X\leqslant c-a)=F(c-a).$$

充分性的证明.若对任意的 c 都有 $G(c)=F(c-a)$,则由于 $X+a$ 的分布函数

$$P(X+a\leqslant x)=P(X\leqslant x-a)=F(x-a)=G(x)=P(Y\leqslant x),$$

所以 $X+a \overset{d}{=\!=} Y$.

由定理5.4,大小关系的第3个定量描述方法可等价地叙述为:

当对任意的 c 都有 $G(c)=F(c-a)$,且 $a<0$ 时,我们说 X 比 Y 大;

当对任意的 c 都有 $G(c)=F(c-a)$,且 $a>0$ 时,我们说 X 比 Y 小.

在 $a>0$ 时,由于对任意的 c 都有 $G(c)=F(c-a)$,或者等价地由于对任意的 c 都有 $G(c+a)=F(c)$,所以由图5.1所示,将 X 的分布函数 $F(x)$ 向右平行移动 a 个单位即得到 Y 的分布函数 $G(y)=G(x+a)$.类似地,在 $a<0$ 时,将 X 的分布函数 $F(x)$ 向左平行移动 a 个单位即得到 Y 的分布函数 $G(y)$.由此可见,称 a 为位置参数,把 a 看成"Y 与 X 在位置上的差异"是很自然的事.

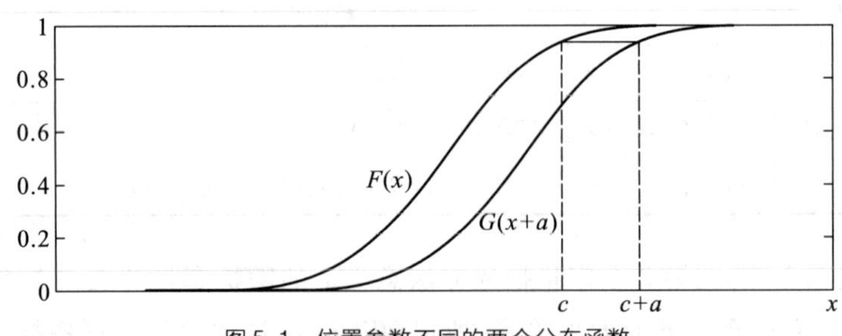

图5.1 位置参数不同的两个分布函数

显然，若对任意的 c 都有 $G(c)=F(c-a)$，则在 $a<0$ 时，对任意的 c 都有 $F(c)<G(c)$；而在 $a>0$ 时，对任意的 c 都有 $F(c)>G(c)$. 由此可见，在第 3 个定量描述方法意义下的随机变量的大小关系也是在第 2 个，从而也是在第 1 个定量描述方法意义下的大小关系. 所以在这三个定量描述方法中以第 3 个方法最为严格. 随机变量大小关系的这三个定量描述方法之间的关系如图 5.2 所示.

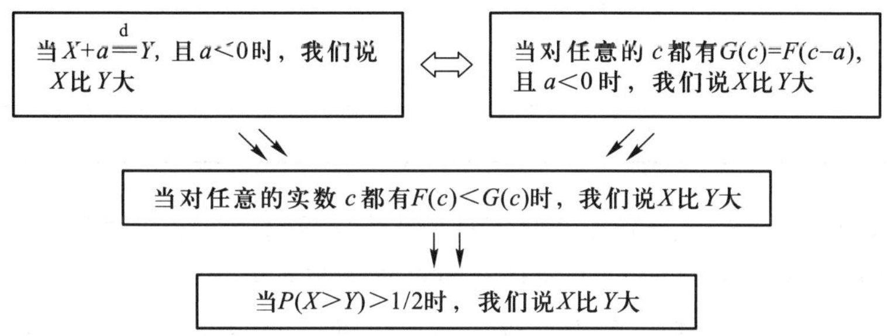

图 5.2 随机变量大小关系的三个定量描述方法之间的关系

根据两个随机变量的大小关系的第 3 个定量描述方法，我们有 Wilcoxon 秩和检验问题备择假设的第 3 种表述方法，如表 5.7 所示.

表 5.7 Wilcoxon 秩和检验备择假设的第 3 种表述方法

（对任意的 c 都有 $G(c)=F(c-a)$，其中 $F(x)$ 和 $G(y)$ 分别是 X 和 Y 的分布函数）

原假设 H_0	备择假设 H_1
X 和 Y 同分布	$a<0$
	$a>0$
	$a\neq 0$

由于在随机变量的大小关系三个定量描述方法中以第 3 个方法最为严格，所以在 Wilcoxon 秩和检验问题备择假设的三种表述方法中以第 3 种表述方法最为严格，由它可以导出第 2 种，从而可以导出第 1 种表述方法. 第 3 种表述方法要求 X 的分布函数 $F(x)$ 和 Y 的分布函数 $G(y)$ 有这样的关系：对任意的 c 都有 $G(c)=F(c-a)$. 这说明 X 和 Y 的分布函数的形状相同，仅有可能是位置参数不同. Wilcoxon 秩和检验对位置参数 a 进行检验.

④ 在 R 软件中，有 Wilcoxon 秩和检验问题备择假设的第 4 种表述方法，它如同 Mood 中位数检验法中备择假设的表述方法. 分别记总体 X 和 Y 的中位数为 me_x 和 me_y. 很自然地，在 $\mathrm{me}_x>\mathrm{me}_y$ 时，我们认为在合样本 $x_1,x_2,\cdots,x_m,y_1,y_2,\cdots,y_n$ 由小到

大排列后,Y 样本 $y_1,y_2,\cdots,y_n$ 倾向于排在前边;而在 $\mathrm{me}_x<\mathrm{me}_y$ 时,我们认为在合样本 $x_1,x_2,\cdots,x_m,y_1,y_2,\cdots,y_n$ 由小到大排列后,Y 样本 $y_1,y_2,\cdots,y_n$ 倾向于排在后边. Wilcoxon 秩和检验问题备择假设的第 4 种表述方法如表 5.8 所示.

表 5.8 Wilcoxon 秩和检验备择假设的第 4 种表述方法

原假设 H_0	备择假设 H_1
X 和 Y 同分布	$\mathrm{me}_x>\mathrm{me}_y$
	$\mathrm{me}_x<\mathrm{me}_y$
	$\mathrm{me}_x\neq\mathrm{me}_y$

定理 5.5 (1) 如果假设第 2 个定量描述方法意义下的随机变量的大小关系成立,即假设总体 X 和 Y 满足条件:对任意的实数 c,都有 $F(c)<G(c)$,则 $\mathrm{me}_x>\mathrm{me}_y$,其中 me_x 和 me_y 分别为 X 和 Y 的中位数;(2) 如果进一步假设第 3 个定量描述方法意义下的随机变量的大小关系成立,即假设 $X+a \overset{\mathrm{d}}{=\!=} Y$,或等价地假设 X 和 Y 的分布函数 $F(x)$ 和 $G(y)$ 有这样的关系:对任意的 c 都有 $G(c)=F(c-a)$,则在 X 和 Y 的中位数 me_x 和 me_y 唯一存在时,$\mathrm{me}_y=\mathrm{me}_x+a$.

证明 (1) 因为 $F(\mathrm{me}_y)<G(\mathrm{me}_y)=\dfrac{1}{2}$,所以 $\mathrm{me}_x>\mathrm{me}_y$.

(2) 因为$\dfrac{1}{2}=G(\mathrm{me}_y)=F(\mathrm{me}_y-a)$,$F(\mathrm{me}_x)=\dfrac{1}{2}$,所以 $\mathrm{me}_x=\mathrm{me}_y-a$,从而有 $\mathrm{me}_y=\mathrm{me}_x+a$.

我们已经知道 Wilcoxon 秩和检验问题备择假设的第 2 种表述方法可以导出第 1 种表述方法. 现由定理 5.5 知,第 2 种表述方法还可以导出第 4 种表述方法. 由于第 3 种表述方法可以导出第 2 种表述方法,所以第 3 种表述方法在这 4 种表述方法中最为严格. 至于第 1 种表述方法和第 4 种表述方法,可以举出这样的例子,在 $P(X>Y)>\dfrac{1}{2}$成立时,有可能 $\mathrm{me}_x>\mathrm{me}_y$,也有可能 $\mathrm{me}_x<\mathrm{me}_y$,所以由第 1 种表述方法推导不出第 4 种表述方法. 反之,也可以举出这样的例子,在 $\mathrm{me}_x>\mathrm{me}_y$ 成立时,有可能 $P(X>Y)>\dfrac{1}{2}$,也有可能 $P(X>Y)<\dfrac{1}{2}$,所以由第 4 种表述方法也推导不出第 1 种表述方法. 第 1 种表述方法和第 4 种表述方法在这 4 种表述方法中最不严格. “最不严格”意味着最容易得到满足. 在理论研究时,往往假设两个总体的分布函数的形状相同,仅有可能是位置参数不同,然后应用 Wilcoxon 秩和检验方法检验位置参数,而在

实际应用时不必强求两个总体的分布函数的形状相同. 我们在备择假设的第 1 种表述方法或第 4 种表述方法的情况下,都可以使用 Wilcoxon 秩和检验法.

我们以第 3 种表述方法为例,将 Wilcoxon 秩和检验问题的解列于表 5.9.

表 5.9 Wilcoxon秩和检验问题的解

H_0	H_1	水平 α 的拒绝域	p 值的计算
$a=0$	$a<0$	$W_y\leqslant d, d=\sup\{d^*: P(W_y\leqslant d^*)\leqslant\alpha\}$	$P(W_y\leqslant$ 由 $x_1,\cdots,x_m,y_1,\cdots,y_n$ 算得的 W_y 的值)
	$a>0$	$W_y\geqslant c, c=\inf\{c^*: P(W_y\geqslant c^*)\leqslant\alpha\}$	$P(W_y\geqslant$ 由 $x_1,\cdots,x_m,y_1,\cdots,y_n$ 算得的 W_y 的值)
	$a\neq0$	$W_y\leqslant d, d=\sup\left\{d^*: P(W_y\leqslant d^*)\leqslant\dfrac{\alpha}{2}\right\}$ 或 $W_y\geqslant c, c=\inf\left\{c^*: P(W_y\geqslant c^*)\leqslant\dfrac{\alpha}{2}\right\}$	由样本数据算得的 W_y 的值 $\leqslant\dfrac{n(N+1)}{2}$ 时, $2P(W_y\leqslant$ 由 $x_1,\cdots,x_m,y_1,\cdots,y_n$ 算得的 W_y 的值); 由样本数据算得的 W_y 的值 $>\dfrac{n(N+1)}{2}$ 时, $2P(W_y\geqslant$ 由 $x_1,\cdots,x_m,y_1,\cdots,y_n$ 算得的 W_y 的值)

注:① 由性质 5.2 知,在由样本数据算得的 W_y 的值小于等于 $\dfrac{n(N+1)}{2}$ 时,我们说这个 W_y 的值比较小;而在由样本数据算得的 W_y 的值大于 $\dfrac{n(N+1)}{2}$ 时,我们说它比较大. 所以当备择假设 H_1 为 $a\neq0$ 时,在由样本数据算得的 W_y 的值小于等于 $\dfrac{n(N+1)}{2}$ 时,检验的 p 值等于 $2P(W_y\leqslant$ 由 $x_1,\cdots,x_m,y_1,\cdots,y_n$ 算得的 W_y 的值);而在由样本数据算得的 W_y 的值大于 $\dfrac{n(N+1)}{2}$ 时,检验的 p 值等于 $2P(W_y\geqslant$ 由 $x_1,\cdots,x_m,y_1,\cdots,y_n$ 算得的 W_y 的值).

② 我们也可以取 X 样本 $x_1,x_2,\cdots,x_m$ 的秩和 $W_x=\sum_{i=1}^{m}Q_i$ 作为检验统计量,其中 Q_i 是 x_i 在合样本 $x_1,\cdots,x_m,y_1,\cdots,y_n$ 中的秩,$i=1,2,\cdots,m$. 由于 $W_x+W_y=1+2+\cdots+N=\dfrac{N(N+1)}{2}$,所以"用 W_x 作为检验统计量"等价于"用 W_y 作为检验统计量". 在手工计算时通常取容量比较小的那个样本的秩和作为检验统计量. 这一方面是为了简化计算,另一方面也是便于查 Wilcoxon 秩和检验临界值表(表中的秩和是容量比较小的那一组样本的秩和).

§5.2.5 秩和检验的平均秩法

同符号秩和检验法,当观察值中有相等的值,即有结时,Wilcoxon 秩和检验法也采用平均秩法.下面计算平均秩法得到的Wilcoxon秩和检验统计量 W_y 的期望和方差.同符号秩和检验法,我们将按平均秩法得到的 W_y 记为 $W_y=\sum_{i=1}^{n}a(R_i)$,其中函数 $a(r),r=1,2,\cdots,n$ 是计分函数.在结的长度为 1 时,$a(R_i)=R_i$;而在结的长度超过 1 的时候,$a(R_i)$等于秩的平均.事实上,不必局限于按平均秩的方法定义的计分函数.以后我们会看到,为解决某种类型的检验问题而选取的一些特殊的计分函数,它们有别于按平均秩的方法定义的计分函数.下面的定理 5.6 和定理 5.7 对任意的计分函数都是成立的.

与定理 5.1 和定理 5.2 相类似地,对任意一个记分函数,我们都有

定理 5.6 设有独立同分布的样本 $x_1,x_2,\cdots,x_N$,总体 X 是连续型随机变量.记 $x_i(i=1,2,\cdots,N)$ 在 $x_1,x_2,\cdots,x_N$ 中的秩为 R_i.设有计分函数 $a(r),r=1,2,\cdots,N$.在 x_i 的秩为 R_i 时,我们将 x_i 的得分定义为 $a(R_i)$,则对任意的 $1\leqslant i<j\leqslant N$,都有

$$E(a(R_i))=\bar{a},$$

$$D(a(R_i))=\frac{1}{N}\sum_{i=1}^{N}(a(i)-\bar{a})^2,$$

$$\mathrm{Cov}(a(R_i),a(R_j))=-\frac{1}{N(N-1)}\sum_{i=1}^{N}(a(i)-\bar{a})^2,$$

其中 $\bar{a}=\dfrac{\sum_{i=1}^{N}a(i)}{N}$.由定理 5.6 推得下面的定理.

定理 5.7 设样本 $x_1,x_2,\cdots,x_m$ 和 $y_1,y_2,\cdots,y_n$ 分别来自相互独立的连续型随机变量总体 X 和 Y.令 $N=m+n$,记 $y_j(j=1,2,\cdots,n)$ 在合样本中的秩为 $R_j(R_j=1,2,\cdots,N)$.设有计分函数 $a(r),r=1,2,\cdots,N$,则在 X 和 Y 同分布时,

$$E\Big(\sum_{i=1}^{n}a(R_i)\Big)=n\bar{a},$$

$$D\Big(\sum_{i=1}^{n}a(R_i)\Big)=\frac{nm}{N(N-1)}\sum_{i=1}^{N}(a(i)-\bar{a})^2.$$

定理 5.6 和定理 5.7 的证明分别留作本章习题第 3 题和第 4 题.

下面将定理 5.6 和定理 5.7 用于按平均秩的方法定义的计分函数. 按平均秩法,在结的长度为 1 时,$a(R_i)=R_i$;而在结的长度超过 1 的时候,$a(R_i)$ 等于秩的平均. 由第四章的式(4.13)和式(4.14)知,我们有

$$\bar{a}=\frac{\sum_{i=1}^{N}a(i)}{N}=\frac{N+1}{2},$$

$$\sum_{i=1}^{N}(a(i)-\bar{a})^2=\sum_{i=1}^{N}a^2(i)-N\bar{a}^2$$

$$=\frac{N(N+1)(2N+1)}{6}-\frac{\sum_{j=1}^{g}(\tau_j^3-\tau_j)}{12}-N\left(\frac{N+1}{2}\right)^2$$

$$=\frac{N(N+1)(N-1)}{12}-\frac{\sum_{j=1}^{g}(\tau_j^3-\tau_j)}{12},$$

其中 g 为合样本数据中结的个数,而 τ_t 是第 t 个结的长度,$t=1,2,\cdots,g$.

如果取按平均秩法定义的计分函数,则由定理 5.6 知,

$$E(a(R_i))=\bar{a}=\frac{N+1}{2}, \tag{5.4}$$

$$D(a(R_i))=\frac{1}{N}\sum_{i=1}^{N}(a(i)-\bar{a})^2$$

$$=\frac{N^2-1}{12}-\frac{\sum_{j=1}^{g}(\tau_i^3-\tau_j)}{12N}, \tag{5.5}$$

$$\mathrm{Cov}(a(R_i),a(R_j))=-\frac{1}{N(N-1)}\sum_{i=1}^{N}(a(i)-\bar{a})^2$$

$$=-\frac{N+1}{12}+\frac{\sum_{j=1}^{g}(\tau_j^3-\tau_j)}{12N(N\ 1)}. \tag{5.6}$$

如果在定理 5.7 中,取按平均秩法定义的计分函数,则平均秩法得到的Wilcoxon 秩和检验统计量 W_y 的期望和方差分别为

$$E(W_y)=n\bar{a}=\frac{n(N+1)}{2}, \tag{5.7}$$

$$D(W_y)=\frac{nm}{N(N-1)}\sum_{i=1}^{N}(a(i)-\bar{a})^2$$

$$=\frac{nm(N+1)}{12}-\frac{nm\sum_{t=1}^{g}(\tau_t^3-\tau_t)}{12N(N-1)}.\tag{5.8}$$

与性质 5.3 相对照可以看出:与符号秩和检验统计量 W^+ 相类似地,秩平均之后 Wilcoxon 秩和检验统计量 W_y 的均值没有变化,而方差有变化,W_y 的方差应该按式(5.8)进行修正.

同符号秩和检验,由式(5.7)和式(5.8)给出的有结时 W_y 的期望和方差是条件期望和条件方差. 它们是在合样本数据中给定有 g 个结,结的长度分别给定为 $\tau_1,\tau_2,\cdots,\tau_g$ 时的条件期望和条件方差. 所以严格地说,式(5.7)和式(5.8)应该写为

$$E(W_y\mid\tau_1,\tau_2,\cdots,\tau_g)=\frac{n(N+1)}{2},$$

$$D(W_y\mid\tau_1,\tau_2,\cdots,\tau_g)=\frac{nm(N+1)}{12}-\frac{nm\sum_{j=1}^{g}(\tau_j^3-\tau_j)}{12N(N-1)}.$$

秩平均后的 Wilcoxon 秩和检验统计量 W_y 仍有渐近正态性. 该渐近正态性简记为

$$W_y\dot{\sim}N\left(\frac{n(N+1)}{2},\frac{nm(N+1)}{12}-\frac{nm\sum_{j=1}^{g}(\tau_j^3-\tau_j)}{12N(N-1)}\right).$$

例 5.1 为比较两种型号的汽车每加仑①汽油的行驶里程,从每个型号的汽车中随机挑选 12 辆汽车,并让每一辆汽车都高速行驶 1 000 英里②. 每辆汽车每加仑汽油的行驶里程样本数据以及它们在合样本中的秩见表 5.10.

表 5.10 每加仑汽油的行驶里程及它们的秩

第 1 种型号			第 2 种型号		
汽车	行驶里程/英里	秩	汽车	行驶里程/英里	秩
1	20.6	21	1	21.3	24
2	19.9	16	2	17.6	4
3	18.6	8	3	17.4	3
4	18.9	11	4	18.5	7
5	18.8	9.5	5	19.7	13
6	20.2	18	6	21.1	23

① 1 加仑 = 3.785 412 升.

② 1 英里 = 1.609 344 千米.

续表

第 1 种型号			第 2 种型号		
汽车	行驶里程/英里	秩	汽车	行驶里程/英里	秩
7	21.0	22	7	17.3	2
8	20.5	19.5	8	18.8	9.5
9	19.8	14.5	9	17.8	5
10	19.8	14.5	10	16.9	1
11	19.2	12	11	18.0	6
12	20.5	19.5	12	20.1	17

本例 $m=n=12$, $N=24$. 样本数据中有 $g=3$ 个结,每个结的长度都是 2, $\tau_1=\tau_2=\tau_3=2$. 第 1 种型号汽车每加仑汽油的行驶里程样本数据的秩和 $W_1=185.5$. 据式(5.7)和式(5.8),算得有结秩平均之后 Wilcoxon 秩和检验统计量 W_1 的均值和方差: $E(W_1)=150$, $D(W_1)=299.61$.

本例欲检验的备择假设为:"这两种型号的汽车每加仑汽油的行驶里程数有差异". 应用秩平均之后 Wilcoxon 秩和检验统计量的渐近正态性,得检验的 p 值为

$$2P(N(150,299.61)\geqslant 185.5)=0.04.$$

p 值比较小,所以拒绝原假设,认为这两种型号的汽车每加仑汽油的行驶里程数有差异. 由样本数据可以看到,第 1 种型号的汽车每加仑汽油的行驶里程数大.

用 R 软件进行 Wilcoxon 秩和检验,将第 1 种型号汽车每加仑汽油的行驶里程样本数据赋值给变量 x,将第 2 种型号汽车每加仑汽油的行驶里程样本数据赋值给变量 y,欲检验的备择假设为:"第 1 种型号的汽车每加仑汽油的行驶里程数大",运行下面程序:

```
x<-c(20.6,19.9,18.6,18.9,18.8,20.2,21.0,20.5,19.8,19.8,19.2,20.5)
y<-c(21.3,17.6,17.4,18.5,19.7,21.1,17.3,18.8,17.8,16.9,18.0,20.1)
wilcox.test(x,y, paired=FALSE,conf.level=0.95,alternative=c
("grcatcr"))
```

运行结果:

```
        Wilcoxon rank sum test with continuity correction
data: x and y
W=107.5, p-value=0.02159
alternative hypothesis: true location shift is greater than 0
```

注:① 上面运行 wilcox. test()函数得到的统计量 W=107.5 其实是 Mann-Whitney U 统计量. 下面的 § 5.3 将

讨论 Mann-Whitney U 统计量检验方法,并说明它与 Wilcoxon 秩和检验方法没有实质上的差别. Mann-Whitney U 统计量与 Wilcoxon 秩和统计量仅相差一个常数. 所以由 Mann-Whitney U 统计量检验,算得的 p 值 0.021 59,就是 Wilcoxon 秩和检验的 p 值.

② R 程序算得的秩和是第 1 组样本 x 的秩和. 第 1 组样本(第 1 种型号汽车)个数 $m=12$,其秩和 $W_1=185.5$. §5.3 将证明,秩和 $W_1=185.5$ 与 Mann-Whitney U 统计量 $W=107.5$ 仅相差 $m(m+1)/2=78$.

③ 在 R 程序中,符号秩和检验与秩和检验都可以调用函数 wilcox. test(x,y=NULL,...)来实现. 如果函数只含有参数 x,或者同时含有参数 x 和 y,并加上选项"paired=TRUE",wilcox. test()会完成 Wilcoxon 符号秩和检验,对应原假设是 x 对称或 $x-y$ 对称,用参数"mu=…"来表示原假设中对称中心的位置. 如果函数同时含有参数 x 和 y,并加上选项"paired=FALSE",wilcox. test()会完成 Wilcoxon 秩和检验,这时原假设是 x 和 y 的分布只相差一个位置参数 mu,用选项"mu=…"来注明.

§5.2.6 位置参数差的检验问题

前面所讨论的 Wilcoxon 秩和检验问题的原假设为 H_0:X 和 Y 同分布. 原假设成立时,它们的位置参数没有差异. 一般来说,有位置参数的差是一个常数的检验问题. 假设 X 和 Y 的分布函数 $F(x)$ 和 $G(y)$ 有这样的关系:存在位置参数 a,使得对任意的 c 都有 $G(c)=F(c-a)$. 正如前面所说的,由于在 X 的分布函数为 $F(x)$ 时,$X+a$ 的分布函数为 $F(x-a)$,所以 $X+a$ 和 Y 有相同的分布函数,a 可以看成 Y 的位置参数与 X 的位置参数的差:$a=Y$ 的位置参数$-X$ 的位置参数. 位置参数的差 a 是否是一个常数 η 的检验问题有三种情况(如表 5.11 所示).

表 5.11 位置参数差异的检验问题

原假设 H_0	备择假设 H_1
$a=\eta$	$a<\eta$
	$a>\eta$
	$a\neq\eta$

显然,表 5.11 是表 5.7 的推广. 如果 Y 和 X 的位置参数的差是一个常数 η,则 $Z=X+\eta$ 和 Y 的位置参数没有差异,所以"根据数据 $x_1,x_2,\cdots,x_m$ 和 $y_1,y_2,\cdots,y_n$ 检验它们的位置参数的差是否是一个常数 η"的检验问题,可以等价地转换为"根据数据 $z_1,z_2,\cdots,z_m$ 和 $y_1,y_2,\cdots,y_n$ 检验他们的位置参数是否没有差异"的检验问题,其中 $z_i=x_i+\eta,i=1,2,\cdots,m$.

在 R 软件中,将 Wilcoxon 秩和检验问题理解为总体 X 和 Y 的中位数 me_x 和 me_y 有没有差异的检验问题. 一般来说,有中位数 me_x 和 me_y 的差是否是一个常数 η 的

检验问题. 这个检验问题也有三种情况(如表 5.12 所示).

表 5.12　中位数差异的检验问题

原假设 H_0	备择假设 H_1
	$\mathrm{me}_x-\mathrm{me}_y>\eta$
$\mathrm{me}_x-\mathrm{me}_y=\eta$	$\mathrm{me}_x-\mathrm{me}_y<\eta$
	$\mathrm{me}_x-\mathrm{me}_y\neq\eta$

显然,表 5.12 是表 5.8 的推广. 这个检验问题的处理方法同表 5.11.

至此我们讨论了位置参数差的检验问题,至于位置参数差的估计(包括区间估计)问题将在本书的附录 8 进行讨论.

§ 5.3　Mann-Whitney U 统计量检验法

除了秩检验方法外,U 统计量检验方法也是非常重要的非参数统计检验方法. 下面介绍如何应用 U 统计量检验方法解决第一章例 1.2 的两样本的比较问题.

§ 5.3.1　Mann-Whitney U 统计量检验的求解过程

第一章的例 1.2 的原假设为 H_0:这两个企业职工的工资没有差异,备择假设为 H_1:企业 1 职工的工资比企业 2 职工的工资高. Mann-Whitney U 统计量检验法关于这个问题的求解过程如下:

① 将企业 1 和企业 2 职工的工资都分别由小到大排列:

企业 1	11	12	13	14	15	16	17	18	19	20	40	60
企业 2	3	4	5	6	7	8	9	10	30	50		

为方便叙述,将企业 1 职工的工资记为 $x_1,x_2,\cdots,x_m$,其中 $m=12$;企业 2 职工的工资记为 $y_1,y_2,\cdots,y_n$,其中 $n=10$;

② 对企业 1 的每一名职工,计算在企业 2 中有多少名职工的工资比他高. 这也就是说,对每一个 $i=1,2,\cdots,m$,计算

$$r_i = {}^{\#}\{x_i < y_j, j = 1, 2, \cdots, n\}.$$

例如,对企业 1 的第 1 名职工来说,他的工资在企业 1 中是最低的,在企业 2 中有 2 名职工的工资比他高,$r_1 = 2$;对企业 1 的第 2 名职工,在企业 2 中也有 2 名职工的工资比他高,$r_2 = 2$;依此类推,直到企业 1 的最后一名职工. 企业 1 最后一名职工的工资在企业 1 中是最高的,在企业 2 中也没有一名职工的工资比他高,$r_{12} = 0$. 至此,我们得到了一列数:$r_1, r_2, \cdots, r_m, m = 12$,它们分别为 2,2,2,2,2,2,2,2,2,2,1,0. 由于企业 1 和企业 2 职工的工资都已经由小到大排列,所以这些 r_i 很容易计算,并且它们是非增的;

⑶ 计算这些 r_i 的和;

$$W_{xy} = \sum_{i=1}^{m} r_i = 2\times 10+1 = 21.$$

事实上,

$$W_{xy} = {}^{\#}\{(x_i, y_j) : x_i < y_j, i = 1, 2, \cdots, m; j = 1, 2, \cdots, n\}, \tag{5.9}$$

W_{xy}称为 Mann-Whitney U 检验统计量. 这是 H. B. Mann 和 D. R. Whitney 于 1947 年提出的统计量,用于比较两个样本的大小. 显然,在 W_{xy}比较小的时候,如果将企业 1 和企业 2 的职工合在一起,将他们的工资由小到大排列,企业 1 的职工工资倾向于排在后面,企业 2 的职工工资倾向于排在前面. 所以我们在 W_{xy}比较小的时候拒绝原假设,认为企业 1 职工的工资比企业 2 职工的工资高.

在 §5.2 我们曾说过,Wilcoxon 秩和检验和 Mann-Whitney U 统计量检验没有实质上的差别,所以当我们讲 Mann-Whitney U 统计量检验,就隐含 Wilcoxon 秩和检验. 反之,讲 Wilcoxon 秩和检验,就隐含 Mann-Whitney U 统计量检验. 为什么这两个检验方法没有实质上的差别,其原因就在于,“Mann-Whitney U检验统计量”等价于“Wilcoxon 秩和检验统计量”. 这个问题将在下一节详细讨论.

§5.3.2 Mann-Whitney U 检验统计量与 Wilcoxon 秩和统计量

假设样本 $x_1, x_2, \cdots, x_m$ 和 $y_1, y_2, \cdots, y_n$ 分别来自相互独立的连续型随机变量总体 X 和 Y. 由于总体服从连续型分布,所以不妨假设合样本 $x_1, x_2, \cdots, x_m, y_1, y_2, \cdots, y_n$ 的各个单元之间互不相等. 记合样本容量为 $m+n=N$. Mann-Whitney U 检验统计量 W_{xy}如式(5.9)所示. 下面我们说明,为什么称它为 U 检验统计量. 令

$$\phi(x_i; y_j) = \begin{cases} 1, & x_i - y_j < 0, \\ 0, & \text{其他}, \end{cases}$$

则 W_{xy}可以表示为

$$W_{xy}=\sum_{i=1}^{m}\sum_{j=1}^{n}\phi(x_i;y_j). \tag{5.10}$$

将这 mn 个 $\phi(x_i;y_j)$求平均,则有

$$U(x_1,\cdots,x_m;y_1,\cdots,y_n)=\frac{W_{xy}}{mn}=\frac{\sum_{i=1}^{m}\sum_{j=1}^{n}\phi(x_i;y_j)}{mn}, \tag{5.11}$$

$U(x_1,\cdots,x_m;y_1,\cdots,y_n)$称为以 $\phi(x_i;y_j)$为核的两样本 $x_1,x_2,\cdots,x_m$ 和 $y_1,y_2,\cdots,y_n$ 的 U 统计量. 除了两个样本的 U 统计量,还有单个样本和三个样本等的 U 统计量. 有关 U 统计量的详细内容,请参阅参考书目[2]—[5].

在式(5.11)中,这些 $\phi(x_i;y_j)$在求平均时,它们有相等的权重. 正因为它们是均等(uniform)的,所以人们把这种类型的统计量统称为 U 统计量. 显然,"用 W_{xy}作为检验统计量"和"用 $U(x_1,\cdots,x_m;y_1,\cdots,y_n)$作为检验统计量"是相互等价的,把用 W_{xy}作为检验统计量的检验方法称为 Mann-Whitney U 统计量检验.

与 W_{xy}相对应地,我们有

$$W_{yx}={}^{\#}\{(x_i,y_j):y_j<x_i,i=1,2,\cdots,m;j=1,2,\cdots,n\}.$$

注意 W_{xy}和 W_{yx}的差别. 显然,

$$W_{xy}+W_{yx}=mn, \tag{5.12}$$

所以"用 W_{xy}作为检验统计量"和"用 W_{yx}作为检验统计量"是相互等价的. 这里我们用 W_{xy}作为 Mann-Whitney U 统计量检验的检验统计量.

记 $y_j(j=1,2,\cdots,n)$在合样本 $x_1,x_2,\cdots,x_m,y_1,y_2,\cdots,y_n$ 中的秩为 $R_j(R_j=1,2,\cdots,N)$. Y 样本 $y_1,y_2,\cdots,y_n$ 的秩和 $W_y=\sum_{j=1}^{n}R_j$. 类似地有,X 样本 $x_1,x_2,\cdots,x_m$ 的秩和 $W_x=\sum_{i=1}^{m}Q_i$,其中 $Q_i(Q_i=1,2,\cdots,N)$是 $x_i(i=1,2,\cdots,m)$在合样本中的秩. 在 § 5.2 已经说明,由于 $W_x+W_y=1+2+\cdots+N=\frac{N(N+1)}{2}$,所以"用 W_x 作为检验统计量"和"用 W_y 作为检验统计量"是相互等价的. 这里我们用 W_y 作为 Wilcoxon 秩和检验的检验统计量.

为简化讨论,不妨假设 Y 样本 $y_1,y_2,\cdots,y_n$ 已由小到大排列. 对任意的 $k(k=1,2,\cdots,n)$,y_k 在合样本中的秩为

$$\begin{aligned}R_k&={}^{\#}\{x_i:x_i<y_k,i=1,2,\cdots,m\}+{}^{\#}\{y_j:y_j<y_k,j=1,2,\cdots,n\}+1\\&={}^{\#}\{x_i:x_i<y_k,i=1,2,\cdots,m\}+(k-1)+1\end{aligned}$$

$$=^{\#}\{x_i:x_i<y_k, i=1,2,\cdots,m\}+k,$$

因而有

$$^{\#}\{x_i:x_i<y_k, i=1,2,\cdots,m\}=R_k-k,$$

所以

$$\begin{aligned}W_{xy}&=^{\#}\{(x_i,y_j):x_i<y_j, i=1,2,\cdots,m;j=1,2,\cdots,n\}\\&=\sum_{k=1}^{n}{}^{\#}\{x_i:x_i<y_k, i=1,2,\cdots,m\}=\sum_{k=1}^{n}(R_k-k)\\&=\sum_{k=1}^{n}R_k-\sum_{k=1}^{n}k=W_y-\frac{n(n+1)}{2}.\end{aligned}\tag{5.13}$$

同理,$W_{yx}=W_x-\dfrac{m(m+1)}{2}$. 从而有下面的定理.

定理 5.8 Mann-Whitney U 统计量和 Wilcoxon 秩和统计量仅相差一个常数:

$$W_{xy}=W_y-\frac{n(n+1)}{2}, W_{yx}=W_x-\frac{m(m+1)}{2}.$$

由定理 5.8 知,“用 Mann-Whitney U 统计量作为检验统计量”等价于“用Wilcoxon秩和统计量作为检验统计量”, Mann-Whitney U 统计量检验和Wilcoxon秩和检验没有实质上的差别.

由定理 5.8 以及性质 5.1、5.2、5.3 和 5.4,我们有下面的性质 5.5 和 5.6.

性质 5.5 在原假设 H_0 为真时,W_{xy} 服从对称分布,对称中心为 $0,1,\cdots,mn$ 的中点$\dfrac{mn}{2}$,它的概率分布和累积概率分别为

$$P(W_{xy}=d)=P\left(W_y=d+\frac{n(n+1)}{2}\right)=\frac{t_{m,n}\left(d+\frac{n(n+1)}{2}\right)}{\binom{N}{n}},$$

$$P(W_{xy}\leqslant d)=P\left(W_y\leqslant d+\frac{n(n+1)}{2}\right)=\frac{\sum_{i\leqslant d}t_{m,n}\left(i+\frac{n(n+1)}{2}\right)}{\binom{N}{n}}, d=0,1,\cdots,mn.$$

性质 5.6 在原假设 H_0 为真时,

$$E(W_{xy})=E(W_y)-\frac{n(n+1)}{2}=\frac{mn}{2},$$

$$D(W_{xy})=D(W_y)=\frac{mn(N+1)}{12},$$

且在 $\min\{m,n\}\to\infty$，且 $\frac{m}{N}\to\lambda\in(0,1)$ 的条件下，W_{xy} 有渐近正态性：

$$\frac{W_{xy}-\frac{mn}{2}}{\sqrt{\frac{mn(N+1)}{12}}}\xrightarrow{L}N(0,1),m,n\to\infty,$$

该渐近正态性简记为

$$W_{xy}\dot{\sim}N\left(\frac{mn}{2},\frac{mn(N+1)}{12}\right).$$

由定理 5.8 知，将以 W_y 为检验统计量的 Wilcoxon 秩和检验的临界值减去 $\frac{n(n+1)}{2}$，就得到了以 W_{xy} 为检验统计量的 Mann-Whitney U 统计量检验的临界值.

当观察值中有相等的值，即有结时，类似于秩检验的平均秩法，将 Mann-Whitney U 检验统计量的定义式(5.9)修改为

$$W_{xy}={}^{\#}\{(x_i,y_j):x_i<y_j,i=1,2,\cdots,m;j=1,2,\cdots,n\}+\frac{1}{2}{}^{\#}\{(x_i,y_j):x_i=y_j,$$
$$i=1,2,\cdots,m;j=1,2,\cdots,n\}. \tag{5.14}$$

附录 7 将证明：有结时式(5.13)仍旧成立，即 W_{xy} 仍等于 $W_y-\frac{n(n+1)}{2}$，其中 W_y 按平均秩法计算，W_{xy} 按式(5.14)计算. 由秩取平均后的 Wilcoxon 秩和检验统计量的期望与方差的计算公式(见式(5.7)和式(5.8))知，W_{xy} 的期望与方差分别为

$$E(W_{xy})=\frac{mn}{2}, \tag{5.15}$$

$$D(W_{xy})=\frac{mn(N+1)}{12}-\frac{mn\sum_{t=1}^{g}(\tau_t^3-\tau_t)}{12N(N-1)}, \tag{5.16}$$

其中 g 为合样本数据中结的个数，而 τ_t 是第 t 个结的长度，$t=1,2,\cdots,g$. 同秩取平均后的 Wilcoxon 秩和检验统计量，由式(5.15)和式(5.16)给出的有结时 W_{xy} 的期望和方差也是在合样本数据中给定有 g 个结，结的长度分别为 $\tau_1,\tau_2,\cdots,\tau_g$ 时的条件期望和条件方差.

有结秩取平均时 W_{xy} 也有渐近正态性，其渐近正态性简记为

$$W_{xy}\dot{\sim}N\left(\frac{mn}{2},\frac{mn(N+1)}{12}-nm\sum_{j=1}^{g}\frac{(\tau_j^3-\tau_j)}{12N(N-1)}\right).$$

§5.4 两样本尺度参数的秩检验法

§5.2 引入了位置参数的概念,这里再回顾一下这个概念. 假设 $X+a \xlongequal{d} Y$,或等价地假设 X 和 Y 的分布函数 $F(x)$ 和 $G(y)$ 有这样的关系:对任意的 c 都有 $G(c)=F(c-a)$,则称 a 为位置参数,a 可看成"Y 与 X 的差". 这时 X 和 Y 的密度函数 $f(x)=F'(x)$ 和 $g(y)=G'(y)$ 也有类似的关系:对任意的 c 都有 $g(c)=f(c-a)$. 由此可见,X 和 Y 的分布函数(以及密度函数)的形状相同,仅是位置不同. 定理 5.5 告诉我们,在 $X+a \xlongequal{d} Y$ 时,$\mathrm{me}_y=\mathrm{me}_x+a$,其中 me_x 和 me_y 分别为 X 和 Y 的中位数. 显然,关于 X 和 Y 的均值 μ_x 和 μ_y 也有类似的关系:$\mu_y=\mu_x+a$,但关于 X 和 Y 的方差 σ_x^2 和 σ_y^2 却没有这样的关系. 它们是相等的:$\sigma_x^2=\sigma_y^2$. 随机变量的离散程度除了用方差来度量外,还可以用四分位数间距(IQR)来度量,$\mathrm{IQR}=Q_U-Q_L$,Q_U 和 Q_L 分别是上四分位数和下四分位数,即第 75 和第 25 百分位数. 可以证明;在 $X+a \xlongequal{d} Y$ 时,X 和 Y 的四分位数间距也相等:$\mathrm{IQR}_x=\mathrm{IQR}_y$(证明留作本章习题第 9 题). 由此可见,Wilcoxon 秩和检验方法可以理解为,它是在两个总体有同样离散程度的情况下,检验它们在位置上有没有差异. 那么当两个总体在位置上没有差异时,如何检验它们是否有相同的离散程度,这就是本节要讨论的问题. 为此首先引入尺度参数的概念.

§5.4.1 尺度参数

样本 $x_1,x_2,\cdots,x_m$ 和 $y_1,y_2,\cdots,y_n$ 分别来自相互独立的连续型随机变量总体 X 和 Y. 当这两个总体在位置上没有差异时,要检验它们是否有相同的离散程度,不妨假设它们有相同的中位数,都等于 me. 进一步假设 $\mathrm{me}=0$,因为倘若 $\mathrm{me}\neq0$,我们只需令 $X'=X-\mathrm{me}$,$Y'=Y-\mathrm{me}$,并相应地将样本 $x_1,x_2,\cdots,x_m$ 和 $y_1,y_2,\cdots,y_n$ 分别变换为 $x_1',x_2',\cdots,x_m'$ 和 $y_1',y_2',\cdots,y_n'$,其中 $x_i'=x_i-\mathrm{me}\,(i=1,2,\cdots,m)$,$y_j'=y_j-\mathrm{me}\,(j=1,2,\cdots,n)$,则 $x_1',x_2',\cdots,x_m'$ 和 $y_1',y_2',\cdots,y_n'$ 可看成样本,它们分别来自相互独立的连续型随机变量总体 X' 和 Y',并且 X' 和 Y' 的中位数都等于 0. 必须指出的是,这样的变换并没有改变样本的大小顺序关系,所以 x_i 和 y_j 在合样本 $x_1,x_2,\cdots,x_m,y_1,y_2,\cdots,y_n$ 中的秩分别等于 x_i' 和 y_j' 在合样本 $x_1',x_2',\cdots,x_m',y_1',y_2',\cdots,y_n'$ 中的秩($i=1,2,\cdots,m$;

$j=1,2,\cdots,n$). 因而在使用秩方法解决实际问题,对数据进行分析时不需要作这样的变换. 我们在这里作这样的变换仅仅是为了简化理论上的讨论.

考虑到 X 和 Y 的中位数都等于 0,假设它们的分布函数 $F(x)$ 和$G(y)$满足条件:对任意的 c 都有 $G(c)=F\left(\frac{c}{b}\right)$,其中 $b>0$,并且 $G(0)=F(0)=\frac{1}{2}$. 与定理 5.4 相类似地,有下面的定理.

定理 5.9　假设 X 和 Y 的分布函数分别为 $F(x)$ 和 $G(y)$,则对任意的 c,$G(c)=F\left(\frac{c}{b}\right)$ 都成立的充分必要条件为 $bX\overset{\mathrm{d}}{=\!=}Y$,其中 $b>0$.

证明　充分性的证明. 由 $bX\overset{\mathrm{d}}{=\!=}Y$ 知,对任意的 c 都有

$$G(c)=P(Y\leqslant c)=P(bX\leqslant c)=P\left(X\leqslant\frac{c}{b}\right)=F\left(\frac{c}{b}\right).$$

必要性的证明. 若对任意的 c 都有 $G(c)=F\left(\frac{c}{b}\right)$,则由于 bX 的分布函数

$$P(bX\leqslant x)=P\left(X\leqslant\frac{x}{b}\right)=F\left(\frac{x}{b}\right)=G(x)=P(Y\leqslant x),$$

所以 $bX\overset{\mathrm{d}}{=\!=}Y$.

如果在 $bX\overset{\mathrm{d}}{=\!=}Y$ 时,我们称正数 b 为尺度参数,b 可以看成“Y 与 X 的比”. X 与 bX 好比是同一个物理量(例如长度)在不同的量纲(例如米和厘米)下的值(X 与 bX,$b=100$). 为此在 Y 与 bX 同分布的时候,人们把 b 称为尺度参数.

由于对任意的 c 都有 $G(c)=F\left(\frac{c}{b}\right)$,所以 X 和 Y 的密度函数 $f(x)=F'(x)$ 和 $g(y)=G'(y)$也有类似的关系:对任意的 c 都有 $g(c)=b^{-1}f\left(\frac{c}{b}\right)$. 显然,反之亦真. 如果 X 和 Y 的密度函数 $f(x)$ 和 $g(y)$ 满足条件:对任意的 c 都有$g(c)=b^{-1}f\left(\frac{c}{b}\right)$,那么它们的分布函数 $F(x)$ 和 $G(y)$ 也有类似的关系:$G(c)=F\left(\frac{c}{b}\right)$.

显然,若 $b=1$,则 X 和 Y 同分布. 下面讨论尺度参数 b 是否等于 1,大于 1,或小于 1 的检验问题.

样本 $x_1,x_2,\cdots,x_m$ 和 $y_1,y_2,\cdots,y_n$ 分别来自相互独立的连续型随机变量总体 X 和 Y. 假设 $bX\overset{\mathrm{d}}{=\!=}Y$,或等价地假设总体 X 和 Y 的分布函数 $F(x)$ 和 $G(y)$满足条件;

对任意的 c 都有 $G(c)=F\left(\frac{c}{b}\right)$，并且 $G(0)=F(0)=\frac{1}{2}$(X 和 Y 的中位数为原点 0)，其中 $0<b<+\infty$. 下面讨论在 $b>1$(或 $b<1$)时，X 的分布和 Y 的分布有什么样的关系.

首先分析 $b>1$ 时，X 的分布和 Y 的分布有什么关系. 在 $b>1$ 时，由于对任意的 c 都有 $G(c)=F\left(\frac{c}{b}\right)$，或等价地有 $F(c)=G(cb)$，所以如图 5.3 所示，在$c<0$，即在横坐标的负方向上，X 的分布函数 $F(x)$ 在 Y 的分布函数 $G(y)$ 的右边；而在 $c>0$，即在横坐标的正方向上，X 的分布函数$F(x)$ 在 Y 的分布函数$G(y)$ 的左边. 由此可见，在 $c<0$ 时，$P(Y<c)>P(X<c)$；而在 $c>0$ 时，$P(Y<c)<P(X<c)$，从而有 $P(Y>c)>P(X>c)$. 总之，在 $b>1$ 时，

$$\begin{cases}P(Y>c)>P(X>c),c>0,\\P(Y<c)>P(X<c),c<0.\end{cases}\tag{5.17}$$

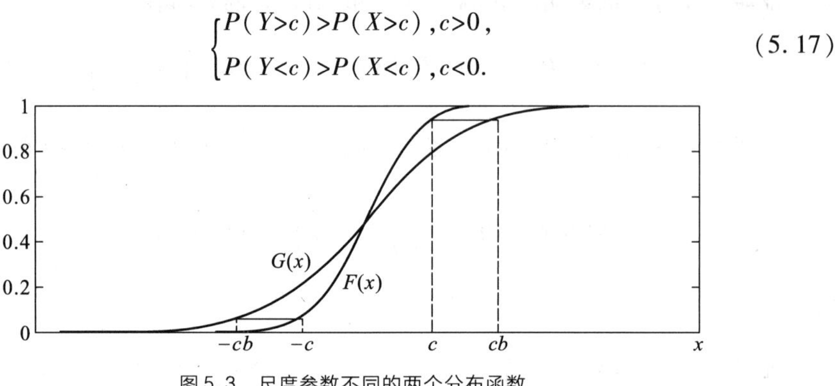

图 5.3 尺度参数不同的两个分布函数

X 和 Y 的密度函数 $f(x)$ 和 $g(y)$ 之间有这样的关系：$g(c)=b^{-1}f\left(\frac{c}{b}\right)$，所以式(5.17)也可以根据这个关系来加以证明. 由于

$$P(Y>c)=\int_c^{\infty}g(y)\,\mathrm{d}y=\int_c^{\infty}b^{-1}f\left(\frac{y}{b}\right)\mathrm{d}y=\int_{\frac{c}{b}}^{\infty}f(x)\,\mathrm{d}x=P\left(X>\frac{c}{b}\right),\tag{5.18}$$

所以在 $b>1$ 时，

$$\begin{cases}P(Y>c)>P(X>c),c>0,\\P(Y>c)<P(X>c),c<0,\end{cases}$$

从而在 $c<0$ 时，$P(Y<c)>P(X<c)$，式(5.17)得到证明. bX 和 Y 同分布：$bX\overset{\mathrm{d}}{=\!=}Y$，所以式(5.18)还可以根据这个关系来加以证明. 由于 $bX\overset{\mathrm{d}}{=\!=}Y$，所以 $P(Y>c)=P(bX>c)=P\left(X>\frac{c}{b}\right)$.

由式(5.17)知，在 $b>1$ 时，Y 的左边和右边的尾部概率都分别比 X 的左边和右

边的尾部概率大,所以当合样本 $x_1,x_2,\cdots,x_m,y_1,y_2,\cdots,y_n$ 由小到大排列后,Y 样本 $y_1,y_2,\cdots,y_n$ 倾向于排在两边,而 X 样本 $x_1,x_2,\cdots,x_m$ 倾向于排在中间. 这说明 Y 样本 $y_1,y_2,\cdots,y_n$ 的取值比较分散,X 样本 $x_1,x_2,\cdots,x_m$ 的取值比较集中.

类似地,在 $b<1$ 时,

$$\begin{cases}P(Y>c)<P(X>c),c>0,\\P(Y<c)<P(X<c),c<0.\end{cases}$$

这说明 Y 的左边和右边的尾部概率分别比 X 的左边和右边的尾部概率小. 当合样本 $x_1,x_2,\cdots,x_m,y_1,y_2,\cdots,y_n$ 由小到大排列后,Y 样本 $y_1,y_2,\cdots,y_n$ 倾向于排在中间,而 X 样本 $x_1,x_2,\cdots,x_m$ 倾向于排在两边. 这说明 Y 样本 $y_1,y_2,\cdots,y_n$ 的取值比较集中,X 样本 $x_1,x_2,\cdots,x_m$ 的取值比较分散.

通过上面的分析发现,尺度参数 b 与分布的离散程度有关. $b>1$ 时 Y 样本的取值比较分散,而 $b<1$ 时 Y 样本的取值比较集中. 事实上,还可以证明(证明留作本章习题第 9 题):① Y 的方差是 X 的方差的 b^2 倍:$\sigma_y^2=b^2(\sigma_x^2)$;② Y 的四分位数间距是 X 的四分位数间距的 b 倍:$\mathrm{IQR}_y=b(\mathrm{IQR}_x)$. 因为尺度参数 $b>0$,所以 b 越大,方差和四分位数间距就越大,分布的离散程度就越大. 由此可见,尺度参数与分布的离散程度有关.

现将关于位置参数和尺度参数的有关结论总结成表 5.13.

表 5.13　关于位置参数和尺度参数的一些结论

		位置参数 a	尺度参数 $b>0$
		$X+a\overset{\mathrm{d}}{=\!=}Y$	$bX\overset{\mathrm{d}}{=\!=}Y$(假设 X 和 Y 的中位数都等于 0)
分布函数		$\forall c,G(c)=F(c-a)$	$\forall c,G(c)=F\left(\dfrac{c}{b}\right)$
密度函数		$\forall c,g(c)=f(c-a)$	$\forall c,g(c)=b^{-1}f\left(\dfrac{c}{b}\right)$
分布特性		$a<0$ 时,$\forall c$, $F(c)<G(c)$; $a>0$ 时,$\forall c$, $F(c)>G(c)$	$b<1$ 时,$\begin{cases}\forall c>0,P(Y>c)<P(X>c),\\\forall c<0,P(Y<c)<P(X<c);\end{cases}$ $b>1$ 时,$\begin{cases}\forall c>0,P(Y>c)>P(X>c),\\\forall c<0,P(Y<c)>P(X<c)\end{cases}$
中心位置	均值	$\mu_y=\mu_x+a$	$\mu_y=b(\mu_x)$ 注:若进一步假设分布对称,由于对称分布的均值和中位数相等,则 $\mu_y=\mu_x=0$
	中位数	$\mathrm{me}_y=\mathrm{me}_x+a$	$\mathrm{me}_y=\mathrm{me}_x=0$

续表

		位置参数 a	尺度参数 $b>0$
离散程度	方差	$\sigma_y^2=\sigma_x^2$	$\sigma_y^2=b^2(\sigma_x^2)$
	四分位数间距	$\mathrm{IQR}_y=\mathrm{IQR}_x$	$\mathrm{IQR}_y=b(\mathrm{IQR}_x)$

注:$F(x)$和$G(y)$分别为X和Y的分布函数,$f(x)$和$g(y)$分别为X和Y的密度函数.

§5.4.2 尺度参数检验问题

考虑尺度参数 b 的检验问题,其原假设 $H_0:b=1$,备择假设 $H_1:b>1$. 记 $y_i(i=1,2,\cdots,n)$在合样本 $x_1,x_2,\cdots,x_m,y_1,y_2,\cdots,y_n$ 中的秩为 $R_i,R_i=1,2,\cdots,N$,其中 $N=m+n$. 因为备择假设为真即 $b>1$ 时,当合样本由小到大排列后,Y 样本倾向于排在两边,而不是排在一边(前边或后边),所以位置参数检验问题的秩和检验统计量 $W_y=\sum_{i=1}^{n}R_i$ 不能用于尺度参数的检验问题.

秩方法的基本思想是,用 y_i 的秩 R_i 代替 y_i 作统计推断. R_i 可理解为 y_i 的得分. 一般地说,我们可以定义一个计分函数 $a(r),r=1,2,\cdots,n$,在 y_i 的秩为 R_i 时,将 y_i 的得分定义为 $a(R_i)$. 根据 $b>1$ 时 Y 样本倾向于排在两边的特点,我们定义一个计分函数 $a(r)$,使得在 y_i 的秩 R_i 比较大和比较小的时候,y_i 的得分$a(R_i)$都比较大,或者在 y_i 的秩 R_i 比较大和比较小的时候,y_i 的得分 $a(R_i)$都比较小. 这也就是说,计分函数 $a(r)$是单峰或单谷函数,它满足条件:当 r 从 1,2 增加到 N 时,$a(r)$先上升然后下降,或者先下降然后上升. 当 $a(r)$是单峰或单谷函数时,$\sum_{i=1}^{n}a(R_i)$就可以作为尺度参数检验问题的检验统计量.

在 $a(r)$是单峰函数时,在 $\sum_{i=1}^{n}a(R_i)$比较小的时候拒绝原假设,认为$b>1$;而在 $a(r)$是单谷函数时,在 $\sum_{i=1}^{n}a(R_i)$比较大的时候拒绝原假设,认为 $b>1$. 类似地,若尺度参数 b 的检验问题的备择假设改为 $H_1:b<1$,那么在 $a(r)$是单峰函数时,在 $\sum_{i=1}^{n}a(R_i)$比较大的时候拒绝原假设,认为 $b<1$;而在$a(r)$是单谷函数时,在 $\sum_{i=1}^{n}a(R_i)$比较小的时候拒绝原假设,认为 $b<1$.

尺度参数检验问题的计分函数 $a(r)$ 的选取，通常有以下 4 种方法：

① Mood 检验：取 $a(r)$ 为单谷函数，$a(r)=\left(r-\frac{N+1}{2}\right)^2$，$r=1,2,\cdots,N$. 记 $M_y=\sum_{i=1}^{n}a(R_i)$；

② Ansari-Bradley 检验：取 $a(r)$ 是单峰函数，$a(r)=\frac{N+1}{2}-\left|r-\frac{N+1}{2}\right|$，$r=1,2,\cdots,N$. 这也就是说，

$$\text{在 } N=2k \text{ 为偶数时，取 } a(r)=\begin{cases}r, & r=1,2,\cdots,k,\\ N-r+1, & r=k+1,k+2,\cdots,N;\end{cases}$$

$$\text{在 } N=2k+1 \text{ 为奇数时，取 } a(r)=\begin{cases}r, & r=1,2,\cdots,k,k+1,\\ N-r+1, & r=k+2,k+3,\cdots,N.\end{cases}$$

例如，在 $N=8$ 时，

r	1	2	3	4	5	6	7	8
$a(r)$	1	2	3	4	4	3	2	1

在 $N=9$ 时，

r	1	2	3	4	5	6	7	8	9
$a(r)$	1	2	3	4	5	4	3	2	1

记 $A_y=\sum_{i=1}^{n}a(R_i)$；

③ Siegel-Turkey 检验：取 $a(r)$ 为单谷函数，令 $a(1)=N$，$a(N)=N-1$，$a(N-1)=N-2$，$a(2)=N-3$，$a(3)=N-4$，$a(N-2)=N-5$，$a(N-3)=N-6$，$a(4)=N-7$，$a(5)=N-8$，…. 例如，在 $N=9$ 时，

r	1	2	3	4	5	6	7	8	9
$a(r)$	9	6	5	2	1	3	4	7	8

记 $S_y=\sum_{i=1}^{n}a(R_i)$；

④ Klotz 检验：记标准正态分布 $N(0,1)$ 的分布函数为 $\Phi(x)$，其反函数记为 $\Phi^{-1}(x)$. 取 $a(r)=\left[\Phi^{-1}\left(\frac{r}{N+1}\right)\right]^2$，$r=1,2,\cdots,N$，$a(r)$ 为单谷函数. 记 $K_y=\sum_{i=1}^{n}a(R_i)$.

我们将尺度参数检验问题的解总结成表 5.14.

表 5.14 尺度参数检验问题的解

原假设 H_0	备择假设 H_1	何种情况下拒绝原假设
X 和 Y 同分布	$b>1$	M_y 比较大,A_y 比较小; S_y 比较大;K_y 比较大
	$b<1$	M_y 比较小,A_y 比较大; S_y 比较小;K_y 比较小
	$b\neq 1$	M_y 比较大或比较小,A_y 比较大或比较小; S_y 比较大或比较小;K_y 比较大或比较小

下面在 $x_1,x_2,\cdots,x_m,y_1,y_2,\cdots,y_n$ 为同一连续分布时,计算上述这些检验统计量的期望和方差. 这里特别要指出,在 $x_1,x_2,\cdots,x_m,y_1,y_2,\cdots,y_n$ 同分布时,Siegel-Turkey 检验统计量和 Wilcoxon 秩和检验统计量有相同的分布,其证明留作本章习题第 10 题. 所以它们有相同的期望和方差以及相同的渐近正态性,故由性质 5.3 和 5.4 知,在原假设 H_0 为真,即 X 和 Y 为同一连续型分布时,

$$E(S_y)=\frac{n(N+1)}{2},$$

$$D(S_y)=\frac{nm(N+1)}{12},$$

$$\frac{S_y-\dfrac{n(N+1)}{2}}{\sqrt{\dfrac{mn(N+1)}{12}}}\xrightarrow{L}N(0,1),m,n\to\infty.$$

在应用 Siegel-Turkey 检验统计量解尺度参数检验问题时,查 Wilcoxon 秩和检验临界值表,就可以得到 Siegel-Turkey 检验的 p 值和临界值.

下面计算在 X 和 Y 为同一连续型分布时,Mood 检验统计量 M_y 的期望和方差. 由定理 5.7 我们有

$$\begin{aligned}E(M_y)&=n\bar{a}=nN^{-1}\sum_{r=1}^{N}\left(r-\frac{N+1}{2}\right)^2\\&=nN^{-1}\sum_{r=1}^{N}r^2-n\left(\frac{N+1}{2}\right)^2=\frac{n(N^2-1)}{12},\end{aligned}$$

$$\begin{aligned} D(M_y) &= \frac{nm}{N(N-1)}\sum_{r=1}^{N}(a(r)-\bar{a})^2 \\ &= \frac{nm}{N(N-1)}\sum_{r=1}^{N}\left[\left(r-\frac{N+1}{2}\right)^2-\frac{N^2-1}{12}\right]^2 \\ &= \frac{nm}{N(N-1)}\left[\sum_{r=1}^{N}\left(r-\frac{N+1}{2}\right)^4-\frac{N(N^2-1)^2}{144}\right]. \end{aligned}$$

由于

$$\sum_{r=1}^{N} r^3 = (1+2+\cdots+N)^2 = \left(\frac{N(N+1)}{2}\right)^2,$$

$$\sum_{r=1}^{N} r^4 = \frac{N(N+1)(2N+1)(3N^2+3N-1)}{30},$$

所以

$$D(M_y) = \frac{nm(N+1)(N^2-4)}{180}.$$

在 X 和 Y 为同一连续型分布时，Ansari-Bradley 检验统计量 A_y 的期望和方差如下：

① 在 N 为偶数时，

$$E(A_y) = \frac{n(N+2)}{4},$$

$$D(A_y) = \frac{nm(N^2-4)}{48(N-1)};$$

② 在 N 为奇数时，

$$E(A_y) = \frac{n(N+1)^2}{4N},$$

$$D(A_y) = \frac{nm(N+1)(N^2+3)}{48N^2}.$$

Ansari-Bradley 检验统计量 A_y 的期望和方差的计算公式的证明留作本章习题第 11 题.

在 X 和 Y 为同一连续型分布时，难以得到 Klotz 检验统计量 K_y 的期望和方差的计算公式的精确表达式. 至于它们的近似公式请参阅参考书目[2]—[4]. 如果使用统计软件，则它直接根据定理 5.7 计算 K_y 的期望和方差. 计算公式如下：

$$E(K_y) = n\bar{a} = \frac{n\sum_{r=1}^{N}a(r)}{N} = \frac{n\sum_{r=1}^{N}\left[\Phi^{-1}\left(\frac{r}{N+1}\right)\right]^2}{N},$$

$$D(K_y)=\frac{nm}{N(N-1)}\sum_{r=1}^{N}(a(r)-\bar{a})^2=\frac{nm}{N(N-1)}\left[\sum_{r=1}^{N}a^2(r)-N\bar{a}^2\right]$$

$$=\frac{nm}{N(N-1)}\left\{\sum_{r=1}^{N}\left[\Phi^{-1}\left(\frac{r}{N+1}\right)\right]^4-\frac{\sum_{r=1}^{N}\left[\Phi^{-1}\left(\frac{r}{N+1}\right)\right]^2}{N}\right\}.$$

不仅是 Klotz 检验统计量 K_y,所有的检验统计量的期望和方差都可以直接根据定理 5.7 来计算. 根据定理 5.7 进行手工计算相当复杂. 但若使用统计软件,这样的计算是很方便的.

在 X 和 Y 为同一连续型分布时,在 m 和 n 都趋向于 ∞ $\left(\text{严格地说,若} \min\{m,n\}\to\infty\text{,且}\frac{m}{N}\to\lambda\in(0,1)\text{,}\lambda\text{ 是一个常数}\right)$ 的条件下,Mood 检验统计量 M_y、Ansari-Bradley 检验统计量 A_y 和 Klotz 检验统计量 K_y 都具有渐近正态性,例如 Mood 检验统计量 M_y 的渐近正态性为

$$\frac{M_y-E(M_y)}{\sqrt{D(M_y)}}=\frac{M_y-\dfrac{n(N^2-1)}{12}}{\sqrt{\dfrac{nm(N+1)(N^2-4)}{180}}}\xrightarrow{L}N(0,1),$$

类似地,可以写出 Ansari-Bradley 检验统计量 A_y 和 Klotz 检验统计量 K_y 的渐近正态性,详细内容请参阅参考书目[2]—[4].

在手工计算解尺度参数检验问题时通常使用 Siegel-Turkey 检验和 Ansari-Bradley 检验,因为这两个检验的计算较 Mood 检验和 Klotz 检验简单. Ansari-Bradley 检验临界值表见本书附表 3. 至于 Siegel-Turkey 检验,正如上面所说的,查 Wilcoxon 秩和检验临界值表就可以得到它的 p 值和临界值.

使用统计软件 SAS 可以解尺度参数检验问题. 用 SAS 解尺度参数检验问题的步骤如下:

a. 选择"Solutions"下拉菜单;

b. 选择"Analysis"选项;

c. 在"Analysis"的下拉菜单中选择"Analyst"子选项;

d. 输入数据(例如将 X 样本的 $x_1,x_2,\cdots,x_m$ 输入到 A 列的第 1 到第 m 个单元格,将 Y 样本的 $y_1,y_2,\cdots,y_n$ 输入到 A 列的第 $m+1$ 到第 $m+n$ 个单元格);

e. 输入数据的类别(例如与 A 列的数据相对应,在 B 列的第 1 到第 m 个单元格

都输入“1”,在 B 列的第 $m+1$ 到第 $m+n$ 个单元格都输入“2”);

f. 选择“Statistics”下拉菜单;

g. 选择“ANOVA”选项;

h. 在“ANOVA”的下拉菜单中选择“Nonparametri One-Way ANOVA”子选项;

i. 在对话框的“Dependent”方框内键入“A”;“Independent”方框内键入“B”;选择“Tests”选项;

j. 在“Dispersion test scores”的菜单中有 4 个选项(“Siegel-Tukey”,“Ansari-Bradley”,“Klotz”和“Mood”),可任选 1 项或多项;在“Exact p-Values”的菜单中有 1 个选项:“Calculate exact p-Values”,可选它也可不选它.

单击 OK.

R 软件也可用来解尺度参数检验问题,直接调用函数 mood. test()和 ansari. test()就可以求解 Mood 检验和 Ansari-Bradley 检验问题.

当观察值中有结秩取平均后,Siegel-Turkey 检验统计量 $S_y=\sum_{i=1}^{n}a(R_i)$ 的期望和方差的修正同 Wilcoxon 秩和检验统计量 W_y. 它的期望没有变化,方差有变化. 同式(5.8),它的方差的修正公式为

$$D(S_y)=\frac{nm(N+1)}{12}-\frac{nm\sum_{t=1}^{g}(\tau_t^3-\tau_t)}{12N(N-1)},$$

其中 g 为样本数据中结的个数,而 τ_t 是第 t 个结的长度,$t=1,2,\cdots,g$. 同Wilcoxon秩和检验,有结时 S_y 的期望和方差都是条件期望和条件方差. 它们是在合样本数据中给定有 g 个结,结的长度分别给定为 $\tau_1,\tau_2,\cdots,\tau_g$ 时的条件期望和条件方差. 所以严格地说,有结时 S_y 的方差的修正公式应写为

$$D(S_y\mid\tau_1,\tau_2,\cdots,\tau_g)=\frac{nm(N+1)}{12}-\frac{nm\sum_{j=1}^{g}(\tau_j^3-\tau_j)}{12N(N-1)}.$$

秩平均后的 Siegel-Turkey 检验统计量 S_y 仍有渐近正态性. 该渐近正态性简记为

$$S_y\doteq N\left(\frac{n(N+1)}{2},\frac{nm(N+1)}{12}-\frac{nm\sum_{j=1}^{g}(\tau_j^3-\tau_j)}{12N(N-1)}\right).$$

Mood 检验统计量 M_y 的期望和方差都有变化. Mood 检验统计量 M_y 的期望的修正公式为

$$E(M_y)=n\bar{M},\quad \bar{M}=\frac{N^2-1}{12}-\frac{\sum_{t=1}^{g}(\tau_t^3-\tau_t)}{12N}. \tag{5.19}$$

它的证明留作本章习题第 13 题. M_y 的方差的修正可直接按定理 5.7 来计算,其修正公式如下:

$$\begin{aligned}D(M_y)&=\frac{nm}{N(N-1)}\sum_{r=1}^{N}\left[\left(a(r)-\frac{N+1}{2}\right)^2-\bar{M}\right]^2\\&=\frac{nm}{N(N-1)}\left[\sum_{r=1}^{N}\left(a(r)-\frac{N+1}{2}\right)^4-N\bar{M}^2\right]\\&=\frac{nm}{N(N-1)}\left[\sum_{t=1}^{g}\tau_t\left(d_t-\frac{N+1}{2}\right)^4-N\bar{M}^2\right],\end{aligned} \tag{5.20}$$

其中 d_t 是第 t 个结内的平均秩,$t=1,2,\cdots,g$. $\sum_{t=1}^{g}\tau_t\left(d_t-\frac{N+1}{2}\right)^4$ 的求和应包括结内只有一个观察值($\tau_t=1$)的情况. 事实上,Wilcoxon 秩和检验统计量 W_y 和 Mann-Whitney U 统计量 W_{xy} 方差的修正公式,即式(5.8)和式(5.16)中的求和也应该包括结内只有一个观察值的情况,这样并不影响计算结果.

严格地说,式(5.19)和式(5.20)是有结时 Mood 检验统计量 M_y 的条件期望和条件方差. 同秩和检验,式(5.19)是在样本数据中有 g 个结,结的长度分别给定为 $\tau_1,\tau_2,\cdots,\tau_g$ 时的条件期望:

$$E(M_y\mid\tau_1,\tau_2,\cdots,\tau_g)=n\left[\frac{N^2-1}{12}-\frac{\sum_{t=1}^{g}(\tau_t^3-\tau_t)}{12N}\right].$$

但有所不同的是,式(5.20)并不是在样本数据中有 g 个结,结的长度分别给定为 $\tau_1,\tau_2,\cdots,\tau_g$ 时的条件方差,而是在样本数据中有 g 个结,结的长度分别给定为 $\tau_1,\tau_2,\cdots,\tau_g$,且每一个结的位置都给定后的条件方差. 换句话说,式(5.20)是在每一个结内的平均秩都给定,即计分函数给定为 $a(1),a(2),\cdots,a(N)$ 后的条件方差. 例如 $N=10$,计分函数给定为 $a(1)=a(2)=\cdots=a(5)=3,a(6)=6,a(7)=7,\cdots,a(10)=10$ 后的条件方差就是在容量 $N=10$ 的合样本中有 1 个结,结的长度给定为 5,且这个结给定在最前面位置,即这个结内的平均秩给定为 3 后的条件方差. 我们知道,有结时 Wilcoxon 秩和检验统计量 W_y 和 Siegel-Turkey 检验统计量 S_y 的方差的修正公式和结内的平均秩 d_t 的大小无关,所以它们是在样本数据中有 g 个结,结的长度分别给定为 $\tau_1,\tau_2,\cdots,\tau_g$ 时的条件方差. 由式(5.20)知,有结时 Mood 检验统计

量 M_y 方差的修正公式和结内的平均秩 d_t 的大小有关，所以它是在样本数据中给定有 g 个结，结的长度分别给定为 $\tau_1,\tau_2,\cdots,\tau_g$，且每一个结的位置都给定，即每一个结内的平均秩都给定后的条件方差. 严格地说，式(5.20)应该写成

$$D(M_y|a(1),a(2),\cdots,a(N))$$

$$=\frac{nm}{N(N-1)}\left[\sum_{t=1}^{g}\tau_t\left(d_t-\frac{N+1}{2}\right)^4-\frac{N(N^2-1)}{144}\right].$$

Ansari-Bradley 检验统计量 A_y 的期望没有变化. 类似于 M_y 方差的修正方法，A_y 方差的修正公式如下：

$$D(A_y)=\frac{nm}{N(N-1)}\sum_{i=1}^{N}(a(i)-\bar{a})^2=\frac{nm}{N(N-1)}\left[\sum_{i=1}^{N}a^2(i)-N\bar{a}^2\right]$$

$$=\frac{nm}{N(N-1)}\left[\sum_{t=1}^{g}\tau_t d_t^2-N\bar{a}^2\right]. \tag{5.21}$$

同 M_y 方差的修正公式，$\sum_{t=1}^{g}\tau_t d_t^2$ 的求和应包括结内只有一个观察值($\tau_t=1$)的情况. 由式(5.21)我们有

① 在 N 为偶数时，$D(A_y)=\frac{nm}{N(N-1)}\left[\sum_{t=1}^{g}\tau_t d_t^2-N\frac{(N+2)^2}{16}\right]$； (5.22)

② 在 N 为奇数时，$D(A_y)=\frac{nm}{N(N-1)}\left[\sum_{t=1}^{g}\tau_t d_t^2-\frac{(N+1)^4}{16N}\right]$. (5.23)

同 Mood 检验统计量 M_y，式(5.21)，或式(5.22)和式(5.23)是有结时 Ansari-Bradley 检验统计量 A_y 的条件方差. 它们是在计分函数给定为 $a(1),a(2),\cdots,a(N)$ 后的条件方差.

Klotz 检验统计量 K_y 的期望和方差都有变化，其修正可直接按定理 5.7 来计算，它们都是在计分函数给定为 $a(1),a(2),\cdots,a(N)$ 后的条件期望和条件方差.

有结秩取平均后，不论期望和方差有没有修正，它们都可以直接按定理 5.7 来计算. 按定理 5.7 进行手工计算相当复杂. 若使用统计软件，这样的计算是很方便的.

当观察值中有结，秩取平均后，Mood 检验统计量 M_y、Ansari-Bradley 检验统计量 AB_y 和 Klotz 检验统计量 K_y 也都有渐近正态性. 它们的渐近正态性的具体写法从略.

我们知道尺度参数检验问题的计分函数有几种不同的选取方法，从而得到这个检验问题的不同解法. 类似地，对位置参数检验问题而言，除了 Wilcoxon 秩和检验方法外，我们也可以选取不同的计分函数，得到另外一些检验方法. 本书的附录 9 将结合 SAS 软件进一步讨论位置参数的检验问题.

习 题 五

1. 某部门有 26 位女职工和 24 位男职工. 他们的年收入如下:

女职工		男职工	
28 500	30 650	39 700	33 700
31 000	35 050	33 250	36 300
22 800	35 600	31 800	37 250
32 350	26 900	38 200	33 950
30 450	31 350	30 800	37 750
38 200	28 950	32 250	36 700
34 100	32 900	38 050	36 100
30 150	31 300	34 800	26 550
33 550	31 350	32 750	39 200
27 350	35 700	38 800	41 000
25 200	35 900	29 900	40 400
32 050	35 200	37 400	35 500
26 550	30 450		

① 使用 Mood 中位数检验法回答问题:收入和性别有没有关系? 女职工的收入是否比男职工的收入低?

② 使用 Wilcoxon 秩和检验法回答上述问题.

2. 为比较 A、B 两种不同品种的饲料喂养大白鼠对其体重增加的影响,用 A 饲料喂养 10 只大白鼠,用 B 饲料喂养 9 只大白鼠. 一段时间之后,大白鼠的体重都增加了. 增加值(单位:g)如下. 试用 Wilcoxon 秩和检验法检验"这两种饲料对大白鼠体重增加的影响没有差异"的假设,并精确地计算 p 值.

A 饲料	134	146	130	113	119	161	107	132	135	129
B 饲料	70	118	101	104	108	83	94	124	99	

3. 设有独立同分布的样本 $x_1, x_2, \cdots, x_N$,总体 X 是连续型随机变量. 记 $x_i(i=1,2,\cdots,N)$ 在 $x_1, x_2, \cdots, x_N$ 中的秩为 R_i. 设有计分函数 $a(r)$, $i=1,2,\cdots,N$,在 x_i 的秩为 R_i 时,我们将 x_i 的得分定义为 $a(R_i)$. 试证明:对任意的 $1 \leqslant i<j \leqslant N$,都有

① $E(a(R_i))=\bar{a}$;

② $D(a(R_i))=\dfrac{1}{N}\sum\limits_{i=1}^{N}(a(i)-\bar{a})^2$;

③ $\mathrm{Cov}(a(R_i),a(R_j))=-\dfrac{1}{N(N-1)}\sum\limits_{i=1}^{N}(a(i)-\bar{a})^2$,

其中 $\bar{a}=\dfrac{\sum\limits_{i=1}^{N}a(i)}{N}$.

4. 设样本 $x_1,x_2,\cdots,x_m$ 和 $y_1,y_2,\cdots,y_n$ 分别来自相互独立的连续型随机变量总体 X 和 Y. 记 y_j $(j=1,2,\cdots,n)$ 在合样本中的秩为 $R_j(R_j=1,2,\cdots,N=m+n)$，设有计分函数 $a(r)$，$r=1,2,\cdots,N$，则在 X 和 Y 同分布时，

$$E\left(\sum_{j=1}^{n}a(R_j)\right)=n\bar{a},$$

$$D\left(\sum_{j=1}^{n}a(R_j)\right)=\frac{nm}{N(N-1)}\sum_{i=1}^{N}(a(i)-\bar{a})^2,$$

其中 $\bar{a}=\dfrac{\sum\limits_{i=1}^{N}a(i)}{N}$.

5. 设样本 $x_1,x_2,\cdots,x_m$ 和 $y_1,y_2,\cdots,y_n$ 分别来自相互独立的连续型随机变量总体 X 和 Y. 记 $y_j(j=1,2,\cdots,n)$ 在合样本中的秩为 $R_j(R_j=1,2,\cdots,N=m+n)$，设有计分函数 $a(r)$ 和 $b(r)$，$r=1,2,\cdots,N$，试在 X 和 Y 同分布时，计算 $\sum\limits_{j=1}^{m}a(R_j)$ 和 $\sum\limits_{j=1}^{n}b(R_j)$ 的协方差 $\mathrm{Cov}\left(\sum\limits_{j=1}^{m}a(R_j),\sum\limits_{j=1}^{n}b(R_j)\right)$ 的值.

6. 设样本 $x_1,x_2,\cdots,x_N$ 来自连续型随机变量总体 X. 记 $x_i(i=1,2,\cdots,N)$ 在样本中的秩为 $R_i(R_i=1,2,\cdots,N)$. 称 $\sum\limits_{i=1}^{N}c(i)a(R_i)$ 为线性秩统计量，其中 $a(r)(r=1,2,\cdots,N)$ 称为计分函数，$c(t)(t=1,2,\cdots,N)$ 称为回归系数. 试证明线性秩统计量 $\sum\limits_{i=1}^{N}c(i)a(R_i)$ 的期望与方差分别为

$$E\left(\sum_{i=1}^{N}c(i)a(R_i)\right)=N\bar{c}\bar{a},$$

$$\mathrm{Var}\left(\sum_{i=1}^{N}c(i)a(R_i)\right)=\frac{1}{N-1}\sum_{i=1}^{N}(c(i)-\bar{c})^2\sum_{i=1}^{N}(a(i)-\bar{a})^2,$$

其中 $\bar{a}=\dfrac{\sum\limits_{i=1}^{N}a(i)}{N}$，$\bar{c}=\dfrac{\sum\limits_{i=1}^{N}c(i)}{N}$. 设有另一个线性秩统计量 $\sum\limits_{i=1}^{N}d(i)a(R_i)$，其计分函数仍为 $a(r)$，而回归系数换为 $d(t)$. 试求 $\sum\limits_{i=1}^{N}c(i)a(R_i)$ 和 $\sum\limits_{i=1}^{N}d(i)a(R_i)$ 的协方差 $\mathrm{Cov}\left(\sum\limits_{i=1}^{N}c(i)a(R_i),\sum\limits_{i=1}^{N}d(i)a(R_i)\right)$ 的值.

7. 股票指数的波动程度可以用来衡量投资的风险. 取自同一年 11 月和 12 月的前 10 个交易

日的股票指数样本数据列于下表. 检验这两段时间的股票指数的波动程度是否相同.

11 月		12 月	
1 149	1 169	1 116	1 147
1 152	1 182	1 130	1 125
1 176	1 160	1 184	1 125
1 149	1 120	1 194	1 166
1 155	1 171	1 184	1 151

8. 两部机器生产的袋装茶质量数据列于下表. 检验这两部机器生产的袋装茶质量的离散程度是否相同. 如果某部机器生产的袋装茶质量的离散程度比较大, 那么这部机器就更有机会改进质量. 问哪部机器更有机会改进质量?

机器 1	4.95	5.45	5.50	5.75	5.48	5.26	5.33	5.20	5.12
	5.16	5.20	5.22	5.38	5.90	5.36	5.25	5.28	5.35
	5.20	5.22	4.98	5.45	5.70	5.34	5.18		
机器 2	5.22	5.30	5.34	5.28	5.29	5.25	5.30	5.27	5.16
	5.38	5.34	5.35	5.19	5.35	5.05	5.36	5.28	5.33
	5.30	5.28	5.30	5.20					

9. (1) 在 $X+a \xlongequal{d} Y$ 时, 试证明: X 和 Y 的四分位数间距相等: $\mathrm{IQR}_y=\mathrm{IQR}_x$;

(2) 在 $bX \xlongequal{d} Y$ 时, 试证明: ① Y 的方差是 X 的方差的 b^2 倍: $\sigma_y^2=b^2(\sigma_x^2)$; ② Y 的四分位数间距是 X 的四分位数间距的 b 倍: $\mathrm{IQR}_y=b(\mathrm{IQR}_x)$.

10. 在 X 和 Y 为同一个连续型分布时, 证明: Siegel-Turkey 检验统计量和 Wilcoxon 秩和检验统计量有相同的分布.

11. 在 X 和 Y 为同一个连续型分布时, 计算 Ansari-Bradley 检验统计量 A_y 的期望和方差.

12. 在 X 和 Y 为同一个连续型分布时, 若 $N=m+n$ 是偶数, 试证明 Ansari-Bradley 检验统计量 A_y 服从对称分布, 并求其对称中心. 在 $N=m+n$ 为奇数时, A_y 是否服从对称分布?

*13. 当观察值中有结, 秩取平均时, 证明: Mood 检验统计量 M_y 的期望的修正公式为

$$E(M_y)=n\left[\frac{N^2-1}{12}-\frac{\sum_{t=1}^{g}(\tau_t^3-\tau_t)}{12N}\right],$$

其中 g 为样本数据中结的个数, 而 τ_t 是第 t 个结的长度, $t=1,2,\cdots,g$.

*14. 设样本 $x_1,x_2,\cdots,x_m$ 和 $y_1,y_2,\cdots,y_n$ 分别来自相互独立的连续型随机变量总体 X 和 Y. 记

$y_j(j=1,2,\cdots,n)$ 在合样本中的秩为 $R_j(R_j=1,2,\cdots,N)$，设有计分函数 $a(r)=\sum\limits_{i=N-r+1}^{N}\frac{1}{i}, r=1,2,\cdots,N$. 在 X 与 Y 同分布时，证明：Savage 检验统计量 $S_y=\sum\limits_{j=1}^{n}a(R_j)$ 的期望和方差分别为

$$E(S_y)=n, D(S_y)=\frac{mn}{N-1}\left[1-\frac{1}{N}\sum_{j=1}^{N}\frac{1}{j}\right].$$

第六章 多样本问题

上一章讨论两样本的比较问题，本章将讨论多样本的比较问题. §6.1 将把 Wilcoxon 秩和检验推广为 Kruskal-Wallis 检验. Kruskal-Wallis 检验用于多样本位置参数的无方向检验问题. §6.2 介绍的趋势的秩检验方法和 §6.3 介绍的 Jonckheere-Terpstra 检验方法都可用于多样本位置参数的有方向检验问题. Jonckheere-Terpstra 检验是 Mann-Whitney *U* 统计量检验的推广. 读者可以跳过 §6.3 直接阅读下章.

§6.1 Kruskal-Wallis 检验法

首先让我们看一个关于多个样本比较问题的例子.

例 6.1 某公司的管理人员来自三所大学,其中 $n_1=7$ 位管理人员来自 A 大学, $n_2=6$ 位来自 B 大学, $n_3=7$ 位来自 C 大学. 该公司的 $N=n_1+n_2+n_3=20$ 位管理人员的年度表现评分的数据列于表 6.1. 年度表现评分从 0 到 100,其中 100 是最高的. 问:来自这三所大学的管理人员的表现有没有差异?

表 6.1　20 位管理人员的年度表现评分

A 大学	B 大学	C 大学
84	75	58
72	65	78
75	95	65
72	69	72
90	80	42
75	55	80
95		62

§ 6.1.1　Kruskal-Wallis 检验的求解过程

利用 Kruskal-Wallis 检验求解例 6.1 的过程如下：

① 将来自这三所大学的共 $N=20$ 位管理人员合在一起，把他们的年度表现评分由小到大排列，求出每一位管理人员的年度表现评分的秩. 例如来自 A 大学的第 1 位管理人员的年度表现评分为 84，它排在第 17 位，所以它的秩为 17；来自 A 大学的第 2 位管理人员的年度表现评分为 72，由于年度表现评分为 72 的管理人员共有 3 人，它们排在第 8、9 和 10 位，故按平均秩法，年度表现评分为 72 的管理人员的秩都是 9.

② 表 6.1 中的每一个数都被它的秩代替，从而将表 6.1 变换成表 6.2.

表 6.2　20 位管理人员的年度表现评分的秩

A 大学	B 大学	C 大学
17	12	3
9	5.5	14
12	19.5	5.5
9	7	9
18	15.5	1
12	2	15.5
19.5		4

③ 很自然地，我们考虑用单因子方差分析（ANOVA）的方法分析表 6.2，比较来自这三所大学的管理人员的表现. 通常，ANOVA 方法需要计算组间平方和和组内平方和，然后计算 F 检验统计量的值. 而对表 6.2 来说，Kruskal-Wallis 检验只需要计算组间平方和的值，并将它作为检验统计量. 为什么 Kruskal-Wallis 检验仅计算组间平方和的值，其原因留待下一小节解释.

表 6.2 共有 $k=3$ 组. 计算每一组的秩的均值（如表 6.3 所示）.

表 6.3　各组秩的均值的计算

	A 大学	B 大学	C 大学
	17	12	3
	9	5.5	14
	12	19.5	5.5
	9	7	9

续表

	A 大学	B 大学	C 大学
	18	15.5	1
	12	2	15.5
	19.5		4
和	$R_{1+}=96.5$	$R_{2+}=61.5$	$R_{3+}=52$
均值	$\bar{R}_1=13.79$	$\bar{R}_2=10.25$	$\bar{R}_3=7.43$

将这3组合在一起后,总的秩的均值为

$$\bar{R}=\frac{96.5+61.5+52}{20}=10.5.$$

表 6.2 的组间平方和为

$$\begin{aligned}\mathrm{SSB}&=\sum_{i=1}^{k}n_i(\bar{R}_i-\bar{R})^2\\&=7(13.79-10.5)^2+6(10.25-10.5)^2+7(7.43-10.5)^2=142.118.\end{aligned}$$

显然,在组间平方和 SSB 的值比较大的时候,我们认为来自这三所大学的管理人员的表现有差异.现在的问题是,SSB=142.118 究竟是比较小?还是比较大?这就需要查 Kruskal-Wallis 检验临界值表.查表之前,先要将组间平方和 SSB 变换成 W. H. Kruskal 和 W. A. Wallis 引入的检验统计量

$$H=\frac{12}{N(N+1)}\mathrm{SSB}=\frac{12}{20\times 21}\times 142.118=4.06.$$

由于样本容量比较大,在 Kruskal-Wallis 检验临界值表(见本书附表 4)中,不能查到 (n_1,n_2,n_3) 为(7,6,7)时的临界值.这时需要使用 Kruskal-Wallis 检验统计量 H 渐近服从 $\chi^2(k-1)$ 分布的性质.本例的 $k=3$,所以 H 渐近服从 $\chi^2(2)$ 分布,从而算得检验的 p 值为 $P(\chi^2(2)\geqslant 4.06)=0.131\,336$,$p$ 值不是很小,所以根据已有数据我们不能认为来自这三所大学的管理人员的表现有差异.

§6.1.2 Kruskal-Wallis 检验

Kruskal-Wallis 检验的一般提法如下.设有 k 个连续型随机变量总体:X_1, $X_2,\cdots,X_k$,其中 $x_{i1},x_{i2},\cdots,x_{in_i}$是来自第 i 个总体 X_i 的样本,其容量为 n_i,$i=1,2,\cdots$,

k. 总的样本容量为 $N=\sum_{i=1}^{k} n_i$. 所有 N 个样本单元都是互相独立的. 设第 i 个总体 X_i 的分布函数为 $F(x-\theta_i)$, $i=1,2,\cdots,k$. 这也就是说,这 k 个随机变量总体 $X_1,X_2,\cdots,X_k$ 的分布函数的形状全都相同,仅有可能是位置参数不同. Kruskal-Wallis 检验用于这 k 个位置参数 $\theta_1,\theta_2,\cdots,\theta_k$ 是否全都相等的检验问题. 它的原假设和备择假设分别为

$$H_0:\theta_1=\theta_2=\cdots=\theta_k,\ H_1:\theta_1,\theta_2,\cdots,\theta_k \text{ 不全都相等}.$$

显然,在原假设 H_0 为真,即 $\theta_1=\theta_2=\cdots=\theta_k$ 时,这 k 个连续型随机变量总体 X_1, $X_2,\cdots,X_k$ 同分布.

在方差相等的正态总体假设下,这 k 个位置参数 $\theta_1,\theta_2,\cdots,\theta_k$ 可理解为这 k 个正态总体的均值. 我们使用 ANOVA 方法,首先计算组间平方和和组内平方和. 它们分别为 $\mathrm{SSB}=\sum_{i=1}^{k} n_i(\bar{x}_i-\bar{x})^2$ 和 $\mathrm{SSW}=\sum_{i=1}^{k}\sum_{j=1}^{n_i}(x_{ij}-\bar{x}_i)^2$,其中 $\bar{x}_i=\frac{\sum_{j=1}^{n_i} x_{ij}}{n_i}$ 是来自第 i 个总体的样本均值, $\bar{x}=\frac{\sum_{i=1}^{k}\sum_{j=1}^{n_i} x_{ij}}{N}$ 是所有样本总的平均. 众所周知, SSB+SSW=SST,其中 $\mathrm{SST}=\sum_{i=1}^{k}\sum_{j=1}^{n_i}(x_{ij}-\bar{x})^2$ 为总的平方和. 接下来计算 F 检验统计量的值:

$$F=\frac{\frac{\mathrm{SSB}}{k-1}}{\frac{\mathrm{SSW}}{N-k}}=\frac{N-k}{k-1}\frac{\mathrm{SSB}}{\mathrm{SSW}}.$$

我们在 F 的值比较大的时候认为这 k 个均值不全都相等. 在方差相等的正态总体假设下,当原假设成立,即 $\theta_1=\theta_2=\cdots=\theta_k$ 时, F 服从分子自由度为 $k-1$,分母自由度为 $N-k$ 的 F 分布. 由此可求得检验的临界值和 p 值. 这个参数数据分析方法依赖着方差相等的正态总体假设. 在这项假设不成立,或难以确信这项假设成立时,需要使用非参数的 Kruskal-Wallis 检验方法. 下面讨论这个非参数的检验方法.

为简化讨论,不妨假设所有 N 个样本单元互不相等. 在原假设成立,即 $\theta_1=\theta_2=\cdots=\theta_k$ 时,所有 N 个样本单元都是独立同分布的. 为此我们将这 k 组样本合在一起,计算每一个数据在合样本中的秩. 记 x_{ij}在合样本 $\{x_{i1},x_{i2},\cdots,x_{in_i},i=1,2,\cdots,k\}$ 中的秩为 R_{ij}, $R_{ij}=1,2,\cdots,N$. Kruskal-Wallis 检验的基本思想是用 x_{ij}的秩 R_{ij}代替 x_{ij},然后用 ANOVA 方法作统计分析. 由于 x_{ij}的数值与计量单位有关,而 x_{ij}的秩 R_{ij}与计量单

位无关,所以基于$\{R_{i1},R_{i2},\cdots,R_{in_i},i=1,2,\cdots,k\}$的 ANOVA 方法与基于$\{x_{i1},x_{i2},\cdots,x_{in_i},i=1,2,\cdots,k\}$的 ANOVA 方法有所不同.基于$\{R_{i1},R_{i2},\cdots,R_{in_i},i=1,2,\cdots,k\}$的 ANOVA 方法有以下两个特点:

① $\{R_{i1},R_{i2},\cdots,R_{in_i},i=1,2,\cdots,k\}$的总的平均是一个常数:

$$\bar{R}=\frac{\sum_{i=1}^{k}\sum_{j=1}^{n_i}R_{ij}}{N}=\frac{1+2+\cdots+N}{N}=\frac{N+1}{2}.$$

② $\{R_{i1},R_{i2},\cdots,R_{in_i},i=1,2,\cdots,k\}$的总的平方和是一个常数:

$$\begin{aligned}\text{SST}&=\sum_{i=1}^{k}\sum_{j=1}^{n_i}(R_{ij}-\bar{R})^2=\sum_{i=1}^{k}\sum_{j=1}^{n_i}R_{ij}^2-N\bar{R}^2\\&=1^2+2^2+\cdots+N^2-N\left(\frac{N+1}{2}\right)^2\\&=\frac{N(N+1)(2N+1)}{6}-\frac{N(N+1)^2}{4}\\&=\frac{N(N^2-1)}{12}.\end{aligned}$$

$\{R_{i1},R_{i2},\cdots,R_{in_i},i=1,2,\cdots,k\}$的组间平方和 SSB 与组内平方和 SSW 分别为

$$\text{SSB}=\sum_{i=1}^{k}n_i(\bar{R}_i-\bar{R})^2=\sum_{i=1}^{k}n_i\left(\bar{R}_i-\frac{N+1}{2}\right)^2,\tag{6.1}$$

$$\text{SSW}=\sum_{i=1}^{k}\sum_{j=1}^{n_i}(R_{ij}-\bar{R}_i)^2,$$

其中 $\bar{R}_i=\frac{\sum_{j=1}^{n_i}R_{ij}}{n_i}$是来自第 i 个总体的样本的秩的平均,$i=1,2,\cdots,k$.由 SSB+SSW=SST 知,如果能得到$\{R_{i1},R_{i2},\cdots,R_{in_i},i=1,2,\cdots,k\}$的组间平方和 SSB 的值,那么也就得到了它的组内平方和 SSW 的值:$\text{SSW}=\text{SST}-\text{SSB}=\frac{N(N^2-1)}{12}-\text{SSB}$.所以基于$\{R_{i1},R_{i2},\cdots,R_{in_i},i=1,2,\cdots,k\}$的 ANOVA 方法仅需要计算 SSB 的值.

基于$\{R_{i1},R_{i2},\cdots,R_{in_i},i=1,2,\cdots,k\}$的 ANOVA 方法与基于$\{x_{i1},x_{i2},\cdots,x_{in_i},i=1,2,\cdots,k\}$的 ANOVA 方法的不同之处如下所述.由$\{x_{i1},x_{i2},\cdots,x_{in_i},i=1,2,\cdots,k\}$算得的 SSB 的值与计量单位有关,所以这个 SSB 不适宜作为检验统计量,需要将 SSB 除以 SSW,其商 F 与计量单位无关,这个 F 才可以作为检验统计量.而由$\{R_{i1},R_{i2},\cdots,R_{in_i},i=1,2,\cdots,k\}$算得的 SSB 的值与计量单位无关,这个 SSB 就可以作为检验统计量.我们在 SSB 的值比较大的时候认为这 k 个位置参数不全都相等. W. H. Kruskal

和 W. A. Wallis 将 SSB 乘以常数因子 $\frac{12}{N(N+1)}$，从而将 SSB 变换为

$$H=\frac{12}{N(N+1)}\text{SSB}=\frac{12}{N(N+1)}\sum_{i=1}^{k}n_i\left(\bar{R}_i-\frac{N+1}{2}\right)^2. \tag{6.2}$$

显然，这个 H 也可以作为检验统计量. 我们在 H 的值比较大的时候认为这 k 个位置参数不全都相等. H 作为检验统计量的检验称为 Kruskal-Wallis 检验. 本书的附表 4 是它的临界值表. 这个表仅给出 $k=3$ 个总体的 Kruskal-Wallis 检验的临界值. 表中的 n_1,n_2,n_3 由大到小排列，即 $n_1\geqslant n_2\geqslant n_3$. 如果问题中的 n_1,n_2,n_3 不是由大到小排列，例如 $n_1=2,n_2=5,n_3=3$，我们只需要将(2,5,3)调整为(5,3,2)，在 $n_1=5,n_2=3,n_3=2$ 时，查附表 4 得到的 Kruskal-Wallis 检验的临界值就是 $n_1=2,n_2=5,n_3=3$ 时的临界值.

手工计算时通常利用等式：$\sum_{i=1}^{k}n_i\left(\bar{R}_i-\frac{N+1}{2}\right)^2=\sum_{i=1}^{k}\frac{R_{i+}^2}{n_i}-\frac{N(N+1)^2}{4}$，将式(6.2)给出的 H 等价地变换为

$$H=\frac{12}{N(N+1)}\sum_{i=1}^{k}\frac{R_{i+}^2}{n_i}-3(N+1),$$

其中 $R_{i+}=n_i\bar{R}_i=\sum_{j=1}^{n_i}R_{ij}$是来自第 i 个总体的样本的秩和，$i=1,2,\cdots,k$.

注：在理论研究时，往往假设这些总体的分布函数的形状相同，仅有可能的是位置参数不同，然后应用 Kruskal-Wallis 检验方法检验位置参数. 而在实际应用时，不必强求这些总体的分布函数的形状相同.

§6.1.3 Kruskal-Wallis 检验统计量的渐近分布

下面首先计算在原假设 H_0 为真，即 k 个总体 $X_1,X_2,\cdots,X_k$ 为同一连续型分布时，Kruskal-Wallis 检验统计量 H 的期望. 由 Wilcoxon 秩和检验统计量的期望和方差的计算公式(见性质 5.3)知，来自第 i 个总体的样本的秩和 R_{i+} 的期望与方差分别为

$$E(R_{i+})=n_i\frac{N+1}{2}\text{与 }D(R_{i+})=n_i\frac{(N-n_i)(N+1)}{12},$$

所以来自第 i 个总体的样本的秩的平均 $\bar{R}_i$ 的期望与方差分别为

$$E(\bar{R}_i)=\frac{N+1}{2}\text{与 }D(\bar{R}_i)=\frac{(N-n_i)(N+1)}{12n_i}.$$

由此知，

$$E\left(\bar{R}_i-\frac{N+1}{2}\right)^2=D(\bar{R}_i)=\frac{(N-n_i)(N+1)}{12n_i},$$

所以由式(6.1)知,

$$\begin{aligned}E(\mathrm{SSB})&=\sum_{i=1}^{k}n_iE\left(\bar{R}_i-\frac{N+1}{2}\right)^2\\&=\sum_{i=1}^{k}n_i\frac{(N-n_i)(N+1)}{12n_i}=\frac{N+1}{12}\sum_{i=1}^{k}(N-n_i)\\&=\frac{N(N+1)(k-1)}{12}.\end{aligned}$$

从而由式(6.2)知,Kruskal-Wallis 检验统计量 H 的期望为

$$E(H)=\frac{12}{N(N+1)}E(\mathrm{SSB})=\frac{12}{N(N+1)}\frac{N(N+1)(k-1)}{12}=k-1.$$

可以证明,在原假设 H_0 为真,即 k 个总体 $X_1,X_2,\cdots,X_k$ 为同一连续型分布时,若 $\min\{n_1,n_2,\cdots,n_k\}\to\infty$,且对所有的 $i=1,2,\cdots,k$ 都有 $\frac{n_i}{N}\to\lambda_i\in(0,1)$,则 Kruskal-Wallis 检验统计量 H 渐近服从 $\chi^2(k-1)$ 分布,即

$$H\xrightarrow{L}\chi^2(k-1).\tag{6.3}$$

由式(6.3)知,之所以将 SSB 乘以常数因子 $\frac{12}{N(N+1)}$ 得到 H,就是为了使得 H 渐近服从 $\chi^2(k-1)$ 分布. 我们知道 χ^2 分布的期望等于它的自由度,所以这个常数因子等于 $k-1$ 除以组间平方和 SSB 的期望:

$$\frac{k-1}{E(\mathrm{SSB})}=\frac{k-1}{\frac{N(N+1)(k-1)}{12}}=\frac{12}{N(N+1)}.$$

有关 Kruskal-Wallis 检验统计量的渐近分布的详细内容请参阅参考书目[2].

§6.1.4 有相等观察值时 Kruskal-Wallis 检验统计量的修正

当有结,即有相等的观察值时,秩取平均. 这时需要对 H 进行修正,使得它的期望仍等于 $k-1$.

秩取平均后,来自第 i 个总体的样本的秩和 $R_{i+}=\sum_{j=1}^{n_i}a(R_{ij})$,其中 $a(r),r=1,2,\cdots,N$,是计分函数. 在结的长度为 1 时,$a(R_i)=R_i$;而在结的长度超过 1 的时候,

$a(R_i)$等于秩的平均. 由秩取平均后 Wilcoxon 秩和检验统计量的期望和方差的计算公式(见式(5.7)和式(5.8))知,R_{i+}的期望和方差分别为

$$E(R_{i+})=\frac{n_i(N+1)}{2},$$

$$D(R_{i+})=\frac{n_i(N-n_i)(N+1)}{12}-\frac{n_i(N-n_i)\sum_{t=1}^{g}(\tau_t^3-\tau_t)}{12N(N-1)},$$

其中 g 为合样本$\{x_{i1},x_{i2},\cdots,x_{in_i},i=1,2,\cdots,k\}$中结的个数,$\tau_t$ 是第 t 个结的长度,$t=1,2,\cdots,g$. 所以平均秩法得到的来自第 i 个总体的样本的秩的平均 $\bar{R}_i=\dfrac{R_{i+}}{n_i}$的期望和方差分别为

$$E(\bar{R}_i)=\frac{N+1}{2},$$

$$D(\bar{R}_i)=\frac{(N-n_i)(N+1)}{12n_i}-\frac{(N-n_i)\sum_{t=1}^{g}(\tau_t^3-\tau_t)}{12n_iN(N-1)}.$$

由此知,秩取平均后

$$\begin{aligned}E\left(\bar{R}_i-\frac{N+1}{2}\right)^2&=D(\bar{R}_i)\\&=\frac{(N-n_i)(N+1)}{12n_i}-\frac{(N-n_i)\sum_{t=1}^{g}(\tau_t^3-\tau_t)}{12n_iN(N-1)},\end{aligned}$$

所以由式(6.2)知,秩取平均后,Kruskal-Wallis 检验统计量 H 的期望为

$$\begin{aligned}E(H)&=\frac{12}{N(N+1)}\sum_{i=1}^{k}n_iE\left(\bar{R}_i-\frac{N+1}{2}\right)^2\\&=(k-1)\left(1-\frac{\sum_{t=1}^{g}(\tau_t^3-\tau_t)}{N^3-N}\right).\end{aligned}$$

这说明,秩取平均后,若将 H 修正为 H_a,其中

$$H_a=\frac{H}{1-\dfrac{\sum_{t=1}^{g}(\tau_t^3-\tau_t)}{N^3-N}},$$

则 H_a 的期望仍等于 $k-1$. 严格地说,应是 H_a 的条件期望等于 $k-1$. 它是在全部样本

$\{x_{i1},x_{i2},\cdots,x_{in_i},i=1,2,\cdots,k\}$ 中结的个数 g,结的长度 $\tau_1,\tau_2,\cdots,\tau_g$ 都已知的条件下,H_a 的条件期望等于 $k-1$. 有结秩取平均后,经过修正的 Kruskal-Wallis 检验统计量 H_a 也渐近服从$\chi^2(k-1)$分布.

在例 6.1 中,$n_1=7,n_2=6,n_3=7,N=n_1+n_2+n_3=20$. Kruskal-Wallis 检验统计量 $H=4.06$. 由表 6.1 或由表 6.2 知,合样本中有 $g=5$ 个结,其中长度为 2 的结有 3 个,长度为 3 的结有 2 个. H 须修正为 $H_a=4.09$. 检验的 p 值为$P(\chi^2(2)\geqslant 4.09)=0.129\,38$. p 值不是很小,所以经过修正之后,我们仍不能认为来自这三所大学的管理人员的表现有差异.

本书的附录 10 将说明在比较两个总体的位置参数有没有差异时,使用 Kruskal Wallis 检验等同于使用 Wilcoxon 秩和检验. Kruskal-Wallis 检验将比较两个总体的 Wilcoxon 秩和检验推广到多个总体的比较问题. 所以在 SAS 软件中将 Wilcoxon 秩和检验和 Kruskal-Wallis 检验放在同一个选项.

用 R 软件进行 Kruskal-Wallis 检验可以直接调用函数 kruskal. test(). 例如将来自 A 大学、B 大学和 C 大学的管理人员的年度表现评分数据分别赋值给变量 A,B,C. 运行下面的程序:

```
A<-c(84,72,75,72,90,75,95)
B<-c(75,65,95,69,80,55)
C<-c(58,78,65,72,42,80,62)
x<-list(A,B,C)
kruskal.test(x)
```

运行结果:

```
                  Kruskal-Wallis rank sum test
data:x
Kruskal-Wallis chi-squared=4.0905, df=2,p-value=0.1294
```

§6.2 趋势的秩检验方法

设有 k 个连续型随机变量总体:$X_1,X_2,\cdots,X_k$,其中 $x_{i1},x_{i2},\cdots,x_{in_i}$是来自第 i 个总体 X_i 的样本,其容量为 $n_i,i=1,2,\cdots,k$. 总的样本容量为 $N=\sum_{i=1}^{k}n_i$. 所有 N 个样本

单元都是互相独立的. 设第 i 个总体 X_i 的分布函数为 $F(x-\theta_i)$, $i=1,2,\cdots,k$. 本节讨论趋势性检验问题. 单调上升趋势性检验问题的原假设和备择假设分别为

$$H_0:\theta_1=\theta_2=\cdots=\theta_k, H_1:\theta_1\leqslant\theta_2\leqslant\cdots\leqslant\theta_k,\text{且 }\theta_1<\theta_k,$$

而单调下降趋势性检验问题的原假设和备择假设分别为

$$H_0:\theta_1=\theta_2=\cdots=\theta_k, H_1:\theta_1\geqslant\theta_2\geqslant\cdots\geqslant\theta_k,\text{且 }\theta_1>\theta_k.$$

由于 $x_{i1},x_{i2},\cdots,x_{in_i}$是来自第 i 个总体 X_i 的独立同分布的样本,所以它们的中心位置(均值、中位数等)都相等. 故“平均”地说, $x_{i1}=x_{i2}=\cdots=x_{in_i}$. 我们把这样的情况(即 $x_{i1}=x_{i2}=\cdots=x_{in_i}$)称为来自第 i 个总体 X_i 的样本 $x_{i1},x_{i2},\cdots,x_{in_i}$的“理想”情况. 从而知,有单调上升趋势时的“理想”的情况为

$$x_{11}=x_{12}=\cdots=x_{1n_1}<x_{21}=x_{22}=\cdots=x_{2n_2}<\cdots<x_{k1}=x_{k2}=\cdots=x_{kn_k}.$$

同 Kruskal-Wallis 检验,记 x_{ij}在合样本$\{x_{i1},x_{i2},\cdots,x_{in_i},i=1,2,\cdots,k\}$中的秩为 R_{ij}, $R_{ij}=1,2,\cdots,N$. 由于有重复观察值时秩取平均,所以有单调上升趋势时的“理想”的情况下, x_{ij}的秩 $R_{ij}=r_i$,其中

$$r_i=\sum_{t=1}^{i-1}n_t+\frac{n_i+1}{2},\quad i=1,2,\cdots,k;j=1,2,\cdots,n_i.$$

接下来分析,观察到的秩和“理想”情况的秩是否相吻合,即是否正相关. 如果正相关,则认为有单调上升的趋势. 类似地,在观察到的秩和“理想”情况的秩负相关时,认为有单调下降的趋势. 为此我们计算下列成对数据的相关系数.

$$\begin{pmatrix}R_{11}\\r_1\end{pmatrix},\cdots,\begin{pmatrix}R_{1n_1}\\r_1\end{pmatrix},\cdots,\begin{pmatrix}R_{k1}\\r_k\end{pmatrix},\cdots,\begin{pmatrix}R_{kn_k}\\r_k\end{pmatrix},$$

它们的相关系数为

$$r=\frac{\sum_{i=1}^{k}\sum_{j=1}^{n_i}(R_{ij}-\bar{R})(r_i-\bar{r})}{\sqrt{\sum_{i=1}^{k}\sum_{j=1}^{n_i}(R_{ij}-\bar{R})^2}\sqrt{\sum_{i=1}^{k}\sum_{j=1}^{n_i}(r_i-\bar{r})^2}},$$

其中

$$\bar{R}=\frac{\sum_{i=1}^{k}\sum_{j=1}^{n_i}R_{ij}}{N}=\frac{N+1}{2},$$

$$\sum_{i=1}^{k}\sum_{j=1}^{n_i}(R_{ij}-\bar{R})^2=\frac{N(N^2-1)}{12}.$$

由第四章的式(4.13)和式(4.14)知,

$$\bar{r}=\frac{\sum_{i=1}^{k}\sum_{j=1}^{n_i}r_i}{N}=\frac{N+1}{2},\ \sum_{i=1}^{k}\sum_{j=1}^{n_i}(r_i-\bar{r})^2=\sum_{i=1}^{k}\sum_{j=1}^{n_i}r_i^2-N\bar{r}^2$$

$$=\frac{N(N+1)(2N+1)}{6}-\frac{\sum_{i=1}^{k}(n_i^3-n_i)}{12}-\frac{N(N+1)^2}{4}$$

$$=\frac{N(N^2-1)}{12}-\frac{\sum_{i=1}^{k}(n_i^3-n_i)}{12},$$

所以

$$r=\frac{\sum_{i=1}^{k}\sum_{j=1}^{n_i}R_{ij}r_i-\frac{N(N+1)^2}{4}}{\sqrt{\frac{N(N^2-1)}{12}}\sqrt{\frac{N(N^2-1)}{12}-\frac{\sum_{i=1}^{k}(n_i^3-n_i)}{12}}}.$$

显然,取相关系数 r 作为趋势性检验问题的检验统计量等价于取 $\sum_{i=1}^{k}\sum_{j=1}^{n_i}R_{ij}r_i$ 作为检验统计量. 由于

$$\begin{aligned}\sum_{i=1}^{k}\sum_{j=1}^{n_i}R_{ij}r_i&=\frac{1}{2}\sum_{i=1}^{k}\left(2\sum_{t=1}^{i}n_t-n_i+1\right)R_{i+}\\&=\frac{1}{2}\sum_{i=1}^{k}\left(2\sum_{t=1}^{i}n_t-n_i\right)R_{i+}+\frac{N(N+1)}{4},\end{aligned}$$

其中 $R_{i+}=\sum_{j=1}^{n_i}R_{ij}$ 是来自第 i 个总体的样本的秩和,$i=1,2,\cdots,k$,所以我们取 T 为趋势性检验问题的检验统计量,其中

$$T=\sum_{i=1}^{k}w_iR_{i+},w_i=2\sum_{t=1}^{i}n_t-n_i,i=1,2,\cdots,k. \tag{6.4}$$

并且在 T 比较大的时候认为有单调上升的趋势,而在 T 比较小的时候认为有单调下降的趋势. 本书的附表 5 给出了趋势的秩检验的临界值.

在原假设为真,即 k 个总体 $X_1,X_2,\cdots,X_k$ 为同一连续型分布时,可以证明:T 的期望和方差分别为

$$E(T)=\frac{N^2(N+1)}{2}, \tag{6.5}$$

$$D(T)=\frac{N(N+1)\left(\sum_{i=1}^{k}n_iw_i^2-N^3\right)}{12},\tag{6.6}$$

并且 T 服从对称分布，其对称中心为 $\frac{N^2(N+1)}{2}$. T 的这些性质的证明留作本章习题第 8 题. 这时 T 有渐近正态性，简记为

$$T\dot{\sim}N\left(\frac{N^2(N+1)}{2},\frac{N(N+1)\left(\sum_{i=1}^{k}n_iw_i^2-N^3\right)}{12}\right).$$

有结，即有重复观察值秩取平均时，T 的期望保持不变：$E(T)=\frac{N^2(N+1)}{2}$，而方差需修正为

$$D(T)=\left(N(N^2-1)-\sum_{t=1}^{g}(\tau_t^3-\tau_t)\right)\frac{\sum_{i=1}^{k}n_iw_i^2-N^3}{12(N-1)},\tag{6.7}$$

其中 g 为合样本 $\{x_{i1},x_{i2},\cdots,x_{in_i},i=1,2,\cdots,k\}$ 中结的个数，τ_t 是第 t 个结的长度，$t=1,2,\cdots,g$. 正如前面所说的，有结秩取平均时 T 的期望和方差都是在全部样本 $\{x_{i1},x_{i2},\cdots,x_{in_i},i=1,2,\cdots,k\}$ 中结的个数 g，结的长度 $\tau_1,\tau_2,\cdots,\tau_g$ 都已知的条件下的条件期望和条件方差. 有结秩取平均时 T 仍服从对称中心为 $\frac{N^2(N+1)}{2}$ 的对称分布. T 的这些性质的证明也留作本章习题第 8 题. 有结秩取平均时 T 仍有渐近正态性.

例 6.2　一般来说，年龄越大的人的 β 脂蛋白的含量越大. 现观察三组人，他们都是男性. 第 1 组人的年龄在 20 到 30 岁之间，第 2 组人的年龄在 30 到 40 岁之间，第 3 组人的年龄在 40 到 50 岁之间. 他们的 β 脂蛋白的测量值如表 6.4. 问这三组人的测量值是否符合人们的经验：年龄越大的人的 β 脂蛋白的含量越大？

表 6.4　不同年龄组的男性的 β 脂蛋白的含量

第 1 组	第 2 组	第 3 组	第 1 组	第 2 组	第 3 组
260	310	320	205	210	380
200	310	260	190	280	240
240	190	360	200	210	295
170	225	310	250	280	260
270	170	270	200	240	250

显然,这个问题的备择假设是有方向的,所以采用趋势的秩检验方法. 首先计算每一个男性 β 脂蛋白含量的秩. 它们的秩由小到大排列如表 6.5 所示.

表 6.5 不同年龄组的男性的 β 脂蛋白含量的秩

第 1 组	1.5	3.5	6	6	6	8	14	16.5	19	21.5	$R_{1+}=102$
第 2 组	1.5	3.5	9.5	9.5	11.5	14	23.5	23.5	27	27	$R_{2+}=150.5$
第 3 组	11.5	14	16.5	19	19	21.5	25	27	29	30	$R_{3+}=212.5$

表 6.5 的最后一列为各组的秩和. 由于 $n_1=n_2=n_3=10$,从式(6.4)得:$w_1=10$,$w_2=30$,$w_3=50$,检验统计量 $T=16\ 160$. 由于 $N=n_1+n_2+n_3=30$,从式(6.5)得:$E(T)=13\ 950$. 观察值中有 $g=11$ 个结,其中长度为 2 的结有 7 个,长度为 3 的结有 4 个. 据式(6.7)得:$D(T)=616\ 827.586$. 由渐近正态性知,检验的 p 值为

$$p=P(N(13\ 950,616\ 827.586)\geqslant 16\ 160)=0.002\ 447,$$

p 值很小,所以我们认为年龄越大的人 β 脂蛋白的含量越大.

*§6.3 Jonckheere-Terpstra 检验

Kruskal-Wallis 检验用于 k 个位置参数 $\theta_1,\theta_2,\cdots,\theta_k$ 是否全都相等的检验问题. 它的备择假设为 $H_1:\theta_1,\theta_2,\cdots,\theta_k$ 不全相等. 有不少的实际问题要求我们检验这 k 个位置参数之间是否有某种大小关系,例如,从 θ_1 到 θ_2,一直到 θ_k 是否越来越大? 即"$\theta_1\leqslant\theta_2\leqslant\cdots\leqslant\theta_k$,且 $\theta_1<\theta_k$"是否成立? 又例如,θ_1 是否最小? 即"对所有的 $i=2,3,\cdots,k$,$\theta_1\leqslant\theta_i$,且至少存在一个 θ_i,使得 $\theta_1<\theta_i$"是否成立? 又例如,给定 t,"$\theta_1\leqslant\cdots\leqslant\theta_{t-1}\leqslant\theta_t$,$\theta_t\geqslant\theta_{t+1}\geqslant\cdots\geqslant\theta_k$,且 $\theta_1<\theta_t$ 或 $\theta_k<\theta_t$"是否成立? 上述这些备择假设的检验问题统称为有方向检验问题,而将 Kruskal-Wallis 检验的问题称为无方向检验问题.

设有 k 个连续型随机变量总体:$X_1,X_2,\cdots,X_k$. $x_{i1},x_{i2},\cdots,x_{in_i}$ 是来自第 i 个总体 X_i 的样本,其容量为 n_i,$i=1,2,\cdots,k$. 总的样本容量为 $N=\sum\limits_{i=1}^{k}n_i$. 所有 N 个样本单元都是互相独立的. 设第 i 个总体 X_i 的分布函数为 $F(x-\theta_i)$,$i=1,2,\cdots,k$. 首先研究下面的有方向检验问题,其原假设和备择假设分别为

$$H_0:\theta_1=\theta_2=\cdots=\theta_k,H_1:\theta_1\leqslant\theta_2\leqslant\cdots\leqslant\theta_k,\text{且 }\theta_1<\theta_k.$$

这个越来越大的有方向检验问题又称为趋势性检验问题. 除了 §6.2 介绍的秩检验

方法外,还可以用 Jonckheere-Terpstra 检验方法去解决越来越大或越来越小的趋势性检验问题.

在备择假设成立时,对所有的 $1\leqslant i<j\leqslant k$,都有 $\theta_i\leqslant\theta_j$. 关于 $\theta_i\leqslant\theta_j$ 的检验问题,我们可以使用 Wilcoxon 秩和检验法,也可以使用 Mann-Whitney U 统计量检验法. 这里使用 Mann-Whitney U 统计量检验法,其检验统计量为

$$W_{ij}={}^{\#}\{(x_{ir},x_{js}):x_{ir}<x_{js},r=1,2,\cdots,n_i;s=1,2,\cdots,n_j\}. \tag{6.8}$$

注意 W_{ij} 与 $W_{ji}={}^{\#}\{(x_{ir},x_{js}):x_{js}<x_{ir},r=1,2,\cdots,n_i;s=1,2,\cdots,n_j\}$ 的区别. 所谓的 Jonckheere-Terpstra 检验就是将这些 $\{W_{ij},1\leqslant i<j\leqslant k\}$ 合并在一起,从而得到

$$J=\sum_{1\leqslant i<j\leqslant k}W_{ij}. \tag{6.9}$$

我们用 J 作为检验统计量,在 J 比较大的时候拒绝原假设,认为从 θ_1 到 θ_2,一直到 θ_k 越来越大. 类似地,我们在 J 比较小的时候认为从 θ_1 到 θ_2,一直到 θ_k 越来越小. Jonckheere-Terpstra 检验临界值表见本书附表 6(A)和(B).

显然,在原假设成立,即所有的 $\theta_1,\theta_2,\cdots,\theta_k$ 全都相等时,这 k 个连续型随机变量总体 $X_1,X_2,\cdots,X_k$ 同分布. 与 Mann-Whitney U 统计量服从对称分布(见性质 5.5)相类似,在原假设成立时 Jonckheere-Terpstra 检验统计量 J 也服从对称分布,对称中心为

$$\sum_{1\leqslant i<j\leqslant k}\frac{n_in_j}{2}=\frac{1}{4}\left[\left(\sum_{t=1}^{k}n_t\right)^2-\sum_{t=1}^{k}n_t^2\right]=\frac{1}{4}\left[N^2-\sum_{t=1}^{k}n_t^2\right].$$

可以证明,在原假设成立时 J 有渐近正态性:若 $\min\{n_1,n_2,\cdots,n_k\}\to\infty$,且对所有的 $i=1,\cdots,k$ 都有 $\dfrac{n_i}{N}\to\lambda_i\in(0,1)$,则

$$\frac{J-E(J)}{\sqrt{D(J)}}\xrightarrow{L}N(0,1),$$

其中 $E(J)$ 和 $D(J)$ 的计算方法如下所述.

由 Mann-Whitney U 统计量期望的计算公式(见性质 5.6)知,在原假设成立,即所有的 $\theta_1,\theta_2,\cdots,\theta_k$ 全都相等时,

$$E(W_{ij})=\frac{n_in_j}{2},$$

所以 J 的期望为

$$E(J)=\sum_{1\leqslant i<j\leqslant k}\frac{n_in_j}{2}=\frac{1}{4}\left[N^2-\sum_{t=1}^{k}n_t^2\right]. \tag{6.10}$$

事实上,由于 J 服从对称分布,立即可以推得 J 的期望,即式(6.10).

为了在原假设成立，即所有的 $\theta_1,\theta_2,\cdots,\theta_k$ 全都相等时计算 $D(J)$，必须知道 $D(W_{ij})$ 与 $\mathrm{Cov}(W_{ij},W_{ts})$ 的值. 由 Mann-Whitney U 统计量方差的计算公式(见性质 5.6)知，

$$D(W_{ij})=\frac{n_in_j(n_i+n_j+1)}{12}. \tag{6.11}$$

显然，在 $i\neq t,i\neq s,j\neq t$ 和 $j\neq s$ 时，

$$\mathrm{Cov}(W_{ij},W_{ts})=0, \tag{6.12}$$

附录 11 将证明：在 $i\neq t,i\neq s,j\neq t$ 和 $j\neq s$ 时，

$$\mathrm{Cov}(W_{ij},W_{is})=\mathrm{Cov}(W_{ij},W_{tj})=\frac{n_in_jn_t}{12}, \tag{6.13}$$

$$\mathrm{Cov}(W_{ij},W_{js})=\mathrm{Cov}(W_{ij},W_{ti})=\frac{-n_in_jn_t}{12}. \tag{6.14}$$

附录 11 将根据(6.11)—(6.14)等四个公式证明：

$$D(J)=\frac{1}{72}\left[N^2(2N+3)-\sum_{t=1}^{k}n_t^2(2n_t+3)\right]. \tag{6.15}$$

J 的渐近正态性可简记为

$$J\;\dot{\sim}\;N\left(\frac{N^2-\sum\limits_{t=1}^{k}n_t^2}{4},\frac{N^2(2N+3)-\sum\limits_{t=1}^{k}n_t^2(2n_t+3)}{72}\right).$$

在样本容量比较大的时候，我们利用 J 的近似正态分布，得到 Jonckheere-Terpstra 检验的临界值和 p 值.

当有结，即有相等的观察值时，同式(5.14)，我们将式(6.8)修改为

$$W_{ij}={}^{\#}\{(x_{ir},x_{js}):x_{ir}<x_{js},r=1,2,\cdots,n_i;s=1,2,\cdots,n_j\}+$$
$$\frac{1}{2}{}^{\#}\{(x_{ir},x_{js}):x_{ir}=x_{js},r=1,2,\cdots,n_i;s=1,2,\cdots,n_j\}.$$

将这些经过修改后得到的 $\{W_{ij},1\leqslant i<j\leqslant k\}$ 合并在一起，就得到了经过修改后的 J. 由有结秩取平均后 Mann-Whitney U 统计量期望的值(见式(5.15))知，J 的期望没有变化，它仍如式(6.10)所示. J 的方差有变化，附录 11 将证明式(6.11)须修正为

$$D(W_{ij})=\frac{n_in_j(n_i+n_j+1)}{12}-\frac{n_in_j(n_i+n_j-2)}{12N(N-1)(N-2)}\left[\sum_{s=1}^{g}\tau_s(\tau_s-1)(\tau_s-2)\right]-$$
$$\frac{n_in_j}{4N(N-1)}\left[\sum_{s=1}^{g}\tau_s(\tau_s-1)\right], \tag{6.16}$$

其中 g 为全部样本 $\{x_{i1},x_{i2},\cdots,x_{in_i},i=1,2,\cdots,k\}$ 中结的个数，而 τ_s 是第 s 个结的长

度，$s=1,2,\cdots,g$. 显然，当有结，即有相等的观察值时，式(6.12)仍然成立. 附录 11 还将证明式(6.13)和式(6.14)须修正为

$$\begin{aligned}\operatorname{Cov}(W_{ij},W_{is})&=\operatorname{Cov}(W_{ij},W_{tj})\\&=\frac{n_in_jn_t}{12}-\frac{n_in_jn_t}{12N(N-1)(N-2)}\left[\sum_{s=1}^{g}\tau_s(\tau_s-1)(\tau_s-2)\right],\end{aligned}\tag{6.17}$$

$$\begin{aligned}\operatorname{Cov}(W_{ij},W_{js})&=\operatorname{Cov}(W_{ij},W_{ti})\\&=-\frac{n_in_jn_t}{12}+\frac{n_in_jn_t}{12N(N-1)(N-2)}\left[\sum_{s=1}^{g}\tau_s(\tau_s-1)(\tau_s-2)\right].\end{aligned}\tag{6.18}$$

在这些修正的基础上，附录 11 还将根据式(6.12)和式(6.16)—(6.18)证明：有结时 J 的方差应修正为

$$\begin{aligned}D(J)=&\frac{1}{72}\left[N^2(2N+3)-\sum_{t=1}^{k}n_t^2(2n_t+3)-\sum_{s=1}^{g}\tau_s(\tau_s-1)(2\tau_s+5)\right]+\\&\frac{1}{36N(N-1)(N-2)}\left[\sum_{t=1}^{k}n_t(n_t-1)(n_t-2)\right]\left[\sum_{s=1}^{g}\tau_s(\tau_s-1)(\tau_s-2)\right]+\\&\frac{1}{8N(N-1)}\left[\sum_{t=1}^{k}n_t(n_t-1)\right]\left[\sum_{s=1}^{g}\tau_s(\tau_s-1)\right].\end{aligned}\tag{6.19}$$

严格地说，式(6.16)—(6.18)所表示的方差和协方差，以及式(6.19)所表示的 J 的方差都分别是在全部样本 $\{x_{i1},x_{i2},\cdots,x_{in_i},i=1,2,\cdots,k\}$ 中结的个数 g，结的长度 τ_1，$\tau_2,\cdots,\tau_g$ 都已知的条件下的条件方差和条件协方差，以及 J 的条件方差. 有结时 J 也有渐近正态性. 渐近正态性的具体写法从略.

下面使用 Jonckheere-Terpstra 检验方法解例 6.2. 为了便于计算，我们首先将各组的测量值由小到大排列，如表 6.6.

表 6.6 不同年龄组的男性的 β 脂蛋白含量的排列

第 1 组	170	190	200	200	200	205	240	250	260	270
第 2 组	170	190	210	210	225	240	280	280	310	310
第 3 组	225	240	250	260	260	270	295	310	360	380

下面分别计算 W_{12}，W_{13} 和 W_{23} 的值①.

① 在计算 W_{12} 时，第 1 个数 9.5 是将第 1 组的第 1 个数 170 与第 2 组的每一个数都作比较后得到的. W_{12} 的其他的值，以及 W_{13} 和 W_{23} 中的值可类似求得.

$$W_{12}=9.5+8.5+8+8+8+8+4.5+4+4+4=66.5,$$
$$W_{13}=10+10+10+10+10+10+8.5+7.5+6+4.5=86.5,$$
$$W_{23}=10+10+10+10+9.5+8.5+4+4+2.5+2.5=71.$$

将 W_{12},W_{13}和 W_{23}的值加在一起,从而得到 Jonckheere-Terpstra 检验统计量的值:

$$J=66.5+86.5+71=224.$$

由于样本容量比较大,在 Jonckheere-Terpstra 检验临界值表(见本书附表 6(A))中,不能查到(n_1,n_2,n_3)为(10,10,10)时的临界值. 这时需要使用 Jonckheere-Terpstra 检验统计量的渐近正态性. 由公式(6.10)算得 $E(J)=150$. 全部样本中有 15 个结,其中 4 个结的长度为 1,7 个结的长度为 2,4 个结的长度为 3. 由公式(6.19)算得 $D(J)=687.78$. 检验的 p 值为 $P(N(150,687.78)\geqslant 224)=0.002\,389$. p 值很小,所以我们认为年龄越大的人的 β 脂蛋白的含量越大. 这与趋势的秩检验方法的结论相同.

至于 θ_1 是否最小,即"对所有的 $i=2,3,\cdots,k,\theta_1\leqslant\theta_i$,且至少存在一个 θ_i,使得 $\theta_1<\theta_i$"是否成立的有方向检验问题,与越来越大的有方向检验问题的检验统计量(见式(6.9))相类似,我们取 Jonckheere-Terpstra 型检验统计量

$$\sum_{j=2}^{k}W_{1j}=\sum_{j=2}^{k}{}^{\#}\{(x_{1r},x_{js}):x_{1r}<x_{js},r=1,2,\cdots,n_1;s=1,2,\cdots,n_j\}$$
$$={}^{\#}\{(x_{1r},x_{js}):x_{1r}<x_{js},r=1,2,\cdots,n_1;s=1,2,\cdots,n_j;j=2,3,\cdots,k\}.$$

由此可见,对这个 θ_1 是否最小的有方向的检验问题,我们只需将来自第 2、3 直到第 k 个总体的样本:$\{x_{i1},x_{i2},\cdots,x_{in_i},i=2,3,\cdots,k\}$合在一起作为一方,而将来自第 1 个总体的样本$\{x_{11},x_{12},\cdots,x_{1n_1}\}$作为另一方,则这个检验问题就转化为这两方之间的比较问题. 我们就可以使用两样本的 Mann-Whitney U 统计量检验方法,即 Wilcoxon 秩和检验方法去解决它. 关于给定 t 之后,"$\theta_1\leqslant\cdots\leqslant\theta_{t-1}\leqslant\theta_t$,$\theta_t\geqslant\theta_{t+1}\geqslant\cdots\geqslant\theta_k$,且 $\theta_1<\theta_t$ 或 $\theta_k<\theta_t$"是否成立的有方向检验问题留作本章习题第 10 题.

习 题 六

1. 下面的数据是游泳、打篮球和骑自行车这三种不同的运动在 30 分钟内消耗的热量(单位:cal). 这些数据是否说明这三种运动消耗的热量全相等?

游泳	打篮球	骑自行车	游泳	打篮球	骑自行车
306	311	289	300	315	302
285	364	188	320	398	201
319	338	221			

2. 某汽车驾驶员记录了使用5种不同牌子的汽油每5加仑汽油行驶的距离(单位:英里),数据如下:

牌1	37.5	31.3	33.8	32.5
牌2	36.3	32.5	36.3	35.0
牌3	40	40	43.8	46.3
牌4	36.3	42.5	40	41.3
牌5	40	32.5	38.8	33.8

这些数据是否说明这5种牌子的汽油每加仑平均行驶的英里数全相等?

3. 假设没有相等的观察值,试求 Kruskal-Wallis 检验统计量 H 的最大值.

*4. 设有 k 个连续型随机变量总体:$X_1,X_2,\cdots,X_k$. 设第 i 个总体 X_i 的分布函数为 $F(x-\theta_i)$,$i=1,2,\cdots,k$. $x_{i1},x_{i2},\cdots,x_{in_i}$是来自第 i 个总体 X_i 的样本,其容量为 n_i,$i=1,2,\cdots,k$. 总的样本容量为 $N=\sum\limits_{i=1}^{k}n_i$. 所有 N 个样本单元都是互相独立的. 如果 Kruskal-Wallis 检验的结果是拒绝原假设,认为这 k 个位置参数 $\theta_1,\theta_2,\cdots,\theta_k$ 相互之间存在差别,但它们之中哪一些有显著的差别,这需要作多重两两比较.

记 x_{ij}在合样本$\{x_{i1},x_{i2},\cdots,x_{in_i},i=1,2,\cdots,k\}$中的秩为 R_{ij},$R_{ij}=1,2,\cdots,N$. 来自第 i 个总体的样本秩的平均记为 $\bar{R}_i=\dfrac{\sum\limits_{j=1}^{n_i}R_{ij}}{n_i}$,$i=1,2,\cdots,k$. 显然,$\bar{R}_i-\bar{R}_j$ 可以用来度量第 i 个总体与第 j 个总体的差别,$i\neq j$.

① 在原假设成立,即所有的 $\theta_1,\theta_2,\cdots,\theta_k$ 全都相等时,计算 $\bar{R}_i-\bar{R}_j$ 的期望和方差. 可以证明这时 $\bar{R}_i-\bar{R}_j$ 有渐近正态性. 请写出它的渐近正态性;

② 在原假设成立,即所有的 $\theta_1,\theta_2,\cdots,\theta_k$ 全都相等时,计算有结秩取平均时 $\bar{R}_i-\bar{R}_j$ 的期望和方差. 可以证明这时 $\bar{R}_i-\bar{R}_j$ 也有渐近正态性,请写出它的渐近正态性;

③ 如果在第2题中这5种牌子的汽油每加仑平均行驶的英里数不全相等,请用多重两两比较的方法找出每加仑平均行驶英里数最多的汽油?

5. 设有 k 个连续型随机变量总体:$X_1,X_2,\cdots,X_k$. $x_{i1},x_{i2},\cdots,x_{in_i}$是来自第 i 个总体 X_i 的样本,

其容量为 $n_i, i=1,2,\cdots,k$. 总的样本容量为 $N=\sum_{i=1}^{k} n_i$. 所有 N 个样本单元都是互相独立的. 记 x_{ij} 在合样本 $\{x_{i1},x_{i2},\cdots,x_{in_i},i=1,2,\cdots,k\}$ 中的秩为 $R_{ij}, R_{ij}=1,2,\cdots,N$.

① 记来自第 i 个总体的样本的秩和为 $R_{i+}=\sum_{j=1}^{n_i} R_{ij}, i=1,2,\cdots,k$. 令 $\boldsymbol{R}=(R_{1+},R_{2+},\cdots,R_{k+})^{\mathrm{T}}$. 在这 k 个连续型随机变量总体 $X_1,X_2,\cdots,X_k$ 同分布时,计算 $E(\boldsymbol{R})$ 和 $\mathrm{Cov}(\boldsymbol{R})$;

② 设有计分函数 $a(r), r=1,2,\cdots,N$. 令 $A_{i+}=\sum_{j=1}^{n_i} a(R_{ij}), i=1,2,\cdots,k, \boldsymbol{A}=(A_{1+},A_{2+},\cdots,A_{k+})^{\mathrm{T}}$. 在这 k 个连续型随机变量总体 $X_1,X_2,\cdots,X_k$ 同分布时,计算 $E(\boldsymbol{A})$ 和 $\mathrm{Cov}(\boldsymbol{A})$.

6. 观察三组人. 第 1 组是 20 到 35 岁之间的女性,第 2 组是 20 到 35 岁之间的男性,第 3 组是 35 到 50 岁之间的男性. 他们的甘油三酯的测量值见下表. 问这三组人的测量值是否符合人们的经验:在这三组中,第 3 组人的甘油三酯的测量值最大?

单位:mg/dL

第 1 组	第 2 组	第 3 组	第 1 组	第 2 组	第 3 组
76	122	64	107	67	130
72	60	59	69	38	73
87	40	88	46	65	110
65	65	120	81	125	107
110	82	114	76	94	62

7. 随机选择 60 位患者,将他们随机分成 4 组,每组 15 人,进行双盲试验. 一组服安慰剂,另外三组分别服 2.4 g、4.8 g 和 7.2 g 的降血脂新药. 6 周后测得的低密度脂蛋白胆固醇含量如下表所示. 试问:有没有这样的趋势,服用 7.2 g 降血脂新药的小组低密度脂蛋白胆固醇含量最低,接下来是服用 4.8 g 降血脂新药的小组,再接下来是服用 2.4 g 降血脂新药的小组,而服用安慰剂的小组低密度脂蛋白胆固醇含量最高? 试用趋势的秩检验方法解这个问题.

安慰剂组	降血脂新药		
	2.4 g 组	4.8 g 组	7.2 g 组
3.53	2.86	2.42	0.89
2.98	3.36	2.28	1.06
4.59	4.32	1.68	1.08
4.00	2.34	2.66	1.27
4.34	2.68	2.48	1.63

续表

安慰剂组	降血脂新药		
	2.4 g组	4.8 g组	7.2 g组
3.55	2.95	2.28	1.89
2.66	2.36	2.65	2.51
2.64	2.56	2.42	3.19
3.59	2.52	2.41	1.92
2.56	2.27	2.39	0.94
3.13	3.29	2.98	2.81
3.50	2.65	1.97	3.37
3.30	2.90	3.48	1.19
3.25	2.31	2.66	2.10
4.04	1.81	2.28	1.88

8. ① 试证明趋势性秩检验统计量 T 的期望和方差的计算公式(6.5)和(6.6);

② 试证明趋势性秩检验统计量 T 服从对称中心为 $\dfrac{N^2(N+1)}{2}$ 的对称分布;

*③ 试证明有结秩取平均时趋势性秩检验统计量 T 的方差的修正公式(6.7).

9. 试用 Jonckheere-Terpstra 检验方法解第 7 题.

*10. 设有 k 个连续型随机变量总体:$X_1,X_2,\cdots,X_k$. 设第 i 个总体 X_i 的分布函数为 $F(x-\theta_i)$, $i=1,2,\cdots,k$. $x_{i1},x_{i2},\cdots,x_{in_i}$是来自第 i 个总体 X_i 的样本,其容量为 n_i, $i=1,2,\cdots,k$. 总的样本容量为 $N=\sum\limits_{i=1}^{k}n_i$. 所有 N 个样本单元都是互相独立的. 我们感兴趣的有方向检验问题为:

$$H_0:\theta_1=\theta_2=\cdots=\theta_k;H_1:\theta_1\leqslant\cdots\leqslant\theta_{t-1}\leqslant\theta_t,\theta_t\geqslant\theta_{t+1}\geqslant\cdots\geqslant\theta_k,\text{且 }\theta_1<\theta_t\text{ 或 }\theta_k<\theta_t\text{ 成立}.$$

并取 Jonckheere-Terpstra 型检验统计量:

$$J=\sum_{1\leqslant i<j\leqslant t}W_{ij}+\sum_{t\leqslant i<j\leqslant k}W_{ji},$$

其中 W_{ij}的定义见式(6.8),在 J 比较大的时候拒绝原假设,认为从 θ_1 到 θ_2,一直到 θ_t 越来越大,而从 θ_t 到 θ_{t+1},一直到 θ_k 越来越小,θ_t 最大.

① 在原假设成立,即所有的 $\theta_1,\theta_2,\cdots,\theta_k$ 全都相等时,计算 J 的期望,并根据式(6.11)—(6.14)计算 J 的方差;

② 在原假设成立,即所有的 $\theta_1,\theta_2,\cdots,\theta_k$ 全都相等时,计算有结时 J 的期望,并根据式(6.12)和式(6.16)—(6.18)计算有结时 J 的方差.

第七章 区组设计问题

数据可以通过调查观察得到，也可以通过试验得到. 所谓试验设计，简单地说，就是科学地安排试验的一项技术. 本章讨论区组试验设计，简称区组设计的数据分析问题. §7.1介绍Friedman检验，它是符号检验的推广. §7.2介绍的 Hodges-Lehmann检验是符号秩和检验的推广. 它们都用于区组设计的无方向检验问题. 读者也可以跳过 §7.2直接阅读 §7.3. §7.3介绍的 Page检验与 §7.4介绍的 C检验，它们分别也是符号检验与符号秩和检验的推广，都可用于区组设计的趋势性检验问题. 读者也可以跳过 §7.4直接阅读第八章.

§7.1 Friedman检验

上一章例 6.1 的数据是通过调查得到的. 向某公司的管理人员作调查，问他们来自哪一所大学，了解他们的年度表现评分. 除了调查观察，数据还可以通过试验得到. 例 6.2 是一个医学试验. 该试验将研究对象随机地分成四组，并安排这四组分别服用安慰剂、2.4 g、4.8 g 和 7.2 g 降血脂新药，然后于六周后测量他们体内的低密度脂蛋白胆固醇含量. 这批数据是试验数据. 除例 6.2 这种类型的医学试验外，另一种类型的医学试验是区组设计. 区组设计除用于医学试验外，还广泛用于工业、农业、心理和教育等试验活动. 下面通过例 4.1 来讲解何谓区组设计.

例 4.1 的目的是为了比较两种不同的生产方式，看哪一种生产方式完成一项生产任务所花的时间最少. 我们把待比较的这两种生产方式分别称为处理 1 和处理 2. 这两种生产方式的优劣称为处理效应. 由于生产工人的技术水平高低不等，所以安排 12 位工人都分别使用这两种生产方式去完成这一项生产任务. 我们把这 12 位工人分别称为区组 1，区组 2，…，区组 12. 不同工人的生产技术水平的高低称为区组效应. 例 4.1是 2 个处理 12 个区组的区组设计. 我们的目的是比较处理效应，但区组效应混杂在其中. 这是因为用这两种生产方式完成这一项生产任务所花时间的差，除了与这两种生产方式的优劣(处理效应)有关外，还与这些工人技术水平的高低(区组效应)有关. 例 4.1 的区组设计是科学地安排试验，让每一位工人都分别使用这两种生产方式去完成这一项生产任务. 同一位工人完成这一项生产任务，用两种生产方式所花时间的差，就仅可能与处理效应有关. 因而对这些差值的数据分析，就能看出有没有处理效应. 由此可见，区组设计是在消除了不同工人技术水平高低的区组效应之后，比较处理效应. 2 个处理的区组设计的数据分析问题，可使用符号检验或符号秩和检验来求解. 如果我们要比较三种或更多种不同的生产方式，就有 3 个或更多个处理的区组设计. 本章将讨论多个处理的区组设计的数据分析问题. 区组设计的理论与方法非常丰富，本章所述的仅是它最初浅的一小部分内容.

例 7.1　为比较 A、B、C、D 和 E 这 5 种药物注射后产生的皮肤疱疹的大小，选取 6 只家兔并给每只家兔先后分别按随机排列的次序注射这 5 种药物. 试验结果(疱疹面积的度量单位为 mm^2)如表 7.1 所示. 这批数据能否说明这 5 种药物注射后产生的皮肤疱疹大小有差异？

表 7.1　家兔注射药物后产生的皮肤疱疹的面积　　单位：mm^2

药物类别	家兔编号					
	1	2	3	4	5	6
1	73	75	67	61	69	79
2	83	81	99	82	85	87
3	73	60	73	77	68	74
4	58	64	64	71	77	74
5	77	75	73	59	85	82

这是 $k=5$ 个处理，$b=6$ 个区组的区组设计. 我们将用这个例子来说明 Friedman 检验的求解过程.

§ 7.1.1　Friedman 检验的求解过程

利用 Friedman 检验求解例 6.1 的过程如下.

① Kruskal-Wallis 检验将所有的样本观察值合在一起由小到大排列，然后求出每一个观察值在合样本中的秩. 但在区组设计中我们不能把所有的样本观察值合在

一起. 对本例来说,不同的家兔它们的体质情况可能有所不同,有的甚至有很大的差别. 有的家兔抗药物过敏性能力强,注射药物后一般来说产生的疱疹比较小,而有的家兔抗药物过敏性能力差,注射药物后产生的疱疹要大一些. 由表 7.1 可以看到,第 4 只家兔抗药物过敏性能力比较强,注射药物后产生的疱疹要小一些,而第 6 只家兔抗药物过敏性能力比较差,注射药物后产生的疱疹要大一些. 考虑到区组的影响,所以 Friedman 检验仅将同一个区组内的 $k=5$ 个样本观察值由小到大排列,然后求出观察值在区组内的秩. 在同一区组内的观察值有结,即有相等的观察值时,秩取平均. 把表 7.1 中的每一个数都用它在区组内的秩代替,从而将表 7.1 变换成表 7.2.

表 7.2 家兔注射药物后产生的皮肤疱疹面积观察值的秩

药物类别	家兔编号						和	均值
	1	2	3	4	5	6		
1	2.5	3.5	2	2	2	3	15	$\overline{R}_1=2.5$
2	5	5	5	5	4.5	5	29.5	$\overline{R}_2=4.92$
3	2.5	1	3.5	4	1	1.5	13.5	$\overline{R}_3=2.25$
4	1	2	1	3	3	1.5	11.5	$\overline{R}_4=1.92$
5	4	3.5	3.5	1	4.5	4	20.5	$\overline{R}_5=3.42$

② 接下来的做法同 Kruskal-Wallis 检验,计算组间平方和的值,并将它作为检验统计量. 表 7.2 有 $k=5$ 组. 首先计算每一组的秩的均值 $\overline{R}_i, i=1,2,\cdots,5$(如表 7.2 的最后一列所示). 将这 5 组合在一起后,总的秩的均值为

$$\overline{R}=\frac{15+29.5+13.5+11.5+20.5}{30}=3,$$

表 7.2 的组间平方和为

$$\begin{aligned}\text{SSB}&=b\sum_{i=1}^{k}(\overline{R}_i-\overline{R})^2\\&=6(2.5-3)^2+6(4.92-3)^2+6(2.25-3)^2+6(1.92-3)^2+6(3.42-3)^2\\&=35.\end{aligned}$$

显然,在组间平方和 SSB 的值比较大的时候,我们认为这 5 种药物注射后产生的皮肤疱疹大小有差异. 现在的问题是,SSB = 35 究竟是比较小,还是比较大? 这就需要查 Friedman 检验临界值表. 查表之前,先要将组间平方和 SSB 变换成 M. Friedman 引入的检验统计量

$$Q=\frac{12}{k(k+1)}\mathrm{SSB}=\frac{12}{5\times 6}\times 35=14.$$

查 Friedman 检验临界值表(见本书附表 7),得到 $k=5$, $b=6$ 时显著性水平 $\alpha=0.01$ 的临界值为 11.867. 这说明 $P(Q\geqslant 11.867)=0.01$,从而知 $P(Q\geqslant 14)<0.01$,p 值很小,所以根据已有数据我们认为这 5 种药物注射后产生的皮肤疱疹大小有差异. 我们也可以使用 Friedman 检验统计量 Q 渐近服从 $\chi^2(k-1)$ 分布的性质计算 p 值. 本例的 $k=5$,所以 Q 渐近服从 $\chi^2(4)$ 分布. 从而算得检验的 p 值为 $P(\chi^2(4)\geqslant 14)=0.007$.

§7.1.2 Friedman 检验统计量

Friedman 检验的一般提法如下. 设有一个 k 个处理 b 个区组的区组设计. 假设第 i 个处理在第 j 个区组的观察值 x_{ij} 的分布函数为 $F_j(x-\theta_i)$, $i=1,2,\cdots,k$; $j=1,2,\cdots,b$. 这也就是说,同一个区组,例如第 j 个区组内的 k 个观察值 $x_{1j},x_{2j},\cdots,x_{kj}$ 的分布函数的形状都相同,仅有可能的是位置参数不同. 而不同区组内的观察值的分布函数的形状有可能不同. k 个处理 b 个区组的区组设计共有 $N=bk$ 个观察值. 所有这 N 个观察值都是互相独立的. Friedman 检验用于这 k 个位置参数 $\theta_1,\theta_2,\cdots,\theta_k$ 是否全都相等的检验问题. 它的原假设和备择假设分别为

$$H_0:\theta_1=\theta_2=\cdots=\theta_k;\quad H_1:\theta_1,\theta_2,\cdots,\theta_k \text{ 不全都相等.}$$

在原假设成立,即 $\theta_1=\theta_2=\cdots=\theta_k$ 时,同一个区组内的 k 个观察值独立同分布. 为此我们计算每一个数据在它所在区组的 k 个观察值中的秩. 记第 i 个处理第 j 个区组的观察值 x_{ij} 在第 j 个区组的 k 个观察值 $x_{1j},x_{2j},\cdots,x_{kj}$ 中的秩为 R_{ij}. 为简化讨论,不妨假设同一个区组内的 k 个观察值互不相等,从而有 $R_{ij}=1,2,\cdots,k$. 同 Kruskal-Wallis 检验,Friedman 检验的基本思想也是用 x_{ij} 的秩 R_{ij} 代替 x_{ij},然后计算组间平方和 SSB.

我们一共有 k 组. 第 i 组即第 i 个处理的 b 个观察值的秩为 $\{R_{i1},R_{i2},\cdots,R_{ib}\}$, $i=1,2,\cdots,k$. 这 k 组之间的组间平方和为

$$\mathrm{SSB}=b\sum_{i=1}^{k}(\overline{R}_i-\overline{R})^2, \tag{7.1}$$

其中

$$\overline{R}_i=\frac{\sum_{j=1}^{b}R_{ij}}{b}\text{是第 } i \text{ 个处理的 } b \text{ 个观察值的秩的平均}, i=1,2,\cdots,k;$$

$$\overline{R}=\frac{\sum_{i=1}^{k}\sum_{j=1}^{b}R_{ij}}{N}=\frac{b(1+2+\cdots+k)}{N}=\frac{k+1}{2}\text{是总的平均.}$$

总的平均是一个常数.

这个 SSB 可以作为检验统计量.我们在它的值比较大的时候认为这 k 个位置参数不全都相等. M. Friedman 将 SSB 乘常数因子$\frac{12}{k(k+1)}$,从而将 SSB 变换为

$$Q=\frac{12}{k(k+1)}\text{SSB}=\frac{12b}{k(k+1)}\sum_{i=1}^{k}\left(\overline{R}_i-\frac{k+1}{2}\right)^2. \tag{7.2}$$

显然,这个 Q 也可以作为检验统计量.我们在 Q 的值比较大的时候认为这 k 个位置参数不全都相等. Q 作为检验统计量的检验称为 Friedman 检验.本书的附表 7 是它的临界值表.

手工计算时通常利用等式:

$$\begin{aligned}\sum_{i=1}^{k}\left(\overline{R}_i-\frac{k+1}{2}\right)^2&=\sum_{i=1}^{k}\overline{R}_i^2-\frac{k(k+1)^2}{4}\\&=\frac{\sum_{i=1}^{k}R_{i+}^2}{b^2}-\frac{k(k+1)^2}{4},\end{aligned}$$

其中 $R_{i+}=b\,\overline{R}_i=\sum_{j=1}^{b}R_{ij}$是第 i 个处理的 b 个观察值的秩和,$i=1,2,\cdots,k$.从而将式(7.2)给出的 Q 等价地变换为

$$Q=\frac{12}{bk(k+1)}\sum_{i=1}^{k}R_{i+}^2-3b(k+1). \tag{7.3}$$

注:在理论研究时,往往假设同一个区组内的 k 个观察值的分布函数的形状相同,仅有可能的是位置参数不同,然后应用 Friedman 检验方法检验位置参数.而在实际应用时,不必强求同一个区组内的 k 个观察值的分布函数的形状相同.

§7.1.3 Friedman 检验统计量的渐近分布

下面首先在原假设 H_0 为真,即 $\theta_1=\theta_2=\cdots=\theta_k$,同一个区组内的 k 个观察值独立同分布时,计算 Friedman 检验统计量 Q 的期望.由定理 5.1 知,

$$E(R_{ij})=\frac{k+1}{2},D(R_{ij})=\frac{k^2-1}{12},$$

所以

$$E(\overline{R}_i)=E\left(\frac{\sum_{j=1}^{b}R_{ij}}{b}\right)=\frac{\sum_{j=1}^{b}E(R_{ij})}{b}=\frac{k+1}{2}. \tag{7.4}$$

显然,同一个区组内的观察值的秩不独立,而不同区组内的观察值的秩相互独立. 这也就是说,在 $j_1\neq j_2$ 时,对所有的 i_1 和 i_2,$R_{i_1j_1}$ 和 $R_{i_2j_2}$ 都是相互独立的,只有在 $j_1=j_2=j$ 时,R_{i_1j} 和 R_{i_2j} 才不独立. 所以

$$D(\overline{R}_i)=D\left(\frac{\sum_{j=1}^{b}R_{ij}}{b}\right)=\frac{\sum_{j=1}^{b}D(R_{ij})}{b^2}=\frac{k^2-1}{12b}, \tag{7.5}$$

从而由式(7.4)和式(7.5)知,SSB(见式(7.1))的期望为

$$\begin{aligned}E(\mathrm{SSB})&=b\sum_{i=1}^{k}E\left(\overline{R}_i-\frac{k+1}{2}\right)^2\\&=b\sum_{i=1}^{k}D(\overline{R}_i)=bk\frac{k^2-1}{12b}=\frac{k(k^2-1)}{12}.\end{aligned}$$

由式(7.2)知,Friedman 检验统计量 Q 的期望为

$$E(Q)=\frac{12}{k(k+1)}E(\mathrm{SSB})=\frac{12}{k(k+1)}\frac{k(k^2-1)}{12}=k-1.$$

可以证明,在原假设 H_0 为真,即同一个区组内的 k 个观察值独立同分布时,若 k 固定,而 $b\to\infty$,则 Friedman 检验统计量 Q 渐近服从 $\chi^2(k-1)$ 分布,即

$$Q\xrightarrow{L}\chi^2(k-1). \tag{7.6}$$

由式(7.6)知,之所以将 SSB 乘以常数因子$\frac{12}{k(k+1)}$得到 Q,就是为了使得 Q 渐近服从 $\chi^2(k-1)$分布. 我们知道 χ^2分布的期望等于它的自由度,所以这个常数因子等于 $k-1$除以组间平方和 SSB 的期望:$\frac{k-1}{E(\mathrm{SSB})}=\frac{12}{k(k+1)}$.

有关 Friedman 检验统计量的渐近分布的详细内容请参阅参考书目[2].

§7.1.4 有相等观察值时 Friedman 检验统计量的修正

当同一个区组内有相等的观察值,即有结时,秩取平均. 这时需要对 Q 进行修正,使得它的期望仍等于 $k-1$.

秩取平均后，$\overline{R}_i=\frac{\sum_{j=1}^{b}a(R_{ij})}{b}$，其中 $a(r)$，$r=1,2,\cdots,k$ 是计分函数. 在第 j 个区组的 k 个观察值 $x_{1j},x_{2j},\cdots,x_{kj}$ 中，结的长度为 1 时 $a(R_{ij})=R_{ij}$，结的长度大于 1 时 $a(R_{ij})$ 等于秩的平均. 由定理 5.6 与式(5.4)和式(5.5)知，

$$E(a(R_{ij}))=\frac{k+1}{2},$$

$$D(a(R_{ij}))=\frac{k^2-1}{12}-\frac{\sum_{t=1}^{g_j}(\tau_{j,t}^3-\tau_{j,t})}{12k},$$

其中 g_j 为第 j 个区组的 k 个观察值 $x_{1j},x_{2j},\cdots,x_{kj}$ 中结的个数，而 $\tau_{j,t}$ 是第 j 个区组的 k 个观察值中第 t 个结的长度，$t=1,2,\cdots,g_j$. 所以

$$E(\overline{R}_i)=E\left(\frac{\sum_{j=1}^{b}a(R_{ij})}{b}\right)=\frac{\sum_{j=1}^{b}E(a(R_{ij}))}{b}=\frac{k+1}{2},$$

$$D(\overline{R}_i)=D\left(\frac{\sum_{j=1}^{b}a(R_{ij})}{b}\right)=\frac{\sum_{j=1}^{b}D(a(R_{ij}))}{b^2}$$

$$=\frac{k^2-1}{12b}-\frac{\sum_{j=1}^{b}\sum_{t=1}^{g_j}(\tau_{j,t}^3-\tau_{j,t})}{12b^2k}.$$

从而，秩取平均后，Friedman 检验统计量 Q 的期望为

$$E(Q)=\frac{12b}{k(k+1)}\sum_{i=1}^{k}E\left(\overline{R}_i-\frac{k+1}{2}\right)^2$$

$$=\frac{12b}{k(k+1)}\sum_{i=1}^{k}D(\overline{R}_i)=\frac{12b}{k(k+1)}\left(k\frac{k^2-1}{12b}-k\frac{\sum_{j=1}^{b}\sum_{t=1}^{g_j}(\tau_{j,t}^3-\tau_{j,t})}{12b^2k}\right)$$

$$=(k-1)\left(1-\frac{\sum_{j=1}^{b}\sum_{t=1}^{g_j}(\tau_{j,t}^3-\tau_{j,t})}{bk(k^2-1)}\right).$$

这说明，秩取平均后，若将 Q 修正为 Q_a，其中

$$Q_a=\frac{Q}{1-\frac{\sum_{i=1}^{b}\sum_{t=1}^{g_j}(\tau_{j,t}^3-\tau_{j,t})}{bk(k^2-1)}},\tag{7.7}$$

则 Q_a 的期望仍等于 $k-1$. 严格地说,应是 Q_a 的条件期望等于 $k-1$. 它是在每一个区组的 k 个观察值中结的个数和结的长度都已知的条件下,Q_a 的条件期望等于 $k-1$. 有结时秩取平均后,修正后的 Friedman 检验统计量 Q_a 也渐近服从 $\chi^2(k-1)$ 分布.

在例 7.1 中,每一个区组的 k 个观察值中结的个数以及结的长度如表 7.3 所示.

表 7.3　例 7.1 每一个区组中结的个数及结的长度

	家兔编号					
	1	2	3	4	5	6
结的个数 g_j	4	4	4	5	4	4
结的长度 $\tau_{j,t}$	2,1,1,1	2,1,1,1	2,1,1,1	1,1,1,1,1	2,1,1,1	2,1,1,1

从而有 $\sum_{j=1}^{6}\sum_{t=1}^{g_j}(\tau_{j,t}^3-\tau_{j,t})=30$. 所以 Friedman 检验统计量 $Q=14$ 须修正为 $Q_a=14.61$. 查 Friedman 检验临界值表(见本书附表 7),得到 $k=5,b=6$ 时显著性水平 $\alpha=0.01$ 的临界值为 11.867. 从而知 $P(Q_a\geqslant 14.61)<0.01$,$p$ 值很小,所以经过修正之后,我们仍认为这 5 种药物注射后产生的皮肤疱疹大小有差异. 我们也可以使用 Friedman 检验统计量渐近服从 $\chi^2(k-1)$ 分布的性质计算 p 值. 检验的 p 值为 $P(\chi^2(4)\geqslant 14.61)=0.006$.

用 R 软件对例 7.1 进行 Friedman 检验,程序如下:

```
x<-matrix(c(73,75,67,61,69,79,83,81,99,82,85,87,
73,60,73,77,68,74,58,64,64,71,77,74,77,75,73,59,85,82),
ncol=5,dimnames=list(1:6,c("1","2","3","4","5")))
friedman.test(x)
```

运行结果:

```
                    Friedman rank sum test
data:x
Friedman chi-squared=14.609, df=4, p-value=0.005586
```

本书的附录 12 将说明对 2 个处理的区组设计来说,使用 Friedman 检验等同于使用符号检验. Friedman 检验将比较成对数据的符号检验推广到多个处理的比较问题.

*§7.2 Hodges-Lehmann 检验

Friedman 检验将比较成对数据的符号检验推广到区组设计多个处理的比较问题. 对成对数据来说, 符号秩和检验是符号检验的改进, 所以很自然地提出了一个问题, 能不能把比较成对数据的符号秩和检验推广到区组设计多个处理的比较问题? J. L. Hodges 和 E. L. Lehmann 于 1962 年给出的检验方法解决了这个问题. 人们称他们给出的检验方法为 Hodges-Lehmann 检验. 上一节的 Friedman 检验, 第 i 个处理第 j 个区组内都只有一个观察值 x_{ij}. 本节讨论的 Hodges-Lehmann 检验方法可以有重复的观察值. 下面我们以 2 个处理的有重复观察值的区组设计的一个实际问题为例引入 Hodges-Lehmann 检验①.

§7.2.1 区组设计的 Hodges-Lehmann 检验

例 7.2 用电子打字机打字和用计算机打字, 哪一个的打字速度快? 现在几乎没有人用电子打字机打字, 大家都说用计算机打字快. 但在三十多年前个人计算机刚普及时, 这的确是个问题. 表 7.4 是三位秘书分别用电子打字机和计算机的打字速度(每分钟的单词数). 这批数据能否说明用计算机的打字速度更快?

表 7.4 有重复观察值的 2 个处理的区组设计

	秘书		
	1	2	3
电子打字机	72,58	59,52	52,51,59
计算机	76,66	57,60	65,57,64
均值	68	57	58

① 有关 Hodges-Lehmann 检验的详细介绍可参阅 J. L. Hodges 和 E. L. Lehmann 于 1962 年发表在 *The Annals of Mathematical Statistics* 第 33 卷, 第 2 期, 482 至 497 页上的文章: *Rank Methods for Combination of Independent Experiments in Analysis of Variance*.

本例有两个处理和三个区组.用电子打字机打字为处理 1,用计算机打字为处理 2.这三位秘书分别表示区组 1、2 和 3.本例的原假设和备择假设分别为

H_0:用电子打字机和用计算机打字速度一样快;

H_1:用电子打字机打字比用计算机打字速度慢.

不同秘书的打字速度可能有所不同,有的甚至有很大差别.例如,由表 7.4 可以看到,第 1 位秘书不论用电子打字机,还是用计算机,打字的速度都比第 2、3 位秘书快.正因为区组之间有差异,所以直接比较不同区组的观察值,即不同秘书的打字速度是没有什么意义的.Hodges-Lehmann 检验方法首先设法消除观察值的区组效应.它取区组的均值作为区组效应的估计值(各个区组的均值如表 7.4 的最后一行).然后对观察值进行调整,将每一个观察值都减去该观察值所在区组的均值,所得到的差不妨称为调整后的观察值,见表 7.5.

表 7.5 调整后的观察值

	区组		
	1	2	3
处理 1	4,-10	2,-5	-6,-7,1
处理 2	8,-2	0,3	7,-1,6

考虑到调整后的观察值已经消除了区组效应,所以我们将它们放在一起并由小到大排列,求出每一个的秩,见表 7.6.(注:Hodges 和 Lehmann 称调整后的观察值的秩为 Aligned 秩.)

表 7.6 调整后的观察值的秩

	区组			秩和
	1	2	3	
处理 1	11,1	9,4	3,2,8	$R_{1+}=38$
处理 2	14,5	7,10	13,6,12	$R_{2+}=67$

计算第 i 个处理的秩和 R_{i+},$i=1,2$(如表 7.6 的最后一列).显然,我们可以取 R_{1+} 为检验统计量,并在它比较小的时候拒绝原假设,认为处理 1(即用电子打字机)打字慢,处理 2(即用计算机)打字快.倘若将处理 1 的调整后的观察值看成一个样本,处理 2 的调整后的观察值看成另一个样本,这个问题似乎是两样本的 Wilcoxon 秩和检验问题,其实不然.虽然调整后的观察值消除了区组的效应,但显然,同一个区组内

的调整后的观察值并不相互独立,且同一个处理里来自不同区组的调整后的观察值只能说它们相互独立,而不能说它们一定同分布.所以我们不能用两样本的 Wilcoxon 秩和检验方法来解决这个问题. Hodges-Lehmann 检验可用来解决这类问题.这个检验方法的基本思想就是:区组 1 里 4 个秩的值分别为 11,1,14 和 5,区组 2 里 4 个秩的值分别为 9,4,7 和 10,以及区组 3 里 6 个秩的值分别为 3,2,8,13,6 和 12,给定这个条件下,计算 $R_{1+}=38$ 的 p 值.所以严格地说,Hodges-Lehmann 检验是条件检验,它的 p 值是条件 p 值.

在原假设为真,即用电子打字机和用计算机打字一样快时,同一个区组里的调整后的观察值的秩可以认为服从均匀分布.如果我们将区组 1 里的 4 个秩分别记为 $R_{11,1}$,$R_{11,2}$,$R_{21,1}$和 $R_{21,2}$,其中 $R_{ij,k}$表示第 i 个处理第 j 个区组的第 k 个秩,则在原假设为真,即用电子打字机和用计算机打字一样快时,($R_{11,1}$,$R_{11,2}$,$R_{21,1}$,$R_{21,2}$) 服从均匀分布,即

$$P(R_{11,1}=a_1,R_{11,2}=a_2,R_{21,1}=a_3,R_{21,2}=a_4)=\frac{1}{4!}=\frac{1}{24},$$

其中(a_1,a_2,a_3,a_4)是(11,1,14,5)的任意一个排列.区组 1 的 4 个秩中有 2 个在处理 1.这 2 个秩有可能是 11 和 1,也有可能是 11 和 14,11 和 5,1 和 14 等,共有 $C_4^2=6$ 个不同的置换方法,每一个置换出现的概率都等于$\frac{1}{6}$.类似地,区组 2 的 4 个秩(9,4,7 和 10)中有 2 个在处理 1,这 2 个秩也有 $C_4^2=6$ 种不同的置换方法,每一个置换出现的概率也都等于$\frac{1}{6}$;区组 3 的 6 个秩(3,2,8,13,6 和 12)中有 3 个在处理 1,这 3 个秩共有 $C_6^3=20$ 种不同的置换方法,每一个置换出现的概率都等于$\frac{1}{20}$.由此可见,处理 1 的 7 个秩共有 $6\times6\times20=720$ 种不同的置换方法,每一个置换出现的概率都等于$\frac{1}{720}$.

处理 1 的秩和 $R_{1+}=R_{11,1}+R_{11,2}+R_{12,1}+R_{12,2}+R_{13,1}+R_{13,2}+R_{13,3}$. R_{1+}的观察值为

$$R_{1+}=11+1+9+4+3+2+8=38.$$

由于我们是在 R_{1+}比较小的时候拒绝原假设,所以检验的 p 值是 $R_{1+}\leqslant38$ 的概率.正如前面所说的,这个概率是条件概率,它是在区组 1 里 4 个秩的值分别为 11,1,14 和 5,区组 2 里 4 个秩的值分别为 9,4,7 和 10,以及区组 3 里 6 个秩的值分别为 3,2,8,13,6 和 12 等给定的条件下 $R_{1+}\leqslant38$ 的条件概率.经搜索,例如使用 R 软件进行搜索,$R_{1+}\leqslant38$ 的只有 35 种情况.可见 R_{1+}的观察值为 38 时的 p 值,即 $R_{1+}\leqslant38$ 的概率为

$$P(R_{1+}\leqslant 38)=\frac{35}{720}=0.0486.$$

若取显著性水平 $\alpha=0.05$,则我们认为用电子打字机打字慢,而用计算机打字快.

由于 Hodges-Lehmann 检验的 p 值是条件 p 值,所以很多因素都与 p 值有关. 除了处理和区组的个数,以及每一个处理和区组中观察值的个数都与 p 值有关外,样本观察值的大小也与 p 值有关. 正因为 p 值和样本观察值的大小有关,所以无法构造 Hodges-Lehmann 检验的临界值表,精确地计算 Hodges-Lehmann 检验的 p 值,只能具体问题具体分析. 在处理数 k 与区组数 b 都不大时,可逐一搜索排序计算 p 值. 而在处理数 k 或区组数 b 比较大时,通常使用渐近分布近似地计算 p 值. 有关 Hodges-Lehmann 检验统计量的渐近分布的详细内容请参阅参考书目[8].

Hodges-Lehmann 检验可以视为置换检验,置换检验又称随机化检验. 有关这类检验的详细介绍请参阅参考书目[2]、[3]和[9].

§7.2.2 Hodges-Lehmann 检验统计量

下面考虑没有重复观察值的 k 个处理 b 个区组的区组设计(如表 7.7)的 Hodges-Lehmann 检验方法.

表 7.7 k 个处理 b 个区组的区组设计

		区组			
		1	2	…	b
处理	1	x_{11}	x_{12}	…	x_{1b}
	2	x_{21}	x_{22}	…	x_{2b}
	⋮	⋮	⋮		⋮
	k	x_{k1}	x_{k2}	…	x_{kb}
均值		$\bar{x}_1$	$\bar{x}_2$	…	$\bar{x}_b$

假设第 i 个处理第 j 个区组的观察值 x_{ij} 的分布函数为 $F_j(x-\theta_i)$, $i=1,2,\cdots,k$; $j=1,2,\cdots,b$. 所有这 $N=bk$ 个观察值都是相互独立的. 考虑检验问题,其原假设和备择假设分别为

$$H_0:\theta_1=\theta_2=\cdots=\theta_k;\quad H_1:\theta_1,\theta_2,\cdots,\theta_k \text{ 不全都相等}.$$

显然,在原假设成立,即 $\theta_1=\theta_2=\cdots=\theta_k$ 时,同一个区组内的 k 个观察值独立同分布.

同 Friedman 检验一样，Hodges-Lehmann 检验也可用于这 k 个位置参数 $\theta_1,\theta_2,\cdots,\theta_k$ 是否全都相等的检验问题.

区组设计的 Hodges-Lehmann 检验的求解过程如下：

① 为消除区组效应，首先求出各个区组的观察值的均值（如表 7.7 最后一行）：

$$\bar{x}_j=\frac{\sum_{i=1}^{k}x_{ij}}{k},j=1,2,\cdots,b;$$

② 对观察值进行调整，令

$$x'_{ij}=x_{ij}-\bar{x}_j,i=1,2,\cdots,k;j=1,2,\cdots,b;$$

③ 将所有的调整后的观察值 $x'_{ij}(i=1,2,\cdots,k;j=1,2,\cdots,b)$ 由小到大排列，求出每一个 x'_{ij} 的秩 R_{ij}. 把表 7.7 变换成表 7.8；

表 7.8 调整后的观察值的秩

		区组			
		1	2	…	b
处理	1	R_{11}	R_{12}	…	R_{1b}
	2	R_{21}	R_{22}	…	R_{2b}
	⋮	⋮	⋮		⋮
	k	R_{k1}	R_{k2}	…	R_{kb}

④ 表 7.8 共有 k 组，$N=bk$ 个秩. 第 i 组即第 i 个处理的 b 个观察值的秩：$\{R_{i1},R_{i2},\cdots,R_{ib}\}$，$i=1,2,\cdots,k$. 这$k$ 组之间的组间平方和为

$$\mathrm{SSB}=b\sum_{i=1}^{k}(\bar{R}_i-\bar{R})^2=b\sum_{i=1}^{k}\left(\bar{R}_i-\frac{bk+1}{2}\right)^2,$$

其中

$$\bar{R}_i=\frac{\sum_{j=1}^{b}R_{ij}}{b}\text{是第 } i \text{ 个处理的 } b \text{ 个秩的平均},i=1,2,\cdots,k;$$

$$\bar{R}=\frac{\sum_{i=1}^{k}\sum_{j=1}^{b}R_{ij}}{N}=\frac{1+2+\cdots+N}{N}=\frac{bk+1}{2}\text{ 是总的平均.}$$

这个组间平方和 SSB 可以作为检验统计量. 我们在它的值比较大的时候认为这 k 个位置参数不全都相等.

我们在区组 1 里 k 个秩的值分别为 $R_{11},R_{21},\cdots,R_{k1}$，区组 2 里 k 个秩的值分别

为 $R_{12},R_{22},\cdots,R_{k2},\cdots$,区组 b 里 k 个秩的值分别为 $R_{1b},R_{2b},\cdots,R_{kb}$ 都给定的条件下计算 SSB 的 p 值. 由此可见,表 7.8 中 $N=bk$ 个秩共有 $(k!)^b$ 种不同的置换方法,取每一种置换的概率都等于 $\frac{1}{(k!)^b}$. 所以一般来说,精确地计算 SSB 的 p 值非常困难. 通常使用渐近分布近似地计算 p 值.

§ 7.2.3 Hodges-Lehmann 检验统计量的渐近分布

首先在原假设 H_0 成立,即同一个区组内的 k 个观察值独立同分布时,计算 SSB 在区组 1 里 k 个秩的值分别为 $R_{11},R_{21},\cdots,R_{k1}$,区组 2 里 k 个秩的值分别为 R_{12}, $R_{22},\cdots,R_{k2},\cdots\cdots$ 区组 b 里 k 个秩的值分别为 $R_{1b},R_{2b},\cdots,R_{kb}$ 等都给定的条件下的条件期望. 附录 13 将证明:在这些条件下 SSB 的条件期望为

$$E(\mathrm{SSB})=\frac{\sum_{j=1}^{b}\sum_{i=1}^{k}\left(R_{ij}-\frac{R_{+j}}{k}\right)^2}{b}, \tag{7.8}$$

其中 $R_{+j}=\sum_{i=1}^{k}R_{ij}$ 是第 j 个区组里 k 个秩的和. J. L. Hodges 和 E. L. Lehmann 将 SSB 乘 $\frac{k-1}{E(\mathrm{SSB})}=\frac{(k-1)b}{\sum_{j=1}^{b}\sum_{i=1}^{k}\left(R_{ij}-\frac{R_{+j}}{k}\right)^2}$,从而将 SSB 变换为

$$\begin{aligned} L &= \frac{(k-1)b}{\sum_{j=1}^{b}\sum_{i=1}^{k}\left(R_{ij}-\frac{R_{+j}}{k}\right)^2}\mathrm{SSB} \\ &= \frac{(k-1)b^2}{\sum_{j=1}^{b}\sum_{i=1}^{k}\left(R_{ij}-\frac{R_{+j}}{k}\right)^2}\sum_{i=1}^{k}\left(\overline{R}_i-\frac{bk+1}{2}\right)^2. \end{aligned} \tag{7.9}$$

显然,在区组 1 里 k 个秩的值分别为 $R_{11},R_{21},\cdots,R_{k1}$,区组 2 里 k 个秩的值分别为 $R_{12},R_{22},\cdots,R_{k2},\cdots\cdots$ 区组 b 里 k 个秩的值分别为 $R_{1b},R_{2b},\cdots,R_{kb}$ 都给定的条件下 L 的条件期望等于

$$E(L)=\frac{(k-1)b}{\sum_{j=1}^{b}\sum_{i=1}^{k}\left(R_{ij}-\frac{R_{+j}}{k}\right)^2}E(\mathrm{SSB})=k-1.$$

这个 L 也可以作为检验统计量. 我们在 L 的值比较大的时候认为这 k 个位置参数不全都相等. L 作为检验统计量的检验称为 Hodges-Lehmann 检验. 由于 Hodges-Lehmann 检验的 p 值不仅与处理和区组的个数有关，还与样本观察值的大小有关，所以我们无法构造 Hodges-Lehmann 检验的临界值表. 这时需要使用 Hodges-Lehmann 检验统计量 L 的渐近分布. 可以证明，若 k 固定，则在 $b\to\infty$ 时，L 渐近服从 $\chi^2(k-1)$ 分布，从而算得 Hodges-Lehmann 检验的 p 值为 $P(\chi^2(K-1)\geqslant L)$. 由此我们也可以看到，之所以将 SSB 变换为 L，就是为了使得 L 渐近服从 $\chi^2(k-1)$ 分布. 有关 Hodges-Lehmann 检验统计量的渐近分布的详细内容请参阅参考书目[8].

手工计算时通常利用下面两个等式：

$$\sum_{i=1}^{k}\left(\overline{R}_i-\frac{bk+1}{2}\right)^2=\frac{\sum\limits_{i=1}^{k}R_{i+}^2}{b^2}-\frac{k(bk+1)^2}{4},$$

$$\begin{aligned}\sum_{j=1}^{b}\sum_{i=1}^{k}\left(R_{ij}-\frac{R_{+j}}{k}\right)^2&=\sum_{j=1}^{b}\sum_{i=1}^{k}R_{ij}^2-\frac{\sum\limits_{j=1}^{b}R_{+j}^2}{k}\\&=(1^2+2^2+\cdots+(bk)^2)-\frac{\sum\limits_{j=1}^{b}R_{+j}^2}{k}\\&=\frac{bk(bk+1)(2bk+1)}{6}-\frac{\sum\limits_{j=1}^{b}R_{+j}^2}{k}.\end{aligned}$$

将式(7.9)给出的 L 等价地变换为

$$L=\frac{(k-1)\left(\sum\limits_{i=1}^{k}R_{i+}^2-\frac{kb^2(bk+1)^2}{4}\right)}{\frac{bk(bk+1)(2bk+1)}{6}-\frac{\sum\limits_{j=1}^{b}R_{+j}^2}{k}},\tag{7.10}$$

其中 $R_{i+}=b\overline{R}_i=\sum\limits_{j=1}^{b}R_{ij}$ 是第 i 个处理里 b 个秩的和，$i=1,2,\cdots,k$.

在将观察值 x_{ij} 调整为 $x'_{ij}=x_{ij}-\overline{x}_j$ 后，如果这些 $x'_{ij}(i=1,2,\cdots,k;j=1,2,\cdots,b)$ 有相等的观察值，即有结时，秩取平均. 这时第 i 个处理里 b 个秩的和为 $R_{i+}=\sum\limits_{j=1}^{b}a(R_{ij})$，第 j 个区组里 k 个秩的和为 $R_{+j}=\sum\limits_{i=1}^{k}a(R_{ij})$，其中 $a(r),r=1,2,\cdots,N$ 是计分函数，在结的长度为 1 时 $a(R_{ij})=R_{ij}$，而在结的长度超过 1 时，$a(R_{ij})$ 等于秩的平均. 这时需

要对 Hodges-Lehmann 检验统计量 L 进行修正，使得它的期望仍等于 $k-1$. 附录 13 将说明，L 需要修正为 L_a，

$$L_a=\frac{(k-1)\left(\sum_{i=1}^{k}R_{i+}^2-\frac{kb^2(bk+1)^2}{4}\right)}{\frac{bk(bk+1)(2bk+1)}{6}-\frac{\sum_{t=1}^{g}(\tau_t^3-\tau_t)}{12}-\frac{\sum_{j=1}^{b}R_{+j}^2}{k}}, \tag{7.11}$$

其中 g 为 $x_{ij}'(i=1,2,\cdots,k;j=1,2,\cdots,b)$ 中结的个数，τ_t 是第 t 个结的长度，$t=1,2,\cdots,g$. L_a 仍渐近服从 $\chi^2(k-1)$ 分布.

下面用 Hodges-Lehmann 检验方法解例 7.1. 首先求出各个区组的观察值的均值 $\bar{x}_j$，它们分别为 72.8，71，75.2，70，76.8 和 79.2. 由此可以看到，注射药物后不同的家兔有不一样的反应，产生的皮肤疱疹的大小不一样，这里面有区组效应. 为此将观察值 x_{ij} 调整为 $x_{ij}'=x_{ij}-\bar{x}_j$，$i=1,2,\cdots,5$；$j=1,2,\cdots,6$. 记 x_{ij}' 在所有的 x_{ij}' 中的秩为 R_{ij}（见表 7.9）.

表 7.9 调整后的观察值的秩

处理（药物类别 i）	区组（家兔编号 j）1	2	3	4	5	6	R_{i+}
1	16	20.5	7	5	8	14	70.5
2	28	27	30	29	25.5	24	163.5
3	16	3.5	12.5	23	6	10.5	71.5
4	1	9	2	18	16	10.5	56.5
5	22	20.5	12.5	3.5	25.5	19	103
R_{+j}	83	80.5	64	78.5	81	78	

表的最右边一列是第 i 个处理里 6 个秩的和 R_{i+}，$i=1,2,\cdots,5$；而最下边一行是第 j 个区组里 5 个秩的和 R_{+j}，$j=1,2,\cdots,6$. 这里一共有 $g=6$ 个结，其中长度为 2 的结有 5 个，长度为 3 的结有 1 个. 由式（7.11）算得，Hodges-Lehmann 检验统计量为 $L_a=13.43$，检验的 p 值为 $P(\chi^2(4)\geqslant 13.43)=0.009$，$p$ 值很小，所以根据 Hodges-Lehmann 检验我们认为这 5 种药物注射后产生的皮肤疱疹大小有差异，这个结论与 Friedman 检验的结论相同. 就这个例子来说，Friedman 检验和 Hodges-Lehmann 检验的效果差不多.

本书的附录 14 将说明对 2 个处理的区组设计来说，使用 Hodges-Lehmann 检验等同于使用符号秩和检验. Hodges-Lehmann 检验将比较成对数据的符号秩和检验推

广到多个处理的比较问题.

§7.3 Page 检验

设有一个 k 个处理 b 个区组的区组设计,其第 i 个处理第 j 个区组的观察值 x_{ij} 的分布函数为 $F_j(x-\theta_i)$, $i=1,2,\cdots,k$; $j=1,2,\cdots,b$. Friedman 检验和 Hodges-Lehmann 检验讨论区组设计的无方向检验问题. 本节介绍的 Page 检验可用于区组设计的趋势性检验问题. 单调上升趋势性检验问题的原假设和备择假设分别为

$$H_0:\theta_1=\theta_2=\cdots=\theta_k;H_1:\theta_1\leqslant\theta_2\leqslant\cdots\leqslant\theta_k,\text{且 }\theta_1<\theta_k.$$

而单调下降趋势性检验问题的原假设和备择假设分别为

$$H_0:\theta_1=\theta_2=\cdots=\theta_k;H_1:\theta_1\geqslant\theta_2\geqslant\cdots\geqslant\theta_k,\text{且 }\theta_1>\theta_k.$$

§7.3.1 Page 检验统计量

同 Friedman 检验,计算每一个数据在它所在区组的 k 个观察值中的秩. 记第 i 个处理第 j 个区组的观察值 x_{ij} 在第 j 个区组的 k 个观察值 $x_{1j},x_{2j},\cdots,x_{kj}$ 中的秩为 R_{ij}. 为简化讨论,不妨假设同一个区组内的 k 个观察值互不相等,从而有 $R_{ij}=1,2,\cdots,k$.

显然,有单调上升趋势时的"理想"的情况为

$$x_{11}<x_{21}<\cdots<x_{k1},x_{12}<x_{22}<\cdots<x_{k2},\cdots,x_{1b}<x_{2b}<\cdots<x_{kb},$$

所以有单调上升趋势时的"理想"的情况时,x_{ij} 的秩 $R_{ij}=i$, $i=1,2,\cdots,k$; $j=1,2,\cdots,b$. 接下来分析,观察到的秩和"理想"情况的秩是否相吻合,即是否正相关. 如果正相关,则认为有单调上升的趋势. 类似地,在观察到的秩和"理想"情况的秩负相关时,认为有单调下降的趋势. 为此我们计算下列成对数据的相关系数:

$$\begin{pmatrix}1\\R_{11}\end{pmatrix},\cdots,\begin{pmatrix}1\\R_{1b}\end{pmatrix},\cdots,\begin{pmatrix}k\\R_{k1}\end{pmatrix},\cdots,\begin{pmatrix}k\\R_{kb}\end{pmatrix},\tag{7.12}$$

它们的 Pearson 矩相关系数为

$$r=\frac{\sum_{i=1}^{k}\sum_{j=1}^{b}\left(i-\frac{k+1}{2}\right)\left(R_{ij}-\frac{k+1}{2}\right)}{\sqrt{\sum_{i=1}^{k}\sum_{j=1}^{b}\left(i-\frac{k+1}{2}\right)^2}\sqrt{\sum_{i=1}^{k}\sum_{j=1}^{b}\left(R_{ij}-\frac{k+1}{2}\right)^2}},$$

其中前一个$\frac{k+1}{2}=\frac{\sum_{i=1}^{k}\sum_{j=1}^{b}i}{bk}$,后一个$\frac{k+1}{2}=\frac{\sum_{i=1}^{k}\sum_{j=1}^{b}R_{ij}}{bk}$. 显然,这个 Pearson 矩相关系数 r 可以作为检验统计量. 我们在 r 比较大的时候拒绝原假设,认为从 θ_1 到 θ_2,一直到 θ_k 越来越大,有单调上升的趋势. 由于

$$\sum_{i=1}^{k}\sum_{j=1}^{b}\left(i-\frac{k+1}{2}\right)^2=\frac{bk(k^2-1)}{12},$$

$$\sum_{i=1}^{k}\sum_{j=1}^{b}\left(R_{ij}-\frac{k+1}{2}\right)^2=\frac{bk(k^2-1)}{12},$$

所以

$$r=\frac{\sum_{i=1}^{k}\sum_{j=1}^{b}iR_{ij}-\frac{bk(k+1)^2}{4}}{\frac{bk(k^2-1)}{12}}=\frac{\sum_{i=1}^{k}iR_{i+}-\frac{bk(k+1)^2}{4}}{\frac{bk(k^2-1)}{12}},\tag{7.13}$$

其中 $R_{i+}=\sum_{j=1}^{b}R_{ij}$是第 i 个处理的秩和,$i=1,2,\cdots,k$. 由式(7.13)可以看到,选用 r 作为检验统计量等价于选用 $\sum_{i=1}^{k}iR_{i+}$作为检验统计量. E. B. Page 于 1963 年提出用 $\sum_{i=1}^{k}iR_{i+}$作为检验统计量. 为此人们把这个检验方法称为 Page 检验,并把这个检验统计量记为

$$P=\sum_{i=1}^{k}iR_{i+}.\tag{7.14}$$

显然,Page 检验与 §6.2 的趋势的秩检验方法相类似.

在原假设 H_0 为真,$\theta_1=\theta_2=\cdots=\theta_k$,同一个区组内的 k 个观察值独立同分布时,Page 检验统计量 P 服从对称中心为$\frac{bk(k+1)^2}{4}$的对称分布(它的证明留作本章习题第 11 题).

Page 检验的临界值表见本书附表 8.

§7.3.2 Page 检验统计量的渐近正态性

令

$$V_j=\sum_{i=1}^{k}iR_{ij},\ j=1,2,\cdots,b,$$

则 $V_1,V_2,\cdots,V_b$ 相互独立,且 $P=\sum_{j=1}^{b}V_j$. 在原假设 H_0 为真,$\theta_1=\theta_2=\cdots=\theta_k$ 时,同一个

区组内的 k 个观察值独立同分布,从而 $V_1,V_2,\cdots,V_b$ 不仅相互独立,而且同分布. 所以 Page 检验统计量 P 的期望和方差分别为

$$E(P)=\sum_{j=1}^{b}E(V_j)=bE(V_1),\tag{7.15}$$

$$D(P)=\sum_{j=1}^{b}D(V_j)=bD(V_1).\tag{7.16}$$

由定理 5.1 和定理 5.2 知,对任意的 $i=1,2,\cdots,k$ 和 $1\leqslant i_1<i_2\leqslant k$,都有

$$E(R_{i1})=\frac{k+1}{2},D(R_{i1})=\frac{k^2-1}{12},\mathrm{Cov}(R_{i_11},R_{i_21})=\frac{-(k+1)}{12},$$

所以

$$E(P)=bE(V_1)=b\sum_{i=1}^{k}iE(R_{i1})=b\,\frac{k+1}{2}\sum_{i=1}^{k}i=\frac{bk(k+1)^2}{4},\tag{7.17}$$

$$\begin{aligned}D(P)&=bD(V_1)=b\Big(\sum_{i=1}^{k}i^2D(R_{i1})+2\sum_{1\leqslant i_1<i_2\leqslant k}i_1i_2\mathrm{Cov}(R_{i_11},R_{i_21})\Big)\\&=b\Big(\frac{k^2-1}{12}\sum_{i=1}^{k}i^2+2\,\frac{-(k+1)}{12}\sum_{1\leqslant i_1<i_2\leqslant k}i_1i_2\Big).\end{aligned}$$

由于

$$2\sum_{1\leqslant i_1<i_2\leqslant k}i_1i_2=\Big(\sum_{i=1}^{k}i\Big)^2-\sum_{i=1}^{k}i^2=\frac{k(k^2-1)(3k+2)}{12},$$

所以

$$\begin{aligned}D(P)&=b\Big(\frac{k^2-1}{12}\,\frac{k(k+1)(2k+1)}{6}-\frac{k+1}{12}\,\frac{k(k^2-1)(3k+2)}{12}\Big)\\&=\frac{bk^2(k+1)^2(k-1)}{144}.\end{aligned}\tag{7.18}$$

由独立同分布中心极限定理知,在原假设 H_0 为真,即同一个区组内的 k 个观察值独立同分布时,若 k 固定,$b\to\infty$,则 Page 检验统计量 P 有渐近正态性:

$$\frac{P-E(P)}{\sqrt{D(P)}}=\frac{P-\dfrac{bk(k+1)^2}{4}}{\dfrac{k(k+1)\sqrt{b(k-1)}}{12}}\xrightarrow{L}N(0,1).$$

在同一个区组内有结,即有相等的观察值时,秩取平均,则 $R_{i+}=\sum_{j=1}^{b}a(R_{ij})$,其中 $a(r),r=1,2,\cdots,k$ 是计分函数,在第 j 个区组的 k 个观察值 $x_{1j},x_{2j},\cdots,x_{kj}$ 中结的长度为 1 时,$a(R_{ij})=R_{ij}$;而在结的长度超过 1 时,$a(R_{ij})$ 等于秩的平均. 当有结时,不同区

组内 k 个观察值中结的个数和结的长度可能不全相同，所以我们只能说 $V_1, V_2, \cdots, V_b$ 相互独立，而不能说它们同分布. 代替式(7.15)和式(7.16)，Page 检验统计量 P 的期望和方差分别为

$$E(P)=\sum_{j=1}^{b} E(V_j), D(P)=\sum_{j=1}^{b} D(V_j).$$

由式(5.4)、式(5.5)和式(5.6)知，对任意的 $i=1,2,\cdots,k, 1\leqslant i_1<i_2\leqslant k$ 和 $j=1,2,\cdots,b$，都有

$$E(a(R_{ij}))=\frac{k+1}{2},$$

$$D(a(R_{ij}))=\frac{k^2-1}{12}-\frac{\sum_{t=1}^{g_j}(\tau_{j,t}^3-\tau_{j,t})}{12k},$$

$$\operatorname{Cov}(a(R_{i_1 j}), a(R_{i_2 j}))=\frac{-(k+1)}{12}+\frac{\sum_{t=1}^{g_j}(\tau_{j,t}^3-\tau_{j,t})}{12k(k-1)},$$

其中 g_j 为第 j 个区组的 k 个观察值 $x_{1j}, x_{2j}, \cdots, x_{kj}$ 中结的个数，而 $\tau_{j,t}$ 是第 j 个区组的 k 个观察值中第 t 个结的长度，$t=1,2,\cdots,g_j$，所以

$$E(V_j)=\frac{k+1}{2}\sum_{i=1}^{k} i=\frac{k(k+1)^2}{4},$$

$$\begin{aligned} D(V_j)&=\left(\frac{k^2-1}{12}-\frac{\sum_{t=1}^{g_j}(\tau_{j,t}^3-\tau_{j,t})}{12k}\right)\sum_{i=1}^{k} i^2+2\left(-\frac{k+1}{12}+\frac{\sum_{t=1}^{g_j}(\tau_{j,t}^3-\tau_{j,t})}{12k(k-1)}\right)\sum_{1\leqslant i_1<i_2\leqslant k} i_1 i_2 \\ &=\frac{k^2(k+1)^2(k-1)}{144}-\frac{k(k+1)\sum_{t=1}^{g_j}(\tau_{j,t}^3-\tau_{j,t})}{144}, \end{aligned}$$

从而有

$$E(P)=\sum_{j=1}^{b} E(V_j)=\frac{bk(k+1)^2}{4}, \tag{7.19}$$

$$\begin{aligned} D(P)&=\sum_{j=1}^{b} D(V_j) \\ &=\frac{bk^2(k+1)^2(k-1)}{144}-\frac{k(k+1)\sum_{j=1}^{b}\sum_{t=1}^{g_j}(\tau_{j,t}^3-\tau_{j,t})}{144}. \end{aligned} \tag{7.20}$$

由此知，当区组内有相等的观察值，秩取平均后 P 的期望保持不变，而 P 的方差应按式(7.20)[①]进行修正. 这时 Page 检验统计量 P 仍有渐近正态性.

例 7.3 某药物有镇痛效果. 一般来说，镇痛药物的剂量越大，镇痛时间就越长. 为检验该药物有没有这样的效果，取它的 6 个剂量：1 mg，2 mg，3 mg，4 mg，5 mg 和 6 mg 做试验. 有 9 位患者参加试验. 对每一位患者先后分别按随机排列的次序用该药物的这 6 个剂量镇痛，镇痛时间（单位：min）见表 7.10.

表 7.10 某药物的剂量和镇痛时间

剂量	患者								
	1	2	3	4	5	6	7	8	9
1 mg	36	62	53	105	36	118	42	51	114
2 mg	51	91	81	63	46	65	108	63	51
3 mg	71	40	67	49	62	126	123	55	30
4 mg	63	51	75	65	63	96	32	86	109
5 mg	82	33	116	107	42	122	69	41	97
6 mg	128	81	38	33	104	112	102	121	86

这是一个 $k=6$ 个处理，$b=9$ 个区组的区组设计. 计算每一个数据在其所在区组的 6 个观察值中的秩，所得到的秩见表 7.11.

表 7.11 某药物镇痛时间的秩

剂量	患者									R_{i+}
	1	2	3	4	5	6	7	8	9	
1 mg	1	4	2	5	1	4	2	2	6	27
2 mg	2	6	5	3	2	1	5	4	2	30
3 mg	4	2	3	2	4	6	6	3	1	31
4 mg	3	3	4	4	5	2	1	5	5	32
5 mg	5	1	6	6	3	5	3	1	4	34
6 mg	6	5	1	1	6	3	4	6	3	35

① 严格地说，式(7.19)和式(7.20)分别是 P 的条件期望和条件方差. 它们是在每一个区组的 k 个观察值中结的个数和结的长度都已知的条件下，P 的条件期望和条件方差.

每一个区组内都没有相等的观察值. 经计算,Page 检验统计量 $P=688$. 查 Page 检验临界值表(见本书附表8),得到 $k=6,b=9$ 时显著性水平 $\alpha=0.05$ 的临界值为 701. 这说明,若取显著性水平 $\alpha=0.05$,则根据已有数据我们不能认为该镇痛药物的剂量越大,镇痛时间就越长. 我们也可以使用 Page 检验统计量 P 的渐近正态性计算 p 值. 经计算,P 的期望和方差分别为 $E(P)=661.5$ 和 $D(P)=551.25$. 由此算得检验的 p 值为 $P(N(661.5,551.25)\geqslant 688)=0.13$.

看表 7.11 的最后一列,我们发现 $R_{1+}<R_{2+}<\cdots<R_{6+}$. 这说明随着剂量的增加,患者的镇痛时间的秩和在增加. 这又似乎告诉我们该镇痛药物的剂量越大,镇痛时间就越长. 这和 Page 检验的结论相矛盾. 这个矛盾实际上说明了基于平均数的相关系数有缺陷,它往往夸大了相关程度. 有关这个问题的详细说明见附录 15.

*§7.4 C检验

Friedman 检验与 Hodges-Lehmann 检验分别把符号检验与符号秩和检验推广到区组设计多个处理的比较问题. 如同 Friedman 检验,可以证明 Page 也是把符号检验加以推广,推广到多个处理的趋势性检验问题. 所以很自然地提出了一个问题,能不能把符号秩和检验推广到趋势性检验问题? 本节给出的 C 检验方法解决了这个问题. 有关 C 检验的详细介绍可参阅王静龙和李贵军于 2008 年发表在《应用概率统计》(第 24 卷,第 4 期,421 至 431 页)上的文章:《完全区组设计下基于 Aligned 秩的有方向检验问题》. C 检验的名称取自于中科院院士陈希孺教授的姓的首字母.

设有一个 k 个处理 b 个区组的区组设计. 为简化讨论,假设每个试验单元都只有一个观察值. 记第 i 个处理第 j 个区组的观察值为 $x_{ij}(i=1,2,\cdots,k;j=1,2,\cdots,b)$. 其第 i 个处理第 j 个区组的观察值 x_{ij} 的分布函数为 $F_j(x-\theta_i),i=1,2,\cdots,k;\ j=1,2\cdots,b$. 同 Pagc 检验,$C$ 检验也用于区组设计的单调上升与单调下降的趋势性检验问题.

同 Hodges-Lehmann 检验,为消除区组效应,首先求出各个区组的观察值的均值

$$\bar{x}_j=\frac{\sum_{i=1}^{k}x_{ij}}{k},\ j=1,2,\cdots,b,$$

然后对观察值进行调整,令

$$x'_{ij}=x_{ij}-\bar{x}_j,\ i=1,2,\cdots,k;\ j=1,2,\cdots,b.$$

假设所有调整后的观察值 $x'_{ij}(i=1,2,\cdots,k;j=1,2,\cdots,b)$都互不相等. 将它们由小到大地排列,求出每一个 x'_{ij}的秩 R_{ij},$R_{ij}=1,2,\cdots,bk$.

与§6.2的趋势的秩检验方式相类似,在有单调上升趋势的"理想"情况下,令 $r_i=(i-1)b+\frac{b+1}{2}$,$i=1,2,\cdots,k$. 与式(7.12)相似地,计算下列成对数据的相关系数

$$\begin{pmatrix} r_1 \\ R_{11} \end{pmatrix},\cdots,\begin{pmatrix} r_1 \\ R_{1b} \end{pmatrix},\cdots,\begin{pmatrix} r_k \\ R_{k1} \end{pmatrix},\cdots,\begin{pmatrix} r_k \\ R_{kb} \end{pmatrix}, \tag{7.21}$$

不难算得其 Pearson 矩相关系数为

$$r=\frac{\sum_{i=1}^{k} iR_{i+}-\frac{k(k+1)(kb+1)b}{4}}{\frac{kb\sqrt{(kb+1)(kb-1)(k+1)(k-1)}}{12}}, \tag{7.22}$$

其中 $R_{i+}=\sum_{j=1}^{b}R_{ij}$是第 i 个处理的秩和,$i=1,2,\cdots,k$. 显然,这个 Pearson 矩相关系数 r 可以作为检验统计量.

- r 越接近 1,成对数据(7.21)就越正相关. 所以在 r 比较大的时候认为从 θ_1 到 θ_2,一直到 θ_k 越来越大,有单调上升的趋势.
- r 越接近-1,成对数据(7.21)就越负相关. 所以在 r 比较小的时候认为从 θ_1 到 θ_2,一直到 θ_k 越来越小,有单调下降的趋势.

由式(7.22)可以看到,选用 r 作为检验统计量等价于选用 $\sum_{i=1}^{k} iR_{i+}$作为检验统计量. 这个检验方法称为 C 检验,它的检验统计量记为

$$C=\sum_{i=1}^{k} iR_{i+}.$$

同 Hodges-Lehmann 检验,C 检验也可视为置换检验. 我们是在区组 1 里 k 个秩的值分别为 $R_{11},R_{21},\cdots,R_{k1}$,区组 2 里 k 个秩的值分别为 $R_{12},R_{22},\cdots,R_{k2}$,……区组 b 里 k 个秩的值分别为 $R_{1b},R_{2b},\cdots,R_{kb}$都给定的条件下计算检验的 p 值. 由此看来,精确地计算 C 检验的 p 值非常困难. 这时需要使用检验统计量 C 的渐近正态性.

在原假设成立,即各个处理相互之间无差异时,每一个区组的 k 个秩可相互交换,它们服从均匀分布. 根据这个均匀分布,并考虑到区组之间的相互独立性,不难算得原假设成立,各个处理无差异时,检验统计量 C 的期望与方差:

$$E(C)=\frac{kb(k+1)(kb+1)}{4}, \tag{7.23}$$

$$D(C)=\frac{k^2b(k+1)(kb+1)(2kb+1)}{72}-\frac{k+1}{12}\sum_{j=1}^{b}R_{+j}^2, \tag{7.24}$$

其中 $R_{+j}=\sum_{i=1}^{k}R_{ij}$ 是第 j 个区组的秩和，$j=1,2,\cdots,b$.

上述式(7.23)与式(7.24)是在所有调整后的观察值 $x'_{ij}(i=1,2,\cdots,k;\ j=1,2,\cdots,b)$ 都互不相等，也就是无结的情况下计算的. 倘若有结，按平均秩法给出 x'_{ij} 的秩 R_{ij}. 有结时检验统计量 C 的期望无需修正，仍如式(7.23)所示，但其方差需修正为

$$D(C)=\frac{k^2b(k+1)(kb+1)(2kb+1)}{72}-\frac{k+1}{12}\sum_{j=1}^{b}R_{+j}^2-\frac{k(k+1)}{144}\sum_{t=1}^{g}(\tau_t^3-\tau_t), \tag{7.25}$$

其中 g 为 $x'_{ij}(i=1,2,\cdots,k;\ j=1,2,\cdots,b)$ 中结的个数，τ_t 是第 t 个结的长度，$t=1,2,\cdots,g$. 上述式(7.23)、式(7.24)与式(7.25)是在每个试验单元都只有一个观察值的情况下计算的. 有重复观察值时检验统计量 C 的期望与方差的计算，本书从略.

可以证明，在原假设成立且各个处理相互之间无差异时，若 k 固定，$b\to\infty$，则检验统计量 C 有渐近正态性

$$\frac{C-E(C)}{\sqrt{D(C)}}\xrightarrow{L}N(0,1).$$

下面用 C 检验方法解例 7.3. 首先求出各个区组的观察值的均值 $\bar{x}_j$，它们分别为 71.8,59.7,71.7,70.3,58.8,106.5,79.3,69.5 和 81.2. 由此可以看到，不同患者的镇痛时间有长有短，这里面有区组效应. 为此将观察值 x_{ij} 调整为 $x'_{ij}=x_{ij}-\bar{x}_j$，$i=1,2,\cdots,6;\ j=1,2,\cdots,9$. 所有调整后的观察值 x'_{ij} 都互不相等. 计算 x'_{ij} 在所有的 x'_{ij} 中的秩 R_{ij}（见表 7.12）. 表的最右边一列是第 i 个处理里 9 个秩的和 R_{i+}，$i=1,2,\cdots,6$；而最下边一行是第 j 个区组里 6 个秩的和 R_{+j}，$j=1,2,\cdots,9$.

表 7.12 观察值经过调整后的秩

		患者									R_{i+}
		1	2	3	4	5	6	7	8	9	
剂量	1mg	6	29	15	48	11	37	4	16	47	213
	2mg	13	46	35	24	19	3	45	25	8	218
	3mg	28	14	27	12	30	41	50	18	1	221
	4mg	22	23	31	26	32	20	2	40	44	240
	5mg	36	10	51	49	17	38	21	9	39	270
	6mg	54	42	7	5	52	34	43	53	33	323
R_{+j}		159	164	166	164	161	173	165	161	172	

经计算：

C 检验的检验统计量 $C=\sum_{i=1}^{6} iR_{i+}=5\ 560$,

据式(7.23),算得 C 的期望 $E(C)=5\ 197.5$,

据式(7.24),算得 C 的方差 $D(C)=45\ 803.92$.

从而算得

$$\frac{C-E(C)}{\sqrt{D(C)}}=1.694,$$

C 检验的 p 值为 $P(N(0,1)\geq 1.694)=0.045$. 若取显著性水平 $\alpha=0.05$,则拒绝原假设,认为镇痛药物的剂量越大,镇痛时间就越长. 看来 C 检验结果与上一节的 Page 检验结果有所不同.

Page 检验与 C 检验都考虑消除区组效应,但它们使用的方法有所不同. Page 检验将同一个区组的 k 个观察值由小到大排列,然后计算每一个数据在它所在区组中的秩,从而消除区组效应,得表 7.11. 而 C 检验是将每一个观察值减去它所在区组的观察值的均值,从而消除区组效应. 然后将所有调整后的观察值由小到大排列计算秩,得表 7.12. 不同的消除区组效应的方法,有可能得到不同的结论. 可能有人会这样说,既然 Page 检验与 C 检验分别是符号检验与符号秩和检验的推广,由于符号秩和检验是符号检验的改进,故而以 C 检验的结论为准. 如这样认为,那是有风险的. 对同一个问题使用不同的方法,有着不一样的结论的时候,必须具体问题具体分析. 事实上,C 检验的 p 值 0.045,仅比显著性水平 0.05 小了 0.005. 看来,更好地安排试验,收集更多的数据,分别用 Page 检验与 C 检验作进一步分析,才是较为妥当的办法.

习 题 七

1. 为缓解空中交通管制员的工作压力,减轻他们的疲劳程度,考虑了工作站的三种操作系统 A、B 和 C,挑选若干名管制员作试验. 对待有压力的局面,不同的管制员有不同的反应,所以作区组设计试验. 共有六位管制员参加试验,要求每一位管制员操作每一个系统. 下面的数据提供了每位管制员在每个系统上的工作压力的度量值. 试问:这三种操作系统在缓解管制员的工作压力方面有没有差异?

		管制员					
		1	2	3	4	5	6
操作系统	A	15	14	10	13	16	13
	B	15	14	11	12	13	13
	C	18	14	15	17	16	13

2. 有四架测量纺织纤维弹性的测量仪器.为检验这些测量仪器之间有没有差异,找了八位质量检验员.要求每一位检验员使用每一架测量仪器对同一批原料进行测量,试验数据如下.试问:这四架测量仪器有没有差异?

		检验员							
		1	2	3	4	5	6	7	8
测量仪器	1	71	73	72	73	75	73	77	75
	2	73	75	76	74	78	77	74	74
	3	76	73	79	77	74	75	74	73
	4	75	73	73	72	70	71	69	69

3. 研究某项催眠技术与患者所处的环境有没有关系,挑选 8 位患者作试验.共有四种环境:害怕、愉快、抑郁和平静.让每一位患者在这四种环境下都用这项催眠技术催眠.催眠一段时间后,测量试验者的皮肤电压值(单位:V).测量数据见下表:

		患者							
		1	2	3	4	5	6	7	8
环境	害怕	23.1	57.6	10.5	23.6	11.9	54.6	21.0	20.3
	愉快	22.7	53.2	9.7	19.6	13.8	47.1	13.6	23.6
	抑郁	22.5	53.7	10.8	21.1	13.7	39.2	13.7	16.3
	平静	22.6	53.1	8.3	21.6	13.3	37.0	14.8	14.8

① 试用 Friedman 检验方法检验这项催眠技术与患者所处的环境有没有关系.

② 试用 Hodges-Lehmann 检验方法检验这项催眠技术与患者所处的环境有没有关系.

4. 有两种不同的冷冻方法储存蔬菜,但冷冻有可能损坏蔬菜中的维生素 C.挑选三种不同种类的蔬菜,每一个种类的蔬菜中有的用第 1 种冷冻方法储存,有的用第 2 种冷冻方法储存.所得到的数据是一个有重复观察值的 2 个处理 3 个区组的区组设计,见下表:

单位:mg/100 g

		蔬菜		
		1	2	3
冷冻方法	1	15.54,20.50	21.31,21.89	21.29,27.28
	2	21.34,17.52	19.25,20.56	23.00,24.04

试用 Hodges-Lehmann 检验方法检验这两种不同的冷冻方法有没有差异.

*5. 设有 2 个处理 b 个区组的区组设计. 第 i 个处理在第 j 个区组内有 n_{ij} 个观察值,其第 k 个观察值记为 x_{ijk}, $i=1,2$; $j=1,2,\cdots,b$; $k=1,2,\cdots,n_{ij}$. 设所有的观察值相互独立,并设第 i 个处理第 j 个区组内的 n_{ij} 个观察值的分布函数都是 $F_j(x-\theta_i)$, $i=1,2$; $j=1,2,\cdots,b$. 欲检验的原假设和备择假设分别为

$$H_0:\theta_1=\theta_2;H_1:\theta_1\neq\theta_2(\text{或 }\theta_1<\theta_2,\text{或 }\theta_1>\theta_2).$$

将第 j 个区组的 $n_{+j}=n_{1j}+n_{2j}$ 个观察值由小到大排列,记其第 1 个处理的 n_{1j} 个观察值的 Wilcoxon 秩和为 W_j, $j=1,2,\cdots,b$. 然后取检验统计量为

$$W=\sum_{j=1}^{b}W_j.$$

① 在原假设成立,即 $\theta_1=\theta_2$ 时,求检验统计量 W 的期望和方差;

② 利用本题的方法解第 4 题.

*6. 假设同第 5 题,但将“有 2 个处理”改为“有 k 个处理”,并将原假设和备择假设改为

$$H_0:\theta_1=\theta_2=\cdots=\theta_k;H_1:\theta_1,\theta_2,\cdots,\theta_k\text{ 不全相等}.$$

取检验统计量为

$$H=\sum_{j=1}^{b}H_j,$$

其中 H_j 是第 j 个区组内 k 个处理之间的 Kruskal-Wallis 检验统计量. 在原假设成立,即 $\theta_1=\theta_2=\cdots=\theta_k$ 时,求检验统计量 H 的期望.

7. 有人认为,随着初生婴儿出生天数的增加,他血浆中的胆红素含量反而减少了. 现对 10 名婴儿中的每一名婴儿,在他出生 4,5,…,10 天时测量他血浆中的胆红素含量(单位:mmol/L),测量值如下表所示. 问:下表是否与人们的看法相符?试分别用 Page 检验与 C 检验方法解此题.

		出生天数						
		4	5	6	7	8	9	10
婴儿	1	10.8	6.2	4.1	5.0	5.0	3.4	2.6
	2	13.7	16.8	16.8	15.6	11.7	12.5	10.6
	3	11.5	6.8	4.0	3.5	1.7	1.6	1.6
	4	10.2	6.4	3.1	3.0	2.6	2.2	2.0
	5	8.0	7.9	7.5	7.0	3.6	4.0	3.0
	6	10.8	11.1	6.2	7.0	3.8	4.3	5.6
	7	14.9	10.8	9.9	9.4	10.5	7.7	7.6
	8	10.8	10.0	6.8	4.6	4.2	3.8	3.5
	9	12.5	11.8	13.2	11.0	8.2	6.8	6.0
	10	16.2	16.4	15.4	10.2	8.3	10.7	7.4

*8. 假设同第 6 题，但将备择假设改为

$$H_1:\theta_1 \leqslant \theta_2 \leqslant \cdots \leqslant \theta_k, \theta_1 < \theta_k.$$

取检验统计量为

$$J=\sum_{j=1}^{b} J_j,$$

其中 J_j 是第 j 个区组内 k 个处理之间的 Jonkheere-Terpstra 检验统计量. 在原假设成立，即 $\theta_1=\theta_2=\cdots=\theta_k$ 时，求检验统计量 J 的期望和方差.

9. 据说，某项智力游戏与是不是盲人以及正常的眼睛是否被蒙上有关. 当然，它也与儿童的年龄有关. 挑选若干名托儿所、幼儿园、小学低年级和小学高年级的儿童，其中有的儿童是盲人，有的儿童眼睛正常. 让他们都做游戏，眼睛正常的儿童中有的蒙上眼睛做游戏，有的没有蒙上眼睛做游戏. 观察他们在做游戏时的得分. 他们的得分如下表所示：

	儿童			
	托儿所	幼儿园	小学低年级	小学高年级
盲人	0,0,0	0,1,8	8,8,0	8,8,8
蒙上眼睛	0,8,0	0,2,8	5,6,8	8,3,8
没有蒙上眼睛	0,1,8	8,8,0	8,8,8	8,8,8

试用第 8 题的方法回答问题：该项智力游戏的得分是不是没有蒙上眼睛的正常儿童最高，而蒙上眼睛的正常儿童其次？

10. 假设每一个区组内都没有相等的观察值，试求 k 个处理 b 个区组的区组设计的 Friedman 检验统计量 Q 的最大值.

*11. 在原假设 H_0 为真，即 $\theta_1=\theta_2=\cdots=\theta_k$，同一个区组内的 k 个观察值独立同分布时，试证明 Page 检验统计量 P 服从对称中心为 $\dfrac{bk(k+1)^2}{4}$ 的对称分布.

第八章 相关分析

变量之间的相关程度用相关系数度量，最常用的相关系数是 Pearson 矩相关系数. 矩相关系数可用来检验变量之间是否线性相关. 它的临界值表是在变量服从正态分布的假设下制作的. 所以这个检验方法属于参数型数据分析方法. 本章将引入非参数型的统计量度量变量之间的相关程度. §8.1 介绍 Spearman 秩相关系数，§8.2 介绍 Kendall-τ 相关系数，它们都是非参数型的. §8.3 介绍 Kendall 协和系数，它是 Spearman 秩相关系数的推广.

§8.1 Spearman 秩相关系数

关于相关性一般来说有下面两个定义.

第一个定义给出的是线性相关性. 若存在常数 α 和正常数 β,使得 $Y=\alpha+\beta X+\varepsilon$,其中 ε 是随机误差(通常假设 $\varepsilon\sim N(0,\sigma^2)$,或 $E(\varepsilon)=0,D(\varepsilon)=\sigma^2$),则称变量 X 与 Y 线性正相关. 若 β 是负常数,则称变量 X 与 Y 线性负相关.

第二个定义给出的是通常意义下的相关性. 当 X 增大时 Y 有增大的趋势,则称变量 X 与 Y 正相关. 当 X 增大时 Y 有减小的趋势,则称变量 X 与 Y 负相关. 显然,若变量 X 与 Y 线性正相关,则当 X 增大时 Y 有增大的趋势. 而若 X 与 Y 线性负相关,则当 X 增大时 Y 有减小的趋势. 所以线性相关性是相关性的特殊情况.

矩相关系数用来度量变量之间的线性相关性. 当变量 X 与 Y 的矩相关系数的绝对值比较小的时候,只是说 X 与 Y 之间没有线性相关关系,并不能说当 X 增加时 Y 没有增大或减小的趋势.

例 8.1 设有成对数据

$$\begin{pmatrix}7\\19\end{pmatrix},\begin{pmatrix}1\\1\end{pmatrix},\begin{pmatrix}3\\17\end{pmatrix},\begin{pmatrix}8\\6\end{pmatrix},\begin{pmatrix}2\\2\end{pmatrix},\begin{pmatrix}6\\5\end{pmatrix},\begin{pmatrix}9\\21\end{pmatrix},\begin{pmatrix}5\\4\end{pmatrix},\begin{pmatrix}4\\3\end{pmatrix}.$$

它的矩相关系数 $r_m = 0.562$. 由矩相关系数检验临界值表知,在 $n=9$ 时,5% 和 1% 的临界值分别为 0.666 和 0.798,所以我们认为 X 与 Y 没有线性相关性,但不能说它们不相关. 事实上,从这批数据的散点图(见图 8.1)看,它们似乎正相关,当 X 增大时 Y 有增大的趋势. 正如我们前面所说的,矩相关系数检验是基于总体服从正态分布的假设,在不能确定总体是否服从正态分布时,采用矩相关系数作相关性检验是不妥的. 我们应考虑使用非参数方法.

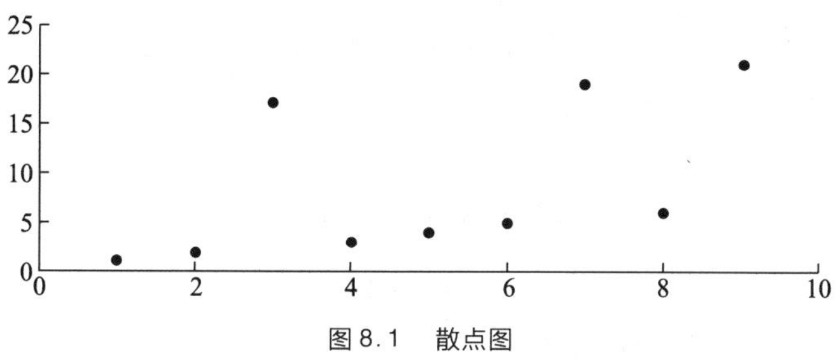

图 8.1　散点图

最为著名的秩方法是本书第五章介绍的,1945 年 Wilcoxon 提出的秩和检验,而 1904 年 Spearman 提出的秩相关系数被认为是秩方法的开始.

§ 8.1.1　秩相关系数的计算

设有成对数据

$$\begin{pmatrix} x_1 \\ y_1 \end{pmatrix}, \begin{pmatrix} x_2 \\ y_2 \end{pmatrix}, \cdots, \begin{pmatrix} x_n \\ y_n \end{pmatrix}, \tag{8.1}$$

它的秩相关系数的计算过程如下:

① 记 x_i 在 $\{x_1, x_2, \cdots, x_n\}$ 中的秩为 R_i, y_i 在 $\{y_1, y_2, \cdots, y_n\}$ 中的秩为 Q_i, $i=1, 2, \cdots, n$. 为简化讨论,不妨假设在 $x_1, x_2, \cdots, x_n$, 以及在 $y_1, y_2, \cdots, y_n$ 中都没有重复的观察值,则 $\{R_1, R_2, \cdots, R_n\} = \{Q_1, Q_2, \cdots, Q_n\} = \{1, 2, \cdots, n\}$. Spearman 秩相关系数的基本思想就是用 R_i 和 Q_i 分别代替 x_i 和 y_i,构造一个新的成对数据

$$\begin{pmatrix} R_1 \\ Q_1 \end{pmatrix}, \begin{pmatrix} R_2 \\ Q_2 \end{pmatrix}, \cdots, \begin{pmatrix} R_n \\ Q_n \end{pmatrix}; \tag{8.2}$$

② 计算成对数据(8.2)的矩相关系数

$$r_s=\frac{\sum_{i=1}^{n}(R_i-\overline{R})(Q_i-\overline{Q})}{\sqrt{\sum_{i=1}^{n}(R_i-\overline{R})^2}\sqrt{\sum_{i=1}^{n}(Q_i-\overline{Q})^2}},$$

其中 $\overline{R}=\frac{\sum_{i=1}^{n}R_i}{n}=\frac{n+1}{2},\overline{Q}=\frac{\sum_{i=1}^{n}Q_i}{n}=\frac{n+1}{2}$. 由于

$$\sum_{i=1}^{n}(R_i-\overline{R})^2=\sum_{i=1}^{n}(Q_i-\overline{Q})^2=\frac{n(n^2-1)}{12},$$

所以

$$r_s=\frac{12\sum_{i=1}^{n}R_iQ_i-3n(n+1)^2}{n(n^2-1)},\tag{8.3}$$

称 r_s 为成对数据(8.1)的秩相关系数.

显然,在 $g(\cdot)$ 为严格单调上升函数时,

$$\begin{pmatrix}x_1\\y_1\end{pmatrix},\begin{pmatrix}x_2\\y_2\end{pmatrix},\cdots,\begin{pmatrix}x_n\\y_n\end{pmatrix} 与 \begin{pmatrix}g(x_1)\\y_1\end{pmatrix},\begin{pmatrix}g(x_2)\\y_2\end{pmatrix},\cdots,\begin{pmatrix}g(x_n)\\y_n\end{pmatrix}$$

的 Spearman 秩相关系数相等. 但它们的 Pearson 矩相关系数就不大可能相等. 所以有可能存在这样一种情况,X 与 Y 的矩相关系数比较小,它们之间没有线性相关关系,但 $g(X)$ 与 Y 之间有线性相关关系,其矩相关系数比较大. 而这正如例 8.1 所说的,在 X 与 Y 的矩相关系数比较小的时候,当 X 增大时 Y 仍可能有增大或减小的趋势. 由此可见,描述两个变量有没有同时增大(减小),或一个增大、一个减小的趋势,秩相关系数是一个很重要的方法.

经计算,例 8.1 的这个成对数据的秩相关系数 $r_s=0.8$. 秩相关系数比较大,但它有没有大到我们可以认为 X 与 Y 正相关? 这就是下面将要讨论的秩相关系数的检验问题.

§8.1.2 秩相关系数检验

设成对数据(8.1)为独立同分布的样本. 不妨假设它们的总体 (X,Y) 是连续型随机变量,在 $x_1,x_2,\cdots,x_n$,以及在 $y_1,y_2,\cdots,y_n$ 中都没有重复的观察数据. 记 x_i 在 $\{x_1,x_2,\cdots,x_n\}$ 中的秩为 $R_i,i=1,2,\cdots,n$;记 y_i 在 $\{y_1,y_2,\cdots,y_n\}$ 中的秩

为 $Q_i, i=1,2,\cdots,n$. X 与 Y 之间独立还是相关的检验问题的原假设和备择假设分别为

$$H_0: X \text{ 和 } Y \text{ 相互独立}; H_1: X \text{ 和 } Y \text{ 正相关, 或 } H_1: X \text{ 和 } Y \text{ 负相关}$$

取成对数据(8.1)的秩相关系数 r_s 为检验统计量. 由式(8.3)知,秩相关系数 r_s 的性质与 $\sum_{i=1}^{n} R_iQ_i$ 有关. 下面首先讨论 $\sum_{i=1}^{n} R_iQ_i$ 的性质,然后导出秩相关系数 r_s 的性质.

在我们所讨论的众多性质中,最为关键的是下面这一个性质.

性质 8.1　在原假设为真,即 X 与 Y 相互独立时, $\sum_{i=1}^{n} R_iQ_i$ 与 $\sum_{i=1}^{n} iQ_i$ 同分布:

$$\sum_{i=1}^{n} R_iQ_i \xlongequal{\text{d}} \sum_{i=1}^{n} iQ_i, \tag{8.4}$$

从而由式(8.3)知,秩相关系数 r_s 与 $\tilde{r}_s$ 同分布,其中

$$\tilde{r}_s = \frac{12\sum_{i=1}^{n} iQ_i - 3n(n+1)^2}{n(n^2-1)}.$$

显然, $\sum_{i=1}^{n} iQ_i$ 是 $\sum_{i=1}^{n} R_iQ_i$ 在 $R_i = i\ (i=1,2,\cdots,n)$ 时的特殊情况. $R_i = i\ (i=1,2,\cdots,n)$ 意味着 $x_1<x_2<\cdots<x_n$,所以性质 8.1 我们可以用下面这样的方式去理解. 首先把原本的成对数据 $(x_1,y_1),(x_2,y_2),\cdots,(x_n,y_n)$ 一对一对地相互交换重新排列,使得 $x_1<x_2<\cdots<x_n$. 这相当于将 $(R_1,Q_1),(R_2,Q_2),\cdots,(R_n,Q_n)$ 一对一对地相互交换重新排列,使得 $R_i = i\ (i=1,2,\cdots,n)$. 相互交换重新排列后的成对数据 $\sum_{i=1}^{n} R_iQ_i = \sum_{i=1}^{n} iQ_i$.

对例 8.1 的成对数据来说,一对一对地相互交换重新排列后的情况为

$$\begin{pmatrix}1\\1.5\end{pmatrix},\begin{pmatrix}2\\2\end{pmatrix},\begin{pmatrix}3\\17\end{pmatrix},\begin{pmatrix}4\\3\end{pmatrix},\begin{pmatrix}5\\4\end{pmatrix},\begin{pmatrix}6\\5\end{pmatrix},\begin{pmatrix}7\\17.5\end{pmatrix},\begin{pmatrix}8\\6\end{pmatrix},\begin{pmatrix}9\\18\end{pmatrix}.$$

由例 8.1 的成对数据算得的 $\sum_{i=1}^{n} R_iQ_i = 273$,而由重新排列后的成对数据算得的 $\sum_{i=1}^{n} R_iQ_i = \sum_{i=1}^{n} iQ_i$ 仍等于 273.

既然原本的成对数据的 $\sum_{i=1}^{n} R_iQ_i$ 与相互交换重新排列后的成对数据的 $\sum_{i=1}^{n} R_iQ_i =$

$\sum_{i=1}^{n} iQ_i$ 是相等的，因此性质 8.1 得到证明. 事实上，这个证明方法是有问题的. 细心的读者会发现，这样的证明方法并没有用到性质 8.1 所说的，$\sum_{i=1}^{n} R_iQ_i$ 与 $\sum_{i=1}^{n} iQ_i$ 同分布成立的前提条件：原假设为真，即 X 与 Y 相互独立. 性质 8.1 并没有就此得到证明. 性质 8.1 的证明见附录 16.

由性质 8.1 知，$\sum_{i=1}^{n} R_iQ_i$ 的分布的性质与 $\sum_{i=1}^{n} iQ_i$ 的分布的性质相同. 由于 $\sum_{i=1}^{n} R_iQ_i$ 与 $R_1,R_2,\cdots,R_n$ 和 $Q_1,Q_2,\cdots,Q_n$ 都有关系，而 $\sum_{i=1}^{n} iQ_i$ 仅与 $Q_1,Q_2,\cdots,Q_n$ 有关系，所以研究 $\sum_{i=1}^{n} iQ_i$ 的分布的性质比研究 $\sum_{i=1}^{n} R_iQ_i$ 的分布的性质容易得多. 下面我们就首先研究 $\sum_{i=1}^{n} iQ_i$ 的分布的性质，然后导出 $\tilde{r}_s$ 的分布的性质，进而得到秩相关系数 r_s 的分布的性质. 在前面几章秩是用字母"R"来表示的. 为了相互衔接并考虑到 $\sum_{i=1}^{n} iQ_i$ 与 $\sum_{i=1}^{n} iR_i$ 同分布，我们转而研究 $\sum_{i=1}^{n} iR_i$ 的分布的性质.

① 概率分布

由于$(R_1,R_2,\cdots,R_n)$服从均匀分布：

$$P(R_1=r_1,R_2=r_2,\cdots,R_n=r_n)=\frac{1}{n!},$$

其中$(r_1,r_2,\cdots,r_n)$是$(1,2,\cdots,n)$的任意一个排列，所以有

$$P\Big(\sum_{i=1}^{n} iR_i=d\Big)=\frac{S_n(d)}{n!}, \tag{8.5}$$

其中

$$S_n(d)={}^{\#}\Big\{(r_1,r_2,\cdots,r_n):\sum_{i=1}^{n} ir_i=d,(r_1,r_2,\cdots,r_n)\text{是}(1,2,\cdots,n)\text{的一个排列}\Big\}.$$

然后由式(8.4)知，在原假设为真，即 X 与 Y 相互独立时，$P\Big(\sum_{i=1}^{n} R_iQ_i=d\Big)=\dfrac{S_n(d)}{n!}$. 从而由式(8.3)我们得到了秩相关系数 r_s 的下一个性质.

性质 8.2 在原假设为真，即 X 与 Y 相互独立时，秩相关系数 r_s 的概率分布律为

$$P\left(r_s=\frac{12d-3n(n+1)^2}{n(n^2-1)}\right)=P\left(\tilde{r}_s=\frac{12d-3n(n+1)^2}{n(n^2-1)}\right)$$
$$=P\left(\sum_{i=1}^{n}R_iQ_i=d\right)$$
$$=\frac{S_n(d)}{n!},d=\frac{n(n+1)(n+2)}{6},\cdots,\frac{n(n+1)(2n+1)}{6}.$$

显然，在$(R_1,R_2,\cdots,R_n)=(1,2,\cdots,n)$时，$\sum\limits_{i=1}^{n}iR_i$ 达到最大值，其最大值为

$$1^2+2^2+\cdots+n^2=\frac{n(n+1)(2n+1)}{6}.$$

这时$\tilde{r}_s$ 达到最大值，最大值为 1；在$(R_1,R_2,\cdots,R_n)=(n,n-1,\cdots,1)$时，$\sum\limits_{i=1}^{n}iR_i$ 达到最小值，其最小值为

$$1\cdot n+2\cdot(n-1)+\cdots+n\cdot 1=\frac{n(n+1)(n+2)}{6}.$$

这时$\tilde{r}_s$ 达到最小值，最小值为-1. 由于 r_s 与 $\tilde{r}_s$ 同分布，所以 r_s 的取值范围也是从-1到 1，并且在 $R_i=Q_i(i=1,2,\cdots,n)$，即在 $x_1,x_2,\cdots,x_n$ 与 $y_1,y_2,\cdots,y_n$ 同步上升或下降时，r_s 达到最大值 1；在 $R_i=n+1-Q_i(i=1,2,\cdots,n)$，即在 $x_1,x_2,\cdots,x_n$ 与 $y_1,y_2,\cdots,y_n$ 一个上升而另一个下降时，r_s 达到最小值-1.

② 对称性

若$(r_1,r_2,\cdots,r_n)$是$(1,2,\cdots,n)$的一个排列，则$(n+1-r_1,n+1-r_2,\cdots,n+1-r_n)$也是$(1,2,\cdots,n)$的一个排列，且若 $\sum\limits_{i=1}^{n}ir_i=d$，则 $\sum\limits_{i=1}^{n}i(n+1-r_i)=\frac{n(n+1)^2}{2}-d$，所以有

$$P\left(\sum_{i=1}^{n}iR_i=d\right)=P\left(\sum_{i=1}^{n}iR_i=\frac{n(n+1)^2}{2}-d\right).$$

这说明 $\sum\limits_{i=1}^{n}iR_i$ 服从对称分布，其对称中心为$\frac{n(n+1)^2}{4}$. 从而知，$\tilde{r}_s$ 服从对称分布，其对称中心为原点 0. 由于 r_s 与 $\tilde{r}_s$ 同分布，所以有秩相关系数 r_s 的下一个性质.

性质 8.3 在原假设为真，即 X 与 Y 相互独立时，秩相关系数 r_s 服从对称分布，其对称中心为原点 0.

由性质 8.2 和 8.3，人们构造了秩相关系数检验临界值表（见本书附表 9）. 查附表 9 得到的 c_α 满足条件：$P(r_s\geqslant c_\alpha)=\alpha$. c_α 是秩相关系数检验的上端临界值，用来检验变量是否正相关. 由性质 8.2 知，$P(r_s\leqslant -c_\alpha)=\alpha$，所以$-c_\alpha$ 是秩相关系数检验的下

端临界值,用来检验变量是否负相关.秩相关系数检验问题的解见表 8.1.

表 8.1 秩相关系数检验问题的解

原假设 H_0	备择假设 H_1	显著性水平 α 的拒绝域
X 与 Y 相互独立	X 与 Y 正相关	$r_s \geqslant c_\alpha$
	X 与 Y 负相关	$r_s \leqslant -c_\alpha$

继续讨论例 8.1.查附表 9 知,在 $n=9$ 时,$P(r_s \geqslant 0.783)=0.01$.例 8.1 的成对数据的秩相关系数 $r_s=0.8>0.783$,所以检验的 p 值为 $P(r_s \geqslant 0.8)<0.01$.由于 p 值很小,所以我们拒绝原假设,认为 X 与 Y 正相关,当 X 增大时 Y 有增大的趋势.这个结论和矩相关系数检验的结论不一样.很明显,秩相关系数检验的结论与数据的实际情况比较相符.

③ 期望和方差

与式(7.14)对照,我们发现可以把 $\sum_{i=1}^{n} iR_i$ 看成 n 个处理 1 个区组的区组设计的 Page 检验统计量.由 Page 检验统计量的期望和方差的计算公式(见式(7.17)和式(7.18))知,在原假设为真,即 X 与 Y 相互独立时,分别用 n 和 1 代换式(7.17)和式(7.18)中的 k 和 b,则有

$$E\left(\sum_{i=1}^{n} iR_i\right)=\frac{n(n+1)^2}{4}, D\left(\sum_{i=1}^{n} iR_i\right)=\frac{n^2(n+1)^2(n-1)}{144},$$

从而可得 $\tilde{r}_s$ 的期望和方差:

$$E(\tilde{r}_s)=\frac{12E\left(\sum_{i=1}^{n} iQ_i\right)-3n(n+1)^2}{n(n^2-1)}=0,$$

$$D(\tilde{r}_s)=\frac{144D\left(\sum_{i=1}^{n} iQ_i\right)}{n^2(n^2-1)^2}=\frac{1}{n-1}.$$

由性质 8.1 我们得到了秩相关系数 r_s 的第三个性质.

性质 8.4 在原假设为真,即 X 与 Y 相互独立时,秩相关系数 r_s 的期望和方差分别为

$$E(r_s)=0, D(r_s)=\frac{1}{n-1}.$$

事实上,由性质 8.3 即可知道秩相关系数 r_s 的期望为 0.

④ 渐近正态性

可以证明:在 $n\to\infty$ 时,秩相关系数 r_s 有渐近正态性.

性质 8.5 在原假设为真,即 X 与 Y 相互独立时,秩相关系数 r_s 有渐近正态性:

$$\sqrt{n-1}\ r_s \xrightarrow{L} N(0,1),n\to\infty.$$

在 n 比较大,附表 9 上没有秩相关系数检验的临界值时,可用渐近正态性得到检验的 p 值. n 比较大时秩相关系数检验问题的解如表 8.2 所示.

表 8.2 n 比较大时秩相关系数检验问题的解

原假设 H_0	备择假设 H_1	p 值的计算
X 与 Y 相互独立	X 与 Y 正相关	$P(Z\geqslant\sqrt{n-1}\ r_s)$
	X 与 Y 负相关	$P(Z\leqslant\sqrt{n-1}\ r_s)$

注:表中 Z 为服从标准正态分布 $N(0,1)$ 的随机变量.

§8.1.3 有相等观察值时的秩相关系数

当有结,即有相等的观察值时,秩取平均. 这时的秩相关系数为

$$r_s=\frac{\sum_{i=1}^{n}(a(R_i)-\overline{R})(b(Q_i)-\overline{Q})}{\sqrt{\sum_{i=1}^{n}(a(R_i)-\overline{R})^2}\sqrt{\sum_{i=1}^{n}(b(Q_i)-\overline{Q})^2}}=\frac{\sum_{i=1}^{n}a(R_i)b(Q_i)-n\overline{R}\,\overline{Q}}{\sqrt{\sum_{i=1}^{n}(a(R_i)-\overline{R})^2}\sqrt{\sum_{i=1}^{n}(b(Q_i)-\overline{Q})^2}},$$

其中 $a(r),r=1,2,\cdots,n$ 是 x_i 在 $\{x_1,x_2,\cdots,x_n\}$ 中秩 R_i 的计分函数,在结的长度为 1 时,$a(R_i)=R_i$,而在结的长度超过 1 时 $a(R_i)$ 等于秩的平均. $b(r),r=1,2,\cdots,n$ 是 y_i 在 $\{y_1,y_2,\cdots,y_n\}$ 中秩 Q_i 的计分函数,在结的长度为 1 时,$b(Q_i)=Q_i$;而结的长度超过 1 时,$b(Q_i)$ 等于秩的平均.

由式(4.13)和式(4.14)知,

$$\overline{R}=\frac{\sum_{i=1}^{n}a(R_i)}{n}=\frac{n+1}{2},\overline{Q}=\frac{\sum_{i=1}^{n}b(Q_i)}{n}=\frac{n+1}{2},$$

$$\sum_{i=1}^{n}(a(R_i)-\overline{R})^2=\sum_{i=1}^{n}a^2(R_i)-n\overline{R}^2$$

$$=\frac{n(n+1)(2n+1)}{6}-\frac{\sum_{t=1}^{g_x}(\tau_{x,t}^3-\tau_{x,t})}{12}-\frac{n(n+1)^2}{4}$$

$$=\frac{n(n^2-1)}{12}-\frac{\sum_{t=1}^{g_x}(\tau_{x,t}^3-\tau_{x,t})}{12},$$

$$\sum_{i=1}^{n}(b(Q_i)-\overline{Q})^2=\sum_{i=1}^{n}b^2(Q_i)-n\overline{Q}^2$$

$$=\frac{n(n+1)(2n+1)}{6}-\frac{\sum_{t=1}^{g_y}(\tau_{y,t}^3-\tau_{y,t})}{12}-\frac{n(n+1)^2}{4}$$

$$=\frac{n(n^2-1)}{12}-\frac{\sum_{t=1}^{g_y}(\tau_{y,t}^3-\tau_{y,t})}{12},$$

其中 g_x 为样本数据 $\{x_1,x_2,\cdots,x_n\}$ 中结的个数，$\tau_{x,t}$ 是样本数据 $\{x_1,x_2,\cdots,x_n\}$ 中第 t 个结的长度，$t=1,2,\cdots,g_x$；而 g_y 为样本数据 $\{y_1,y_2,\cdots,y_n\}$ 中结的个数，$\tau_{y,t}$ 是样本数据 $\{y_1,y_2,\cdots,y_n\}$ 中第 t 个结的长度，$t=1,2,\cdots,g_y$，所以

$$r_s=\frac{12\sum_{i=1}^{n}a(R_i)b(Q_i)-3n(n+1)^2}{\sqrt{n(n^2-1)-\sum_{t=1}^{g_x}(\tau_{x,t}^3-\tau_{x,t})}\sqrt{n(n^2-1)-\sum_{t=1}^{g_y}(\tau_{y,t}^3-\tau_{y,t})}}. \tag{8.6}$$

有重复观察值秩取平均时，在样本数据 $\{x_1,x_2,\cdots,x_n\}$ 中结的个数及其每一个结的长度，和样本数据 $\{y_1,y_2,\cdots,y_n\}$ 中结的个数及其每一个结的长度都给定的条件下，秩相关系数服从对称分布，其对称中心为原点 0. 由此可见，秩相关系数的条件期望为 0. 经计算，秩相关系数的条件方差为

$$D(r_s)=\frac{1}{n-1}+\frac{n(n-2)\left[\sum_{t=1}^{g_x}(\tau_{x,t}^3-\tau_{x,t})\cdot\sum_{t=1}^{g_y}(\tau_{y,t}^3-\tau_{y,t})\right]}{\left[n(n^2-1)-\sum_{t=1}^{g_x}(\tau_{x,t}^3-\tau_{x,t})\right]\left[n(n^2-1)-\sum_{t=1}^{g_y}(\tau_{y,t}^3-\tau_{y,t})\right]}. \tag{8.7}$$

有结时秩相关系数 r_s 的方差应按式(8.7)进行修正. 有关这些内容的讨论见附录 17.

有重复观察值秩取平均时，我们仍由附表 9 得到秩相关系数检验的临界值. 当 n

比较大时,我们仍用渐近正态性得到检验的 p 值. 有重复观察值秩取平均时,通常简单地将秩相关系数的渐近正态性写成

$$\sqrt{n-1}\ r_s \xrightarrow{L} N(0,1),n\to\infty.$$

用 R 软件可以计算秩相关系数,以例 8.1 的成对数据为例,运行下面程序:

```
x<-c(7,1,3,8,2,6,9,5,4)
y<-c(19,1,17,6,2,5,21,4,3)
cor(y,x,method="spearman")
```

运行结果显示秩相关系数为 0.8.

如果需要计算矩相关系数,在 cor()中将 spearman 改为 pearson,即

```
cor(y,x,method = "pearson")
```

如果要计算下一节的 Kendall-τ 相关系数,将 spearman 改为 kendall 即可.

§8.2 Kendall-τ 相关系数

设成对数据(8.1)独立同分布,总体为(X,Y). 所谓正相关,就是当 X 增大时 Y 有增大的趋势,即 $x_2>x_1$ 时,y_2 有大于 y_1 的趋势. 这说明,“$(x_2-x_1)(y_2-y_1)>0$”发生的可能性超过了“$(x_2-x_1)(y_2-y_1)<0$”发生的可能性. 若令

$$\theta=P((x_2-x_1)(y_2-y_1)>0)-P((x_2-x_1)(y_2-y_1)<0),$$

则在 X 与 Y 正相关时,θ 的值大于 0. 显然,$-1\leqslant\theta\leqslant1$,并且 θ 的值越是接近 1,X 与 Y 就越是正相关. 同理,当 X 与 Y 负相关时,θ 的值小于 0,且 θ 的值越是接近-1,X 与 Y 就越是负相关. 由此可见,θ 的值越是接近 0,X 与 Y 就越是不相关. θ 是总体(X,Y)的一个特征量,它是表示 X 与 Y 相关性的一个参数.

§8.2.1 Kendall-τ 相关系数的计算

既然参数 θ 表示相关性,那么基于成对数据(8.1),参数 θ 的估计量就可以用来度量相关性. 1938 年 M. G. Kendall 给出了统计量 τ,并用 τ 来估计 θ,其中 τ 为

$$\tau=\frac{2}{n(n-1)}k,k=\sum_{1\leqslant i<j\leqslant n}\operatorname{sgn}((x_j-x_i)(y_j-y_i)),\tag{8.8}$$

其中 sgn(·)是符号函数:在 $t>0$,$t=0$ 和 $t<0$ 时,符号函数 $\operatorname{sgn}(t)$分别等于 1,0 和

-1,所以

$$\operatorname{sgn}((x_j-x_i)(y_j-y_i))=\begin{cases}1,(x_j-x_i)(y_j-y_i)>0,\\0,(x_j-x_i)(y_j-y_i)=0,\\-1,(x_j-x_i)(y_j-y_i)<0.\end{cases}$$

不难验证,符号函数具有这样的性质:$\operatorname{sgn}(xy)=\operatorname{sgn}(x)\operatorname{sgn}(y)$. 所以 k 还可以表示为

$$k=\sum_{1\leqslant i<j\leqslant n}\operatorname{sgn}(x_j-x_i)\operatorname{sgn}(y_j-y_i),$$

显然,$\frac{-n(n-1)}{2}\leqslant k\leqslant\frac{n(n-1)}{2}$,所以$-1\leqslant\tau\leqslant1$.

下面证明 τ 是 θ 的无偏估计. 令

$$w_{ij}=\operatorname{sgn}((x_j-x_i)(y_j-y_i)),1\leqslant i<j\leqslant n,$$

则

$$P(w_{ij}=1)=P((x_j-x_i)(y_j-y_i)>0),$$
$$P(w_{ij}=0)=P((x_j-x_i)(y_j-y_i)=0),$$
$$P(w_{ij}=-1)=P((x_j-x_i)(y_j-y_i)<0),$$

所以

$$E(w_{ij})=P((x_j-x_i)(y_j-y_i)>0)-P((x_j-x_i)(y_j-y_i)<0)=\theta,$$

从而,

$$E(k)=\sum_{1\leqslant i<j\leqslant n}E(w_{ij})=\frac{n(n-1)}{2}\theta,$$
$$E(\tau)=\theta.$$

τ 是参数 θ 的一个无偏估计. 由于 θ 是表示 X 与 Y 相关性的参数,所以我们可以用 τ 来度量相关性. 在 τ 接近 1 时,认为 X 与 Y 正相关;在 τ 接近-1 时,认为它们负相关;在 τ 接近 0 时,认为它们不相关. 这个统计量称为 Kendall-τ 相关系数.

记 x_i在$\{x_1,x_2,\cdots,x_n\}$中的秩为 R_i,y_i在$\{y_1,y_2,\cdots,y_n\}$中的秩为 Q_i,则 k(见式(8.8))可以表示成

$$\begin{aligned}k&=\sum_{1\leqslant i<j\leqslant n}\operatorname{sgn}((R_j-R_i)(Q_j-Q_i))\\&=\sum_{1\leqslant i<j\leqslant n}\operatorname{sgn}(R_j-R_i)\operatorname{sgn}(Q_j-Q_i),\end{aligned}\tag{8.9}$$

所以 k,进而 τ 都是秩统计量. 显然,在 $g(\cdot)$是严格单调递增函数时,

$$\begin{pmatrix}x_1\\y_1\end{pmatrix},\begin{pmatrix}x_2\\y_2\end{pmatrix},\cdots,\begin{pmatrix}x_n\\y_n\end{pmatrix}\text{与}\begin{pmatrix}x_1\\g(y_1)\end{pmatrix},\begin{pmatrix}x_2\\g(y_2)\end{pmatrix},\cdots,\begin{pmatrix}x_n\\g(y_n)\end{pmatrix}$$

的 Kendall-τ 相关系数相等,所以 τ 相关系数可以用来描述两个变量有没有同时

增大(减小),或一个增大、一个减小的趋势.

经计算,例 8.1 的 $k=26$, $\tau=\frac{26}{36}=0.72$. τ 相关系数 0.72 是不是大到可以认为 X 与 Y 正相关? 这就是下面将要讨论的 τ 相关系数的检验问题.

§ 8.2.2 Kendall-τ 相关系数检验

设成对数据(8.1)的总体(X,Y)是连续型随机变量,在 $x_1,x_2,\cdots,x_n$ 以及在 $y_1,y_2,\cdots,y_n$ 中都没有重复的观察数据,x_i在$\{x_1,x_2,\cdots,x_n\}$中的秩为 R_i,y_i在$\{y_1,y_2,\cdots,y_n\}$中的秩为 Q_i,$i=1,2,\cdots,n$,$\{R_1,R_2,\cdots,R_n\}=\{Q_1,Q_2,\cdots,Q_n\}=\{1,2,\cdots,n\}$. X 与 Y 之间独立还是相关的检验问题的原假设和备择假设分别为

$$H_0:X \text{ 与 } Y \text{ 相互独立};H_1:X \text{ 与 } Y \text{ 正相关,或 } H_1:X \text{ 与 } Y \text{ 负相关}.$$

取 Kendall-τ 相关系数为检验统计量. 由式(8.8)知,τ 相关系数的性质与 k 有关. 下面首先讨论 k 的性质,然后由它导出 τ 相关系数的性质.

在附录 18,我们将证明,与式(8.4)相类似地,我们有

$$k=\sum_{1\leqslant i<j\leqslant n}\operatorname{sgn}(R_j-R_i)(Q_j-Q_i)\overset{\mathrm{d}}{=\!=}\sum_{1\leqslant i<j\leqslant n}\operatorname{sgn}(R_j-R_i),$$

并且由于 $\sum_{1\leqslant i<j\leqslant n}\operatorname{sgn}(R_j-R_i)=\sum_{1\leqslant i<j\leqslant n}\operatorname{sgn}(x_j-x_i)$,与性质 8.1 和 8.2 相类似,我们有关于 τ 相关系数的概率分布律的一个性质.

性质 8.6 在原假设为真,即 X 与 Y 相互独立时,τ 相关系数和 $\tilde{\tau}$ 同分布,其中

$$\tilde{\tau}=\frac{2}{n(n-1)}\sum_{1\leqslant i<j\leqslant n}\operatorname{sgn}(R_j-R_i)=\frac{2}{n(n-1)}\sum_{1\leqslant i<j\leqslant n}\operatorname{sgn}(x_j-x_i),$$

并且

$$P\left(\tau=\frac{2}{n(n-1)}d\right)=P(k=d)=\frac{T_n(d)}{n!},-\frac{n(n+1)}{2}\leqslant d\leqslant\frac{n(n+1)}{2},$$

其中

$$T_n(d)={}^{\#}\left\{(r_1,r_2,\cdots,r_n):\sum_{1\leqslant i<j\leqslant n}\operatorname{sgn}(r_j-r_i)=d,(r_1,r_2,\cdots,r_n)\text{是}(1,2,\cdots,n)\text{的一个排列}\right\}.$$

在附录 18,我们还将证明,与性质 8.3 相类似,我们有 τ 相关系数分布对称性的一个性质.

性质 8.7 在原假设为真,即 X 与 Y 相互独立时,τ 相关系数服从对称分布,其对称中心为原点 0.

由性质 8.6 和 8.7,人们构造了 τ 相关系数检验临界值表(见本书附表 10). 查附表 10 得到的 c_α 满足条件:$P(\tau\geqslant c_\alpha)=\alpha$. c_α是 τ 相关系数检验的上端临界值,用来

检验是否正相关. 由性质 8.6 知,$P(\tau\leqslant -c_{\alpha})=\alpha$,所以$-c_{\alpha}$是 τ 相关系数检验的下端临界值,用来检验是否负相关. τ 相关系数检验问题的解如表 8.3 所示.

表 8.3 τ 相关系数检验问题的解

原假设 H_0	备择假设 H_1	显著性水平 α 的拒绝域
X 与 Y 相互独立	X 与 Y 正相关	$\tau\geqslant c_{\alpha}$
	X 与 Y 负相关	$\tau\leqslant -c_{\alpha}$

继续讨论例 8.1. 查附表 10 知,在 $n=9$ 时,$c_{0.01}=0.67$. 例 8.1 的成对数据的 τ 相关系数 $\tau=0.72$,其 p 值为 $P(\tau\geqslant 0.72)<0.01$,所以我们拒绝原假设,认为 X 与 Y 正相关,当 X 增大时 Y 有增大的趋势. 这个结论与秩相关系数检验的结论相同,τ 相关系数检验的结论与数据的实际情况也比较相符.

当 n 比较大时,附表 10 上没有 τ 相关系数检验的临界值,可以用渐近正态性得到检验的 p 值. 为此我们首先求 τ 相关系数的期望和方差. 由性质 8.7 即可知道在原假设为真,即 X 与 Y 相互独立时,τ 相关系数的期望为 0. 附录 19 将给出 τ 相关系数的方差,从而有性质 8.8.

性质 8.8 在原假设为真,即 X 与 Y 相互独立时,τ 相关系数的期望和方差分别为

$$E(\tau)=0,D(\tau)=\frac{2(2n+5)}{9n(n-1)},$$

在 $n\to\infty$ 时,τ 相关系数有渐近正态性.

性质 8.9 在原假设为真,即 X 与 Y 相互独立时,τ 相关系数有渐近正态性:

$$3\sqrt{\frac{n(n-1)}{2(2n+5)}}\tau\xrightarrow{L}N(0,1),n\to\infty.$$

当 n 比较大时,附表 10 上没有 τ 相关系数检验的临界值,可用渐近正态性得到检验的 p 值. n 比较大时,τ 相关系数检验问题的解如表 8.4 所示.

表 8.4 n 比较大时 τ 相关系数检验问题的解

原假设 H_0	备择假设 H_1	p 值的计算
X 与 Y 相互独立	X 与 Y 正相关	$P\left(Z\geqslant 3\sqrt{\frac{n(n-1)}{2(2n+5)}}\tau\right)$
	X 与 Y 负相关	$P\left(Z\leqslant 3\sqrt{\frac{n(n-1)}{2(2n+5)}}\tau\right)$

注:表中 Z 为服从标准正态分布 $N(0,1)$ 的随机变量.

§ 8.2.3 有相等观察值时的 Kendall-τ 相关系数

当有结，即有重复的观察值时，秩取平均，则 k 的表达式(8.9)需修改为

$$\begin{aligned} k &= \sum_{1\leqslant i<j\leqslant n} \operatorname{sgn}((a(R_j)-a(R_i))(b(Q_j)-b(Q_i))) \\ &= \sum_{1\leqslant i<j\leqslant n} \operatorname{sgn}(a(R_j)-a(R_i))\operatorname{sgn}(b(Q_j)-b(Q_i)), \end{aligned}$$

其中 $a(r), r=1,2,\cdots,n$，是 x_i 在 $\{x_1,x_2,\cdots,x_n\}$ 中秩 R_i 的计分函数，在结的长度为 1 时，$a(R_i)=R_i$；在结的长度超过 1 时，$a(R_i)$ 等于秩的平均. $b(r), r=1,2,\cdots,n$ 是 y_i 在 $\{y_1,y_2,\cdots,y_n\}$ 中秩 Q_i 的计分函数，在结的长度为 1 时，$b(Q_i)=Q_i$；在结的长度大于 1 时，$b(Q_i)$ 等于秩的平均. 应用不等式：$(\sum c_i d_i)^2 \leqslant \sum c_i^2 \sum d_i^2$，有

$$\begin{aligned} k^2 &\leqslant \sum_{1\leqslant i<j\leqslant n} [\operatorname{sgn}(a(R_j)-a(R_i))]^2 \sum_{1\leqslant i<j\leqslant n} [\operatorname{sgn}(b(Q_j)-b(Q_i))]^2 \\ &= \left(\frac{n(n-1)}{2} - \frac{\sum_{t=1}^{g_x} \tau_{x,t}(\tau_{x,t}-1)}{2}\right)\left(\frac{n(n-1)}{2} - \frac{\sum_{t=1}^{g_y} \tau_{y,t}(\tau_{y,t}-1)}{2}\right), \end{aligned}$$

其中 g_x 为样本数据 $\{x_1,x_2,\cdots,x_n\}$ 中结的个数，$\tau_{x,t}$ 是 $\{x_1,x_2,\cdots,x_n\}$ 中第 t 个结的长度，$t=1,2,\cdots,g_x$；而 g_y 为样本数据 $\{y_1,y_2,\cdots,y_n\}$ 中结的个数，$\tau_{y,t}$ 是 $\{y_1,y_2,\cdots,y_n\}$ 中第 t 个结的长度，$t=1,2,\cdots,g_y$. 由此可见，在有重复的观察值秩取平均时，为使得 τ 相关系数的值在 -1 到 1 之间，将它的定义（见式(8.8)）修改为

$$\begin{aligned} \tau &= \frac{k}{\sqrt{\dfrac{n(n-1)}{2} - \dfrac{\sum_{t=1}^{g_x} \tau_{x,t}(\tau_{x,t}-1)}{2}}\sqrt{\dfrac{n(n-1)}{2} - \dfrac{\sum_{t=1}^{g_y} \tau_{y,t}(\tau_{y,t}-1)}{2}}} \\ &= \frac{\sum_{1\leqslant i<j\leqslant n} \operatorname{sgn}(a(R_j)-a(R_i))\operatorname{sgn}(b(Q_j)-b(Q_i))}{\sqrt{\dfrac{n(n-1)}{2} - \dfrac{\sum_{t=1}^{g_x} \tau_{x,t}(\tau_{x,t}-1)}{2}}\sqrt{\dfrac{n(n-1)}{2} - \dfrac{\sum_{t=1}^{g_y} \tau_{y,t}(\tau_{y,t}-1)}{2}}}. \end{aligned}$$

有重复观察值秩取平均时，我们仍由附表 10 得到 τ 相关系数检验的临界值. 当 n 比较大时，我们仍用渐近正态性得到检验的 p 值. 有重复观察值秩取平均时，通常简单地将 τ 相关系数的渐近正态性写成

$$3\sqrt{\frac{n(n-1)}{2(2n+5)}}\,\tau \xrightarrow{L} N(0,1),\ n\to\infty.$$

有重复观察值秩取平均时,在样本数据$\{x_1,x_2,\cdots,x_n\}$中结的个数及其每一个结的长度,和样本数据$\{y_1,y_2,\cdots,y_n\}$中结的个数及其每一个结的长度都给定的条件下,τ相关系数服从对称分布,其对称中心为原点0(其证明留作本章习题第7题).由此知,τ相关系数的条件期望为0.它的条件方差相当复杂,本书从略.

对于相关性的度量和检验,使用秩相关系数还是使用τ相关系数,没有一个确定的说法.建议在实际问题中这两种系数都用.这里提醒大家注意有这样一种说法,认为τ相关系数渐近正态性的收敛速度比秩相关系数快,所以若使用渐近正态性,在样本容量并不大时,使用τ相关系数较为可靠.

§8.3 Kendall 协和系数

§8.1的Spearman秩相关系数和§8.2的Kendall-τ相关系数都是讨论两个变量之间的相关性,用来检验这两个变量有没有同时增大(减小),或一个增大、一个减小的趋势.本节讨论多个变量之间的相关性,检验这些变量有没有同时增大(减小)的趋势.对多个变量来说,这样的检验问题称为一致性检验问题.看下面的例子.

例8.2 毛织物的一个重要的质量指标为织物的紧密程度.质量检验员凭手感检测毛织物的紧密程度.凭手感检测虽然方便,但却带来了一个问题:不同的检验员的检验结果是否一致.假设设计了五种不同型号的毛织物,制成成品后由九位检验员进行手感评级.要求每一位检验员将这五种毛织物的紧密程度由紧到松排序,分别记它们的秩为1,2,3,4和5.秩越小,织物就越是紧密.检验结果如表8.5所示.

表8.5 毛织物手感评级

		检验员									R_{i+}
		A	B	C	D	E	F	G	H	I	
毛织物	1	2	2	2	1	1	1	1	1	2	13
	2	1	1	1	2	2	3	4	2	3	19
	3	3	3	3	3	4	4	3	5	1	29
	4	4	4	4	4	3	2	2	3	4	30
	5	5	5	5	5	5	5	5	4	5	44

如果只有两位检验员,那么他们的检验结果是否一致的检验问题可以用秩相关系数和 τ 相关系数进行检验. 正相关就意味着这两位检验员的检验结果一致. 现有九位检验员,他们的检验结果是否一致的检验和度量问题就是本节将要讨论的问题. 这个问题是 Spearman 秩相关系数的推广.

除了凭手感评定织物的紧密程度,其他如产品的色泽、光洁度等需要目测,食品的质量需要品尝,酒的质量还需要嗅闻等来评定. 这种类型的检验统称为感官检验. 感官检验中的一个重要问题是一致性检验问题.

除了感官检验,在对多个变量进行比较的时候,往往有一致性检验问题. 例如某班级的若干名同学同时学习很多门课程,令人感兴趣的一个问题是,某门课程学得好的同学,其他门课程是否也学得好? 即这些同学的学习成绩是否具有一致性? 又如有若干名歌手参加唱歌大奖赛,大奖赛请了若干位裁判给歌手打分. 我们有必要对裁判的打分是否一致进行检验.

§8.3.1 一致性检验

表 8.5 实际上是区组设计. 毛织物的紧密程度有差异. 例 8.2 要求每一位检验员将这五种毛织物的紧密程度由紧到松排序,所以将毛织物视为处理,而将检验员视为区组. 因而五种不同型号的毛织物意味着有 $k=5$ 个处理,而有九位检验员意味着有 $b=9$ 个区组. 在上述某门课程学得好的同学其他课程是否也学得好的一致性检验问题中,因为在每一个课程都将同学按成绩从高分到低分排序,所以有多少个同学就是有多少个处理,有多少门课程就是有多少个区组. 而在裁判的打分是否一致的检验问题中,因为每一位裁判都将歌手按他们演唱水平的高低排序,所以有多少个歌手就是有多少个处理,有多少位裁判就是有多少个区组. 在将一致性检验问题转化为区组设计问题时,正确区分什么是处理,什么是区组,是至关重要的.

在第七章区组设计中我们假设同一个区组,例如第 $j(j=1,2,\cdots,b)$ 个区组内的 k 个观察值 $x_{1j},x_{2j},\cdots,x_{kj}$ 的分布函数为 $F_j(x-\theta_i)$, $i=1,2,\cdots,k$. 区组设计检验问题的原假设和备择假设分别为"$H_0:\theta_1=\theta_2=\cdots=\theta_k$"和"$H_1:\theta_1,\theta_2,\cdots,\theta_k$ 不全都相等". 原假设成立时,同一个区组内的 k 个观察值独立同分布,而备择假设成立时,同一个区组内的 k 个观察值独立但不同分布. 既然备择假设成立时,$\theta_1,\theta_2,\cdots,\theta_k$ 不全都相等,那它们必有一个顺序关系. 不妨假设这个顺序关系为"$\theta_1\leqslant\theta_2\leqslant\cdots\leqslant\theta_k,\theta_1<\theta_k$". 由于第 j 个区组内的 k 个观察值 $x_{1j},x_{2j},\cdots,x_{kj}$ 的分布函数为 $F_j(x-\theta_i)$,所以在 $\theta_1,\theta_2,\cdots,\theta_k$ 有这样一个顺序关系时,由定理 5.3 或者由第 5 章 5.2.4 中 Wilcoxon 秩和检验备

择假设的第 2 种写法知,这 k 个观察值有这样的趋势:$x_{1j} \leqslant x_{2j} \leqslant \cdots \leqslant x_{kj}$,$x_{1j} < x_{kj}$. 由于任意第 j 个区组内的 k 个观察值都有这样的趋势,所以在这 b 个区组中一致性趋于成立. 这说明 §7.1 的 Friedman 检验和 §7.2 的 Hodges-Lehmann 检验都可以用于一致性的检验问题. 而 §7.3 与 §7.4 的用于区组设计有方向检验问题的 Page 检验与 C 检验不能用于一致性检验问题. 使用 Page 检验与 C 检验必须事先知道 θ_1, θ_2, $\cdots$, θ_k 有什么样的顺序关系,而一致性检验只知道有顺序关系,但并不知道有怎样的顺序关系.

人们通常使用 Friedman 检验方法检验一致性. 由式(7.1)—(7.3)知,一致性检验问题的检验统计量为

$$Q = \frac{12}{k(k+1)}\mathrm{SSB} = \frac{12b}{k(k+1)}\sum_{i=1}^{k}\left(\overline{R}_i - \frac{k+1}{2}\right)^2$$

$$= \frac{12}{bk(k+1)}\sum_{i=1}^{k} R_{i+}^2 - 3b(k+1),$$

其中

$\mathrm{SSB} = b\sum_{i=1}^{k}(\overline{R}_i - \overline{R})^2$ 是组间平方和;

$\overline{R}_i = \dfrac{\sum_{j=1}^{b} R_{ij}}{b}$ 是第 i 个处理的 b 个观察值的秩的平均, $i=1,2,\cdots,k$;

$\overline{R} = \dfrac{\sum_{i=1}^{k}\sum_{j=1}^{b} R_{ij}}{N} = \dfrac{b(1+2+\cdots+k)}{N} = \dfrac{k+1}{2}$ 是总的平均;

$R_{i+} = b\,\overline{R}_i = \sum_{j=1}^{b} R_{ij}$ 是第 i 个处理的 b 个观察值的秩和, $i=1,2,\cdots,k$.

显然,在一致性成立时,R_{1+}, R_{2+}, $\cdots$, R_{k+} 的取值比较离散. 由于它们的离散程度可以用组间平方和 SSB 来描述,所以在一致性成立时 SSB 比较大,进而 Q 比较大. 由此可见,我们在 Q 比较大的时候认为一致性成立.

表 8.5 的各个处理的 b 个观察值的秩和见最后一列. 经计算, $\sum_{i=1}^{k} R_{i+}^2 = 4\ 207$. 由于 $k=5$, $b=9$, 所以一致性检验问题的检验统计量 $Q=24.98$. 由于样本容量比较大,在 Friedman 检验临界值表(见本书附表 7)中,不能查到 $k=5$, $b=9$ 时的临界值. 这时需要使用 Friedman 检验统计量 Q 渐近服从 $\chi^2(k-1)$ 分布(见式(7.6))的性质. 本例的 $k=5$, 所以 Q 渐近服从 $\chi^2(4)$ 分布,从而算得检验的 p 值为 $P(\chi^2(4) \geqslant 24.98) = 0.000\ 05$,

p 值非常小,所以我们认为这九位检验员的检验结果是一致的.

当同一个区组内有相等的观察值秩取平均时,需要将 Q 修正为 Q_a(见式(7.7)),

$$Q_a=\frac{Q}{1-\dfrac{\sum_{j=1}^{b}\sum_{t=1}^{g_j}(\tau_{j,t}^3-\tau_{j,t})}{bk(k^2-1)}},\tag{8.10}$$

其中 g_i 为第 j 个区组的 k 个观察值 $x_{1j},x_{2j},\cdots,x_{kj}$ 中结的个数,而 $\tau_{j,t}$ 是第 j 个区组的 k 个观察值中第 t 个结的长度,$t=1,2,\cdots,g_j$.

§8.3.2 一致性度量

既然 Q 可以用来检验一致性,因而它也可以用来度量一致性. Q 越大表示一致性越强. 一般来说,人们希望度量值不超过 1. 为此下面计算 Q 的最大值. 显然,在完全一致时,例如在 $R_{11}=R_{12}=\cdots=R_{1b}=1,R_{21}=R_{22}=\cdots=R_{2b}=2,\cdots,R_{k1}=R_{k2}=\cdots=R_{kb}=k$ 时,$R_{1+},R_{2+},\cdots,R_{k+}$ 的取值最为分散,其中 $R_{1+}=b,R_{2+}=2b,\cdots,R_{k+}=kb$. 这时 SSB 的值最大. 它等于

$$\mathrm{SSB}=b\sum_{i=1}^{k}(\overline{R}_i-\overline{R})^2=\frac{1}{b}\sum_{i=1}^{k}R_{i+}^2-bk\left(\frac{k+1}{2}\right)^2=\frac{bk(k^2-1)}{12},$$

所以 Q 的最大值为

$$Q=\frac{12}{k(k+1)}\mathrm{SSB}=b(k-1).$$

为此我们令

$$W=\frac{Q}{b(k-1)}=\frac{12\sum_{i=1}^{k}R_{i+}^2-3b^2k(k+1)^2}{b^2k(k^2-1)},\tag{8.11}$$

显然 $W\leqslant 1$,W 可用来度量一致性. W 由 M. G. Kendall 和 B. Babington Smith 于 1939 年引入. 人们通常称 W 为 Kendall 协和系数. 表 8.5 的 Kendall 协和系数 $W=0.694$.

前面我们说过,如果例 8.1 只有两位检验员,那么他们的检验结果是否一致的检验问题可以用 Spearman 秩相关系数来检验. 这就提出了一个问题,在 $b=2$ 时 Spearman 秩相关系数与 Kendall 协和系数有什么关系? 这个问题留作本章习题第 8 题.

当同一个区组内有相等的观察值秩取平均时,需要将 Kendall 协和系数 W 修正为 W_a,其修正的方法与一致性检验统计量 Q 修正为 Q_a 的方法(见式(8.10))相同,

$$W_a=\frac{W}{1-\dfrac{\sum\limits_{j=1}^{b}\sum\limits_{t=1}^{g_j}(\tau_{j,t}^3-\tau_{j,t})}{b(k^3-k)}}$$

$$=\frac{12\sum\limits_{i=1}^{k}R_{i+}^2-3b^2k(k+1)^2}{b^2k(k^2-1)-b\sum\limits_{j=1}^{b}\sum\limits_{t=1}^{g_j}(\tau_{j,t}^3-\tau_{j,t})}.$$

我们可以使用 R 软件算 Friedman 检验统计量 Q(见例 7.1)进行一致性检验,然后根据式(8.11)计算 Kendall 协和系数 W.

习 题 八

1. 为了研究某化学反应中成品的收率(单位:%)与温度(单位:℃)之间的关系,记录了十次试验的数据(见下表):

温度	45	52	54	63	62	68	75	76	92	88
成品的收率	100	110	120	130	140	150	160	170	180	190

画出散点图,并计算成品的收率与温度之间的 Spearman 秩相关系数和 Kendall-τ 相关系数.成品的收率与温度之间正相关吗?

2. 零售商要了解每周的广告费(单位:万元)与销售收入(单位:万元)之间的关系,记录了如下的数据:

广告费	40	20	27	18	30	50	35	23	55	45	25	52
销售收入	3 850	4 000	3 950	3 650	4 750	4 400	4 900	4 200	5 600	5 250	4 800	5 100

画出散点图,并计算广告费与销售收入之间的 Spearman 秩相关系数和 Kendall-τ 相关系数.广告费与销售收入之间正相关吗?

3. 为了解大学校园附近的餐馆的月营业收入(单位:万元)与该校学生人数(单位:千人)的关系,记录了如下的数据:

学生人数	2	6	8	8	12	16	20	20	22	26
月营业收入	5.8	10.5	8.8	11.8	11.7	13.7	15.7	16.9	14.9	20.2

画出散点图,并计算月营业收入与学生人数之间的 Spearman 秩相关系数和 Kendall-τ 相关系数.月营业收入与学生人数之间正相关吗?

4. 调查职工每年无故迟到的天数与职工从家里到工作单位的距离(单位:千米)之间的关系,选取 10 名职工组成一个样本,收集到的数据如下:

到工作单位的距离	1	3	4	6	8	10	12	14	14	18
无故迟到的天数	8	5	8	7	6	3	5	2	4	2

画出散点图,并计算从家里到工作单位的距离与每年无故迟到的天数之间的 Spearman 秩相关系数和 Kendall-τ 相关系数.从家里到工作单位的距离与每年无故迟到的天数之间负相关吗?

5. 某班级 16 人的语文、数学和英语的成绩如下:

语文	数学	英语	语文	数学	英语
79	87	81	78	79	68
83	96	81	76	76	80
60	61	65	77	78	78
80	83	84	82	90	87
73	68	78	75	70	74
69	55	72	72	63	81
57	71	77	71	74	73
74	80	80	54	73	67

某门课程学得好的同学,其他的课程是否也学得好?计算 Kondall 协和系数.

6. 假设某种材料的硬度与含铜量(单位:%)、含碳量(单位:%)有关.据说含铜量越高,含碳量越低,该材料就越硬.能不能使用一致性的检验方法根据下面这一组数据判断这种说法有没有道理?

硬度	含铜量	含碳量	硬度	含铜量	含碳量
66.2	0.027	0.035	61.6	0.019	0.044 2
62.0	0.018	0.038 1	75.2	0.043	0.020 8
72.3	0.037	0.024 5	73.2	0.037	0.021 3
63.1	0.021	0.037 8	64.4	0.023	0.028 3
66.9	0.026	0.026 1	60.3	0.015	0.040 2
69.2	0.033	0.026 6	71.2	0.037	0.024 5

*7. 有重复观察值秩取平均时,τ 相关系数的计算公式为

$$\tau=\frac{k}{\sqrt{\frac{n(n-1)}{2}-\frac{\sum_{t=1}^{g_x}\tau_{x,t}(\tau_{x,t}-1)}{2}}\sqrt{\frac{n(n-1)}{2}-\frac{\sum_{t=1}^{g_y}\tau_{y,t}(\tau_{y,t}-1)}{2}}},$$

其中 $k=\sum_{1\leqslant i<j\leqslant n}\operatorname{sgn}(a(R_j)-a(R_i))\operatorname{sgn}(b(Q_j)-b(Q_i))$,$g_x$ 为样本数据 $\{x_1,x_2,\cdots,x_n\}$ 中结的个数,$\tau_{x,t}$ 是 $\{x_1,x_2,\cdots,x_n\}$ 中第 t 个结的长度,$t=1,2,\cdots,g_x$;而 g_y 为样本数据 $\{y_1,y_2,\cdots,y_n\}$ 中结的个数,$\tau_{y,t}$ 是 $\{y_1,y_2,\cdots,y_n\}$ 中第 t 个结的长度,$t=1,2,\cdots,g_y$.

在样本数据 $\{x_1,x_2,\cdots,x_n\}$ 中结的个数及其每一个结的长度,样本数据 $\{y_1,y_2,\cdots,y_n\}$ 中结的个数及其每一个结的长度都给定的条件下,试证明:

① $k\overset{\mathrm{d}}{=\!=}\sum_{1\leqslant i<j\leqslant n}\operatorname{sgn}(a(R_j)-a(R_i))$;

② τ 相关系数服从对称分布,其对称中心为原点 0.

*8. 如果例 8.1 只有两位检验员,但有 n 种织物,那么他们的检验结果一致性的程度既可以用 Kendall 协和系数来度量,也可以用 Spearman 秩相关系数来度量. 假设 n 种织物的紧密程度由第 1 位检验员从紧到松排序后,第 i 件织物的秩为 R_i;而由第 2 位检验员排序后,第 i 件织物的秩为 Q_i,$i=1,2,\cdots,n$.

① 他们的检验结果可以写成成对数据的形式:

$$\binom{R_1}{Q_1},\binom{R_2}{Q_2},\cdots,\binom{R_n}{Q_n},$$

其 Spearman 秩相关系数(见式(8.3))为

$$r_s=\frac{12\sum_{i=1}^{n}R_iQ_i-3n(n+1)^2}{n(n^2-1)};$$

② 他们的检验结果也可以写成 n 个处理和 2 个区组的区组设计形式:

		处理(织物)			
		1	2	…	n
区组	1	R_1	R_2	…	R_n
(检验员)	2	Q_1	Q_2	…	Q_n

试由式(8.11)证明它的 Kendall 协和系数为

$$W=\frac{6\sum_{i=1}^{n}R_iQ_i-n(n+1)(n+2)}{n(n^2-1)}.$$

请比较这两个系数,它们有什么相同之处和不同之处?

9. 抗生素类药物的使用非常广泛. 从感冒、发热到肺炎、心肌炎等各种炎症的治疗都要使用抗生素. 患者手术后需要服用抗生素防止感染. 现在市场上有很多种抗生素,有的价格昂贵. 在一些用几种抗生素均可治疗的病例中,医生究竟是如何选择的? 他们在选择抗生素类药物时主要考虑的因素是什么? 在医院中处方抗生素类药物比较多的是胸外科、腹外科、泌尿外科和骨科四个科室. 对多家医院这四个科室的医生作调查,收集到的数据如下:

	胸外科	腹外科	泌尿外科	骨科	
广谱型	25.0%	22.8%	17.5%	26.0%	72.4%
在大医院使用	0.9%	—	—	—	0.4%
费用低	7.4%	11.7%	11.7%	10.9%	31.8%
有效	16.7%	19.4%	23.3%	16.8%	54.0%
有针对性	0.9%	1.7%	4.3%	1.7%	5.4%
可报销	6.5%	7.8%	7.2%	6.1%	20.1%
副作用小	21.3%	15.0%	18.8%	17.9%	53.1%
每天负担小	2.8%	3.3%	—	2.2%	7.1%
专家推荐	—	0.6%	1.4%	0.3%	1.3%
无交叉过敏	3.7%	3.3%	1.4%	3.6%	10.4%
无不匹配性	0.9%	1.1%	—	0.3%	1.7%
有两种剂型	—	—	1.4%	0.6%	1.3%
方便	2.8%	2.2%	—	3.6%	1.3%
低毒性	7.4%	4.4%	10.1%	4.7%	16.7%
有可靠的临床数据	2.8%	6.1%	2.9%	4.5%	13.4%
对 β-Loctam 的作用持久	0.9%	0.6%	—	0.8%	2.1%
合计	100.0%	100.0%	100.0%	100.0%	292.5%

注:①“—”表示选择该项指标人数的百分比为 0 或近似为 0;

② 选择胸外科、腹外科、泌尿外科和骨科四个科室中开过一定数量抗生素类药物的主任、副主任医师和现任职至少 3 年的主治医师作为被访问对象. 每位医生在总共 16 个因素中选取 3 个(可以不选满 3 个)个人认为开抗生素类药物处方时最重要的因素,并且排序后列出. 每个因素(无论是第 1、2 或 3 顺序选中)在全体被访问医生的百分比列于表的最后一列. 将不同科室的医生的第 1 选项(认为是最重要的因素),在该科医生中的百分比列于分科室的各列中.

③ 表中的数据都是比例. 显然,基于原始数据的统计推断比基于比例的统计推断更加可信.

问题 1:各个科室的医生在选择抗生素类药物时考虑的因素是否相同?

问题 2:在选择抗生素类药物时医生主要考虑的因素有哪些?

第九章 非参数密度估计与非参数回归

密度函数的参数估计的主要思想是：假设样本 $X_1, X_2, \cdots, X_n$ 独立同分布，总体分布密度函数为 $f(x;\theta)$，其中 θ 为未知的参数向量. 通过一些估计方法可以得到 θ 的估计 $\hat{\theta}$，如极大似然估计方法、矩估计方法等，由此可以得到密度函数 $f(x;\theta)$ 的估计 $f(x;\hat{\theta})$. 这种参数估计方法必须知道密度函数 $f(x;\theta)$ 的表达式，故其风险就在于，密度函数表达式 $f(x;\theta)$ 的不正确假定可能导致严重的推断错误. 为解决这个问题，可以考虑非参数密度估计的方法，估计密度 $f(x)$.

类似的问题出现在参数回归模型中. 假设有 n 对数据 $(X_1, Y_1), (X_2, Y_2), \cdots, (X_n, Y_n)$，它们分别是解释变量 X 和被解释变量 Y 的观测值. 参数回归的主要思想是：假定 $E(Y|X)=f(X,\beta)$，并且这 n 对数据符合模型

$$Y_i = f(X_i, \beta) + \varepsilon_i, \quad i=1,2,\cdots,n,$$

其中 $f(\cdot,\beta)$ 是已知的回归函数，β 为未知的参数向量. 通过一些估计方法可以得到 β 的估计 $\hat{\beta}$，如最小二乘法等. 由此可以得到回归函数 $f(x;\beta)$ 的估计 $f(x;\hat{\beta})$. 如果不能确信 $f(\cdot,\cdot)$ 的表达式的假定是正确的，或者 $f(\cdot,\cdot)$ 未知，可以考虑采用非参数回归的方法，估计回归函数 $m(X)=E(Y|X)$.

非参数密度估计和非参数回归的方法有很多，本章 §9.1 主要介绍直方图密度估计、核密度估计和最近邻密度估计，§9.2 主要介绍近邻权函数回归和核权函数回归. 对非参数密度估计和非参数回归有兴趣的读者，可参阅参考书目 [13]，[14].

§9.1 非参数密度估计

假设随机变量 X 的密度函数为 $f(x)$，那么 X 落在区间 I 内的概率为 $P_I = \int_{x\in I} f(x)\,\mathrm{d}x$. 如果 $f(x)$ 是连续的，且区间 I 的长度 h 足够小，那么

$$P_I=\int_{x\in I}f(x)\,\mathrm{d}x\approx f(x)h,\quad \forall x\in I.$$

因此可以得到 $f(x)$ 的一个近似估计：

$$\hat{f}(x)\approx\frac{P_I}{h},\quad \forall x\in I. \tag{9.1}$$

假设样本 $X_1,X_2,\cdots,X_n$ 独立同分布，总体分布密度函数为 $f(x)$，$f(x)$ 具体形式未知. 基于上述思想，讨论两种对 $f(x)$ 进行估计的非参数方法.

§9.1.1 直方图密度估计

直方图密度估计是应用最早、也最简单的密度估计方法.

把样本 $X_1,X_2,\cdots,X_n$ 所在的区间 $[a,b]$ 划分成 k 个等长度的小区间，从左到右顺次记为 $I_1,I_2,\cdots,I_k$，区间长度记为 $h_n=\frac{b-a}{k}$. 用 n_j 表示落入区间 I_j 的样本个数，即

$$n_j={}^{\#}\{i:1\leqslant i\leqslant n,X_i\in I_j\},\quad j=1,2,\cdots,k.$$

显然 $\sum_{j=1}^{k}n_j=n$. 根据大数定律，可以用 $\frac{n_j}{n}$ 估计总体在区间 I_j 上分配的概率. 可得到

$$P(X\in I_j)\approx\frac{n_j}{n},\quad 即\int_{x\in I_j}f(x)\,\mathrm{d}x\approx\frac{n_j}{n}.$$

当小区间 I_j 的长度 h_n 充分小时，有 $f(x)\cdot h_n\approx\frac{n_j}{n}$，$x\in I_j$，由此可以得到 $f(x)$ 在 I_j 上的一个估计值 $\frac{n_j}{nh_n}$. 这样就可以利用样本构造出分布密度函数 $f(x)$ 的直方图估计：

$$\hat{f}(x)=\frac{n_j}{nh_n},\quad x\in I_j,\ j=1,2,\cdots,k. \tag{9.2}$$

例 9.1 美国黄石国家公园的老忠实喷泉，每次喷发的持续时间有长有短. 第二章例 2.3 用画茎叶图的方法分析了持续时间数据的分布特性. 这里用估计直方图密度函数的方法作再一次的分析. R 软件自带的数据集 faithful 中有喷发的持续时间的详细数据，共有 272 条记录. 图 9.1 显示的是组数 k 分别为 6,10,16,20,30,50 时，喷发持续时间的直方图密度函数估计.

运行下面程序，可以得到直方图密度估计的图形，如图 9.1.

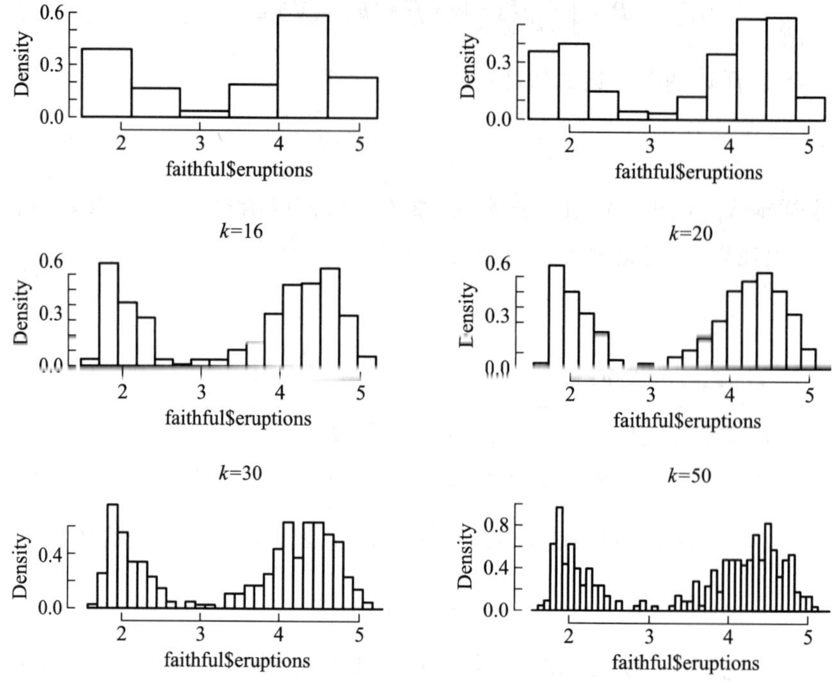

图 9.1 老忠实喷泉喷发持续时间数据的直方图

```
par(mfrow=c(3,2))
hist(faithful$eruptions,breaks=1.5+(0:6)*0.62,prob=T,main="k=6")
hist(faithful$eruptions,breaks=1.5+(0:10)*0.37,prob=T,main="k=10")
hist(faithful$eruptions,breaks=1.5+(0:16)*0.23,prob=T,main="k=16")
hist(faithful$eruptions,breaks=1.5+(0:20)*0.19,prob=T,main="k=20")
hist(faithful$eruptions,breaks=1.5+(0:30)*0.127,prob=T,main="k=30")
hist(faithful$eruptions,breaks=1.5+(0:50)*0.076,prob=T,main="k=50")
```

其中 $a=1.5$ 是区间 $[a,b]$ 的起点，组数 k 为 6,10,16,20,30,50 时的小区间长度分别为 0.62,0.37,0.23,0.19,0.127,0.076.

从图 9.1 中可以看出，直方图的质量取决于小区间长度 h_n. 如果 h_n 太大，会失去很多数据的详细信息. 如果 h_n 太小，可能会出现很多小区间没有事件发生，分布的形状不明显的情况. 对于任意一个数据集，应选取怎样的小区间长度是最合适的，并没有统一的说法. 为了获得满意的结果，往往需要尝试很多种不同的分组方式.

常见的密度函数的直方图的形状，除了单峰，还可能是如图 9.1 那样的双峰，以及三峰甚至更多个峰. 即使是单峰,除了左右两边基本对称的所谓钟形直方图,还有可能是向一边倾斜的直方图,犹如儿童玩的滑梯,一头的楼梯陡直到顶部,而另一头滑梯渐渐倾斜到地面. 当然,也有可能是顶部基本平坦的矩形直方图. 来自实际问题的数据,其直方图有各种不同的形状,以上列举的仅是常见的几种类型,重要的是要具体问题具体分析.

直方图密度估计给出了密度函数估计的一个简捷办法. 它的缺陷在于未考虑到观测点的远近对 x 处密度函数估计值的影响,而且直方图密度估计是分段函数,不是连续函数. 核密度估计方法在这些问题上进行了改进.

§9.1.2 核密度估计

核密度估计(kernel density estimation)是一种非参数密度函数估计方法. 它的思想方法和直方图密度估计类似,也是通过计算某一点的周围点的个数来进行密度函数估计,只不过考虑近处的点比远处的点作用更大.

对于数据 $X_1,X_2,\cdots,X_n$,核密度估计的形式为

$$\hat{f}_{h_n}(x)=\frac{1}{nh_n}\sum_{i=1}^{n}K\left(\frac{x-X_i}{h_n}\right), \tag{9.3}$$

其中核函数(kernel function)$K(\cdot)$是一个给定的概率密度函数,满足

$$\sup_{-\infty<u<+\infty}|K(u)|<+\infty,\quad K(u)=K(-u),\quad \lim_{u\to+\infty}|uK(u)|=0.$$

h_n 是一个与 n 有关的正数,n 趋于无穷大时,h_n 趋于 0. h_n 被称为窗宽或光滑参数.

对于给定的数据 $X_1,X_2,\cdots,X_n$,其核密度估计函数的表达式主要取决于核函数 $K(\cdot)$和窗宽 h_n 的选取. 核函数的形状和值域控制着估计 $f(x)$ 时所用数据点的个数和每个数据点被利用的程度. 下面是几种常用的核函数:

(1) 均匀核(或称 Parzen 窗):

$$K(u)=\frac{1}{2}I(|u|\leqslant 1);$$

(2) 三角核:

$$K(u)=(1-|u|)I(|u|\leqslant 1);$$

(3) Epanechnikov 核:

$$K(u)=0.75(1-u^2)I(|u|\leqslant 1);$$

(4) 正态核(或称 Gauss 核):

$$K(u)=(\sqrt{2\pi})^{-1}\exp\left(-\frac{u^2}{2}\right).$$

图 9.2 给出了上述四种核函数的示意图.

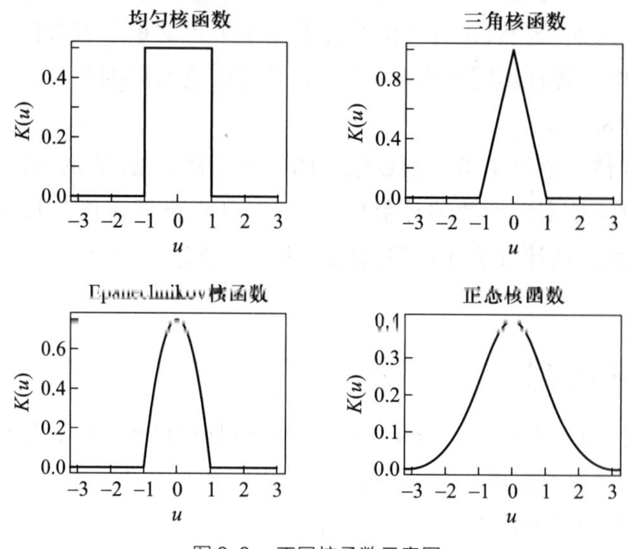

图 9.2 不同核函数示意图

例 9.2 对美国黄石国家公园老忠实喷泉喷发持续时间数据求核密度函数估计. 图 9.3 显示的是不同核函数下的核密度函数估计.

在 R 软件中运行下面程序,即可得到图 9.3.

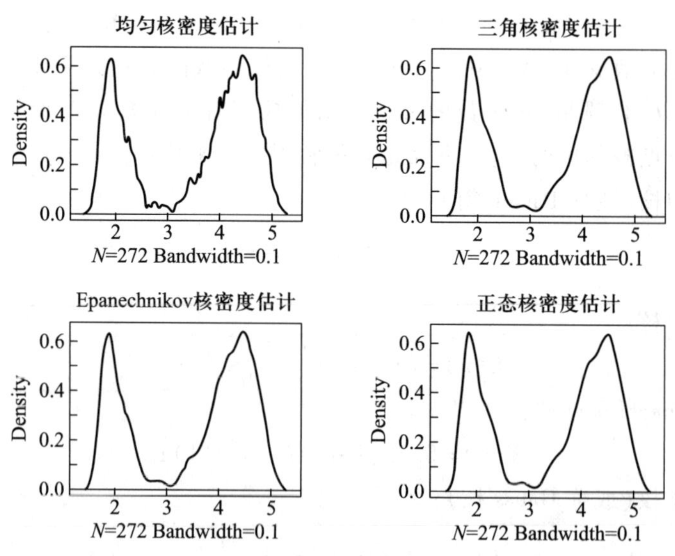

图 9.3 不同核函数下老忠实喷泉喷发时间数据的核密度估计(选取窗宽 $h_n=0.1$)

```
par(mfrow=c(2,2))
plot(density(faithful $eruptions,bw=0.1,kernel="rectangular"),main="均匀核密度估计")
plot(density(faithful $eruptions,bw=0.1,kernel="triangular"),main="三角核密度估计")
plot(density(faithful $eruptions,bw=0.1,kernel="epanechnikov"),main="Epanechnikov 核密度估计")
plot(density(faithful $eruptions,bw=0.1,kernel="gaussian"),main="正态核密度估计")
```

通常在大样本的情况下,非参数估计对核函数的选择并不敏感,从图 9.3 就可以看出这一点. 但窗宽的选取对密度函数估计量的影响较大. 如果选取的窗宽太小,以至于只在 x 附近的观测数据能对 $f(x)$ 的估计产生作用,会使密度函数的估计有很多错误的峰值;如果选取的窗宽太大,那么对相距不远的两个点 x_1 与 x_2 来说,估计 $f(x_1)$ 与 $f(x_2)$ 时,每个数据点被利用的程度差不多大,这将导致拟合曲线过于平坦光滑而忽略样本的某些波动特征. 图 9.4 显示的是不同窗宽下的核密度函数估计(选取正态核函数). 在 R 软件中运行下面程序,即可得到图 9.4.

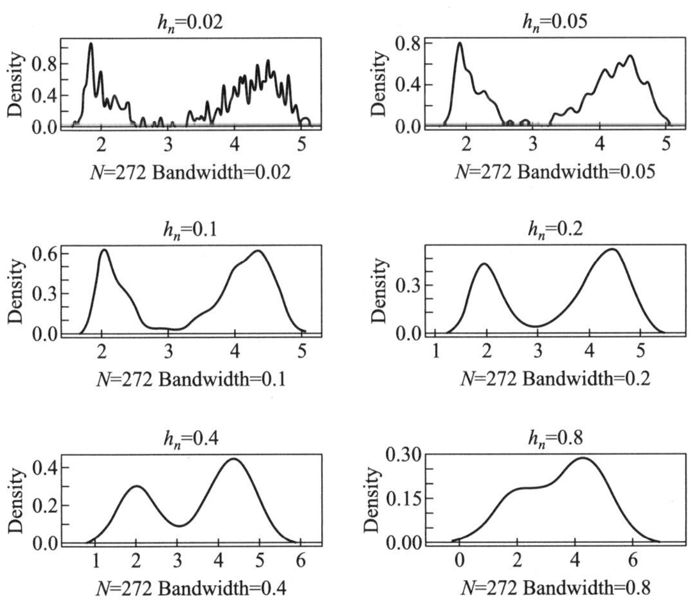

图 9.4 不同窗宽下老忠实喷泉喷发时间数据的核密度估计(正态核函数)

```
par(mfrow=c(3,2))
plot(density(faithful$eruptions,bw=0.02),main="hn=0.02")
plot(density(faithful$eruptions,bw=0.05),main="hn=0.05")
plot(density(faithful$eruptions,bw=0.1),main="hn=0.1")
plot(density(faithful$eruptions,bw=0.2),main="hn=0.2")
plot(density(faithful$eruptions,bw=0.4),main="hn=0.4")
plot(density(faithful$eruptions,bw=0.8),main="hn=0.8")
```

图 9.4 在正态核函数下对老忠实喷泉喷发时间数据所作的核密度估计,采用了六种不同的窗宽:0.02,0.05,0.1,0.2,0.4 和 0.8. 直观上看,$h_n=0.1$ 与 0.2 时的核密度估计较优.

选择窗宽的方法很多,一般的准则是考虑密度函数的积分均方误差达到最小的准则,可以得到最优窗宽随着样本大小 N 递减,速率为 $N^{-\frac{1}{5}}$. 在总体分布密度函数为正态的假定下,Hardle(1991)推荐窗宽为 $h_n=\frac{1.06\hat{\sigma}}{N^{\frac{1}{5}}}$,$\hat{\sigma}=\min\left(s,\frac{Q}{1.34}\right)$,其中 s 表示样本标准差,Q 表示样本四分位数间距. 如果总体分布密度函数图像比较光滑,选用正态核函数时,可按照这个规则来大致确定窗宽 h_n. 在本例中,因为存在两个峰,样本可近似看成两个单峰光滑密度函数的混合数据. 把样本数据分为小于 3 和大于 3 的两部分,按照正态参照规则,可以分别计算出比较理想的窗宽为 0.11 和 0.15. 比较接近图 9.4 的直观推测.

§9.1.3 最近邻密度估计

Loftsgarden 和 Quesenberry 于 1965 年提出了最近邻密度估计方法,这一方法是根据核密度估计方法的固定窗宽的缺陷提出来的. 核密度估计中,选取的窗宽太大或太小都会存在问题. 最近邻密度估计的思想是:基于独立同分布样本 $X_1,X_2,\cdots,X_n$,先选定一个和样本容量 n 有关的整数 k_n,$1\leqslant k_n<n$,任意给定 x,$d_1(x)\leqslant d_2(x)\leqslant\cdots\leqslant d_n(x)$ 表示 x 到所有 n 个样本点的欧氏距离,定义

$$\hat{f}_{NN}(x)=\frac{k_n}{2nd_{k_n}(x)},$$

称 $\hat{f}_{NN}(x)$ 为 $f(x)$ 的最近邻密度估计(nearest neighbour density estimation),简记为 N-N 估计. 最近邻密度函数估计 $\hat{f}_{NN}(x)$ 并不是一个概率密度函数,而且它的尾部衰减太

慢,不适合用作 f 的整体估计,适用于密度函数的局部估计. 显然,k_n 的大小决定了密度估计曲线的光滑程度.

例 9.3 对美国黄石国家公园老忠实喷泉喷发持续时间数据求最近邻密度函数估计.

为了比较 k_n 的大小对估计曲线光滑程度的影响,选取 $k_n=20,30,40,60,80,100$. 运行下面的 R 程序,可以得到图 9.5. 从图 9.5 看,k_n 取 40 或 60 时,密度估计的效果比较好.

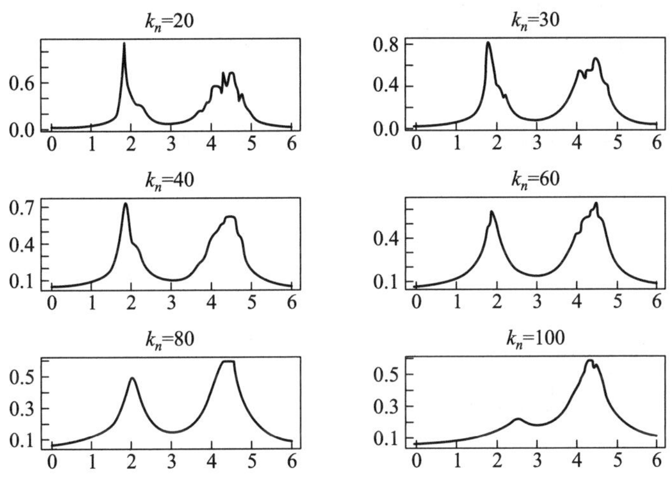

图 9.5 不同 k_n 下老忠实喷泉喷发持续时间数据的最近邻密度估计

```
n<-length(faithful $ eruptions)
dx<-function(X,x,kn){dist<-rep(NA,n)
for(i in 1:n)dist[i]<-abs(x-X[i])
dist<-sort(dist);dist[kn]}
Knear<-function(X,x,kn){f<-kn/(2*n*dx(X,x,kn));f}
x<-seq(0,6,0.05);m<-length(x)
par(mfrow=c(3,2))
f1<-rep(NA,m);for(j in 1:m)f1[j]<-Knear(faithful $ erup-
tions,x[j],20)
plot(x,f1,type="l",xlab=",ylab=",main="kn=20")
f2<-rep(NA,m);for(j in 1:m)f2[j]<-Knear(faithful $ erup-
tions,x[j],30)
```

```
plot(x,f2,type="l",xlab=",ylab=",main="kn=30")
f3<-rep(NA,m);for(j in 1:m)f3[j]<-Knear(faithful$eruptions,x[j],40)
plot(x,f3,type="l",xlab=",ylab=",main="kn=40")
f4<-rep(NA,m);for(j in 1:m)f4[j]<-Knear(faithful$eruptions,x[j],60)
plot(x,f4,type="l",xlab=",ylab=",main="kn=60")
f5<-rep(NA,m);for(j in 1:m)f5[j]<-Knear(faithful$eruptions,x[j],80)
plot(x,f5,type="l",xlab=",ylab=",main="kn=80")
f6<-rep(NA,m);for(j in 1:m)f6[j]<-Knear(faithful$eruptions,x[j],100)
plot(x,f6,type="l",xlab=",ylab=",main="kn=100")
```

§9.2 非参数回归

设 Y 为被解释变量,X 为解释变量,(X_i,Y_i),$i=1,2,\cdots,n$ 为 (X,Y) 的独立随机样本. 建立非参数回归模型

$$E(Y_i|X=X_i)=m(X_i),i=1,2,\cdots,n, \tag{9.4}$$

称 $m(X)=E(Y|X)$ 为 Y 对 X 的回归函数.

要在 X 给定时对 Y 的条件期望进行估计,首先考虑下面这种情况:对于给定的 x,假定在 $X_1,X_2,\cdots,X_n$ 中有 k 个,例如 $X_{i_1},X_{i_2},\cdots,X_{i_k}$ 恰好等于 x,$1\leqslant i_1<i_2<\cdots<i_k\leqslant n$,则很自然地,可以考虑用

$$\hat{m}_n(x)=\frac{1}{k}\sum_{j=1}^{k}Y_{i_j} \tag{9.5}$$

作为 $m(x)$ 的估计.

如果 X 为连续型随机变量,$X_1,X_2,\cdots,X_n$ 一般互不相等,上面的估计方法行不通,必须寻找新的方法. Stone 在 1977 年提出了一种非参数回归估计的权函数方法,并论证了这种方法的大样本性质.

定义 9.1 对给定的权函数 $\{W_{n,i}(x),i=1,2,\cdots,n\}$,$W_{n,i}(x)=W_{n,i}(x;X_1,X_2,\cdots,$

X_n)，满足

$$W_{n,i}(x)\geqslant 0,\quad i=1,2,\cdots,n;\ \sum_{i=1}^{n}W_{n,i}(x)=1,$$

称 $\hat{m}_n(x)=\sum\limits_{i=1}^{n}W_{n,i}Y_i$ 为 $m(x)$ 的一个权函数估计.

式(9.5)给出的就是一种权函数估计，其中

$$W_{n,i}(x)=\begin{cases}\dfrac{1}{k}, & i\in\{i_1,i_2,\cdots,i_k\},\\ 0, & \text{其他}.\end{cases}$$

从权函数估计的定义可以看出，给定样本 (X_i,Y_i)，$i=1,2,\cdots,n$，权函数估计完全由权函数 $\{W_{n,i}(x),i=1,2,\cdots,n\}$ 决定. 下面介绍两种常用的权函数确定方法.

1. 近邻权函数

基于样本 (X_i,Y_i)，$i=1,2,\cdots,n$，将"等于 x"要求降低为"接近 x"，按照每个 X_i 和 x 的距离(这里采用欧氏距离)来定义 $W_{n,i}(x)$ 的大小. 假定

$$|X_{r_1}-x|\leqslant|X_{r_2}-x|\leqslant\cdots\leqslant|X_{r_n}-x|,$$

$r_1,r_2,\cdots,r_n$ 是 $1,2,\cdots,n$ 的一个置换. 选定 n 个非负数 $C_1,C_2,\cdots,C_n$，满足

$$C_1\geqslant C_2\geqslant\cdots\geqslant C_n,\quad \sum_{i=1}^{n}C_i=1,$$

定义权函数

$$W_{n,r_i}(x)=C_i,\quad i=1,2,\cdots,n.$$

2. 核权函数

假设 (X,Y) 的联合密度函数为 $f(x,y)$，在 X 给定的条件下 Y 的条件分布密度函数为 $f_{Y|X}(y)$，Y 的取值空间记为 I_y，X 的边际密度函数为 $f_X(x)$，则

$$E(Y|X=x)=\int_{I_y}yf_{Y|X}(y)\,\mathrm{d}y=\int_{I_y}y\frac{f(x,y)}{f_X(x)}\,\mathrm{d}y=\frac{\int_{I_y}yf(x,y)\,\mathrm{d}y}{f_X(x)}.\tag{9.6}$$

根据式(9.3)，对于数据 $X_1,X_2,\cdots,X_n$，选定核函数 $K(\cdot)$ 和窗宽 h_n，$f_X(x)$ 核密度估计为

$$\hat{f}_{h_n}(x)=\frac{1}{nh_n}\sum_{i=1}^{n}K\left(\frac{x-X_i}{h_n}\right);$$

而 $\int_{I_y}yf(x,y)\,\mathrm{d}y$ 可以用 $\dfrac{1}{nh_n}\sum\limits_{i=1}^{n}K\left(\dfrac{x-X_i}{h_n}\right)Y_i$ 估计. 式(9.6)的分子和分母分别用估计量代替，就得到 $m(x)$ 的一个权函数估计

$$\hat{m}_n(x)=\frac{\sum_{i=1}^{n}K\left(\frac{x-X_i}{h_n}\right)Y_i}{\sum_{i=1}^{n}K\left(\frac{x-X_i}{h_n}\right)}\hat{=}\sum_{i=1}^{n}W_{n,i}(x)Y_i,$$

其中核权函数 $W_{n,i}(x)=\dfrac{K\left(\frac{x-X_i}{h_n}\right)}{\sum_{i=1}^{n}K\left(\frac{x-X_i}{h_n}\right)},i=1,2,\cdots,n.$

美国统计学者 G. Watson 和苏联统计学者 E. A. Nadaraya 在 1964 年各自发表了这种核权函数的非参数回归方法,后来这种方法就被称为 Nadaraya-Watson 估计,简记为 N-W 估计.

例 9.4 在 R 软件自带的数据集 cars 中记录了 20 世纪 20 年代汽车速度和刹车距离的 50 组数据,其散点图见图 9.6. 由散点图知,汽车速度越快,刹车距离就越远. 对于它们之间究竟有怎样的回归关系的问题,其求解最好尝试用各种不同的方法. 下面我们用核权函数的非参数回归方法计算刹车距离关于汽车速度的 N-W 估计.

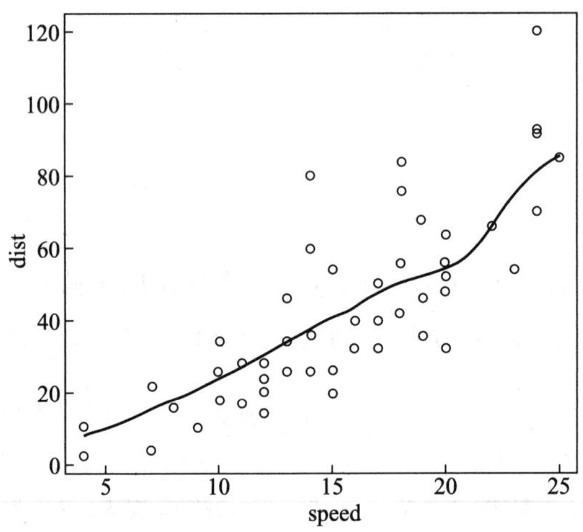

图 9.6 刹车距离关于汽车速度的 N-W 回归曲线图

在 R 中运行如下程序:

```
require(graphics)
with(cars, {plot(speed, dist)
lines(ksmooth(speed, dist, "normal", bandwidth = 5), col = 3)})
```

可以得到如图 9.6 所示的非参数的 N-W 回归曲线图.

习 题 九

1. 简单叙述直方图密度估计和核密度估计的异同.

2. 简单叙述非参数回归估计的思想方法.

3. 美国黄石国家公园的老忠实喷泉,连续两次喷发之间的间隔时间有长有短. R 软件自带的数据集 faithful 中有 eruptions(喷泉喷发持续时间)和 waiting(连续两次喷发的间隔时间)两个变量,共有 272 条记录. 选用正态核函数,在不同窗宽下对老忠实喷泉两次喷发的间隔时间变量的密度函数进行估计. 并根据估计结果叙述不同窗宽对密度函数估计的影响.

4. 从指数分布 *exp*(1)中抽取容量为 $N=1\ 000$ 的样本,试作出它的直方图、核密度估计以及最近邻密度估计曲线.

5. Bart Simpson 密度函数的表达式为

$$f(x)=\frac{1}{2}\phi(x;0,1)+\frac{1}{10}\sum_{j=0}^{4}\phi\left(x;\frac{j}{2}-1,\frac{1}{10}\right),$$

$\phi(x;\mu,\sigma)$表示均值为 μ,标准差为 σ 的正态分布密度函数. 随机产生 5 000 个来自这个分布的样本,试作出它的直方图、核密度估计以及最近邻密度估计曲线.

6. 从二次回归模型 $Y=\sin(X)+\varepsilon$(X 服从均匀分布 $U(0,2\pi)$,ε 服从标准正态分布)产生 500 个样本$(X_1,Y_1),(X_2,Y_2),\cdots,(X_{500},Y_{500})$,作出 Y 关于 X 的 N-W 回归函数曲线.

第十章 检验的渐近相对效率

非参数数据分析方法对产生数据的总体的分布不作假设，或仅给出很一般的假设，例如连续型分布、对称分布等. 所以非参数数据分析方法的优点就是它可以在很多情况下使用. 由于非参数数据分析方法适用面广，人们会很自然地认为它的效率不高. 与参数数据分析方法相比较，非参数数据分析方法的效率究竟有多高？ 这就是本章所要讨论的问题. § 10.1 和 § 10.2 将 t 检验方法分别与单样本的符号检验方法和两样本的 Wilcoxon 秩和检验方法进行比较. t 检验是著名的正态总体假设下的参数检验方法，而 Wilcoxon 秩和检验是著名的非参数检验方法，符号检验是最为简单的非参数检验方法. 至于其他的非参数检验方法与和它相对应的参数检验方法的比较本书从略. 有兴趣的读者请参阅参考书目［2］—［4］.

§ 10.1 单样本符号检验与 t 检验

通常使用的比较检验的方法是，在待比较的两个检验有相同的样本容量 n 的情况下，首先使得它们取同样的显著性水平 α，然后分别计算它们的功效. 由于功效表示备择假设成立时拒绝原假设的概率，所以功效越大，检验越好. 由于 1 减去功效就是检验犯第二类错误的概率，所以这种比较方法实际上就是看样本容量相同并且犯第一类错误的概率也相同的两个检验，谁犯第二类错误的概率小. 犯第二类错误概率小的那个检验为好. 除此之外，还有下面一种比较方法.

另一种比较方法首先使得待比较的两个检验取同样的显著性水平 α，并取同样的功效 β，然后比较要达到显著性水平 α 和功效 β 所需要的样本容量. 所需要的样本容量比较小的那个检验为好. 不难看出，这两种比较方法相互等价. 它们都是根据假设检验的 Neyman-Pearson 理论而引出的. 非参数检验方法与参数检验方法进行比较时，通常采用上述第二种方法.

一般来说,原假设是简单假设,而备择假设往往是复合假设. 原假设成立时参数的取值空间是单点集,备择假设成立时参数的取值空间不是单点集,而是一个开区间. 在备择假设成立时有了参数的值我们才能计算功效. 究竟是对哪一些参数计算功效? 这是我们在计算功效之前需要考虑的第一个问题. 显然,我们最为关心的是接近于原假设的那一些参数的功效. 如果一个检验中接近于原假设的那些参数的功效很大,那么这个检验就是一个好的检验. 所以越是接近原假设的那些参数的功效我们越关心. 计算功效的参数要不要与样本容量有关? 这是我们在计算功效之前需要考虑的又一个问题. 对给定的某个参数,即使它非常接近原假设,当样本容量越来越大时,它的功效必然也越来越大. 所以计算功效的参数要与样本容量有关,样本容量越大,计算功效的参数要和原假设越接近. 样本容量趋于无穷大时计算功效的参数要趋于原假设. 正因为考虑到这两个问题,所以我们是在样本容量比较大,直至趋于无穷大的时候比较两个水平相同的检验,比较它们为了在接近于原假设,直至趋于原假设的那一些参数处有相同功效所需要的样本容量.

假设样本 $x_1,x_2,\cdots,x_n$ 独立同分布,总体 X 服从连续型分布,且 X 的分布关于点 θ 对称,其密度函数为 $f(x-\theta)$, $f(\cdot)$ 是偶函数. 欲检验对称中心 θ 是否在原点 0 的右边,其原假设和备择假设分别为

$$H_0: \theta=0; H_1: \theta>0. \tag{10.1}$$

原假设成立时参数 θ 的取值空间是单点集 $\{0\}$,而备择假设成立时参数 θ 的取值空间是开区间 $(0,\infty)$.

§ 10.1.1 t 检验法

可以使用 t 检验法解式(10.1)的检验问题,其检验统计量为

$$t_n=\sqrt{n}\ \frac{\bar{x}_n}{S_n},$$

其中

$$\bar{x}_n=\frac{\sum_{i=1}^{n} x_i}{n}, S_n^2=\frac{\sum_{i=1}^{n}(x_i-\bar{x}_n)^2}{n-1}.$$

如果总体 X 服从正态分布,则在原假设成立时, $t_n\sim t(n-1)$. 如果不能确定正态总体假设是否成立,那么在原假设成立时,若 $n\to\infty$,则 t_n 有渐近标准正态分布 $N(0,1)$. 所以在样本容量比较大的时候,显著性水平为 α 的 t 检验的拒绝域为 $t_n\geqslant U_{1-\alpha}$.

正如前面所说的,计算功效的参数 θ 与样本容量 n 有关,而且样本容量 n 越大,计算功效的参数 θ 与原假设,即原点 0 越接近. 为此我们取一个参数序列,$\theta_1 \geqslant \theta_2 \geqslant \cdots \geqslant \theta_n \geqslant \cdots > 0$,其中 $\theta_n = \frac{\delta}{\sqrt{n}}$,$\delta$ 是大于 0 的正数. 显然,n 越大,θ_n 越接近原点 0,且在 $n \to \infty$ 时,$\theta_n \to 0$. 为什么令 $\theta_n = \frac{\delta}{\sqrt{n}}$,而不是 $\theta_n = \frac{\delta}{n}$ 或其他,这是为了使得 $\sqrt{n}\,\theta_n$ 是一个常数 δ,给数学处理带来方便.

下面计算在参数 θ_n 处的功效,并使得这个功效等于给定的 β. 所谓在 θ_n 处计算功效,就是在备择假设成立,当总体 X 的分布关于点 θ_n 对称时计算功效,即计算概率 $P(t_n \geqslant U_{1-\alpha})$ 的值. 当总体 X 的分布关于点 θ_n 对称时,根据中心极限定理,我们有

$$\sqrt{n}\ \frac{\bar{x}_n - \theta_n}{S_n} \xrightarrow{L} N(0,1),\ n \to \infty. \tag{10.2}$$

由于 $\sqrt{n}\,\theta_n = \delta$,所以功效

$$\beta = P\left(\sqrt{n}\ \frac{\bar{x}_n}{S_n} \geqslant U_{1-\alpha}\right) = P\left(\sqrt{n}\ \frac{\bar{x}_n - \theta_n}{S_n} + \frac{\delta}{S_n} \geqslant U_{1-\alpha}\right). \tag{10.3}$$

由于在 $n \to \infty$ 时,$S_n \xrightarrow{p} \sigma$,其中 σ 为总体的标准差,所以由式(10.2)知

$$\sqrt{n}\ \frac{\bar{x}_n - \theta_n}{S_n} + \frac{\delta}{S_n} \xrightarrow{L} N\left(\frac{\delta}{\sigma}, 1\right),\ n \to \infty.$$

从而由式(10.3)知,在 $n \to \infty$ 时,$\beta = P\left(N\left(\frac{\delta}{\sigma}, 1\right) \geqslant U_{1-\alpha}\right)$. 所以

$$U_{1-\alpha} - \frac{\delta}{\sigma} = U_{1-\beta}. \tag{10.4}$$

一般来说,显著性水平 α 比较小时,功效 β 比较大,故 $U_{1-\alpha} > 0$,而 $U_{1-\beta} < 0$. 由式(10.4)我们得到 δ 满足的等式:

$$\delta = \sigma(U_{1-\alpha} - U_{1-\beta}). \tag{10.5}$$

在参数 θ 接近原点 0 时,为了使其功效达到 β,t 检验需要多大的样本容量? 有了式(10.5),这个问题就容易解决了. 为了区分使用不同的检验方法需要的不同的样本容量,我们把使用 t 检验法需要的样本容量记为 n_t. 令 $\theta = \frac{\delta}{\sqrt{n_t}}$,则由式(10.5)知,$t$ 检验需要的样本容量

$$n_t = \frac{\sigma^2(U_{1-\alpha} - U_{1-\beta})^2}{\theta^2}. \tag{10.6}$$

下面我们计算符号检验在接近原点 0 的参数 θ 处达到功效 β 所需要的样本容量.

§ 10.1.2 符号检验法

也可以使用符号检验法解式(10.1)的检验问题,其检验统计量为

$$S_n^+=\sum_{i=1}^n u_i, u_i=\begin{cases}1, & x_i>0,\\ 0, & 否则,\end{cases} \quad i=1,2,\cdots,n.$$

在原假设成立时,$S_n^+\sim b\left(n,\dfrac{1}{2}\right)$,并且在 $n\to\infty$ 时,S_n^+ 有渐近正态性:

$$\frac{S_n^+-\dfrac{n}{2}}{\dfrac{\sqrt{n}}{2}}\xrightarrow{L}N(0,1),$$

所以在样本容量比较大的时候,显著性水平为 α 的符号检验的拒绝域为

$$\frac{S_n^+-\dfrac{n}{2}}{\dfrac{\sqrt{n}}{2}}\geqslant U_{1-\alpha}.$$

在备择假设成立,当总体 X 的分布关于点 θ_n 对称时,S_n^+ 也有渐近正态性:

$$\frac{S_n^+-np_n}{\sqrt{np_n(1-p_n)}}\xrightarrow{L}N(0,1), \tag{10.7}$$

其中

$$p_n=P(X>0)=\int_0^{\infty}f(x-\theta_n)\,\mathrm{d}x=\frac{1}{2}+q_n, q_n=\int_0^{\theta_n}f(x-\theta_n)\,\mathrm{d}x.$$

由于 $f(x)$ 是偶函数,所以

$$q_n=\int_0^{\theta_n}f(x-\theta_n)\,\mathrm{d}x=\int_{-\theta_n}^0 f(x)\,\mathrm{d}x=\int_0^{\theta_n}f(x)\,\mathrm{d}x.$$

假设在参数 θ_n 处的功效为 β,则有

$$\begin{aligned}\beta&=P\left(\frac{S_n^+-np_n}{\sqrt{np_n(1-p_n)}}\cdot\frac{\sqrt{p_n(1-p_n)}}{\dfrac{1}{2}}+\frac{nq_n}{\dfrac{\sqrt{n}}{2}}\geqslant U_{1-\alpha}\right)\\&=P\left(\frac{S_n^+-np_n}{\sqrt{np_n(1-p_n)}}\cdot\frac{\sqrt{p_n(1-p_n)}}{\dfrac{1}{2}}+2\sqrt{n}\,q_n\geqslant U_{1-\alpha}\right).\end{aligned} \tag{10.8}$$

由于 $\theta_n=\dfrac{\delta}{\sqrt{n}}$,所以在 $n\to\infty$ 时,

$$\sqrt{n}\,q_n=\sqrt{n}\int_0^{\frac{\delta}{\sqrt{n}}}f(x)\,\mathrm{d}x=\delta\frac{\int_0^{\frac{\delta}{\sqrt{n}}}f(x)\,\mathrm{d}x}{\frac{\delta}{\sqrt{n}}}\to\delta f(0).\tag{10.9}$$

又由于在 $n\to\infty$ 时，$p_n\to\frac{1}{2}$，所以

$$\frac{\sqrt{p_n(1-p_n)}}{\frac{1}{2}}\to 1.\tag{10.10}$$

由式(10.7)、式(10.9)和式(10.10)知

$$\frac{S_n^+-np_n}{\sqrt{np_n(1-p_n)}}\cdot\frac{\sqrt{p_n(1-p_n)}}{\frac{1}{2}}+2\sqrt{n}\,q_n\xrightarrow{L}N(2\delta f(0),1),\ n\to\infty.$$

从而由式(10.8)知，在 $n\to\infty$ 时

$$\beta=P(N(2\delta f(0),1)\geqslant U_{1-\alpha}),$$

所以 $U_{1-\alpha}-2\delta f(0)=U_{1-\beta}$，于是得到 δ 满足的等式：

$$\delta=\frac{U_{1-\alpha}-U_{1-\beta}}{2f(0)}.\tag{10.11}$$

在接近原点 0 的参数 θ 处功效达到 β 时符号检验所需要的样本容量记为 n_s. 令 $\theta=\frac{\delta}{\sqrt{n_s}}$，则由式(10.11)知，符号检验需要的样本容量为

$$n_s=\frac{(U_{1-\alpha}-U_{1-\beta})^2}{4\theta^2f^2(0)}.\tag{10.12}$$

显然，n_t 和 n_s 的比值可用来表示符号检验对 t 检验的优劣. n_t 和 n_s 的比值小于 1，说明要达到同样的显著性水平 α 和同样的功效 β，t 检验需要的样本容量较小，而符号检验需要的样本容量较大，故符号检验不如 t 检验. 反之，若 n_t 和 n_s 的比值大于 1，说明符号检验优于 t 检验. 我们把 n_t 和 n_s 的比值称为符号检验对 t 检验的渐近相对效率. 由式(10.6)和式(10.12)知，符号检验对 t 检验的渐近相对效率为$4\sigma^2f^2(0)$. 这个渐近相对效率与总体的方差 σ^2 以及总体的密度函数在对称中心处的值 $f(0)$ 都有关系，所以我们把它记为

$$\mathrm{ARE}(S^+,t,F)=4\sigma^2f^2(0).\tag{10.13}$$

它称为在总体分布为 F 时符号检验 S^+对 t 检验的渐近相对效率(Asymptotic Relative Efficiency，简称 ARE).

下面就几个重要的对称总体分布根据式(10.13)分别计算符号检验对 t 检验的渐近相对效率.

① 当总体为标准正态分布 $N(0,1)$ 时,$\sigma^2=1$, $f(0)=\dfrac{1}{\sqrt{2\pi}}$,所以

$$\mathrm{ARE}(S^+,t,\text{标准正态分布})=\frac{2}{\pi}=0.636\ 6;$$

② 当总体为均匀分布 $R(-1,1)$ 时,$\sigma^2=\dfrac{1}{3}$, $f(0)=\dfrac{1}{2}$,所以

$$\mathrm{ARE}(S^+,t,\text{均匀分布})=\frac{1}{3}=0.333\ 3;$$

③ 当总体为 Laplace 分布,密度函数为$\dfrac{e^{-|x|}}{2}$时,$\sigma^2=2$, $f(0)=\dfrac{1}{2}$,所以

$$\mathrm{ARE}(S^+,t,\text{Laplace 分布})=2;$$

④ 当总体为 Logistic 分布,密度函数为 $e^{-x}(1+e^{-x})^{-2}$时,$\sigma^2=\dfrac{\pi^2}{3}$, $f(0)=\dfrac{1}{4}$,所以

$$\mathrm{ARE}(S^+,t,\text{Logistic 分布})=\frac{\pi^2}{12}=0.822\ 5.$$

符号检验非常简单,但是它对 t 检验的渐近相对效率中也有一个大于 1. 我们同样也可以计算符号秩和检验对 t 检验的渐近相对效率(它的计算过程留作本章习题). 看了符号秩和检验对 t 检验的渐近相对效率的计算结果(见表 10.1),我们对使用非参数数据分析方法就更有信心了.

表 10.1　单样本符号与符号秩和检验对 t 检验的渐近相对效率

总体分布	正态分布	均匀分布	Laplace 分布	Logistic 分布
密度函数	$\dfrac{e^{\frac{-x^2}{2}}}{\sqrt{2\pi}}$	$\dfrac{1}{2},-1\leqslant x\leqslant 1$	$\dfrac{e^{-\|x\|}}{2}$	$e^{-x}(1+e^{-x})^{-2}$
$\mathrm{ARE}(S^+,t,F)$	$\dfrac{2}{\pi}=0.636\ 6$	$\dfrac{1}{3}$	2	$\dfrac{\pi^2}{12}=0.822\ 5$
$\mathrm{ARE}(W^+,t,F)$	$\dfrac{3}{\pi}=0.954\ 9$	1	$\dfrac{3}{2}=1.5$	$\dfrac{\pi^2}{9}=1.096\ 6$

符号秩和检验对 t 检验的渐近相对效率只有在正态分布总体时才小于 1. t 检验是由正态分布总体导出的检验,所以在正态总体时 t 检验优于符号秩和检验理所当然. 正态总体时符号秩和检验对 t 检验的渐近相对效率为 0.954 9,很接近 1. 因而在

正态总体时使用符号秩和检验仅仅略微降低效率. 事实上,参数和非参数数据分析方法是针对不同情况提出来的两种统计分析方法,它们各有其优缺点,各有其适用范围,互为补充. 有时在解决实际问题的时候,参数和非参数数据分析方法不妨都用.

§10.2 两样本秩和检验与 t 检验

假设样本 $x_1,x_2,\cdots,x_m$ 和 $y_1,y_2,\cdots,y_n$ 分别来自相互独立的连续型随机变量总体 X 和 Y,X 和 Y 的分布函数分别为 $F(x)$ 和 $F(y-a)$. 相应地,假设 X 和 Y 的密度函数分别为 $f(x)$ 和 $f(y-a)$. 欲检验位置参数 a 是否大于 0,其原假设和备择假设分别为

$$H_0:a=0 \text{ 和 } H_1:a>0. \tag{10.14}$$

§10.2.1 t 检验法

可以使用 t 检验法解式(10.14)的检验问题,其检验统计量为

$$t_{mn}=\sqrt{\frac{mn}{N}}\ \frac{\bar{y}_n-\bar{x}_m}{S_{mn}},$$

其中

$$N=m+n,\bar{x}_m=\frac{\sum_{i=1}^{m}x_i}{m},\bar{y}_n=\frac{\sum_{i=1}^{n}y_i}{n},$$

$$S_{mn}^2=\frac{\sum_{i=1}^{m}(x_i-\bar{x}_m)^2+\sum_{i=1}^{n}(y_i-\bar{y}_n)^2}{N-2}.$$

如果总体服从正态分布,则在原假设成立时,$t_{mn}\sim t(N-2)$. 如果不能确定正态总体假设是否成立,那么在原假设成立时,若 $\min\{m,n\}\to\infty$,且$\frac{m}{N}\to\lambda\in(0,1)$,$\lambda$ 是一个常数,则 t_{mn} 有渐近标准正态分布 $N(0,1)$. 所以在样本容量比较大的时候,显著性水平为 α 的 t 检验的拒绝域为 $t_{mn}\geqslant U_{1-\alpha}$. 由于我们是在 $\min\{m,n\}\to\infty$,且$\frac{m}{N}\to\lambda\in(0,1)$

时讨论问题,所以不妨假设 $m=\lambda N, n=(1-\lambda)N, \lambda\in(0,1)$ 是一个常数,并让 $N\to\infty$.

取参数序列,$a_1\geqslant a_2\geqslant\cdots\geqslant a_N\geqslant\cdots>0$,其中 $a_N=\sqrt{\frac{N}{mn}}\delta=\frac{\delta}{\sqrt{\lambda(1-\lambda)N}}$,$\delta$ 是一个大于 0 的正数. 下面计算在参数 a_N 处的功效,并使得这个功效等于给定的 β. 所谓在 a_N 处计算功效,就是在备择假设成立、总体 X 和 Y 的分布函数分别为 $F(x)$ 和 $F(y-a_N)$ 时计算功效,即计算概率 $P(t_n\geqslant U_{1-\alpha})$ 的值. 在备择假设成立时,若 $N\to\infty$,则

$$\sqrt{\frac{mn}{N}}\frac{\bar{y}_n-\bar{x}_m-a_N}{S_{mn}}=\sqrt{\lambda(1-\lambda)N}\frac{\bar{y}_n-\bar{x}_m-a_N}{S_{mn}}\xrightarrow{L}N(0,1). \tag{10.15}$$

由于 $a_N=\frac{\delta}{\sqrt{\lambda(1-\lambda)N}}$,所以功效

$$\begin{aligned}\beta&=P\left(\sqrt{\lambda(1-\lambda)N}\frac{\bar{y}_n-\bar{x}_m}{S_{mn}}\geqslant U_{1-\alpha}\right)\\&=P\left(\sqrt{\lambda(1-\lambda)N}\frac{\bar{y}_n-\bar{x}_m-a_N}{S_{mn}}+\frac{\delta}{S_{mn}}\geqslant U_{1-\alpha}\right).\end{aligned} \tag{10.16}$$

由于在 $N\to\infty$ 时,$S_{mn}\xrightarrow{p}\sigma$,其中 σ 为总体的标准差,所以由式(10.15)知

$$\sqrt{\lambda(1-\lambda)N}\frac{\bar{y}_n-\bar{x}_m-a_N}{S_{mn}}+\frac{\delta}{S_{mn}}\xrightarrow{L}N\left(\frac{\delta}{\sigma},1\right).$$

从而由式(10.16)知,$\beta=P\left(N\left(\frac{\delta}{\sigma},1\right)\geqslant U_{1-\alpha}\right)$,$U_{1-\alpha}-\frac{\delta}{\sigma}=U_{1-\beta}$,所以有

$$\delta=\sigma(U_{1-\alpha}-U_{1-\beta}). \tag{10.17}$$

在接近原点 0 的参数 a 处功效达到 β 时,t 检验所需要的样本容量记为 N_t. 令 $a=\frac{\delta}{\sqrt{\lambda(1-\lambda)N_t}}$,则由式(10.17)知,$t$ 检验需要的样本容量为

$$N_t=\frac{\sigma^2(U_{1-\alpha}-U_{1-\beta})^2}{\lambda(1-\lambda)a^2}. \tag{10.18}$$

§ 10.2.2　秩和检验法

下面使用 Wilcoxon 秩和检验法解式(10.14)的检验问题,其检验统计量为 Y 样本 $y_1,y_2,\cdots,y_n$ 的秩和 W_y:

$$W_y=\sum_{i=1}^{n}R_i,$$

其中 R_i 为 y_i 在合样本$(x_1,x_2,\cdots,x_m,y_1,y_2,\cdots,y_n)$中的秩. 同 t 检验,不妨假设 $m=\lambda N$,

$n=(1-\lambda)N,\lambda\in(0,1)$是一个常数. 在原假设成立时,若 $N\to\infty$,则 W_y 有渐近正态性:

$$\frac{W_y-\frac{n(N+1)}{2}}{\sqrt{\frac{mn(N+1)}{12}}}=\frac{W_y-\frac{(1-\lambda)N(N+1)}{2}}{N\sqrt{\frac{\lambda(1-\lambda)(N+1)}{12}}}\xrightarrow{L}N(0,1),$$

所以在样本容量比较大的时候,显著性水平为 α 的秩和检验的拒绝域为

$$\frac{W_y-\frac{(1-\lambda)N(N+1)}{2}}{N\sqrt{\frac{\lambda(1-\lambda)(N+1)}{12}}}\geqslant U_{1-\alpha}.$$

在备择假设成立时,计算 Wilcoxon 秩和检验的功效比较困难. 考虑到 Wilcoxon 秩和检验法等价于 Mann-Whitney U 统计量检验法,所以我们转而计算 Mann-Whitney U 统计量检验的功效,然后计算 Mann-Whitney U 统计量检验对 t 检验的渐近相对效率,从而得到 Wilcoxon 秩和检验对 t 检验的渐近相对效率.

Mann-Whitney U 统计量检验法的检验统计量为

$$W_{xy}=\sum_{i=1}^{m}\sum_{j=1}^{n}\phi(x_i;y_j),$$

其中

$$\phi(x_i;y_j)=\begin{cases}1, & x_i-y_j<0,\\ 0, & \text{其他}.\end{cases}$$

在原假设成立时,

$$E(W_{xy})=\frac{mn}{2}=\frac{\lambda(1-\lambda)N^2}{2},$$

$$D(W_{xy})=\frac{\lambda(1-\lambda)N^2(N+1)}{12},$$

且在 $N\to\infty$ 时,W_{xy}有渐近正态性:

$$\frac{W_{xy}-\frac{\lambda(1-\lambda)N^2}{2}}{N\sqrt{\frac{\lambda(1-\lambda)(N+1)}{12}}}\xrightarrow{L}N(0,1),$$

所以在样本容量比较大的时候,显著性水平为 α 的 Mann-Whitney U 统计量检验的拒绝域为

$$\frac{W_{xy}-\frac{\lambda(1-\lambda)N^2}{2}}{N\sqrt{\frac{\lambda(1-\lambda)(N+1)}{12}}}\geqslant U_{1-\alpha}.$$

同 t 检验,取参数序列 $a_1\geqslant a_2\geqslant\cdots\geqslant a_N\geqslant\cdots>0$,其中 $a_N=\sqrt{\frac{N}{mn}}\delta=\frac{\delta}{\sqrt{\lambda(1-\lambda)N}}$,$\delta$ 是大于 0 的正数. 由 U 统计量的渐近正态性理论(详细内容请阅参考书目[2]—[4])知,在备择假设成立,即当总体 X 和 Y 的分布函数分别为 $F(x)$ 和 $F(y-a_N)$ 时,W_{xy} 也有渐近正态性:

$$\frac{W_{xy}-\mu_N}{\sigma_N}\xrightarrow{L}N(0,1),N\to\infty, \tag{10.19}$$

其中

$$\mu_N=E(W_{xy}\mid\text{总体 }X\text{ 和 }Y\text{ 的分布函数分别为 }F(x)\text{ 和 }F(y-a_N)),$$

$$\sigma_N^2=D(W_{xy}\mid\text{总体 }X\text{ 和 }Y\text{ 的分布函数分别为 }F(x)\text{ 和 }F(y-a_N)).$$

下面计算 μ_N 和 σ_N^2 的值. 令 $r_N=\int_{-\infty}^{\infty}\int_x^{\infty}f(y-a_N)\,\mathrm{d}yf(x)\,\mathrm{d}x$,则

$$E\phi(x_1,y_1)=P(x_1<y_1)=\int_{-\infty}^{\infty}\int_x^{\infty}f(y-a_N)\,\mathrm{d}yf(x)\,\mathrm{d}x=r_N,$$

$$D\phi(x_1,y_1)=r_N(1-r_N),$$

所以

$$\mu_N=E(W_{xy})=mnE\phi(x_1,y_1)=mnr_N=\lambda(1-\lambda)N^2r_N.$$

令 $u_N=\int_{-\infty}^{\infty}\left(\int_x^{\infty}f(y-a_N)\,\mathrm{d}y\right)^2f(x)\,\mathrm{d}x,v_N=\int_{-\infty}^{\infty}\left(\int_{-\infty}^{y}f(x)\,\mathrm{d}x\right)^2f(y-a_N)\,\mathrm{d}y$,则

$$\begin{aligned}\mathrm{Cov}(\phi(x_1,y_1),\phi(x_1,y_2))&=E(\phi(x_1,y_1)=1,\phi(x_1,y_2)=1)-r_N^2\\&=u_N-r_N^2,\\\mathrm{Cov}(\phi(x_1,y_1),\phi(x_2,y_1))&=E(\phi(x_1,y_1)=1,\phi(x_2,y_1)=1)-r_N^2\\&=v_N-r_N^2,\end{aligned}$$

从而有

$$\begin{aligned}\sigma_N^2&=D(W_{xy})=mnD\phi(x_1,y_1)+mn(n-1)\mathrm{Cov}(\phi(x_1,y_1),\phi(x_1,y_2))+\\&\qquad mn(m-1)\mathrm{Cov}(\phi(x_1,y_1),\phi(x_2,y_1))\\&=\lambda(1-\lambda)N^2(r_N(1-r_N)+((1-\lambda)N-1)(u_N-r_N^2)+(\lambda N-1)(v_N-r_N^2)).\end{aligned}$$

假设在参数 a_N 处的功效为 β,则有

$$\beta=P\left(\frac{W_{xy}-\dfrac{\lambda(1-\lambda)N^2}{2}}{N\sqrt{\dfrac{\lambda(1-\lambda)(N+1)}{12}}}\geqslant U_{1-\alpha}\right)$$

$$=P\left(\frac{W_{xy}-\mu_N}{\sigma_N}\cdot\frac{\sigma_N}{N\sqrt{\dfrac{\lambda(1-\lambda)(N+1)}{12}}}+\frac{\mu_N-\dfrac{\lambda(1-\lambda)N^2}{2}}{N\sqrt{\dfrac{\lambda(1-\lambda)(N+1)}{12}}}\geqslant U_{1-\alpha}\right).\tag{10.20}$$

不难证明:在 $N\to\infty$ 时,$r_N\to\dfrac{1}{2}$,$u_N\to\dfrac{1}{3}$,$v_N\to\dfrac{1}{3}$,所以

$$\frac{\sigma_N}{N\sqrt{\dfrac{\lambda(1-\lambda)(N+1)}{12}}}\to 1,N\to\infty.\tag{10.21}$$

由于

$$\mu_N-\frac{\lambda(1-\lambda)N^2}{2}=\lambda(1-\lambda)N^2\left(r_N-\frac{1}{2}\right),$$

$$r_N-\frac{1}{2}=\int_{-\infty}^{\infty}\int_x^{\infty}f(y-a_N)\,\mathrm{d}yf(x)\,\mathrm{d}x-\int_{-\infty}^{\infty}\int_x^{\infty}f(y)\,\mathrm{d}yf(x)\,\mathrm{d}x$$

$$=\int_{-\infty}^{\infty}\left(\int_x^{\infty}f(y-a_N)\,\mathrm{d}y-\int_x^{\infty}f(y)\,\mathrm{d}y\right)f(x)\,\mathrm{d}x$$

$$=\int_{-\infty}^{\infty}\left(\int_{x-a_N}^{\infty}f(y)\,\mathrm{d}y-\int_x^{\infty}f(y)\,\mathrm{d}y\right)f(x)\,\mathrm{d}x,$$

$$\frac{\int_{x-a_N}^{\infty}f(y)\,\mathrm{d}y-\int_x^{\infty}f(y)\,\mathrm{d}y}{-a_N}\to -f(x),N\to\infty,$$

所以当 $N\to\infty$ 时,

$$\frac{\mu_N-\dfrac{\lambda(1-\lambda)N^2}{2}}{\sqrt{\dfrac{\lambda(1-\lambda)N^2(N+1)}{12}}}\to\delta\sqrt{12}\int_{-\infty}^{\infty}f^2(x)\,\mathrm{d}x.\tag{10.22}$$

从而由式(10.19)、式(10.21)和式(10.22)知,在 $N\to\infty$ 时

$$\frac{W_{xy}-\mu_N}{\sigma_N}\cdot\frac{\sigma_N}{N\sqrt{\dfrac{\lambda(1-\lambda)(N+1)}{12}}}+\frac{\mu_N-\dfrac{\lambda(1-\lambda)N^2}{2}}{N\sqrt{\dfrac{\lambda(1-\lambda)(N+1)}{12}}}\xrightarrow{L}N\left(\delta\sqrt{12}\int_{-\infty}^{\infty}f^2(x)\,\mathrm{d}x,1\right).$$

由式(10.20)得,

$$\beta=P\left(N\left(\delta\sqrt{12}\int_{-\infty}^{\infty}f^2(x)\,\mathrm{d}x,1\right)\geqslant U_{1-\alpha}\right),$$

$$U_{1-\alpha}-\delta\sqrt{12}\int_{-\infty}^{\infty}f^2(x)\,\mathrm{d}x=U_{1-\beta},$$

所以有

$$\delta=\frac{U_{1-\alpha}-U_{1-\beta}}{\sqrt{12}\int_{-\infty}^{\infty}f^2(x)\,\mathrm{d}x}.\tag{10.23}$$

在接近原点 0 的参数 a 处功效达到 β 时 Mann-Whitney U 统计量检验所需要的样本容量记为 N_u. 令 $a=\dfrac{\delta}{\sqrt{\lambda(1-\lambda)N_u}}$,则由式(10.23)知,Mann-Whitney U 统计量检验需要的样本容量为

$$N_u=\frac{(U_{1-\alpha}-U_{1-\beta})^2}{12\lambda(1-\lambda)a^2\left(\int_{-\infty}^{\infty}f^2(x)\,\mathrm{d}x\right)^2}.\tag{10.24}$$

显然,N_t 和 N_u 的比值可用来表示 Mann-Whitney U 统计量检验,也就是 Wilcoxon 秩和检验对 t 检验的优劣. N_t 和 N_u 的比值称为 Wilcoxon 秩和检验对 t 检验的渐近相对效率. 由式(10.18)和式(10.24)知,这个渐近相对效率为 $12\sigma^2\left(\int_{-\infty}^{\infty}f^2(x)\,\mathrm{d}x\right)^2$,记为

$$\mathrm{ARE}(W,t,F)=12\sigma^2\left(\int_{-\infty}^{\infty}f^2(x)\,\mathrm{d}x\right)^2.\tag{10.25}$$

下面就几个重要的对称总体分布根据式(10.25)分别计算 Wilcoxon 秩和检验对 t 检验的渐近相对效率,计算结果见表 10.2.

表 10.2　两样本 Wilcoxon 秩和检验对 t 检验的渐近相对效率

总体分布	正态分布	均匀分布	Laplace 分布	Logistic 分布
密度函数	$\dfrac{\mathrm{e}^{\frac{-x^2}{2}}}{\sqrt{2\pi}}$	$\dfrac{1}{2},-1\leqslant x\leqslant 1$	$\dfrac{\mathrm{e}^{-\lvert x\rvert}}{2}$	$\mathrm{e}^{-x}(1+\mathrm{e}^{-x})^{-2}$
$\mathrm{ARE}(W,t,F)$	$\dfrac{3}{\pi}=0.954\ 9$	1	$\dfrac{3}{2}=1.5$	$\dfrac{\pi^2}{9}=1.096\ 6$

计算结果与表 10.1 单样本符号秩和检验对 t 检验的渐近相对效率完全相同.

习 题 十

由第四章第 4 题知,符号秩和检验统计量

$$W^{+}={}^{\#}\left\{(x_i,x_j)\ :\ \frac{x_i+x_j}{2}>0,1\leqslant i\leqslant j\leqslant n\right\},$$

所以若令

$$U=\sum_{1\leqslant i\leqslant j\leqslant n}\phi(x_i;x_j),$$

其中

$$\phi(x_i;x_j)=\begin{cases}1, & \dfrac{x_i+x_j}{2}>0,\\ 0, & 其他,\end{cases}$$

则 U 也可以用来检验对称中心 θ 是否在原点 0 的右边. 一般来说,U 统计量的求和范围为“$1\leqslant i<j\leqslant n$”. 由于我们定义的检验统计量 U 的求和范围为“$1\leqslant i\leqslant j\leqslant n$”,所以我们把这个检验称为推广了的 U 检验. 这个推广了的 U 检验与符号秩和检验相互等价.

① 计算这个推广了的 U 检验的功效;

② 计算这个推广了的 U 检验对 t 检验的渐近相对效率;

③ 符号秩和检验对 t 检验的渐近相对效率为多少?

附　录

附录 1　平均数与中位数

式(2.1)的证明非常简单. 令 $L(a)=\sum_{i=1}^{n}(x_i-a)^2$,由于 $L'(\bar{x})=0, L''(\bar{x})>0$,所以式(2.1)得证.

下面证明式(2.2). 首先将数据 $x_1, x_2, \cdots, x_n$ 按递增(由小到大)的顺序排列为 $x_{(1)}\leqslant x_{(2)}\leqslant\cdots\leqslant x_{(n)}$,令 $Q(a)=\sum_{i=1}^{n}|x_i-a|$. 下面证明中位数 me 满足条件:

① 在 n 为奇数时, $\mathrm{me}=x_{(k)}$,其中 $k=\dfrac{n+1}{2}$,则在 $a\neq\mathrm{me}$ 时, $Q(\mathrm{me})<Q(a)$;

② 在 n 为偶数时, $\mathrm{me}=\dfrac{x_{(k)}+x_{(k+1)}}{2}$,其中 $k=\dfrac{n}{2}$,则在 $a<x_{(k)}$,或者 $a>x_{(k+1)}$ 时, $Q(\mathrm{me})<Q(a)$;而在 $x_{(k)}\leqslant a\leqslant x_{(k+1)}$ 时, $Q(\mathrm{me})=Q(a)$.

如果中位数 me 满足这样的条件,则式(2.2)显然得证.

在 n 为奇数时,设 $a>x_{(k)}$,则存在这样的 j,使得 $j\geqslant k$,且 $\mathrm{me}\leqslant x_{(j)}<a\leqslant x_{(j+1)}$. 因而

$$\begin{aligned}\sum_{i=1}^{n}|x_i-a| &= \sum_{i=1}^{k}(a-x_{(i)})+\sum_{i=k+1}^{j}(a-x_{(i)})+\sum_{i=j+1}^{n}(x_{(i)}-a)\\ &= \sum_{i=1}^{k}(\mathrm{me}-x_{(i)})+\sum_{i=k+1}^{j}(a-x_{(i)})+\sum_{i=j+1}^{n}(x_{(i)}-\mathrm{me})+(k-(n-j))(a-\mathrm{me}).\end{aligned}$$

由于 $k-(n-j)=j-k+1$,以及 $a-\mathrm{me}=a-x_{(i)}+x_{(i)}-\mathrm{me}$,所以

$$(k-(n-j))(a-\mathrm{me})=(j-k+1)(a-\mathrm{me})=(a-\mathrm{me})+(j-k)(a-\mathrm{me})$$
$$=(a-\mathrm{me})+\sum_{i=k+1}^{j}(a-x_{(i)})+\sum_{i=k+1}^{j}(x_{(i)}-\mathrm{me}).$$

从而有

$$\begin{aligned}Q(a)&=\sum_{i=1}^{n}|x_i-a|\\&=\sum_{i=1}^{k}(\mathrm{me}-x_{(i)})+\sum_{i=k+1}^{n}(x_{(i)}-\mathrm{me})+2\sum_{i=k+1}^{j}(a-x_{(i)})+(a-\mathrm{me})\\&=\sum_{i=1}^{n}|x_i-\mathrm{me}|+2\sum_{i=k+1}^{j}(a-x_{(i)})+(a-\mathrm{me})>Q(\mathrm{me}),\end{aligned}$$

所以在 n 为奇数，$a>x_{(k)}$ 时，$Q(\mathrm{me})<Q(a)$. 类似地，在 n 为奇数，$a<x_{(k)}$ 时，可以证明：$Q(\mathrm{me})<Q(a)$. 在 n 为偶数时，同样可以证明：$Q(\mathrm{me})\leqslant Q(a)$.

附录 2 偏度与峰度

偏度（skewness）反映单峰分布的对称性. 总体偏度用 β_S 表示. 设总体为 X，它的偏度为

$$\beta_S=E\left[\left(\frac{X-\mu}{\sigma}\right)^3\right]=\frac{\mu_3}{\sigma^3},$$

其中 $\mu_3=E(X-\mu)^3$，$\mu=E(X)$，$\sigma^2=D(X)$. 显然，对称分布的偏度 β_S 等于 0. 反之则不真，偏度 β_S 等于 0 的分布不一定是对称分布.

样本偏度用 b_S 表示. 在我国《数据的统计处理和解释正态性检验》的国家标准文件中，b_S 的计算公式为

$$b_S=\frac{m_3}{(m_2)^{\frac{3}{2}}},$$

其中 $m_j=\dfrac{\sum_i(x_i-\bar{x})^j}{n}$，$j=2,3$. 在 Excel 中，样本偏度 b_S 的计算公式为

$$b_S=\frac{n}{(n-1)(n-2)}\frac{m_3}{S^3}.$$

样本偏度 b_S 的这两个计算公式的计算结果相差不大. n 越大，差别越小. 样本偏度 b_S 是总体偏度 β_S 的估计. 在 $b_S>0$ 时，我们倾向于认为数据的分布是右偏的. 右偏分布

的均值往往在中位数的右边，取均值右边值的可能性小于取均值左边值的可能性. 在 $b_S<0$ 时，我们倾向于认为数据的分布是左偏的. 左偏分布的均值往往在中位数的左边. 左偏分布取均值右边值的可能性大于取均值左边值的可能性. 在 $b_S\approx 0$ 时，我们倾向于认为产生数据的总体的分布是对称的. 对称分布的均值和中位数相重合.

由于正态分布的偏度 β_S 等于0，所以样本偏度 b_S 可作为正态性检验问题的检验统计量. 检验方法请参阅参考书目[6]第五章. 这里仅介绍一个大样本的检验方法. 如果产生数据的总体的分布是正态分布，可以证明：$\sqrt{n}\,b_S$ 的渐近分布为 $N(0,6)$. 它的证明请参阅参考书目[1]第二章 §2.6. 所以在样本容量 n 比较大的时候，b_S 作为正态性检验问题的检验统计量，它的 p 值为 $2P\left(N(0,1)\geqslant\left|\sqrt{\frac{n}{6}}b_S\right|\right)$. 200个灯泡样本的灯丝寿命数据的样本偏度 $b_S=0.277\,027\,534$（见图2.8）. 所以正态性检验的 p 值为 $2P\left(N(0,1)\geqslant\sqrt{\frac{200}{6}}b_S\right)=0.109\,727$，因而我们不能拒绝正态性假设.

注：我们是用 Excel 计算正态概率的. 如果在 Excel 的某个单元格中输入"$=$NORM.DIST($x,\mu,\sigma,1$)"，就可求得正态分布 $N(\mu,\sigma^2)$ 在 x 点的分布函数值；如果在 Excel 中输入"$=$NORM.DIST($x,\mu,\sigma,0$)"，则求得正态分布 $N(\mu,\sigma^2)$ 在 x 点的密度函数值. 在 Excel 中输入"$=2*\left(1-\text{NORM.DIST}\left(\text{sqrt}\left(\frac{200}{6}\right)*0.277\,027\,534,0,1,1\right)\right)$"就得到 p 值为 $2P\left(N(0,1)\geqslant\sqrt{\frac{200}{6}}b_s\right)=0.109\,727$. 也可以用 Excel 计算正态分布的分位数点. 如果在 Excel 中输入"$=$NORM.INV(α,μ,σ)"，则求得使得等式 $P(N(\mu,\sigma^2)\leqslant x)=\alpha$ 成立的 x 值，从而得到正态性检验的临界值.

顾名思义，峰度(kurtosis)反映分布峰的尖峭程度. 总体峰度用 β_k 表示. 设总体为 X，在我国《数据的统计处理和解释正态性检验》的国家标准文件中，总体峰度 β_k 为

$$\beta_k=E\left[\left(\frac{X-\mu}{\sigma}\right)^4\right]=\frac{\mu_4}{\sigma^4},$$

其中，$\mu_4=E(X-\mu)^4$. 由于正态分布 $N(\mu,\sigma^2)$ 的 $\mu_4=3\sigma^4$，所以正态分布的峰度等于3. 如果一个分布的峰度大于3，则称该分布具有过度的峰度；如果一个分布的峰度小于3，则称该分布具有不足的峰度. 一般来说，峰度过度分布的变量，其取值往往更多集中在均值附近和两侧尾部处，峰度不足的情形则相反. 通常称尾部概率大的分布尾部厚，尾部概率小的分布尾部薄.

既然正态分布的峰度都是3，为什么标准差小的正态分布的密度函数曲线"高

而瘦”,而标准差大的正态分布的密度函数曲线“矮而胖”,峰部的尖峭程度看上去显然不同？这是因为标准差是尺度参数,尺度参数影响随机变量取值的分散程度,使得密度函数曲线有“高矮”“胖瘦”之分. 由此可见,要在图形上比较两个不同峰度的分布,必要条件是它们必须具有相同的标准差.

t 分布是峰度过度分布的一个特例. 下面将它和正态分布作个比较. 自由度为 n 的 t 分布的密度函数为

$$f(x)=\frac{n^{\frac{n}{2}}\Gamma\left(\frac{n+1}{2}\right)}{\sqrt{\pi}\,\Gamma\left(\frac{n}{2}\right)}(n+x^2)^{-\frac{n+1}{2}}.$$

它的峰顶位于纵轴,为此我们取峰顶也在纵轴上的正态分布 $N(0,\sigma^2)$. 当 $n\geqslant 3$ 时,自由度为 n 的 t 分布的方差等于 $\frac{n}{n-2}$,所以我们将标准正态分布 $N(0,1)$ 和 $t(n)$ 分布作比较是不恰当的,应该将正态分布 $N\left(0,\frac{n}{n-2}\right)$ 和 $t(n)$ 分布作比较. 图 F.1 中的实线“—”是正态分布 $N\left(0,\frac{8}{6}\right)$ 的密度函数曲线,虚线“---”是 $t(8)$ 的密度函数曲线. 由于 $t(n)$ 分布的密度函数的两侧按幂函数 $x^{-(n+1)}$ 的速度趋于零,而正态分布 $N(0,\sigma^2)$ 的密度函数的两侧按负指数函数 $\mathrm{e}^{-\frac{x^2}{2\sigma^2}}$ 的速度趋于零. 所以 $t(n)$ 的密度函数曲线的两侧尾部厚,而正态分布的密度函数曲线的两侧尾部薄,这在图 F.1 中大致可以看出来. 从图中还可以看到,t 分布的峰顶高于正态分布的峰顶,由此可见,t 分布变量的取值更多地集中在原点附近和两侧尾部处.

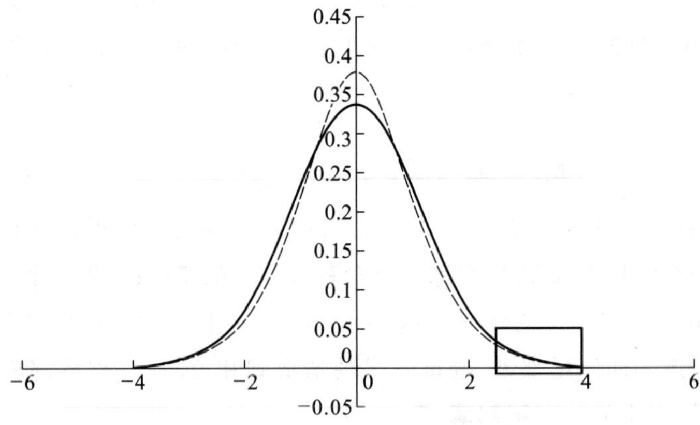

图 F.1　正态分布和 t 分布的密度函数曲线

为了更清楚地表示这两个分布尾部的差异，我们将图 F.1 右侧小矩形处的两条曲线放大得到图 F.2，它显示了 t 分布尾部的概率比正态分布的大. 从这两个图中我们也可以看到这两条密度函数曲线在一侧"两次相交"的情况.

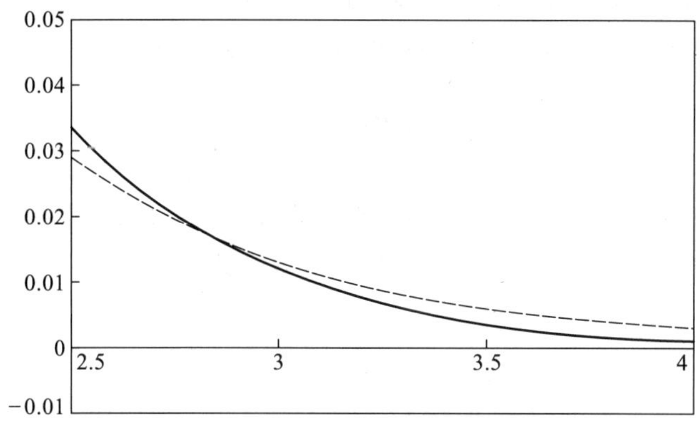

图 F.2　正态分布和 t 分布的密度函数曲线的尾部

值得注意的是，峰度过度分布的尾部不一定厚，峰度不足分布的尾部不一定薄. 本附录的思考题将给出一个反例，它的峰度比正态分布的小，而它的尾部却比正态分布的厚.

样本峰度用 b_k 表示. 在我国《数据的统计处理和解释正态性检验》的国家标准文件中，b_k 的计算公式为

$$b_k=\frac{m_4}{(m_2)^2},$$

其中 $m_4=\frac{\sum_i (x_i-\bar{x})^4}{n}$. 样本峰度 b_k 是总体峰度 β_k 的估计. 在 $b_k>3$ 时，我们倾向于认为数据的分布的尾部比正态分布的厚. 尾部比正态分布的尾部厚的分布取两端值的可能性，大于正态分布取两端值的可能性. 在 $b_k<3$ 时，我们倾向于认为数据的分布的尾部比正态分布的薄. 尾部比正态分布的尾部薄的分布取两端值的可能性，小于正态分布取两端值的可能性. 在 $b_k\approx 3$ 时，我们倾向于认为产生数据的总体的分布的尾部同正态分布.

样本峰度 b_k 也可作为正态性检验问题的检验统计量. 检验方法请参阅参考书目[6]第五章. 这里仅介绍一个大样本的检验方法. 如果产生数据的总体的分布是正态分布，则可以证明：$\sqrt{n}(b_k-3)$ 的渐近分布为 $N(0,24)$. 它的证明请参阅参考书目[1]第二章 §2.6. 所以在样本容量 n 比较大的时候，b_k 作为正态性检验问题的

检验统计量,它的 p 值为 $2P\left(N(0,1)\geqslant\left|\sqrt{\frac{n}{24}}(b_k-3)\right|\right)$.

样本偏度 b_s 和样本峰度 b_k 还可以联合起来作为正态性检验问题的检验统计量. 偏度和峰度联合检验方法请参阅参考书目[6]第六章.

有的地方,比如在 Excel 中,总体峰度的计算公式定义为

$$\beta_k=E\left[\left(\frac{X-\mu}{\sigma}\right)^4\right]-3=\frac{\mu_4}{\sigma^4}-3.$$

这个计算公式和我国国家标准给出的计算公式没有本质的差别. 按此定义,正态分布的峰度等于 0. 在 Excel 中,样本峰度 b_k 的计算公式为

$$b_k=\frac{n(n+1)}{(n-1)(n-2)(n-3)}\frac{\sum_{i=1}^{n}(x_i-\bar{x})^4}{S^4}-\frac{3(n-1)^2}{(n-2)(n-3)}.$$

按我国国家标准给出的计算公式算出的样本峰度减去 3 就与用 Excel 算出的样本峰度相差不大. n 越大,差别越小. 由 Excel 算得的 b_k 作为正态性检验问题的检验统计量,它的 p 值为 $2P\left(N(0,1)\geqslant\left|\sqrt{\frac{n}{24}}b_k\right|\right)$.

使用 Excel,200 个灯泡灯丝寿命数据的样本峰度 $b_k=0.035\ 571\ 456$(见图 2.8),所以正态性检验的 p 值为 $2P\left(N(0,1)\geqslant\sqrt{\frac{200}{24}}b_k\right)=0.918\ 212$,因而我们不能拒绝正态性假设.

思考题:设变量 X 服从双 $\Gamma(\alpha,1)$ 分布,其密度函数为

$$f(x)=\frac{1}{2\Gamma(\alpha)}|x|^{\alpha-1}\mathrm{e}^{-|x|},\quad -\infty<x<+\infty,$$

其中 $\alpha>0$. 这是关于原点对称的分布,峰顶位于纵轴. 它的密度函数的两侧按 $|x|^{\alpha-1}\mathrm{e}^{-|x|}$ 的速度趋于零,这比按 $\mathrm{e}^{\frac{-x^2}{2}}$ 的速度趋向零的标准正态分布 $N(0,1)$ 的密度函数要慢一些,所以双 $\Gamma(\alpha,1)$ 分布的尾部比标准正态分布 $N(0,1)$ 的尾部要厚一些. 试证明:在 $\alpha>\frac{\sqrt{13}+1}{2}$ 时,双 $\Gamma(\alpha,1)$ 分布的峰度小于正态分布的峰度. 这说明,$\alpha>\frac{\sqrt{13}+1}{2}$ 时,峰度小于正态分布的双 $\Gamma(\alpha,1)$ 分布的尾部比正态分布的厚. 在 $\alpha>\frac{\sqrt{13}+1}{2}$ 时,这个密度函数有两个峰. 能不能构造一个单峰密度函数的例子?

附录3　中位数与分位数

将样本 $x_1,x_2,\cdots,x_n$ 按递增(由小到大)的顺序排列为 $x_{(1)}\leqslant x_{(2)}\leqslant\cdots\leqslant x_{(n)}$. 称 $x_{(1)},x_{(2)},\cdots,x_{(n)}$ 为次序统计量. 于是在 n 为奇数时,样本中位数为 $x_{(k)}$,其中 $k=\frac{n+1}{2}$;在 n 为偶数时,样本中位数为$\frac{x_{(k)}+x_{(k+1)}}{2}$,其中 $k=\frac{n}{2}$. 显然,样本中位数是总体中位数 me 的点估计.

很自然地,我们取$[x_{(r)},x_{(n+1-r)}]$为总体中位数 me 的区间估计,并把它称为第 r 层区间估计,$r=1,2,\cdots$. 其中,最简单的是总体中位数 me 的第 1 层区间估计$[x_{(1)},x_{(n)}]$. 它的置信水平为

$$
\begin{aligned}
P(x_{(1)}\leqslant \mathrm{me}\leqslant x_{(n)}) &= 1-P(\mathrm{me}<x_{(1)})-P(\mathrm{me}>x_{(n)})\\
&=1-\left(\frac{1}{2}\right)^n-\left(\frac{1}{2}\right)^n=1-\left(\frac{1}{2}\right)^{n-1}.
\end{aligned}
$$

总体中位数 me 的第 r 层区间估计$[x_{(r)},x_{(n+1-r)}]$的置信水平为

$$
\begin{aligned}
P(x_{(r)}\leqslant \mathrm{me}\leqslant x_{(n+1-r)}) &= 1-P(\mathrm{me}<x_{(r)})-P(\mathrm{me}>x_{(n+1-r)})\\
&=1-\sum_{i=0}^{r-1}\mathrm{C}_n^i\left(\frac{1}{2}\right)^n-\sum_{i=0}^{r-1}\mathrm{C}_n^i\left(\frac{1}{2}\right)^n=1-\sum_{i=0}^{r-1}\mathrm{C}_n^i\left(\frac{1}{2}\right)^{n-1}.
\end{aligned}
$$

显然,层数 r 越大,区间的长度越短,但置信水平越小. 一般来说,首先给定置信水平 $1-\alpha$,然后选取尽可能大的 r,使得第 r 层区间估计的置信水平不小于$1-\alpha$.

类似地,我们取 $x_{(r)}$ 为总体中位数 me 的第 r 层置信下限,它的置信水平为

$$
P(x_{(r)}\leqslant \mathrm{me})=1-P(\mathrm{me}>x_{(r)})=1-\sum_{i=0}^{r-1}\mathrm{C}_n^i\left(\frac{1}{2}\right)^n.
$$

同理,我们取 $x_{(n+1-r)}$ 为总体中位数 me 的第 r 层置信上限,它的置信水平为

$$
P(x_{(n+1-r)}\geqslant \mathrm{me})=1-P(\mathrm{me}<x_{(n+1-r)})=1-\sum_{i=0}^{r-1}\mathrm{C}_n^i\left(\frac{1}{2}\right)^n.
$$

某计算机辅助程序可用于培训企业的机器维修工人. 有 15 名工人参加培训,他们的培训天数见表 F.1.

表 F.1　15 名工人的培训天数

工人编号	培训天数	工人编号	培训天数	工人编号	培训天数
1	52	6	59	11	53
2	43	7	50	12	58
3	55	8	54	13	60
4	44	9	65	14	62
5	45	10	46	15	63

培训天数的中位数 me 的估计为样本中位数 54 天. me 的各层的区间估计及其置信水平见表 F.2.

表 F.2　中位数 me 的各层的区间估计

第 r 层	区间估计	置信水平
第 1 层	[43,65]	0.999 939
第 2 层	[44,63]	0.999 023
第 3 层	[45,62]	0.992 615
第 4 层	[46,60]	0.964 844
第 5 层	[50,59]	0.881 531

所以 me 的置信水平为 95% 的区间估计取为第 4 层区间估计[46,60].

原假设为 $H_0:\mathrm{me}=\mathrm{me}_0$，备择假设为 $H_1:\mathrm{me}\neq\mathrm{me}_0$ 的检验问题(如表 3.1 第 3 行)通常称为无方向检验，或双边假设检验问题. 有了置信水平为 $1-\alpha$ 的区间估计，我们就可以在显著性水平 α 下求得这类检验问题的解. 解法如下：若 me 的置信水平为 $1-\alpha$ 的区间估计是第 r 层区间估计 $[x_{(r)},x_{(n+1-r)}]$，那么在 $\mathrm{me}_0\notin[x_{(r)},x_{(n+1-r)}]$ 时，我们拒绝原假设. 事实上，这个检验方法等同于符号检验法.

表 3.1 的第 1 行和第 2 行的检验问题通常称为有方向检验，或单边假设检验问题. 有了置信水平为 $1-\alpha$ 的置信上限，我们就可以在显著性水平 α 下求表 3.1 的第 1 行的原假设为 $H_0:\mathrm{me}=\mathrm{me}_0$、备择假设为 $H_1:\mathrm{me}>\mathrm{me}_0$ 的检验问题的解；而有了置信水平为 $1-\alpha$ 的置信下限，我们就可以在显著性水平 α 下求表 3.1 的第 2 行的原假设为 $H_0:\mathrm{me}=\mathrm{me}_0$、备择假设为 $H_1:\mathrm{me}<\mathrm{me}_0$ 的检验问题的解. 它们的解法从略.

R 软件也可以基于次序统计量构造中位数的区间估计. 例如将 15 名工人参加计算机辅助程序培训的培训天数数据赋值给变量 C1，运行下面程序：

```
fconf<-function(C1,alpha){
a<-sort(C1);n<-length(a);r<-ceiling((n+1)/2);rgroup<-c
(1:r)
rlevel<-1-2*pbinom(rgroup-1, n, 0.5);rlevel[8]<-0
d<-0;for (i in 1:r)if(rlevel[i]>alpha&alpha>rlevel[i+1]){d<
-i;i<-r+1}
I<-(rlevel[d]-0.95)/(rlevel[d]-rlevel[d+1])
ramda<-(n-d)*I/(d+(n-2*d)*I)
L<-(1-ramda)*a[d]+ramda*a[d+1]; U<-(1-ramda)*a[n+1-d]+
ramda*a[n-d]
result<-c(d+1,rlevel[d+1],a[d+1],a[n-d],"NLI",alpha, L, U,
d, rlevel[d],a[d],a[n+1-d]);
matrix(result,3,4,byrow=TRUE)
}
C1<-c(52,43,55,44,45,59,50,54,65,46,53,58,60,62,63)
fconf(C1,0.95)
```

如果输入的置信水平为 95%，则上述 R 程序将给出 3 个区间，它们分别列于表 F.3：

表 F.3　R 软件给出的 3 个（置信水平为 95%）区间

层数	置信水平	区间估计
5	0.881 5	[50,59]
NLI	0.95	[47.49,59.63]
4	0.964 8	[46,60]

最上面的是第 5 层区间估计，其置信水平尚不到 95%. 最下面的是第 4 层区间估计，其置信水平刚超过 95%. 中间的区间估计是在第 4、5 层区间估计之间通过非线性插入（nonlinear interpolation，简称 NLI）方法得到的置信水平为 95% 的区间估计. 该非线性插入方法可参阅 T. P. Hettmansperger 和 S. J. Sheather 于 1986 年发表在 *Statistics and Probability Letters*，第 4 期，75 至 79 页上的文章：Confidence Intervals Based on Interpolated Order Statistics.

既然置信水平为 95% 的区间估计为[47.49,59.63]，那么 47.49 和 59.63 就分别是置信水平为 97.5% 的置信下限和置信上限. 所以欲构造置信水平为 $1-\alpha$ 的置信下(或上)限,仅需构造置信水平为 $1-2\alpha$ 的区间估计.

符号检验还可以用于分位数的检验问题. 为理论讨论的方便,假设样本 x_1, $x_2,\cdots,x_n$ 独立同分布,总体 X 为连续型分布. 记总体的 p 分位数为 t_p,则它满足条件:$P(X\leqslant t_p)=p$. 分位数的检验问题有三种情况. 它们的原假设 H_0 都是 $t_p=t_{p,0}$,其中 $t_{p,0}$ 是给定的常数. 备择假设 H_1 分别是 $t_p>t_{p,0}$、$t_p<t_{p,0}$ 和 $t_p\neq t_{p,0}$. 同符号检验,分位数检验问题的检验统计量取为

$$S^+={}^{\#}\{x_i:x_i-t_{p,0}>0,i=1,2,\cdots,n\}$$

或

$$S^+=\sum_{i=1}^{n}u_i,u_i=\begin{cases}1, & x_i-t_{p,0}>0,\\0, & \text{否则},\end{cases}\quad i=1,2,\cdots,n.$$

在原假设 $H_0:t_p=t_{p,0}$ 成立时,$S^+\sim b(n,1-p)$. 类似于表 3.1,分位数检验问题的解如表 F.4 所示.

表 F.4 分位数检验问题的解

备择假设 H_1	p 值的计算
$t_p>t_{p,0}$	$P(b(n,1-p)\geqslant S^+)$
$t_p<t_{p,0}$	$P(b(n,1-p)\leqslant S^+)$
$t_p\neq t_{p,0}$	$P(b(n,1-p)\geqslant S^+)\leqslant\frac{1}{2}$时,$P(b(n,1-p)\geqslant S^+)+P(b(n,1-p)\leqslant a)$, $a=\sup\{a:P(b(n,1-p)\leqslant a)\leqslant P(b(n,1-p)\geqslant S^+)\}$; $P(b(n,1-p)\leqslant S^+)\leqslant\frac{1}{2}$时,$P(b(n,1-p)\leqslant S^+)+P(b(n,1-p)\geqslant a)$, $a=\inf\{a:P(b(n,1-p)\geqslant a)\leqslant P(b(n,1-p)\leqslant S^+)\}$

附录 4 性质 4.1的证明

首先证明关于原点 0 对称的分布的一个性质.

定理 F.1 假设连续型随机变量 X 的分布关于原点 0 对称. 令

$$u=\begin{cases}1, & X>0,\\0, & \text{否则},\end{cases}$$

则 $|X|$ 与 u 相互独立.

证明　假设 X 的密度函数为 $f(x)$，显然 $f(x)$ 为偶函数. 令 $Y=|X|$，则 Y 的密度函数为 $2f(y)$，$y>0$. u 的概率分布律为 $P(u=1)=P(u=0)=\frac{1}{2}$. Y 是连续型随机变量，而 u 是离散型随机变量. 为证明它们之间的相互独立性，只需证明下面两个等式对任意的 $y>0$ 都成立：

$$P(Y\leqslant y,u=1)=P(Y\leqslant y)P(u=1),$$
$$P(Y\leqslant y,u=0)=P(Y\leqslant y)P(u=0).$$

我们仅证明上面一个等式，下面一个等式可进行类似的证明. 由于

$$P(Y\leqslant y,u=1)=P(0<X\leqslant y),$$
$$P(Y\leqslant y)=P(-y\leqslant X\leqslant y)=2P(0<X\leqslant y),$$
$$P(u=1)=\frac{1}{2},$$

所以上面一个等式得证.

定理 F.1 得到了证明.

由定理 F.1 知，在样本 $x_1,x_2,\cdots,x_n$ 独立同分布、总体 X 的分布关于原点 0 对称时，$|x_1|,u_1,|x_2|,u_2,\cdots,|x_n|,u_n$ 相互独立. 由于 $R_1,R_2,\cdots,R_n$ 仅与 $|x_1|,|x_2|,\cdots,|x_n|$ 有关，所以在总体 X 的分布关于原点 0 对称时，$u_1,u_2,\cdots,u_n$ 与 $(R_1,R_2,\cdots,R_n)$ 相互独立. 从而，不论 $R_1,R_2,\cdots,R_n$ 给定还是没有给定，$u_1,u_2,\cdots,u_n$ 总是独立同分布，而且 u_i 的分布都是 $P(u_i=0)=P(u_i=1)=0.5$，$i=1,2,\cdots,n$.

在 $R_1=r_1,R_2=r_2,\cdots,R_n=r_n$ 给定后，$W^+=d$ 的条件概率：

$$P(W^+=d\mid R_1=r_1,R_2=r_2,\cdots,R_n=r_n)=P\left(\sum_{i=1}^{n}u_ir_i=d\right),$$

其中 $(r_1,r_2,\cdots,r_n)$ 是 $(1,2,\cdots,n)$ 的一个排列. 由于每一个 u_i 都仅取 0 和 1 两个值，所以 d 的最小值为 0，最大值为 $1+2+\cdots+n=\frac{n(n+1)}{2}$. 由于在 $R_1=r_1,R_2=r_2,\cdots,R_n=r_n$ 给定后，$u_1,u_2,\cdots,u_n$ 独立同分布，每一个 u_i 的分布都是 $P(u_i=0)=P(u_i=1)=0.5$，所以

$$\begin{aligned}&P(W^+=d\mid R_1=r_1,R_2=r_2,\cdots,R_n=r_n)\\&=P\left(\sum_{i=1}^{n}u_ir_i=d\right)=\frac{t_n(d)}{2^n},d=0,1,2,\cdots,\frac{n(n+1)}{2},\end{aligned}\tag{F.1}$$

其中 $t_n(d)$ 表示从 $1,2,\cdots,n$ 这 n 个数中任取若干个数（包括一个都不取），其和恰为 d 共有多少种取法.

下面证明关于条件分布与无条件分布关系的一个结论.

定理 F.2 假设在 $X=x$ 给定后,$Z=g(X,Y)$ 的条件分布与 x 没有关系,那么这个条件分布就是 Z 的无条件分布. 这也就是说:

① 在离散型随机变量时,若条件概率 $P(Z=d|X=x)=f(d)$ 与 x 无关,则(无条件)概率 $P(Z=d)=f(d)$;

② 在连续型随机变量时,若在 $X=x$ 给定后,Z 的条件密度为 $f(z)$ 与 x 无关,则 Z 的(无条件,或边际)密度也是 $f(z)$.

证明 对离散型随机变量,由全概率公式知,

$$P(Z=d)=\sum_{x}P(Z=d|X=x)g(x)=f(d)\sum_{x}g(x)=f(d),$$

其中 $g(x)$ 为 X 的(边际)分布律.

对连续型随机变量,由于(X,Z)的联合密度 $h(x,z)$ 等于 X 给定后 Z 的条件密度和 X 的边际密度 $g(x)$ 的乘积,所以 $h(x,z)=f(z)g(x)$. 从而 Z 的(无条件,或边际)密度为

$$\int h(x,z)\,\mathrm{d}x=f(z)\int g(x)\,\mathrm{d}x=f(z).$$

定理 F.2 得到了证明.

由式(F.1)知,在给定 $R_1=r_1,R_2=r_2,\cdots,R_n=r_n$ 后,$W^+=d$ 的条件概率与 $r_1,r_2,\cdots,r_n$ 没有关系. 由定理 F.2 知,这个条件概率就是 $W^+=d$ 的(无条件)概率:

$$P(W^+=d)=\frac{t_n(d)}{2^n},d=0,1,2,\cdots,\frac{n(n+1)}{2}. \tag{F.2}$$

令 $S=\sum_{i=1}^{n}iu_i$. 同 W^+,S 也依次取 $0,1,2,\cdots,\frac{n(n+1)}{2}$ 各个值,并且

$$P(S=d)=P\left(\sum_{i=1}^{n}iu_i=d\right)=\frac{t_n(d)}{2^n},d=0,1,2,\cdots,\frac{n(n+1)}{2}. \tag{F.3}$$

由式(F.2)和式(F.3)知,W^+和 S 有相同的概率分布律,故 $W^+\overset{\mathrm{d}}{=\!=}S$. 性质 4.1 得到了证明.

附录 5 Liapunov 中心极限定理及其应用

首先叙述独立随机变量和的 Liapunov 中心极限定理(见参考书目[7],第

五章).

Liapunov 中心极限定理 设 $x_1, x_2, \cdots$ 为独立随机变量序列, $E(x_i)=a_i$, $D(x_i)=\sigma_i^2$, $i=1,2,\cdots$. 令 $S_n=\sum_{i=1}^{n} x_i$, 则 $E(S_n)=\sum_{i=1}^{n} a_i$, $D(S_n)=B_n^2$, 其中 $B_n^2=\sum_{i=1}^{n}\sigma_i^2$. 将 S_n 标准化, 即令 $V_n=\dfrac{S_n-\sum_{i=1}^{n} a_i}{B_n}$, 则 $E(V_n)=0$, $D(V_n)=1$. 如果当 $n\to\infty$ 时,

$$\frac{\sum_{i=1}^{n} E\left|x_i-a_i\right|^3}{B_n^{\frac{3}{2}}}\to 0,$$

则当 $n\to\infty$ 时, $V_n \xrightarrow{L} N(0,1)$.

Liapunov 中心极限定理是独立同分布随机变量和的中心极限定理的推广. 下面利用 Liapunov 中心极限定理证明 $S=\sum_{i=1}^{n} iu_i$ 具有渐近正态性, 其中 $u_1, u_2, \cdots$ 为独立同分布随机变量序列, $P(u_1=1)=P(u_1=0)=\dfrac{1}{2}$. 令 $x_i=iu_i$, $i=1,2,\cdots$, 则 $x_1, x_2, \cdots$ 为独立随机变量序列, $E(x_i)=a_i$, $a_i=\dfrac{i}{2}$, $D(x_i)=\sigma_i^2$, $\sigma_i^2=\dfrac{i^2}{4}$, $i=1,2,\cdots$. 从而有 $S=\sum_{i=1}^{n} iu_i=\sum_{i=1}^{n} x_i$. S 的期望和方差分别是

$$E(S)=\frac{n(n+1)}{4}, D(S)=B_n^2, B_n^2=\frac{n(n+1)(2n+1)}{24}.$$

由于

$$E\left|x_i-\frac{i}{2}\right|^3=i^3 E\left|u_i-\frac{1}{2}\right|^3=\frac{i^3}{8},$$

$$1^3+2^3+\cdots+n^3=(1+2+\cdots+n)^2=\frac{n^2(n+1)^2}{4},$$

所以当 $n\to\infty$ 时,

$$\frac{\sum_{i=1}^{n} E\left|x_i-a_i\right|^3}{B_n^{\frac{3}{2}}}=\frac{\dfrac{n^2(n+1)^2}{32}}{\left[\dfrac{n(n+1)(2n+1)}{24}\right]^{\frac{3}{2}}}\to 0.$$

由独立随机变量和的 Liapunov 中心极限定理知, S 有渐近正态性: 在样本容量 n 趋于无穷大时,

$$\frac{S-\dfrac{n(n+1)}{4}}{\sqrt{\dfrac{n(n+1)(2n+1)}{24}}}\xrightarrow{L}N(0,1).$$

附录 6　对称中心的估计

假设样本 $x_1,x_2,\cdots,x_n$ 独立同分布，总体为 X，X 的分布关于点 θ 对称，其密度函数为 $f(x-\theta)$，$f(\cdot)$ 是偶函数. 为简化讨论，假设总体 X 服从连续型分布.

我们利用区间估计和假设检验的关系来构造对称中心 θ 的区间估计. 为此，首先让我们回顾对称中心 θ 是否等于 b 的检验问题. 该检验问题的原假设和备择假设分别为“$H_0:\theta=b$”和“$H_1:\theta\neq b$”. 这个检验问题的检验统计量可取为符号秩和检验统计量：$W^+(b)=\sum\limits_{i=1}^{n}u_iR_i$，其中 u_i 在 $x_i>b$ 时为 1，否则为 0；R_i 为 $|x_i-b|$ 在 $|x_1-b|,|x_2-b|,\cdots,|x_n-b|$ 中的秩，$i=1,2,\cdots,n$. 可以证明（见第四章习题四第 4 题）：

$$W^+(b)={}^{\#}\left\{(x_i,x_j):\frac{x_i+x_j}{2}>b,1\leqslant i\leqslant j\leqslant n\right\}. \tag{F.4}$$

由此可见，$W^+(b)$ 是 b 的非增的阶梯函数.

给定显著性水平 α，我们在 $W^+(b)\geqslant c$ 或 $W^+(b)\leqslant d$ 时拒绝原假设，其中 d 满足条件：$d=\sup\left\{d^*:P(W^+(b)\leqslant d^*)\leqslant\dfrac{\alpha}{2}\right\}$，而 $c=\dfrac{n(n+1)}{2}-d$. 我们也可以应用符号秩和检验统计量的渐近正态性：

$$W^+(b)\overset{\cdot}{\sim}N\left(\frac{n(n+1)}{4},\frac{n(n+1)(2n+1)}{24}\right),$$

得到 d 和 c 的值. 由渐近正态性和连续性修正知，

$$\begin{aligned}P(W^+(b)\leqslant d)&\approx P\left(N\left(\frac{n(n+1)}{4},\frac{n(n+1)(2n+1)}{24}\right)\leqslant d\right)\\&=\Phi\left(\frac{d+0.5-\dfrac{n(n+1)}{4}}{\sqrt{\dfrac{n(n+1)(2n+1)}{24}}}\right),\end{aligned}$$

从而取 d，使得 $P(W^+(b)\leqslant d)=\dfrac{\alpha}{2}$. 于是有

$$d=\frac{n(n+1)}{4}-0.5-U_{1-\frac{\alpha}{2}}\sqrt{\frac{n(n+1)(2n+1)}{24}},$$

其中 $U_{1-\frac{\alpha}{2}}$ 是标准正态分布 $N(0,1)$ 的 $1-\frac{\alpha}{2}$ 分位点. 同理有

$$c=\frac{n(n+1)}{4}+0.5+U_{1-\frac{\alpha}{2}}\sqrt{\frac{n(n+1)(2n+1)}{24}}.$$

至此,我们得到了对称中心 θ 是否等于 b 的显著性水平为 α 的一个检验.

由假设检验与区间估计的关系知,基于某个显著性水平为 α 的检验可以构造出一个置信水平为 $1-\alpha$ 的区间估计. 由上述对称中心 θ 是否等于 b 的显著性水平为 α 的检验,构造对称中心 θ 的置信水平为 $1-\alpha$ 的区间估计的方法如下:

如果 b 满足这样的条件,以至于不能拒绝原假设 $H_0:\theta=b$,这也就是说符号秩和检验统计量 $W^+(b)$ 的值在 d 和 c 之间: $d<W^+(b)<c$,则 b 在对称中心 θ 的置信水平为 $1-\alpha$ 的区间估计内;否则,b 不在对称中心 θ 的置信水平为 $1-\alpha$ 的区间估计内. 所以对称中心 θ 的置信水平为 $1-\alpha$ 的区间估计为满足条件 $d<W^+(b)<c$ 的 b 的值构成的集合. 由于 $W^+(b)$ 是 b 的非增函数,所以这个集合是一个区间. 若记该区间的左端点和右端点分别为 $\hat{\theta}_L$ 和 $\hat{\theta}_U$,则 $\hat{\theta}_L$ 和 $\hat{\theta}_U$ 分别满足下面的条件:

$$W^+(\hat{\theta}_L)=c-1, \tag{F.5}$$

$$W^+(\hat{\theta}_U)=d+1. \tag{F.6}$$

很自然地,我们取对称中心 θ 的点估计 $\hat{\theta}$ 为区间 $[\theta_L,\theta_U]$ 的中点: $\hat{\theta}=\frac{\theta_L+\theta_U}{2}$.

对称中心 θ 的另一个比较好的估计是使用 J. L. Hodges 和 E. L. Lehmann 于 1963 年提出的方法给出的. 通常称用他们提出的方法给出的估计为 Hodges-Lehmann 估计,简称 H-L 估计. 有关 H-L 估计的详细内容见参考书目[2]—[5]. 对称中心 θ 的 H-L 点估计与上面所述的点估计不同,但它们求区间估计的方法没有差别,都是由方程(F.5)和(F.6)得到区间估计的左、右端点 $\hat{\theta}_L$ 和 $\hat{\theta}_U$ 的值,只是 H-L 估计方法给出了解方程的一个算法. 对称中心 θ 的 H-L 点估计和区间估计的计算方法如下:

① 对任意的 $1\leqslant i\leqslant j\leqslant n$,计算 x_i 和 x_j 的均值 $\frac{x_i+x_j}{2}$. 这个均值就是所谓的 Walsh 平均;

② 由于总体 X 服从连续型分布,不妨假设 Walsh 平均互不相等. 将 Walsh 平均由小到大排列为 $w_{(1)}<w_{(2)}<\cdots<w_{(N)}$,其中 $N=\frac{n(n+1)}{2}$;

③ 对称中心 θ 的 H-L 点估计为 Walsh 平均的中位数：

$$\hat{\theta}=\begin{cases} w_{\left(\frac{N+1}{2}\right)}, & N \text{ 为奇数}, \\ \dfrac{w_{\left(\frac{N}{2}\right)}+w_{\left(\frac{N}{2}+1\right)}}{2}, & N \text{ 为偶数}; \end{cases}$$

④ 方程(F.5)和(F.6)的解 $\hat{\theta}_L$ 和 $\hat{\theta}_U$ 是区间估计的左、右端点. 由式(F.4)，H-L 估计方法给出的解方程的方法如下：

$$\text{方程(F.5)的解}\hat{\theta}_L\text{ 满足条件：}{}^{\#}\{w_{(i)}>\hat{\theta}_L, i=1,2,\cdots,N\}=c-1,$$

$$\text{方程(F.6)的解}\hat{\theta}_U\text{ 满足条件：}{}^{\#}\{w_{(i)}<\hat{\theta}_U, i=1,2,\cdots,N\}=d+1.$$

由于 $w_{(1)}<w_{(2)}<\cdots<w_{(N)}$，所以若 c 是整数，则方程(F.5)的解 $\hat{\theta}_L$ 是在将 Walsh 平均由小到大排列后，从大的一头(后面)往小的一头(前面)数的第 c 个数. 由于 $c+d=\dfrac{n(n+1)}{2}=N$，所以 $\hat{\theta}_L$ 是从小的一头(前面)往大的一头(后面)数的第 $d+1$ 个数：$\hat{\theta}_L=w_{(d+1)}$. 若 c 不是整数，则 $\hat{\theta}_L$ 介于 $w_{(k)}$ 和 $w_{(k+1)}$ 之间，其中 k 表示比 d 大的最小整数. 我们可以用线性插入的方法求 $\hat{\theta}_L$ 的值. 类似地，我们可以求得方程(F.6)的解 $\hat{\theta}_U$. 在 d 是整数时，$\hat{\theta}_U=w_{(c-1)}$；在 d 不是整数时，$\hat{\theta}_U$ 介于 $w_{([c]-1)}$ 和 $w_{([c])}$ 之间，其中 $[c]$ 表示比 c 小的最大整数. 我们可以用线性插入的方法求 $\hat{\theta}_U$ 的值.

用 R 软件也可以构造对称中心 θ 的 H-L 点估计和区间估计，只需要在函数 wilcox.test() 中加入选项“conf.int=TRUE”.

附录 7 有相等观察值时 Mann-Whitney U 检验统计量和 Wilcoxon 秩和统计量

为简化讨论，不妨假设 Y 样本 $y_1,y_2,\cdots,y_n$ 和 X 样本 $x_1,x_2,\cdots,x_m$ 都已由小到大排列：$y_1\leqslant y_2\leqslant\cdots\leqslant y_n$，$x_1\leqslant x_2\leqslant\cdots\leqslant x_m$.

① 假设在 Y 样本中有一个长度为 t 的结：$y_k<y_{k+1}=\cdots=y_{k+t}<y_{k+t+1}$，$t=1,2,\cdots$，并且在 X 样本中没有一个观察值与 Y 样本那个结中的观察值相等，即 ${}^{\#}\{x_i:x_i=y_{k+1}, i=1,2,\cdots,m\}=0$. 下面证明这时有

$$\sum_{j=k+1}^{k+t}R_j-\sum_{j=k+1}^{k+t}j=\sum_{j=k+1}^{k+t}{}^{\#}\{x_i:x_i<y_j, i=1,2,\cdots,m\}. \tag{F.7}$$

假设 $x_r<y_{k+1}<x_{r+1}$，则有

$$^{\#}\{x_i:x_i<y_{k+1},i=1,2,\cdots,m\}=\cdots={}^{\#}\{x_i:x_i<y_{k+t},i=1,2,\cdots,m\}=r,$$

且按平均秩法得到 $y_{k+1},y_{k+2},\cdots,y_{k+t}$ 的秩：$R_{k+1}=\cdots=R_{k+t}=k+r+\dfrac{t+1}{2}$，从而不难验证，式(F.7)的左右两边都等于 tr，故式(F.7)成立.

② 假设在 Y 样本中有一个长度为 t 的结：$y_k<y_{k+1}=\cdots=y_{k+t}<y_{k+t+1}$，$t=1,2,\cdots$，在 X 样本中有一个长度为 s 的结：$x_r<x_{r+1}=\cdots=x_{r+s}<x_{r+s+1}$，$s=1,2,\cdots$，并且这两个结中的观察值相等：$y_{k+1}=\cdots=y_{k+t}=x_{r+1}=\cdots=x_{r+s}$. 下面证明这时有

$$\sum_{j=k+1}^{k+t}R_j-\sum_{j=k+1}^{k+t}j=\sum_{j=k+1}^{k+t}{}^{\#}\{x_i:x_i<y_j,i=1,2,\cdots,m\}+\frac{1}{2}\sum_{j=k+1}^{k+t}{}^{\#}\{x_i:x_i=y_j,i=1,2,\cdots,m\}. \tag{F.8}$$

按平均秩法得到 $y_{k+1},y_{k+2},\cdots,y_{k+t}$ 的秩：$R_{k+1}=\cdots=R_{k+t}=k+r+\dfrac{t+s+1}{2}$. 由于

$$^{\#}\{x_i:x_i<y_{k+1},i=1,2,\cdots,m\}=\cdots={}^{\#}\{x_i:x_i<y_{k+t},i=1,2,\cdots,m\}=r,$$

$$^{\#}\{x_i:x_i=y_{k+1},i=1,2,\cdots,m\}=\cdots={}^{\#}\{x_i:x_i=y_{k+t},i=1,2,\cdots,m\}=s,$$

不难验证，式(F.8)的左右两边都等于 $t\left(r+\dfrac{s}{2}\right)$，式(F.8)成立.

由式(F.7)和式(F.8)知，

$$\sum_{j=1}^{n}R_j-\sum_{j=1}^{n}j=\sum_{j=1}^{n}{}^{\#}\{x_i:x_i<y_j,i=1,2,\cdots,m\}+\frac{1}{2}\sum_{j=1}^{n}{}^{\#}\{x_i:x_i=y_j,i=1,2,\cdots,m\},$$

故 $W_y-\dfrac{n(n+1)}{2}=W_{xy}$，所以有结时式(5.13)仍然成立，$W_{xy}$ 仍等于 $W_y-\dfrac{n(n+1)}{2}$.

附录 8　位置参数的估计

假设样本 $x_1,x_2,\cdots,x_m$ 和 $y_1,y_2,\cdots,y_n$ 分别来自总体 X 和 Y，X 的分布函数 $F(x)$ 和 Y 的分布函数 $G(y)$ 有这样的关系：存在常数 a，$-\infty<a<\infty$，使得对任意的 c 都有 $G(c)=F(c-a)$. 正如前面所述，这时 $X+a$ 和 Y 有相同的分布函数，$X+a\overset{d}{=}Y$，a 可看成“Y 与 X 的差”，或者把 a 看成 Y 的位置参数与 X 的位置参数的差：$a=Y$ 的位置参数$-X$ 的位置参数. 同对称中心 θ 的估计，我们使用 Hodges 和 Lehmann 提出的方

法给出位置参数 a 的 H-L 估计. 为简化讨论,不妨假设合样本 $x_1,x_2,\cdots,x_m,y_1,y_2,\cdots,y_n$ 的各个单元之间互不相等.

我们利用区间估计和假设检验的关系来构造位置参数 a 的区间估计. 为此,首先让我们用 Mann-Whitney U 统计量检验方法讨论位置参数 a 是否等于 η 的检验问题. 该检验问题的原假设和备择假设分别为"$H_0: a=\eta$"和"$H_1: a\neq\eta$". 我们说"根据数据 $x_1,x_2,\cdots,x_m$ 和 $y_1,y_2,\cdots,y_n$ 检验它们的位置参数的差是否是一个常数 η"的检验问题,可以等价地转换为"根据数据 $z_1,z_2,\cdots,z_m$ 和 $y_1,y_2,\cdots,y_n$ 检验它们的位置参数是否没有差异"的检验问题,其中 $z_i=x_i+\eta, i=1,2,\cdots,m$,所以由式(5.9)知,位置参数 a 是否等于 η 的检验问题的检验统计量可取为

$$\begin{aligned}W_{xy}(\eta)&={}^{\#}\{(x_i,y_j): x_i+\eta<y_j, i=1,2,\cdots,m; j=1,2,\cdots,n\}\\&={}^{\#}\{(x_i,y_j): y_j-x_i>\eta, i=1,2,\cdots,m; j=1,2,\cdots,n\}.\end{aligned}\tag{F.9}$$

显然 $W_{xy}(\eta)$ 是 η 的非增的阶梯函数. 给定显著性水平 α,我们在 $W_{xy}(\eta)\geqslant c$ 或 $W_{xy}(\eta)\leqslant d$ 时拒绝原假设,其中 d 满足条件: $d=\sup\left\{d^*: P(W_{xy}(\eta)\leqslant d^*)\leqslant\frac{\alpha}{2}\right\}$. 把查表得到的 Wilcoxon 秩和检验的临界值减去 $\frac{n(n+1)}{2}$ 即得 d 的值. 由性质 5.5 知, $c=mn-d$. 我们也可以应用性质 5.6,得到 $W_{xy}(\eta)$ 的渐近正态性: $W_{xy}(\eta)\stackrel{\cdot}{\sim}N\left(\frac{mn}{2},\frac{mn(N+1)}{12}\right)$,其中 $N=m+n$. 然后由该渐近正态性和连续性修正得到 d 和 c 的值:

$$d=\frac{mn}{2}-0.5-U_{1-\frac{\alpha}{2}}\sqrt{\frac{mn(N+1)}{12}},$$

$$c=\frac{mn}{2}+0.5+U_{1-\frac{\alpha}{2}}\sqrt{\frac{mn(N+1)}{12}}.$$

由区间估计和假设检验的关系知,位置参数 a 的区间估计的左、右端点 $\hat{a}_L$ 和 $\hat{a}_U$ 分别满足下面的条件:

$$W_{xy}(\hat{a}_L)=c-1,\tag{F.10}$$

$$W_{xy}(\hat{a}_U)=d+1.\tag{F.11}$$

与对称中心的 H-L 估计的计算方法相类似地,位置参数 a 的 H-L 点估计和区间估计的计算方法如下:

① 对任意的 $1\leqslant i\leqslant m$ 和 $1\leqslant j\leqslant n$,计算 y_j 和 x_i 的差 y_j-x_i;

② 由于假设总体服从连续型分布,所以我们不妨假设这些差值 y_j-x_i 互不相

等. 将它们由小到大排列为 $v_{(1)}<v_{(2)}<\cdots<v_{(M)}$，其中 $M=mn$；

③ 位置参数 a 的 H–L 点估计为这 M 个差值 y_j-x_i 的中位数：

$$\hat{a}=\begin{cases} v_{\left(\frac{M+1}{2}\right)}, & M \text{ 为奇数}, \\ \dfrac{v_{\left(\frac{M}{2}\right)}+v_{\left(\frac{M}{2}+1\right)}}{2}, & M \text{ 为偶数}; \end{cases}$$

④ 由式(F.9)知，若 c 是整数，则方程(F.10)的解 $\hat{a}_L$ 是在将这些差值 y_j-x_i 由小到大排列后，从大的一头(后面)往小的一头(前面)数的第 c 个数. 由于 $c+d=mn=M$，所以 $\hat{a}_L$ 是从小的一头(前面)往大的一头(后面)数的第 $d+1$ 个数：$\hat{a}_L=v_{(d+1)}$. 若 c 不是整数，则 $\hat{a}_L$ 介于 $v_{(k)}$ 与 $v_{(k+1)}$ 之间，其中 k 表示比 d 大的最小整数. 我们可以用线性插入的方法求 $\hat{a}_L$ 的值. 类似地，可以求得方程(F.11)的解 $\hat{a}_U$. 在 d 是整数时，$\hat{a}_U=v_{(c-1)}$；在 d 不是整数时，$\hat{a}_U$ 介于 $v_{([c]-1)}$ 与 $v_{([c])}$ 之间，其中 $[c]$ 表示比 c 小的最大整数. 我们可以用线性插入的方法求 $\hat{a}_U$ 的值.

R 软件就是用 H–L 方法构造位置参数的点估计和区间估计的，但软件说它构造的是总体 Y 的中位数与总体 X 的中位数之差的估计. 这里的"中位数之差"可以理解为"位置参数之差". 在用 R 软件比较两个样本的中位数的同时也得到了中位数之差的点估计和区间估计.

附录 9 使用统计软件 SAS 解位置参数检验问题

在使用统计软件 SAS 解尺度参数检验问题时，选择"Tests"选项后，除了"Dispersion test scores"菜单外，还有"Location test scores"菜单. 使用统计软件 SAS 也能解位置参数检验问题. 在"Location test scores"的菜单中有 4 个选项("Wilcoxon (Kruskal Wallis test)"，"Median"，"Van der Waerden"和"Savage")，可任选 1 项或多项. 如果选"Wilcoxon (Kruskal Wallis test)"，那就是用 Wilcoxon 秩和检验方法解位置参数检验问题；如果选"Median"，那就是用 Mood 中位数检验法解位置参数检验问题. 下面解释"Van der Waerden"和"Savage"选项的含义.

假设样本 $x_1,x_2,\cdots,x_m$ 和 $y_1,y_2,\cdots,y_n$ 分别来自连续型总体 X 和 Y，总体 X 和 Y 的分布函数分别为 $F(x)$ 和 $F(x-a)$，其中 $-\infty<a<\infty$，a 为位置参数. 令 $N=m+n$. 在 $a>0$ 时，若将合样本$(x_1,x_2,\cdots,x_m,y_1,y_2,\cdots,y_n)$由小到大排列，$y_1,y_2,\cdots,y_n$ 倾向于排在后边. 而在 $a<0$ 时，$y_1,y_2,\cdots,y_n$ 倾向于排在前边. Wilcoxon 秩和检验方法取 Y

样本 $y_1,y_2,\cdots,y_n$ 的秩和 $W_y=\sum_{j=1}^{n}R_j$ 作为检验位置参数的检验统计量. 事实上,只要计分函数 $a(r)$ 非增或非减,$\sum_{j=1}^{n}a(R_j)$ 都可以作为检验位置参数的检验统计量. 除了取 $a(r)=r$ 得到 Wilcoxon 秩和检验统计量外,计分函数 $a(r)$ 还有下面的 Van der Waerden 和 Savage 等几种不同的取法:

① Van der Waerden 检验:取 $a(r)=\Phi^{-1}\left(\frac{r}{N+1}\right),r=1,2,\cdots,N$;

② Savage 检验:取 $a(r)=\sum_{i=N-r+1}^{N}\left(\frac{1}{i}\right),r=1,2,\cdots,N$.

为什么计分函数 $a(r)$ 有各种不同的取法? 这是为了针对不同的总体分布选择相应的计分函数,使得检验有更好的效果. 在非参数数据分析时虽然不假定总体分布已知,但根据经验有比较充分的理由认为总体分布有某种类型,例如右偏(或左偏),轻尾(或重尾)等. 不同类型的分布选用不同的计分函数,这方面的内容请参阅参考书目[2].

附录 10 Kruskal-Wallis 检验与 Wilcoxon 秩和检验

在 $k=2$ 个总体 X_1 和 X_2 时,Kruskal-Wallis 检验统计量和 Wilcoxon 秩和检验统计量分别为

$$H=\frac{12}{N(N+1)}\left[n_1\left(\bar{R}_1-\frac{N+1}{2}\right)^2+n_2\left(\bar{R}_2-\frac{N+1}{2}\right)^2\right],$$

$$W_{X_1}=R_{1+}.$$

由于 $\frac{n_1\bar{R}_1+n_2\bar{R}_2}{N}=\bar{R}=\frac{N+1}{2}$,所以

$$\begin{aligned}H&=\frac{12}{N(N+1)}\left[n_1\left(\bar{R}_1-\frac{n_1\bar{R}_1+n_2\bar{R}_2}{N}\right)^2+n_2\left(\bar{R}_2-\frac{n_1\bar{R}_1+n_2\bar{R}_2}{N}\right)^2\right]\\&=\frac{12n_1n_2}{N^2(N+1)}(\bar{R}_1-\bar{R}_2)^2=\frac{12n_1n_2}{N^2(N+1)}\left(\frac{R_{1+}}{n_1}-\frac{R_{2+}}{n_2}\right)^2.\end{aligned}$$

由 $R_{1+}+R_{2+}=1+2+\cdots+N=\frac{N(N+1)}{2}$ 知,$R_{2+}=\frac{N(N+1)}{2}-R_{1+}$,从而有

$$H=\frac{12n_1n_2}{N^2(N+1)}\left[\frac{R_{1+}}{n_1}-\frac{\frac{N(N+1)}{2}-R_{1+}}{n_2}\right]^2$$
$$=\frac{12}{n_1n_2(N+1)}\left[R_{1+}-\frac{n_1(N+1)}{2}\right]^2$$
$$=\frac{12}{n_1n_2(N+1)}\left[W_{X_1}-\frac{n_1(N+1)}{2}\right]^2,$$

所以在 $k=2$ 个总体时，Kruskal-Wallis 检验统计量 H 可以表示成 Wilcoxon 秩和检验统计量 W_{X_1} 的函数. 由 Wilcoxon 秩和检验统计量的期望与方差的计算公式(见性质 5.3)知

$$E(W_{X_1})=\frac{n_1(N+1)}{2},D(W_{X_1})=\frac{n_1n_2(N+1)}{12},$$

从而有

$$H=\left[\frac{W_{X_1}-E(W_{X_1})}{\sqrt{D(W_{X_1})}}\right]^2. \tag{F.12}$$

我们知道，在 $k=2$ 个总体时，Kruskal-Wallis 检验统计量 H 有渐近 $\chi^2(1)$ 分布. 而由 W_{X_1} 的渐近正态性知，根据式(F.12)我们也能推得，H 有渐近 $\chi^2(1)$ 分布. 这说明，在比较两个总体的位置参数有没有差异时，使用 Kruskal-Wallis 检验等同于使用 Wilcoxon 秩和检验.

附录 11　Jonckheere-Terpstra 检验统计量 J 的方差的计算

① 证明无结时 J 的方差的计算公式，即式(6.15).

首先证明式(6.13)和式(6.14). 由于 $D(W_{ij}+W_{tj})=D(W_{ij})+D(W_{tj})+2\mathrm{Cov}(W_{ij},W_{tj})$，所以知道了 $D(W_{ij})$，$D(W_{tj})$ 和 $D(W_{ij}+W_{tj})$ 的值后，就可以得到 $\mathrm{Cov}(W_{ij},W_{tj})$ 的值. 由 Mann-Whitney U 统计量方差的计算公式(见性质 5.6)知

$$D(W_{ij})=\frac{n_in_j(n_i+n_j+1)}{12},D(W_{tj})=\frac{n_tn_j(n_t+n_j+1)}{12}.$$

由式(6.8)知，

$$W_{ij}+W_{tj}={}^{\#}\{(x_{ir},x_{js}):x_{ir}<x_{js},r=1,2,\cdots,n_i;s=1,2,\cdots,n_j\}+$$
$${}^{\#}\{(x_{tr},x_{js}):x_{tr}<x_{js},r=1,2,\cdots,n_t;s=1,2,\cdots,n_j\}.$$

如果将来自第 i 个总体的样本 $x_{i1},x_{i2},\cdots,x_{in_i}$ 和来自第 t 个总体的样本 $x_{t1},x_{t2},\cdots,x_{tn_t}$ 合在一起作为一方,而将来自第 j 个总体的样本 $x_{j1},x_{j2},\cdots,x_{jn_j}$ 作为另一方,则 $W_{ij}+W_{tj}$ 就是这两方之间的 Mann-Whitney U 统计量. 故由 Mann-Whitney U 统计量方差的计算公式(见性质 5.6)知

$$D(W_{ij}+W_{tj})=\frac{(n_i+n_t)n_j(n_i+n_t+n_j+1)}{12}. \tag{F.13}$$

由于 $D(W_{ij}+W_{tj})=D(W_{ij})+D(W_{tj})+2\mathrm{Cov}(W_{ij},W_{tj})$,所以

$$\begin{aligned}\mathrm{Cov}(W_{ij},W_{tj})&=\frac{1}{2}[D(W_{ij}+W_{tj})-D(W_{ij})-D(W_{tj})]\\&=\frac{1}{2}\left[\frac{(n_i+n_t)n_j(n_i+n_t+n_j+1)}{12}-\frac{n_in_j(n_i+n_j+1)}{12}-\frac{n_tn_j(n_t+n_j+1)}{12}\right]\\&=\frac{n_in_jn_t}{12}.\end{aligned}$$

因为 $W_{tj}+W_{jt}=n_jn_t$,所以 $\mathrm{Cov}(W_{ij},W_{jt})=-\mathrm{Cov}(W_{ij},W_{tj})=-\frac{n_in_jn_t}{12}$. 同理可证:$\mathrm{Cov}(W_{ji},W_{tj})=-\frac{n_in_jn_t}{12}$,$\mathrm{Cov}(W_{ji},W_{jt})=\frac{n_in_jn_t}{12}$. 至此,式(6.13)和式(6.14)得到了证明.

由式(6.11)—(6.14)知,J 的方差为

$$\begin{aligned}D(J)&=\sum_{i<j}D(W_{ij})+2\sum_{i<j<s}[\mathrm{Cov}(W_{ij},W_{is})+\mathrm{Cov}(W_{ij},W_{js})+\mathrm{Cov}(W_{is},W_{js})]\\&=\frac{1}{12}\sum_{i<j}[n_in_j(n_i+n_j+1)]+\frac{1}{6}\sum_{i<j<s}(n_in_jn_s)\\&=\frac{1}{12}\Big(\sum_{i\neq j}n_i^2n_j+\sum_{i<j}n_in_j\Big)+\frac{1}{36}\Big(N^3-\sum_i n_i^3-3\sum_{i\neq j}n_i^2n_j\Big)\\&=\frac{1}{36}\left[N^3-\sum_i n_i^3+\frac{3\Big(N^2-\sum_i n_i^2\Big)}{2}\right]\\&=\frac{1}{72}\left[N^2(2N+3)-\sum_{t=1}^{k}n_t^2(2n_t+3)\right].\end{aligned}$$

至此式(6.15),即无结时 J 的方差的计算公式得到了证明.

② 证明有结时 J 的方差的计算公式,即式(6.19). 这个问题的困难就在于我们是在全部样本$\{x_{i1},x_{i2},\cdots,x_{in_i},i=1,2,\cdots,k\}$中结的个数 g,结的长度 $\tau_1,\tau_2,\cdots,\tau_g$ 都已知的条件下计算方差.

我们首先在全部样本 $\{x_{i1},x_{i2},\cdots,x_{in_i},i=1,2,\cdots,k\}$ 中结的个数 g,结的长度 τ_1,$\tau_2,\cdots,\tau_g$ 都已知的条件下计算 W_{ij} 的条件方差:

$$D(W_{ij}\mid\tau_s,s=1,2,\cdots,g).\tag{F.14}$$

由 Mann-Whitney U 统计量方差的修正公式(见式(5.16))知,

$$D(W_{ij})=\frac{n_in_j(n_i+n_j+1)}{12}-\frac{n_in_j\sum_{s=1}^{g}(\tau_{s,ij}^3-\tau_{s,ij})}{12(n_i+n_j)(n_i+n_j-1)},\tag{F.15}$$

其中 $\tau_{s,ij}$ 表示全部样本中的第 s 个结在 $\{x_{i1},x_{i2},\cdots,x_{in_i},x_{j1},x_{j2},\cdots,x_{jn_j}\}$ 中的长度,其中 $\{x_{i1},x_{i2},\cdots,x_{in_i},x_{j1},x_{j2},\cdots,x_{jn_j}\}$ 是来自第 i 个和第 j 个总体的样本合在一起后的合样本. $\tau_{s,ij}=0$ 表示在这两个样本中没有全部样本中第 s 个结的值. 显然,$\tau_{s,ij}=0$ 并不影响 $D(W_{ij})$ 的值. 正如前面我们一再说的,式(F.15)给出的 W_{ij} 的方差是条件方差,但它并不是式(F.14)所表示的条件方差,而是全部样本中的第 s 个结在来自第 i 个和第 j 个总体的样本合在一起的合样本中的长度 $\tau_{s,ij}(s=1,2,\cdots,g)$ 都已知的条件下的条件方差,所以严格地说:式(F.15)应该写为

$$D(W_{ij}\mid\tau_{s,ij},s=1,2,\cdots,g)=\frac{n_in_j(n_i+n_j+1)}{12}-\frac{n_in_j\sum_{s=1}^{g}(\tau_{s,ij}^3-\tau_{s,ij})}{12(n_i+n_j)(n_i+n_j-1)}.\tag{F.16}$$

知道了条件期望和条件方差,可以按下面的公式计算方差:

$$D(X)=E(D(X\mid Y))+D(E(X\mid Y)).$$

由此可见,式(F.14)所表示的条件方差的计算公式如下:

$$\begin{aligned}&D(W_{ij}\mid\tau_s,s=1,2,\cdots,g)\\=&E(D(W_{ij}\mid\tau_{s,ij},s=1,2,\cdots,g)\mid\tau_s,s=1,2,\cdots,g)+\\&D(E(W_{ij}\mid\tau_{s,ij},s=1,2,\cdots,g)\mid\tau_s,s=1,2,\cdots,g).\end{aligned}$$

有结时 Mann-Whitney U 统计量的期望不需要修正(见式(5.15)),所以 W_{ij} 的条件期望是一个常数. 它等于

$$E(W_{ij}\mid\tau_{s,ij},s=1,2,\cdots,g)=\frac{n_in_j}{2},$$

从而

$$D(E(W_{ij}\mid\tau_{s,ij},s=1,2,\cdots,g)\mid\tau_s,s=1,2,\cdots,g)=0.$$

故式(F.14)所表示的条件方差是式(F.16)所表示的条件方差的期望:

$$D(W_{ij}\mid\tau_s,s=1,2,\cdots,g)=E(D(W_{ij}\mid\tau_{s,ij},s=1,2,\cdots,g)\mid\tau_s,s=1,2,\cdots,g).\tag{F.17}$$

在全部样本$\{x_{i1},x_{i2},\cdots,x_{in_i},i=1,2,\cdots,k\}$中结的个数$g$,结的长度$\tau_1,\tau_2,\cdots,\tau_g$都已知的条件下,$(\tau_{1,ij},\tau_{2,ij},\cdots,\tau_{g,ij})$的概率分布律为

$$\frac{\dfrac{(n_i+n_j)!}{\tau_{1,ij}!\ \tau_{2,ij}!\ \cdots\tau_{g,ij}!}\dfrac{(N-n_i-n_j)!}{(\tau_1-\tau_{1,ij})!\ (\tau_2-\tau_{2,ij})!\ \cdots(\tau_g-\tau_{g,ij})!}}{\dfrac{N!}{\tau_1!\ \tau_2!\ \cdots\tau_g!}}.$$

若把式(F.16)中的$\tau_{s,ij}^3-\tau_{s,ij}$变换为$\tau_{s,ij}(\tau_{s,ij}-1)(\tau_{s,ij}-2)+3\tau_{s,ij}(\tau_{s,ij}-1)$,则不难由式(F.17)算得

$$\begin{aligned}
&D(W_{ij}\mid\tau_s,s=1,2,\cdots,g)\\
&=E\left(\frac{n_in_j(n_i+n_j+1)}{12}-\frac{n_in_j\sum\limits_{s=1}^{g}(\tau_{s,ij}^3-\tau_{s,ij})}{12(n_i+n_j)(n_i+n_j-1)}\middle|\tau_s,s=1,2,\cdots,g\right)\\
&=\frac{n_in_j(n_i+n_j+1)}{12}-\\
&\quad\frac{n_in_j}{12(n_i+n_j)(n_i+n_j-1)}\sum_{s=1}^{g}E(\tau_{s,ij}(\tau_{s,ij}-1)(\tau_{s,ij}-2)\mid\tau_s,s=1,2,\cdots,g)-\\
&\quad\frac{n_in_j}{4(n_i+n_j)(n_i+n_j-1)}\sum_{s=1}^{g}E(\tau_{s,ij}(\tau_{s,ij}-1)\mid\tau_s,s=1,2,\cdots,g)\\
&=\frac{n_in_j(n_i+n_j+1)}{12}-\frac{n_in_j(n_i+n_j-2)}{12N(N-1)(N-2)}\left[\sum_{s=1}^{g}\tau_s(\tau_s-1)(\tau_s-2)\right]-\\
&\quad\frac{n_in_j}{4N(N-1)}\left[\sum_{s=1}^{g}\tau_s(\tau_s-1)\right].
\end{aligned}$$

为简单起见,通常将$D(W_{ij}\mid\tau_s,s=1,2,\cdots,g)$写成$D(W_{ij})$. 至此,式(6.16)得到了证明. 下面证明中的方差和协方差都应理解为在全部样本$\{x_{i1},x_{i2},\cdots,x_{in_i},i=1,2,\cdots,k\}$中结的个数$g$,结的长度$\tau_1,\tau_2,\cdots,\tau_g$都已知的条件下的条件方差和条件协方差.

由式(6.16)知,式(F.13)须修正为

$$\begin{aligned}
D(W_{ij}+W_{tj})=&\frac{(n_i+n_t)n_j(n_i+n_t+n_j+1)}{12}-\\
&\frac{(n_i+n_t)n_j(n_i+n_t+n_j-2)}{12N(N-1)(N-2)}\left[\sum_{s=1}^{g}\tau_s(\tau_s-1)(\tau_s-2)\right]-\\
&\frac{(n_i+n_t)n_j}{4N(N-1)}\left[\sum_{s=1}^{g}\tau_s(\tau_s-1)\right],
\end{aligned}$$

从而有

$$\mathrm{Cov}(W_{ij},W_{tj})=\frac{1}{2}[D(W_{ij}+W_{tj})-D(W_{ij})-D(W_{tj})]$$

$$=\frac{n_in_jn_t}{12}-\frac{n_in_jn_t}{12N(N-1)(N-2)}\left[\sum_{s=1}^{g}\tau_s(\tau_s-1)(\tau_s-2)\right].$$

与无结时的证明相类似，因为 $W_{tj}+W_{jt}=n_jn_t$，所以

$$\mathrm{Cov}(W_{ij},W_{jt})=-\mathrm{Cov}(W_{ij},W_{tj})$$

$$=-\frac{n_in_jn_t}{12}+\frac{n_in_jn_t}{12N(N-1)(N-2)}\left[\sum_{s=1}^{g}\tau_s(\tau_s-1)(\tau_s-2)\right].$$

同理可证：

$$\mathrm{Cov}(W_{ji},W_{tj})=-\frac{n_in_jn_t}{12}+\frac{n_in_jn_t}{12N(N-1)(N-2)}\left[\sum_{s=1}^{g}\tau_s(\tau_s-1)(\tau_s-2)\right],$$

$$\mathrm{Cov}(W_{ji},W_{jt})=\frac{n_in_jn_t}{12}-\frac{n_in_jn_t}{12N(N-1)(N-2)}\left[\sum_{s=1}^{g}\tau_s(\tau_s-1)(\tau_s-2)\right].$$

至此，式(6.17)和式(6.18)得到了证明.

下面根据(6.12)和(6.16)—(6.18)等四个公式证明有结时方差的计算公式，即式(6.19).

$$D(J)=\sum_{i<j}D(W_{ij})+2\sum_{i<j<s}(\mathrm{Cov}(W_{ij},W_{is})+\mathrm{Cov}(W_{ij},W_{js})+\mathrm{Cov}(W_{is},W_{js}))$$

$$=\sum_{i<j}\frac{n_in_j(n_i+n_j+1)}{12}+2\sum_{i<j<s}\frac{n_in_jn_s}{12}-$$

$$\left[\sum_{i<j}\frac{n_in_j(n_i+n_j-2)}{12N(N-1)(N-2)}+\sum_{i<j<t}\frac{n_in_jn_t}{12N(N-1)(N-2)}\right]\left[\sum_{s=1}^{g}\tau_s(\tau_s-1)(\tau_s-2)\right]-$$

$$\sum_{i<j}\frac{n_in_j}{4N(N-1)}\left[\sum_{s=1}^{g}\tau_s(\tau_s-1)\right]$$

$$=\frac{1}{72}\left[N^2(2N+3)-\sum_{t=1}^{k}n_t^2(2n_t+3)-\sum_{s=1}^{g}\tau_s(\tau_s-1)(2\tau_s+5)\right]+$$

$$\frac{1}{36N(N-1)(N-2)}\left[\sum_{t=1}^{k}n_t(n_t-1)(n_t-2)\right]\left[\sum_{s=1}^{g}\tau_s(\tau_s-1)(\tau_s-2)\right]+$$

$$\frac{1}{8N(N-1)}\left[\sum_{t=1}^{k}n_t(n_t-1)\right]\left[\sum_{s=1}^{g}\tau_s(\tau_s-1)\right].$$

至此，式(6.19)，即有结时 J 的方差的计算公式得到了证明.

附录 12 Friedman 检验与符号检验

由 $k=2$ 个处理的区组设计得到的数据是成对数据，所以符号检验和符号秩和检验方法都可以用来分析 2 个处理的区组设计. 下面将说明 2 个处理的区组设计的 Friedman 检验等同于符号检验，所以 Friedman 检验是符号检验的推广.

现有一个 2 个处理 b 个区组的区组设计，如表 F.5 所示.

表 F.5　2 个处理的区组设计

		区组			
		1	2	…	b
处理	1	x_{11}	x_{12}	…	x_{1b}
	2	x_{21}	x_{22}	…	x_{2b}

为简化讨论，不妨假设对所有的 $j=1,2,\cdots,b$，$x_{1j}\neq x_{2j}$，符号检验统计量为

$$S^+={}^{\#}\{(x_{1j},x_{2j}):x_{1j}-x_{2j}>0,\ j=1,2,\cdots,b\},$$

从而有 ${}^{\#}\{(x_{1j},x_{2j}):x_{1j}-x_{2j}<0,\ j=1,2,\cdots,b\}=b-S^+$. 由此可见，在将同一个区组内的 2 个观察值由小到大排列并求出它们的秩之后，第 1 个处理的 b 个观察值中，有 S^+ 个观察值的秩为 2，有 $b-S^+$ 个观察值的秩为 1；而第 2 个处理的 b 个观察值中，有 S^+ 个观察值的秩为 1，有 $b-S^+$ 个观察值的秩为 2. 所以

$$R_{1+}=\sum_{j=1}^{b}R_{1j}=(b-S^+)+2S^+=b+S^+,\bar{R}_1=1+\frac{S^+}{b},$$

$$R_{2+}=\sum_{j=1}^{b}R_{2j}=2(b-S^+)+S^+=2b-S^+,\bar{R}_2=2-\frac{S^+}{b}.$$

因而 Friedman 检验统计量为

$$Q=\frac{12b}{k(k+1)}\left[\left(\bar{R}_1-\frac{k+1}{2}\right)^2+\left(\bar{R}_2-\frac{k+1}{2}\right)^2\right]=\left(\frac{S^+-\dfrac{b}{2}}{\dfrac{\sqrt{b}}{2}}\right)^2,\tag{F.18}$$

所以对 2 个处理的区组设计来说，Friedman 检验统计量 Q 可以表示成符号检验统计

量 S^+ 的函数. 在这两个处理没有差异时, $S^+ \sim b\left(b, \frac{1}{2}\right)$, 所以 S^+ 有渐近正态分布 $N\left(\frac{b}{2}, \frac{b}{4}\right)$. 我们知道, 在 $k=2$ 个处理时, Friedman 检验统计量 Q 有渐近 $\chi^2(1)$ 分布. 而由 S^+ 的渐近正态性知, 根据式(F.18)我们也能推得, Q 有渐近 $\chi^2(1)$ 分布. 这说明, 对 2 个处理的区组设计来说, 使用 Friedman 检验等同于使用符号检验. Friedman 检验将比较成对数据的符号检验推广到多个处理的比较问题.

附录 13　Hodges-Lehmann 检验统计量的期望与有相等观察值时对它作的修改

① SSB 的期望的计算公式式(7.8)的证明:

首先计算在区组 1 里 k 个秩 $R_{11}, R_{21}, \cdots, R_{k1}$ 给定的条件下 R_{11} 的条件期望和条件方差. 为了区分随机变量和观察值, 我们先将区组 1 里 k 个秩 $R_{11}, R_{21}, \cdots, R_{k1}$ 的观察值记为 $a_{11}, a_{21}, \cdots, a_{k1}$, 而将 $R_{11}, R_{21}, \cdots, R_{k1}$ 视为随机变量. 由于

$$P(R_{11}=a'_{11}, R_{21}=a'_{21}, \cdots, R_{k1}=a'_{k1}) = \frac{1}{k!},$$

其中 $(a'_{11}, a'_{21}, \cdots, a'_{k1})$ 是 $(a_{11}, a_{21}, \cdots, a_{k1})$ 的任意一个置换, 所以

$$P(R_{11}=a_{11}) = P(R_{11}=a_{21}) = \cdots = P(R_{11}=a_{k1}) = \frac{1}{k}.$$

从而

$$E(R_{11}) = \frac{a_{+1}}{k}, D(R_{11}) = \sum_{i=1}^{k} \frac{\left(a_{i1} - \frac{a_{+1}}{k}\right)^2}{k},$$

其中 $a_{+1} = \sum_{i=1}^{k} a_{i1}$. 然后再将 $a_{11}, a_{21}, \cdots, a_{k1}$ 回复为 $R_{11}, R_{21}, \cdots, R_{k1}$, 于是有

$$E(R_{11}) = \frac{R_{+1}}{k}, D(R_{11}) = \sum_{i=1}^{k} \frac{\left(R_{i1} - \frac{R_{+1}}{k}\right)^2}{k}.$$

一般来说, 我们有

$$E(R_{ij})=\frac{R_{+j}}{k},D(R_{ij})=\sum_{i=1}^{k}\frac{\left(R_{ij}-\frac{R_{+j}}{k}\right)^2}{k},\tag{F.19}$$

其中 $R_{+j}=\sum_{i=1}^{k}R_{ij}$ 是第 j 个区组 k 个秩的和,$j=1,2,\cdots,b$. 由此可见

$$E(\overline{R_i})=\sum_{j=1}^{b}\frac{E(R_{ij})}{b}=\sum_{j=1}^{b}\frac{R_{+j}}{bk}$$

$$=\sum_{i=1}^{k}\sum_{j=1}^{b}\frac{R_{ij}}{bk}=\frac{bk+1}{2},\tag{F.20}$$

$$D(\overline{R_i})=\sum_{j=1}^{b}\frac{D(R_{ij})}{b^2}=\sum_{j=1}^{b}\sum_{i=1}^{k}\frac{\left(R_{ij}-\frac{R_{+j}}{k}\right)^2}{b^2k},\tag{F.21}$$

所以 SSB 的期望为

$$E(\text{SSB})=b\sum_{i=1}^{k}E(\overline{R_i}-\overline{R})^2=b\sum_{i=1}^{k}D(\overline{R_i})$$

$$=\sum_{j=1}^{b}\sum_{i=1}^{k}\frac{\left(R_{ij}-\frac{R_{+j}}{k}\right)^2}{b}.$$

式(7.8)得到了证明.

② 有结秩取平均时,式(7.11)的导出:

有结秩取平均时,$R_{i+}=\sum_{j=1}^{b}a(R_{ij})$,$R_{+j}=\sum_{i=1}^{k}a(R_{ij})$,其中 $a(r)$,$r=1,2,\cdots,N$ 是计分函数,在结的长度为 1 时 $a(R_{ij})=R_{ij}$,而在结的长度超过 1 时 $a(R_{ij})$ 等于秩的平均. 这时式(F.19)须修改为

$$E(a(R_{ij}))=\frac{R_{+j}}{k},D(a(R_{ij}))=\sum_{i=1}^{k}\frac{\left[a(R_{ij})-\frac{R_{+j}}{k}\right]^2}{k}.$$

从而知,式(F.20)保持不变,而式(F.21)须修改为

$$D(\overline{R_i})=\sum_{j=1}^{b}\frac{D(a(R_{ij}))}{b^2}=\sum_{j=1}^{b}\sum_{i=1}^{k}\frac{\left[a(R_{ij})-\frac{R_{+j}}{k}\right]^2}{b^2k}.$$

由式(4.14)知,

$$\sum_{j=1}^{b}\sum_{i=1}^{k}\left[a(R_{ij})-\frac{R_{+j}}{k}\right]^2$$

$$=\sum_{j=1}^{b}\sum_{i=1}^{k}a^2(R_{ij})-\sum_{j=1}^{b}\frac{R_{+j}^2}{k}$$

$$=\frac{bk(bk+1)(2bk+1)}{6}-\sum_{t=1}^{g}\frac{(\tau_t^3-\tau_t)}{12}-\sum_{j=1}^{b}\frac{R_{+j}^2}{k},$$

具中 g 为 $x'_{ij}(i=1,2,\cdots,k;j=1,2,\cdots,b)$ 中结的个数，τ_t 是第 t 个结的长度，$t=1,2,\cdots,g$. 所以有结秩取平均时 SSB 的期望为

$$E(\mathrm{SSB})=b\sum_{i=1}^{k}E(\overline{R}_i-\overline{R})^2=b\sum_{i=1}^{k}D(\overline{R}_i)$$

$$=\sum_{j=1}^{b}\sum_{i=1}^{k}\frac{\left[a(R_{ij})-\dfrac{R_{+j}}{k}\right]^2}{b}$$

$$=\frac{k(bk+1)(2bk+1)}{6}-\sum_{t=1}^{g}\frac{(\tau_t^3-\tau_t)}{12b}-\sum_{j=1}^{b}\frac{R_{+j}^2}{bk}.$$

为此我们将 SSB 变换为

$$L_a=(k-1)\frac{\mathrm{SSB}}{E(\mathrm{SSB})},$$

使得 L_a 的期望为 $k-1$. 由于

$$\mathrm{SSB}=bE(\overline{R}_i-\overline{R})^2$$

$$=b\sum_{i=1}^{k}\left[\overline{R}_i-\frac{(bk+1)}{2}\right]^2=\sum_{i=1}^{k}\frac{R_{i+}^2}{b}-\frac{bk(bk+1)^2}{4},$$

所以

$$L_a=\frac{(k-1)\left[\displaystyle\sum_{i=1}^{k}R_{i+}^2-\frac{kb^2(bk+1)^2}{4}\right]}{\dfrac{bk(bk+1)(2bk+1)}{6}-\displaystyle\sum_{t=1}^{g}\frac{\tau_t^3-\tau_t}{12}-\sum_{j=1}^{b}\frac{R_{+j}^2}{k}}.$$

至此，我们导出了有结秩取平均时的式(7.11).

附录 14 Hodges-Lehmann 检验与符号秩和检验

本附录将说明 2 个处理的区组设计的 Hodges-Lehmann 检验和符号秩和检验有什么关系. 从中可以看到 Hodges-Lehmann 检验是符号秩和检验的推广.

现有一个 2 个处理 b 个区组的区组设计,其观察值如表 F.6 所示.

表 F.6 2 个处理的区组设计(观察值)

		区组			
		1	2	…	b
处理	1	x_{11}	x_{12}	…	x_{1b}
	2	x_{21}	x_{22}	…	x_{2b}
差值 $d_j=x_{1j}-x_{2j}$		d_1	d_2	…	d_b

表 F.6 的符号检验统计量和符号秩和检验统计量分别为

$$S^+=\sum_{j=1}^{b}u_j \text{ 和 } W^+=\sum_{j=1}^{b}u_jR_j, \tag{F.22}$$

其中

$$u_j=\begin{cases}1, & d_j>0,\\ 0, & \text{否则},\end{cases} \quad j=1,2,\cdots,b,$$

R_j 为 $|d_j|$ 在 $|d_1|,|d_2|,\cdots,|d_b|$ 中的秩. 为简化讨论,不妨假设对所有的 $j=1,2,\cdots,b$, $x_{1j}\neq x_{2j}$,并且 $|d_1|,|d_2|,\cdots,|d_b|$ 互不相等.

计算区组效应:$\overline{x}_j=\dfrac{x_{1j}+x_{2j}}{2}$, $j=1,2,\cdots,b$, 于是有

$$x'_{1j}=x_{1j}-\overline{x}_j=\frac{x_{1j}-x_{2j}}{2}=\frac{d_j}{2},$$

$$x'_{2j}=x_{2j}-\overline{x}_j=\frac{x_{2j}-x_{1j}}{2}=-\frac{d_j}{2}, j=1,2,\cdots,b.$$

由此可见,如果假设 $|d_1|,|d_2|,\cdots,|d_b|$ 由小到大排列成

$$z_1<z_2<\cdots<z_b, \tag{F.23}$$

则所有的 $x'_{ij}(i=1,2;j=1,2,\cdots,b)$ 由小到大就排列成

$$-\frac{z_b}{2}<\cdots<-\frac{z_2}{2}<-\frac{z_1}{2}<\frac{z_1}{2}<\frac{z_2}{2}<\cdots<\frac{z_b}{2}. \tag{F.24}$$

记 x'_{ij} 在 $\{x'_{ij}, i=1,2; j=1,2,\cdots,b\}$ 中的秩为 $R_{ij}, i=1,2, j=1,2,\cdots,b$, 从而有表 F.7.

表 F.7　2 个处理的区组设计（秩）

		区组				
		1	2	…	b	
处理	1	R_{11}	R_{12}	…	R_{1b}	R_{1+}
	2	R_{21}	R_{22}	…	R_{2b}	R_{2+}
		R_{+1}	R_{+2}	…	R_{+b}	

下面计算处理 1 中 b 个秩的和 R_{1+} 的值. 在 $x'_{1j}=\frac{d_j}{2}>0$ 时, 由于 $|d_1|, |d_2|, \cdots, |d_b|$ 由小到大排列成式(F.23)的情况, 所以 $x'_{1j}=\frac{z_{R_j}}{2}$, 其中 R_j 为 $|d_j|$ 在 $|d_1|, |d_2|, \cdots, |d_b|$ 中的秩. 由于所有的 $x'_{ij}(i=1,2;j=1,2,\cdots,b)$ 由小到大排列成式(F.24)的情况, 所以 x'_{1j} 在 $\{x'_{ij}, i=1,2;j=1,2,\cdots,b\}$ 中的秩 $R_{1j}=R_j+b$. 同理可证: 在 $x'_{2j}=-\frac{d_j}{2}>0$ 时, 也有 $R_{2j}=R_j+b$. 这说明

$$\text{在 } x'_{ij}>0 \text{ 时}, R_{ij}=R_j+b, \tag{F.25}$$

在 $x'_{1j}=\frac{d_j}{2}<0$ 时, 由于 $|d_1|, |d_2|, \cdots, |d_b|$ 由小到大排列成式(F.23)的情况, 所以 $x'_{1j}=-\frac{z_{R_j}}{2}$, 其中 R_j 为 $|d_j|$ 在 $|d_1|, |d_2|, \cdots, |d_b|$ 中的秩. 由于所有的 $x'_{ij}(i=1,2;j=1,2,\cdots,b)$ 由小到大排列成式(F.24)的情况, 所以 x'_{1j} 在 $\{x'_{ij}, i=1,2;j=1,2,\cdots,b\}$ 中的秩 $R_{1j}=b+1-R_j$. 同理可证: 在 $x'_{2j}=-\frac{d_j}{2}<0$ 时, 也有 $R_{2j}=b+1-R_j$. 这说明

$$\text{在 } x'_{ij}<0 \text{ 时}, R_{ij}=b+1-R_j, \tag{F.26}$$

根据 $x'_{1j}=\frac{d_j}{2}$, 由式(F.22)知, $\{x'_{1j}, j=1,2,\cdots,b\}$ 中有 S^+ 个正数, 且 S^+ 个正的 d_j 在 $|d_1|, |d_2|, \cdots, |d_b|$ 中的秩和为 W^+; $\{x'_{1j}, j=1,2,\cdots,b\}$ 中有 $b-S^+$ 个负数, 且 $b-S^+$ 个负的 $|d_j|$ 在 $|d_1|, |d_2|, \cdots, |d_b|$ 中的秩和为 $\frac{b(b+1)}{2}-W^+$. 从而由式(F.25)知, $\{x'_{1j}, j=1,$

$2,\cdots,b\}$ 中的 S^+ 个正数在 $\{x'_{ij},i=1,2;j=1,2,\cdots,b\}$ 中的秩的和为 $W^+ + bS^+$；而由式(F.26)知，$\{x'_{1j},j=1,2,\cdots,b\}$ 中的 $b-S^+$ 个负数在 $\{x'_{ij},i=1,2;j=1,2,\cdots,b\}$ 中的秩的和为 $(b+1)(b-S^+)-\left[\dfrac{b(b+1)}{2}-W^+\right]$，所以处理 1 中 b 个秩的和 R_{1+} 的值为

$$\begin{aligned} R_{1+} &= (bS^+ + W^+) + (b+1)(b-S^+) - \left[\frac{b(b+1)}{2} - W^+\right] \\ &= \frac{b(b+1)}{2} - S^+ + 2W^+. \end{aligned} \tag{F.27}$$

由于 $R_{1+}+R_{2+}=1+2+\cdots+2b=b(2b+1)$，所以处理 2 中 b 个秩的和 R_{2+} 的值为

$$R_{2+} = b(2b+1) - R_{1+} = \frac{b(3b+1)}{2} + S^+ - 2W^+. \tag{F.28}$$

下面计算各个区组中 2 个秩的和：$R_{+1},R_{+2},\cdots,R_{+b}$ 的值. 因为 $x'_{1j}=\dfrac{d_j}{2}$，$x'_{2j}=-\dfrac{d_j}{2}$，由式(F.25)和式(F.26)知，x'_{1j} 和 x'_{2j} 在 $\{x'_{ij},i=1,2;j=1,2,\cdots,b\}$ 中的秩 R_{1j} 与 R_{2j} 的和 R_{+j} 为

$$R_{+j} = R_{1j} + R_{2j} = 2b+1,\ j=1,2,\cdots,b. \tag{F.29}$$

将(F.27)—(F.29)等三个公式代入式(7.10)，从而算得 Hodges-Lehmann 检验统计量为

$$L = \frac{\left(2W^+ - S^+ - \dfrac{b^2}{2}\right)^2}{\dfrac{b(4b^2-1)}{12}}.$$

将 L 改写为

$$L = \left[\frac{W^+ - \dfrac{b(b+1)}{4}}{\sqrt{\dfrac{b(b+1)(2b+1)}{24}}} \cdot \alpha(b) - \beta(S^+,b)\right]^2,$$

其中

$$\alpha(b) = \sqrt{\frac{\dfrac{b(b+1)(2b+1)}{24}}{\dfrac{b(4b^2-1)}{48}}},\quad \beta(S^+,b) = \frac{S^+ - \dfrac{b}{2}}{\sqrt{\dfrac{b(4b^2-1)}{12}}}.$$

显然,在 $b\to\infty$ 时,$\alpha(b)\to 1$. 由于在这两个处理没有差异时,$S^+\sim b\left(n,\frac{1}{2}\right)$,所以在 $b\to\infty$ 时,

$$\frac{S^+-\frac{b}{2}}{\frac{\sqrt{b}}{2}}\xrightarrow{L}N(0,1).$$

显然,在 $b\to\infty$ 时,

$$\frac{\frac{\sqrt{b}}{2}}{\sqrt{\frac{b(4b^2-1)}{12}}}\to 0,$$

所以在 $b\to\infty$ 时

$$\beta(S^+,b)=\frac{S^+-\frac{b}{2}}{\frac{\sqrt{b}}{2}}\cdot\frac{\frac{\sqrt{b}}{2}}{\sqrt{\frac{b(4b^2-1)}{12}}}\xrightarrow{p}0.$$

这说明

$$L=\left[\frac{W^+-\frac{b(b+1)}{4}}{\sqrt{\frac{b(b+1)(2b+1)}{24}}}\cdot\text{收敛于 1 的量}+\text{依概率收敛于 0 的量}\right]^2 \tag{F.30}$$

在这两个处理没有差异时,W^+ 有渐近正态分布 $N\left(\frac{b(b+1)}{4},\frac{b(b+1)(2b+1)}{24}\right)$,所以 $g(W^+)$ 有渐近 $\chi^2(1)$ 分布,其中

$$g(W^+)=\frac{\left[W^+-\frac{b(b+1)}{4}\right]^2}{\frac{b(b+1)(2b+1)}{24}}.$$

由此可证:在 $b\to\infty$ 时,$\frac{L}{g(W^+)}\xrightarrow{p}1$. 这说明 $L\approx g(W^+)$,它们倾向于取相同的值. 由式(F.30)还可以知道,L 与 $g(W^+)$ 有相同的渐近分布,从而知,Hodges-Lehmann 检验统计量 L 有渐近 $\chi^2(1)$ 分布. 这说明,在 $k=2$ 个处理时,由 W^+ 的渐近正态性也可以推得 L 有渐近 $\chi^2(1)$ 分布. 对 2 个处理的区组设计来说,使用 Hodges-Lehmann 检验等同于使用符号秩和检验. Hodges-Lehmann 检验将比较成对数据的符号秩和检验

推广到多个处理的比较问题.

附录 15 基于平均数的相关系数

与式(7.12)相仿的成对数据的一般形式为

$$\begin{pmatrix}1\\y_{11}\end{pmatrix},\cdots,\begin{pmatrix}1\\y_{1n_1}\end{pmatrix},\cdots,\begin{pmatrix}k\\y_{k1}\end{pmatrix},\cdots,\begin{pmatrix}k\\y_{kn_k}\end{pmatrix}. \tag{F.31}$$

比如我们要研究人的文化程度与他的收入之间的关系,例如将文化程度分为文盲、小学、初中、高中、中专、大专、大学和研究生 8 个类别. 它们分别用 1、2、3、4、5、6、7 和 8 表示. 调查了 n 个人,其中文化程度为文盲、小学、初中、高中、中专、大专、大学和研究生的分别有 $n_1,n_2,\cdots,n_8$ 个人. 显然 $\sum_{i=1}^{8} n_i=n$. 调查得到的成对数据如式(F.31)所示,其中 $k=8$, y_{ij} 为文化程度为 i 的第 j 个人的收入, $i=1,2,\cdots,8$, $j=1,2,\cdots,n_i$. 很自然地,我们把同一种文化程度的人放在一起,求出它们的平均数:

$$\overline{y}_i=\sum_{j=1}^{n_i}\frac{y_{ij}}{n_i},i=1,2,\cdots,k,$$

然后将式(F.31)的成对数据简化为

$$\begin{pmatrix}1\\\overline{y}_1\end{pmatrix},\begin{pmatrix}2\\\overline{y}_2\end{pmatrix},\cdots,\begin{pmatrix}k\\\overline{y}_k\end{pmatrix}. \tag{F.32}$$

显然,基于平均数计算式(F.32)的成对数据的相关系数比基于原始数据计算式(F.31)的成对数据的相关系数简单得多. 但这个基于平均数的相关系数往往夸大了相关程度. 也就是说,很有可能发生这样的情况,基于平均数的相关系数比较大,而基于原始数据的相关系数却比较小. 虽然基于原始数据的相关系数的计算比较复杂,但它给出了相关程度的一个合理的估计,而基于平均数的相关系数往往过高地估计了相关程度.

对区组设计来说,基于平均数的相关系数必大于基于原始数据的相关系数. 下面我们就来证明这个结论. 设有 k 个处理 b 个区组的区组设计,它的观察值的秩列于表 F.8.

表 F.8　k 个处理 b 个区组的区组设计的观察值的秩

		区组				秩和
		1	2	…	b	
处理	1	R_{11}	R_{12}	…	R_{1b}	R_{1+}
	2	R_{21}	R_{22}	…	R_{2b}	R_{2+}
	⋮	⋮	⋮		⋮	⋮
	k	R_{k1}	R_{k2}	…	R_{kb}	R_{k+}

它的原始数据如式(7.12)所示,其相关系数为

$$r=\frac{\sum_{i=1}^{k}\sum_{j=1}^{b}\left(i-\frac{k+1}{2}\right)\left(R_{ij}-\frac{k+1}{2}\right)}{\sqrt{\sum_{i=1}^{k}\sum_{j=1}^{b}\left(i-\frac{k+1}{2}\right)^2}\sqrt{\sum_{i=1}^{k}\sum_{j=1}^{b}\left(R_{ij}-\frac{k+1}{2}\right)^2}}$$

$$=\frac{\sum_{i=1}^{k}iR_{i+}-\frac{bk(k+1)^2}{4}}{\sqrt{\sum_{i=1}^{k}\sum_{j=1}^{b}R_{ij}^2-\frac{bk(k+1)^2}{4}}\sqrt{\frac{bk(k^2-1)}{12}}}$$

$$=\frac{\sum_{i=1}^{k}iR_{i+}-\frac{bk(k+1)^2}{4}}{\sqrt{b\sum_{i=1}^{k}\sum_{j=1}^{b}R_{ij}^2-\frac{kb^2(k+1)^2}{4}}\sqrt{\frac{k(k^2-1)}{12}}}.$$

由于$\overline{R}_i=\frac{R_{i+}}{b}$,$i=1,2,\cdots,k$,显然下面这两个成对数据的相关系数是相等的:

$$\begin{pmatrix}1\\ \overline{R}_1\end{pmatrix},\begin{pmatrix}2\\ \overline{R}_2\end{pmatrix},\cdots,\begin{pmatrix}k\\ \overline{R}_k\end{pmatrix}\text{和}\begin{pmatrix}1\\ R_{1+}\end{pmatrix},\begin{pmatrix}2\\ R_{2+}\end{pmatrix},\cdots,\begin{pmatrix}k\\ R_{k+}\end{pmatrix},$$

所以对区组设计来说,基于平均数的相关系数与基于边际和的相关系数是相等的.基于区组设计边际和的成对数据的相关系数为

$$\tilde{r}=\frac{\sum_{i=1}^{k}\left(i-\frac{k+1}{2}\right)\left(R_{i1}-\frac{b(k+1)}{2}\right)}{\sqrt{\sum_{i=1}^{k}\left(i-\frac{k+1}{2}\right)^2}\sqrt{\sum_{i=1}^{k}\left(R_{i+}-\frac{b(k+1)}{2}\right)^2}}$$

$$=\frac{\sum_{i=1}^{k}iR_{i+}-\frac{bk(k+1)^2}{4}}{\sqrt{\sum_{i=1}^{k}R_{i+}^2-\frac{kb^2(k+1)^2}{4}}\sqrt{\frac{k(k^2-1)}{12}}}.$$

由于对所有的 $i=1,2,\cdots,k$,都有 $\sum_{j=1}^{b} R_{ij}^2 \geqslant \frac{R_{i+}^2}{b}$,等号当且仅当 $R_{i1}=R_{i2}=\cdots=R_{ib}$ 时成立,所以 $r \leqslant \tilde{r}$,等号当且仅当所有的 $R_{ij}(i=1,2,\cdots,k;j=1,2,\cdots,b)$ 都相等时成立. 由于对连续型随机变量来说,$r=\tilde{r}$ 的可能性等于 0,所以对区组设计来说基于边际和(或等价地基于平均数)的相关系数必大于基于原始数据的相关系数.

下面分别计算表 7.11 的区组设计基于原始数据和边际和的相关系数.

① 由式(7.13)知,区组设计的原始数据的相关系数与 Page 检验统计量 P 有下面的关系:

$$r=\frac{P-\frac{bk(k+1)^2}{4}}{\frac{bk(k^2-1)}{12}}.$$

我们已经算得 $P=688$,则由 $k=6,b=9$ 算得 $r=0.168\ 3$. 基于表 7.11 的原始数据的相关系数不大;

② 基于表 7.11 最后一列边际和的成对数据为

$$\begin{pmatrix}1\\27\end{pmatrix},\begin{pmatrix}2\\30\end{pmatrix},\begin{pmatrix}3\\31\end{pmatrix},\begin{pmatrix}4\\32\end{pmatrix},\begin{pmatrix}5\\34\end{pmatrix},\begin{pmatrix}6\\35\end{pmatrix},$$

其相关系数为 $r=0.966\ 7$. 基于表 7.11 的边际和(或等价地基于平均数)的相关系数很大,它夸大了相关程度. 这也告诉我们,为什么对区组设计的有方向检验问题来说,我们由原始数据的相关系数导出检验统计量,而不由边际和的相关系数导出检验统计量. Page 检验统计量 P 就是由原始数据的相关系数导出的.

下面的图 F.3 和图 F.4 将说明为什么基于平均数的相关系数会夸大相关程度. 图 F.3 是剂量与镇痛时间的散点图. 每一个剂量都有 9 位患者参加试验,从而都有 9 个镇痛时间,所以该散点图共有 54 个点,它们很分散,基于原始数据的相关系数不大,仅为 0.168 3. 图 F.4 是剂量与平均镇痛时间的散点图. 对每一个剂量来说,9 个镇痛时间围绕它们的平均数可能很分散,也可能很集中,而用平均数这一个值取代这 9 个镇痛时间,看不到分散程度. 显然,如果对每一个剂量,9 个镇痛时间都紧密聚集很靠近它们的平均数,则基于平均数的相关系数将接近于基于原始数据的相关系数. 但由图 F.3 知 9 个镇痛时间围绕它们的平均数很分散. 这时基于平均数的相关系数就会夸大相关程度. 图 F.4 有 6 个点,基本上在一条向上的直线上,相关系数为 0.966 7,几乎等于 1,比基于原始数据的相关系数大得多.

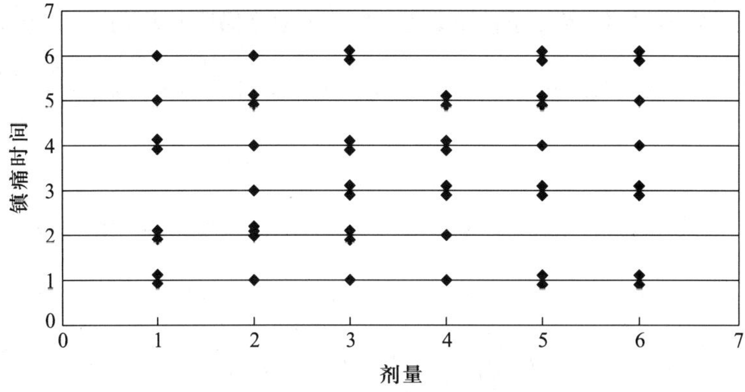

图 F.3 剂量与镇痛时间的散点图

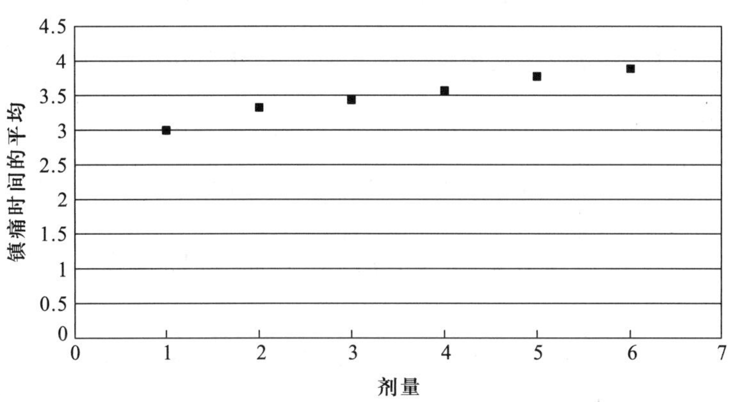

图 F.4 剂量与平均镇痛时间的散点图

附录 16 性质 8.1 的证明

在原假设为真,即 X 与 Y 相互独立时,成对数据(8.1)中,所有的观察值$(x_1, x_2, \cdots, x_n, y_1, y_2, \cdots, y_n)$相互独立. 从而知,$(R_1, R_2, \cdots, R_n)$与$(Q_1, Q_2, \cdots, Q_n)$相互独立且同分布. 我们知道,$(Q_1, Q_2, \cdots, Q_n)$服从均匀分布:

$$P(Q_1 = q_1, Q_2 = q_2, \cdots, Q_n = q_n) = \frac{1}{n!},$$

其中$(q_1, q_2, \cdots, q_n)$是$(1, 2, \cdots, n)$的任意一个排列. 由于$(R_1, R_2, \cdots, R_n)$与$(Q_1, Q_2, \cdots, Q_n)$相互独立,所以在 $R_1 = r_1, R_2 = r_2, \cdots, R_n = r_n$(其中$(r_1, r_2, \cdots, r_n)$是(1,

$2,\cdots,n)$的一个排列)给定的条件下,$(Q_1,Q_2,\cdots,Q_n)$仍服从均匀分布,从而有

$$P\left(\sum_{i=1}^{n}R_iQ_i=d\mid R_1=r_1,R_2=r_2,\cdots,R_n=r_n\right)=P\left(\sum_{i=1}^{n}r_iQ_i=d\right)=\frac{S_n(d)}{n!},$$

其中

$$S_n(d)={}^{\#}\left\{(q_1,q_2,\cdots,q_n):\sum_{i=1}^{n}q_ir_i=d,(q_1,q_2,\cdots,q_n)\text{是}(1,2,\cdots,n)\text{的一个排列}\right\}.$$

由于$(r_1,r_2,\cdots,r_n)$是$(1,2,\cdots,n)$的一个排列,所以$S_n(d)$也可以表示成

$$S_n(d)={}^{\#}\left\{(q_1,q_2,\cdots,q_n):\sum_{i=1}^{n}ir_i=d,(q_1,q_2,\cdots,q_n)\text{是}(1,2,\cdots,n)\text{的一个排列}\right\}.$$

由此可见,在$R_1=1,R_2=2,\cdots,R_n=n$给定的条件下,同样有

$$P\left(\sum_{i=1}^{n}R_iQ_i=d\mid R_1=1,R_2=2,\cdots,R_n=n\right)=P\left(\sum_{i=1}^{n}iQ_i=d\right)=\frac{S_n(d)}{n!},$$

所以

$$\begin{aligned}&P\left(\sum_{i=1}^{n}R_iQ_i=d\mid R_1=r_1,R_2=r_2,\cdots,R_n=r_n\right)\\&=P\left(\sum_{i=1}^{n}R_iQ_i=d\mid R_1=1,R_2=2,\cdots,R_n=n\right)=\frac{S_n(d)}{n!}.\end{aligned}$$

这说明在$R_1=r_1,R_2=r_2,\cdots,R_n=r_n$给定的条件下,$\sum_{i=1}^{n}R_iQ_i$的条件分布与给定的条件没有关系,由定理4.2知,这个条件分布就是$\sum_{i=1}^{n}R_iQ_i$的(无条件)分布,从而有

$$P\left(\sum_{i=1}^{n}R_iQ_i=d\right)=\frac{S_n(d)}{n!}$$

并且$\sum_{i=1}^{n}R_iQ_i\xlongequal{\text{d}}\sum_{i=1}^{n}iR_i$. 性质8.1得到了证明.

附录17　有相等观察值时秩相关系数的期望、方差与渐近正态性

本附录是在样本数据$\{x_1,x_2,\cdots,x_n\}$中结的个数及其每一个结的长度,和样本数据$\{y_1,y_2,\cdots,y_n\}$中结的个数及其每一个结的长度都给定的条件下计算有结时秩相

关系数 r_s 的条件期望与条件方差，并对其渐近正态性进行讨论.

由式(8.6)知，有结时秩相关系数 r_s 的性质与 $\sum_{i=1}^{n}a(R_i)b(Q_i)$ 有关. 下面首先讨论 $\sum_{i=1}^{n}a(R_i)b(Q_i)$ 的性质，然后由它导出有结时秩相关系数 r_s 的性质. 与性质 8.1 的证明相类似，可以证明：在原假设为真，即 X 与 Y 相互独立时，$\sum_{i=1}^{n}a(R_i)b(Q_i)$ 与 $\sum_{i=1}^{n}b(i)a(R_i)$ 同分布，并且 $\sum_{i=1}^{n}b(i)a(R_i)$ 服从对称分布，其对称中心为 $\frac{n(n+1)^2}{4}$. 所以有结时秩相关系数 r_s 服从对称中心为原点 0 的对称分布. 由此即可推得有结时秩相关系数 r_s 的期望为 0. 下面首先计算 $\sum_{i=1}^{n}b(i)a(R_i)$ 的方差，然后由它导出 $\sum_{i=1}^{n}a(R_i)b(Q_i)$ 的方差，进而导出有结时秩相关系数 r_s 的方差.

由式(5.5)和式(5.6)知，在原假设为真，即 X 与 Y 相互独立时，

$$
\begin{aligned}
&D\Big(\sum_{i=1}^{n}b(i)a(R_i)\Big)\\
&=\sum_{i=1}^{n}b^2(i)D(a(R_i))+2\sum_{1\leqslant i<j\leqslant n}b(i)b(j)\operatorname{Cov}(a(R_i),a(R_j))\\
&=\left(\frac{n^2-1}{12}-\sum_{t=1}^{g_x}\frac{\tau_{x,t}^3-\tau_{x,t}}{12n}\right)\sum_{i=1}^{n}b^2(i)+\\
&\quad 2\left(-\frac{n+1}{12}+\sum_{t=1}^{g_x}\frac{\tau_{x,t}^3-\tau_{x,t}}{12n(n-1)}\right)\sum_{1\leqslant i<j\leqslant n}b(i)b(j).
\end{aligned}
$$

由式(4.13)和式(4.14)知，

$$
\sum_{i=1}^{n}b^2(i)=\frac{n(n+1)(2n+1)}{6}-\sum_{t=1}^{g_y}\frac{\tau_{y,t}^3-\tau_{y,t}}{12},
$$

$$
\begin{aligned}
2\sum_{1\leqslant i<j\leqslant n}b(i)b(j)&=\left[\sum_{i=1}^{n}b(i)\right]^2-\sum_{i=1}^{n}b^2(i)\\
&=\left[\frac{n(n+1)}{2}\right]^2-\frac{n(n+1)(2n+1)}{6}+\sum_{t=1}^{g_y}\frac{\tau_{y,t}^3-\tau_{y,t}}{12}\\
&=\frac{n(n^2-1)(3n+2)}{12}+\sum_{t=1}^{g_y}\frac{\tau_{y,t}^3-\tau_{y,t}}{12},
\end{aligned}
$$

所以 $\sum_{i=1}^{n}b(i)a(R_i)$ 的方差为

$$D\Big(\sum_{i=1}^{n} b(i)a(R_i)\Big)=\frac{n^2(n+1)^2(n-1)}{144}-$$

$$\frac{n(n+1)\left[\sum_{t=1}^{g_x}(\tau_{x,t}^3-\tau_{x,t})+\sum_{t=1}^{g_y}(\tau_{y,t}^3-\tau_{y,t})\right]}{144}+$$

$$\frac{(n-1)\sum_{t=1}^{g_x}(\tau_{x,t}^3-\tau_{x,t})\cdot\sum_{t=1}^{g_y}(\tau_{y,t}^3-\tau_{y,t})}{144}.$$

从而可得 $\sum_{i=1}^{n} a(R_i)b(Q_i)$ 的方差，直至得到有结时秩相关系数 r_s 的方差. 有结时秩相关系数 r_s 的方差为

$$D(r_s)=\frac{1}{n-1}+\frac{n(n-2)\left[\sum_{t=1}^{g_x}(\tau_{x,t}^3-\tau_{x,t})\cdot\sum_{t=1}^{g_y}(\tau_{y,t}^3-\tau_{y,t})\right]}{\left[n(n^2-1)-\sum_{t=1}^{g_x}(\tau_{x,t}^3-\tau_{x,t})\right]\left[n(n^2-1)-\sum_{t=1}^{g_y}(\tau_{y,t}^3-\tau_{y,t})\right]},\qquad(F.33)$$

所以有结时秩相关系数 r_s 的方差应按式(F.33)进行修正.

附录 18 Kendall-τ相关系数的分布律与对称性

性质 8.6 的证明. 在原假设为真，即 X 与 Y 相互独立时，$(R_1,R_2,\cdots,R_n)$ 与 $(Q_1,Q_2,\cdots,Q_n)$ 相互独立同分布，$(R_1,R_2,\cdots,R_n)$ 服从均匀分布：

$$P(R_1=r_1,R_2=r_2,\cdots,R_n=r_n)=\frac{1}{n!},\qquad(F.34)$$

其中 $(r_1,r_2,\cdots,r_n)$ 是 $(1,2,\cdots,n)$ 的任意一个排列. 并且在 $Q_1=q_1,Q_2=q_2,\cdots,Q_n=q_n$（其中 $(q_1,q_2,\cdots,q_n)$ 是 $(1,2,\cdots,n)$ 的一个排列）给定的条件下，$(R_1,R_2,\cdots,R_n)$ 仍服从式(F.34)的均匀分布. 下面计算在 $Q_1=q_1,Q_2=q_2,\cdots,Q_n=q_n$ 给定的条件下，k 的条件概率

$$P(k=d\mid Q_1=q_1,Q_2=q_2,\cdots,Q_n=q_n)=P\Big(\sum_{1\leqslant i<j\leqslant n}\operatorname{sgn}(R_j-R_i)\operatorname{sgn}(q_j-q_i)=d\Big).$$

将

$$\binom{R_1}{q_1},\binom{R_2}{q_2},\cdots,\binom{R_n}{q_n}$$

变换成

$$\begin{pmatrix} R_{t_1} \\ \\ q_{t_1} \end{pmatrix},\begin{pmatrix} R_{t_2} \\ \\ q_{t_2} \end{pmatrix},\cdots,\begin{pmatrix} R_{t_n} \\ \\ q_{t_n} \end{pmatrix},$$

使得 $q_{t_1}=1,q_{t_2}=2,\cdots,q_{t_n}=n$. 由于在 $i<j$ 时，$q_{t_i}<q_{t_j}$，所以

$$\sum_{1\leqslant i<j\leqslant n}\operatorname{sgn}(R_j-R_i)\operatorname{sgn}(q_j-q_i)=\sum_{1\leqslant i<j\leqslant n}\operatorname{sgn}(R_{t_j}-R_{t_i})\operatorname{sgn}(q_{t_j}-q_{t_i})=\sum_{1\leqslant i<j\leqslant n}\operatorname{sgn}(R_{t_j}-R_{t_i}).$$

由于$(R_{t_1},R_{t_2},\cdots,R_{t_n})$是$(R_1,R_2,\cdots,R_n)$的一个排列，所以$(R_{t_1},R_{t_2},\cdots,R_{t_n})$也服从式(F. 34)的均匀分布. 从而

$$P(k=d\mid Q_1=q_1,Q_2=q_2,\cdots,Q_n=q_n)=P\left(\sum_{1\leqslant i<j\leqslant n}\operatorname{sgn}(R_j-R_i)\operatorname{sgn}(q_j-q_i)=d\right)$$

$$=P\left(\sum_{1\leqslant i<j\leqslant n}\operatorname{sgn}(R_{t_j}-R_{t_i})=d\right)=P\left(\sum_{1\leqslant i<j\leqslant n}\operatorname{sgn}(R_j-R_i)=d\right).$$

这说明在 $Q_1=q_1,Q_2=q_2,\cdots,Q_n=q_n$ 给定的条件下，k 的条件分布与$(q_1,q_2,\cdots,q_n)$没有关系，由定理 F. 2 知，这个条件分布就是 k 的(无条件)分布. 从而有

$$P(k=d)=P\left(\sum_{1\leqslant i<j\leqslant n}\operatorname{sgn}(R_j-R_i)=d\right),$$

所以

$$k\overset{\mathrm{d}}{=\!=}\sum_{1\leqslant i<j\leqslant n}\operatorname{sgn}(R_j-R_i),$$

并且

$$P(k=d)=\frac{T_n(d)}{n!},\tag{F. 35}$$

其中

$T_n(d)={}^{\#}\left\{(r_1,r_2,\cdots,r_n):\sum_{1\leqslant i<j\leqslant n}\operatorname{sgn}(r_j-r_i)=d,(r_1,r_2,\cdots,r_n)\text{是}(1,2,\cdots,n)\text{的一个排列}\right\}$. 显然，$\sum_{1\leqslant i<j\leqslant n}\operatorname{sgn}(R_j-R_i)=\sum_{1\leqslant i<j\leqslant n}\operatorname{sgn}(x_j-x_i)$. 至此，我们证明了关于 τ 相关系数的性质 8. 6.

性质 8. 7 的证明. 假设$(r_1,r_2,\cdots,r_n)$是$(1,2,\cdots,n)$的一个排列. 若令$\widetilde{r_i}=n+1-r_i,i=1,2,\cdots,n$，则$(\widetilde{r_1},\widetilde{r_2},\cdots,\widetilde{r_n})$也是$(1,2,\cdots,n)$的一个排列. 显然，若

$$\sum_{1\leqslant i<j\leqslant n}\operatorname{sgn}(r_j-r_i)=d,$$

则

$$\sum_{1\leqslant i<j\leqslant n}\operatorname{sgn}(\widetilde{r}_j-\widetilde{r}_i)=\sum_{1\leqslant i<j\leqslant n}\operatorname{sgn}(r_i-r_j)=-\sum_{1\leqslant i<j\leqslant n}\operatorname{sgn}(r_j-r_i)=-d.$$

由此可见,$T_n(d)=T_n(-d)$. 从而由式(F.35)知,$P(k=d)=P(k=-d)$,即

$$P\left(\sum_{1\leqslant i<j\leqslant n}\operatorname{sgn}(R_j-R_i)=d\right)=P\left(\sum_{1\leqslant i<j\leqslant n}\operatorname{sgn}(R_j-R_i)=-d\right).$$

这说明 $\sum_{1\leqslant i<j\leqslant n}\operatorname{sgn}(R_j-R_i)$ 服从对称分布,其对称中心为原点 0. 从而知,$\widetilde{\tau}$ 服从对称分布,其对称中心也为原点 0. 由性质 8.6,我们证明了关于 τ 相关系数的性质 8.7.

附录 19 Kendall-τ 相关系数的方差

在求 $\widetilde{\tau}$(见性质 8.6)的方差时,我们取它的下面这样一种表示形式:

$$\widetilde{\tau}=\frac{2}{n(n-1)}\sum_{1\leqslant i<j\leqslant n}\operatorname{sgn}(x_j-x_i)=\frac{2}{n(n-1)}\sum_{1\leqslant i<j\leqslant n}v_{ij},$$

其中 $v_{ij}=\operatorname{sgn}(x_j-x_i)$. 显然,在 $i\neq t,i\neq s,j\neq t$ 和 $j\neq s$ 时,$\operatorname{Cov}(v_{ij},v_{ts})=0$. 所以

$$D\Big(\sum_{1\leqslant i<j\leqslant n}v_{ij}\Big)=\sum_{1\leqslant i<j\leqslant n}D(v_{ij})+2\sum_{i<j<s}(\operatorname{Cov}(v_{ij},v_{is})+\operatorname{Cov}(v_{ij},v_{js})+\operatorname{Cov}(v_{is},v_{js})).\tag{F.36}$$

由于 $x_1,x_2,\cdots,x_n$ 独立同分布,来自连续型总体 X,从而有

① $P(x_i>x_j)=P(x_i<x_j)=\dfrac{1}{2}$;

② $P(x_i>x_j>x_s)=P(x_i>x_s>x_j)=P(x_j>x_i>x_s)$

$$=P(x_j>x_s>x_i)=P(x_s>x_i>x_j)=P(x_s>x_j>x_i)=\frac{1}{6}.$$

由①推得 $v_{ij}=\operatorname{sgn}(x_j-x_i)$ 的分布律为

$$P(v_{ij}=1)=P(v_{ij}=-1)=\frac{1}{2},$$

故 $E(v_{ij})=0,D(v_{ij})=1$. 由 $E(v_{ij})=0$,立即可以推得 $E(\widetilde{\tau})=0$. 由性质 8.6 知,τ 和 $\widetilde{\tau}$

同分布，所以 τ 相关系数的期望为 0.

由②推得 $v_{ij}=\operatorname{sgn}(x_j-x_i)$ 和 $v_{is}=\operatorname{sgn}(x_s-x_i)$ 的联合分布律为

$$P(v_{ij}=1,v_{is}=1)=P(x_j>x_i,x_s>x_i)=P(x_j>x_s>x_i)+P(x_s>x_j>x_i)=\frac{1}{3},$$

$$P(v_{ij}=1,v_{is}=-1)=P(x_j>x_i,x_s<x_i)=P(x_j>x_i>x_s)=\frac{1}{6},$$

$$P(v_{ij}=-1,v_{is}=1)=P(x_j<x_i,x_s>x_i)=P(x_s>x_i>x_j)=\frac{1}{6},$$

$$P(v_{ij}=-1,v_{is}=-1)=P(x_j<x_i,x_s<x_i)=P(x_i>x_s>x_j)+P(x_i>x_j>x_s)=\frac{1}{3},$$

故 $E(v_{ij}v_{is})=\dfrac{1}{3}$，从而有

$$\operatorname{Cov}(v_{ij},v_{is})=E(v_{ij}v_{is})-E(v_{ij})E(v_{is})=\frac{1}{3}.$$

由于 $v_{ij}=-v_{ji}$，所以

$$\operatorname{Cov}(v_{ij},v_{js})=-\operatorname{Cov}(v_{ji},v_{js})=-\frac{1}{3},$$

$$\operatorname{Cov}(v_{is},v_{js})=-\operatorname{Cov}(v_{is},v_{sj})=\frac{1}{3}.$$

至此我们可以由式(F.36)求得 $\tilde{\tau}$ 的方差：

$$D(\tilde{\tau})=\frac{4}{n^2(n-1)^2}D\left(\sum_{1\leqslant i<j\leqslant n}v_{ij}\right)=\frac{4}{n^2(n-1)^2}\left(\mathrm{C}_n^2+2\mathrm{C}_n^3\frac{1}{3}\right)$$
$$=\frac{4}{n^2(n-1)^2}\left[\frac{n(n-1)}{2}+\frac{n(n-1)(n-2)}{9}\right]=\frac{2(2n+5)}{9n(n-1)}.$$

由 τ 和 $\tilde{\tau}$ 同分布知，上式也就是 τ 相关系数的方差 $D(\tau)$.

附录 20 R 软件简介

一、R 软件的安装与运行

R 软件是一个有着强大统计分析功能的软件系统，而且它是开源软件，是由新

西兰奥克兰大学统计学家 Ross Ihaka 和 Robert Gentleman 共同创立的.

登录 R 软件的官方网站,点击 download R 或 CRAN,就可以进入 CRAN Mirrors 页面,这里列出了全球的 R 镜像站.随意选择一个镜像站进入,就可以在这个镜像站找到不同系统下的 R 软件安装文件,有 Windows 版、Linux 版和 MAC 版.

R 软件的界面非常简洁,见图 F.5.它没有做数据分析用的菜单系统,所有的分析工作都是在程序窗口中输入程序来完成.看到有一个红色的:>▌,在这里输入程序,回车后就可执行.也可以把程序输入在一个文件中,用 source 函数来调用执行.例如:

```
>source("C:\\myproc\\example1.txt")
```

表示调用 C 盘 myproc 目录下的 example1.txt 文件,同时执行其中的 R 程序(请注意文件路径的写法).也可以在 R 软件的窗口下直接创建 R 程序并运行.在"文件"的下拉菜单中选择"新建程序脚本",直接在"未命名-R 编辑器"窗口输入程序即可.选中程序中的全部或部分,再点击 R 软件窗口第三个图标"运行当前行或所选代码",即可运行.如果需要,可以把 R 软件编辑器窗口的程序以后缀名.r 进行保存.

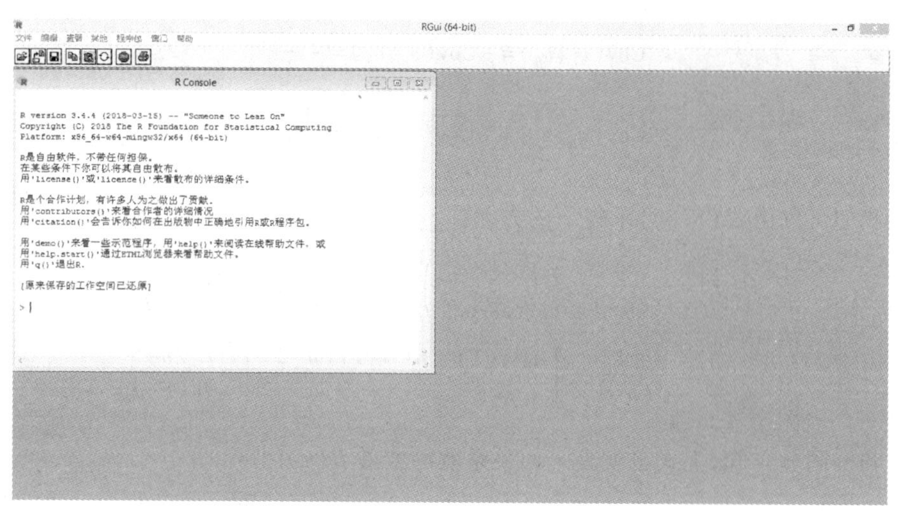

图 F.5　Windows 系统下的 R 界面

R 语言是一种解释性编程语言,它不需要编译,输入的命令可以直接运行.例如,在红色光标处输入 1+1,回车后会显示:

```
>1+1
[1] 2
```

所有能使用的 R 函数都被包含在一个库(library)中.在库中有各种各样的程序包(packages),其中名为 Base 的包是 R 语言的核心,它包含了 R 语言中最基本的函

数,比如数据读写和基本运算等. 例如:

```
>sqrt(16)+log(16,4)
[1] 6
```

这里求平方根函数 sqrt( ) 和对数函数 log( ) 就是在 Base 程序包中的两个函数.

二、R 软件中的数据对象

如果只是输入函数或表达式,不把结果赋值给一个对象,这时 R 软件只是一个计算器. R 软件中进行的所有操作都是针对活动内存中的对象的. 一个对象可以通过赋值产生. R 语言中赋值的符号一般采用"<-",一个左尖括号加上一个负号组成. 例如:

```
> y<-4^2-2*3+6/3
> y
[1] 12
```

就把表达式"4^2-2*3+6/3"的值赋给了对象"y"(值得提醒的是,R 软件中变量名区分大小写). 所有对象都有两个内在的属性:类型和长度. 对象的类型共有四种:数值型、字符型、复数型和逻辑型. 对象的长度是指它的元素的数目. 对象的类型和长度可以通过调用函数 mode( ) 和 length( ) 得到. 要想知道对象"y"的类型和长度可以运行:

```
> mode(y)
[1]"numeric"
> length(y)
[1] 1
```

从结构上区分,R 软件中的数据对象主要有向量、因子、数组、矩阵、数据框、时间序列和列表.

统计分析中最常用的是数值型的向量,它们可以由下面四种函数建立:seq( ), rep( ), c( ) 和 scan( ). 每个函数都有独自的自变量格式,按照函数定义去调用它们即可. 下面来看看它们的用法:

1. 函数 seq( )

基本格式:

```
seq(from , to , by = ((to - from)/(length.out - 1)),length.out = NULL,  ...)
```

from 和 to 分别表示这个向量中第一个元素和最后一个元素,"by ="指定元素间的间隔,"length. out ="指定向量的长度.

比如：

```
>x<-seq(1,9,by=2)
>x
[1]1 3 5 7 9
> y<-seq(1,5,length=6)
>y
[1] 1.0 1.8 2.6 3.4 4.2 5.0
```

2. 函数 rep( )

基本格式：

```
rep(x,...)
```

x 为一个向量或者一个数据对象．“...”这个部分，可以添加 times，表示把 x 进行重复的次数，比如运行 rep(1 : 3,2)可以得到向量的元素为 1,2,3,1,2,3；也可以添加 each，表示每个元素重复的次数，比如 rep(1 : 3, each=2)可以得到向量的元素为 1,1,2,2,3,3；也可以添加 len，表示最后得到的向量长度，比如 rep(1 : 3,len=7)可以得到向量的元素为 1,2,3,1,2,3,1，共 7 个元素．

3. 函数 c( )

函数 c( )的作用是把一系列元素组成一个向量．它的自变量是所有元素．比如：

```
> u<-c(1,7:9)
>u
[1] 1 7 8 9
```

有一点值得注意，无论这些自变量是哪种类型的数据，经过 c( )函数后，得到的向量元素都属于同一种类型．比如：

```
>c(1:5, 10.5, "next")
[1] "1"  "2"  "3"  "4"  "5"  "10.5"  "next"
```

因为在 R 语言中，字符串类型比数值型级别更高，所以这个例子得到的向量元素都被统一为字符型．各种类型数据的级别排序，可参见 R 帮助文件．

4. 函数 scan( )

scan( )用于建立通过键盘逐个输入的向量．如：

```
> v<-scan()
1: 5 2 3 6 7
6:
Read 5 items
```

```
> v
[1] 5 2 3 6 7
```

R 软件中的其他类型数据对象的建立可以参考相关的函数，factor( )用于建立因子，array( )用于建立数组，matrix( )用于建立矩阵，data. frame( )用于建立数据框，等等.

三、数据的读取和存储

R 软件可以从文件中读取数据，也能将数据存储到文件中.

1. 数据的读取

在实际应用中，需要进行统计分析的数据可能有不同的来源，必须先把这些数据读取到 R 软件当前的工作环境中，才能进一步分析. 下面介绍的是几种常用数据读取的方法.

(1) 文本文件数据的读取

函数 read. table( )可用来读取文本文件数据，例如，将例 2. 1 中 200 个灯泡的样本数据保存在一个文本文件 temp. txt 中，并将文件存在 C:/data 文件夹中，可以通过下面程序把该数据文件读入 R 软件中：

```
>a<-read.table(file="C:/data/temp.txt",col.names=c("x1"),
header=FALSE)
```

运行这句命令后，文件 temp. txt 的所有数据被赋值给一个数据框 a. “col. names = c("x1")”表示这些数据在数据框 a 中被赋值给变量 x1. 待读入文件通常有两种情况，含有变量名和不含有变量名. 选项“header=FALSE”用于数据文件中没有包含变量名的情况，“header=TRUE”用于数据文件中已经包含变量名的情况. 函数 read. table( )主要读取表格形式的数据，用来创建一个数据框. 读者可参照相关帮助文件了解其用法. 读取文本文件数据的其他方法，比如函数 scan( )和 read. fwf( )的用法，见相关帮助文件.

(2) Excel 数据的读取

要把 Excel 工作表中的数据读入 R 软件中，最简单的方式就是选中需导入的数据，复制(用快捷键 CTRL+C)，然后在 R 软件中运行命令：

```
>a<-read.delim("clipboard")
```

导入的数据就被赋值给了数据框 a.

(3) R 数据集

R 软件中有一个基本的数据集包 datasets，其中包含了 100 多个数据集，通过命令

```
>data()
```

就可列出全部的数据集.这部分数据集可以直接调用.输入数据集的名字或把数据集的名字放入函数 help(),可以看到数据集的信息.

R 软件中还有一些数据集是在已安装的专用程序包中的,通过命令

```
>library("packagename")   #packagename 是程序包的名字
>data(package="packagename")
```

可以列出 packagename 中所有的数据集,但这些数据集还未被加载进工作环境,不能直接调用.继续输入命令

```
>data(dataname,package="packagename")   #dataname 是数据集的名字
```

就可以加载这个数据集了.

值得一提的是,无论是 R 软件自带的数据集,还是某个加载的程序包里的数据集,其中的变量都不能被直接调用到程序中参与计算.例 9.1 中的数据集 faithful 是 R 软件自带的数据集,如果要计算变量 eruptions 的平均值,可以使用命令

```
>mean(faithful$eruptions)
```

或者用函数 attach(faithful)将数据集 faithful 挂接进来,然后再对变量进行运算,

```
>attach(faithful)
>mean(eruptions)
```

对数据集中的变量分析完毕,最好能用命令 detach()将该数据集挂起,

```
>detach(faithful)
```

2. 数据的存储

函数 write.table()可以把一个对象写入文本文件中,比如:

```
>write.table(x, file = "C:/data/temp.txt", append=FALSE)
```

表示把 x 存储到 C:/data 目录下的文件 temp.txt 中,"append = FALSE"表示清空 temp.txt 的内容,把 x 存储进去."append=TRUE"表示保留文件 temp.txt 中原本的内容,把 x 的内容添加进去.

函数 save()把对象保存为 R 格式文件,比如:

```
>save(x,file="C:/data/temp.Rdata")
```

表示把 x 存储到 C:/data 目录下的文件 temp.Rdata 中.函数 save()存储出去的 R 格式文件可以用函数 load()重新加载进来:

```
>load("C:/data/temp.Rdata")
```

四、R 程序包

R 软件中,所有能被调用的对象都被存放在程序包(package)中.在 R 的安装软件中,库中只含有一些比较基本的程序包,要获取当前在 R 环境中已经加载的所有程序包,只需运行:

```
> search()
```

就会显示出下面的结果:

```
[1] ".GlobalEnv"            "package:stats"     "package:graphics"
[4] "package:grDevices"     "package:utils"     "package:datasets"
[7] "package:methods"       "Autoloads"         "package:base"
```

其中 stats 是常用统计函数包. graphics 是基础绘图函数包. grDevices 是基础或 grid 图形设备包. utils 是 R 工具函数包. datasets 是基础数据集包. methods 是用于 R 对象和编程工具的方法和类的定义的包. base 是基础函数包.

上述功能包已经加载在 R 环境中了,程序包中的函数和命令可以在 R 程序中直接调用,不需要下载和安装.

更多的功能包需要从镜像站去下载. 下面以程序包 bootstrap 为例,了解程序包的下载、安装和调用(或称为加载).

1. 下载和安装

有两种方法来添加新的 R 语言程序包. 一种是直接从 CRAN 目录中进行安装. 在“程序包”的下拉菜单中选择“设定 CRAN 镜像…”,任意选择一个镜像站;再在“程序包”的下拉菜单中选择“设定 CRAN 镜像安装程序包…”,并在程序包列表窗口选中程序包“bootstrap”,程序包“bootstrap”就被下载并安装在本机的 R 软件中了.

另一种方法是将程序包下载到本地系统,并手动安装. 登录 R 软件的官方网站,或任意一个镜像站,可以找到程序包“bootstrap”的 zip 文件. 在“程序包”的下拉菜单中选择“从本地 zip 文件安装程序包…”,根据指令选择好“bootstrap”的 zip 文件,下载和安装该程序包的工作就完成了.

2. 加载程序包

在 R 环境下输入程序:

```
>library(“bootstrap”)
```

这时程序包“bootstrap”就被加载到当前的工作环境,当中的函数和命令可以直接被调用了.

值得注意的是,R 软件自带的程序包不需要加载,但是从镜像站下载并安装的程序包,每次在调用时都需要先加载.

如果要将安装的 bootstrap 程序包卸载,只需输入程序:

```
>remove.packages("bootstrap")
```

五、R 软件相关的学习资料

R 语言编程中,最频繁使用的步骤就是函数的调用.所有 R 软件自带的软件包或加载的软件包中的函数,其使用方法都可以直接在窗口下查询,比如说从外部读取数据的函数 read.table(),在窗口下键入:

```
>? read.table()
```

就会自动弹出这个函数相关的介绍网页.

除了这种方式,R 软件的官方网站还拥有大量英文版的软件学习资源.此外,还可参阅本书的参考书目[15]与[16].

附表

附表 1　符号秩和检验临界值表

$P(W^{+} \geqslant c_{\alpha}) = \alpha$

n	α				n	α			
	0.05	0.025	0.01	0.005		0.05	0.025	0.01	0.005
5	15	—	—	—	18	124	131	139	144
6	19	21	—	—	19	137	144	153	158
7	25	26	28	—	20	150	158	167	173
8	31	33	35	36	21	164	173	182	189
9	37	40	42	44	22	178	187	198	205
10	45	47	50	52	23	193	203	214	222
11	53	56	59	61	24	209	219	231	239
12	61	65	69	71	25	225	236	249	257
13	70	74	79	82	26	241	253	267	276
14	80	84	90	93	27	259	271	286	295
15	90	95	101	105	28	276	290	305	315
16	101	107	113	117	29	295	309	325	335
17	112	119	126	130	30	314	328	345	356

注：令 $d_{\alpha} = \frac{n(n+1)}{2} - c_{\alpha}$，则 $P(W^{+} \leqslant d_{\alpha}) = \alpha$.

附表 2　Wilcoxon 秩和检验临界值表

$P(W \leqslant d_{\alpha})=\alpha$

m	n	α=0.05	0.025	0.01	0.005	m	n	α=0.05	0.025	0.01	0.005
3	3	6	—	—	—	9	8	54	51	47	45
4	3	6	—	—	—		9	66	62	59	56
	4	11	10	—	—	10	2	4	3	—	—
5	2	3	—	—	—		3	10	9	7	6
	3	7	6	—	—		4	17	15	13	12
	4	12	11	10	—		5	26	23	21	19
	5	19	17	16	15		6	35	32	29	27
6	2	3	—	—	—		7	45	42	39	37
	3	8	7	—	—		8	56	53	49	47
	4	13	12	11	10		9	69	65	61	58
	5	20	18	17	16		10	82	78	74	71
	6	28	26	24	23	11	2	4	3	—	—
7	2	3	—	—	—		3	11	9	7	6
	3	8	7	6	—		4	18	16	14	12
	4	14	13	11	10		5	27	24	22	20
	5	21	20	18	16		6	37	34	30	28
	6	29	27	25	24		7	47	44	40	38
	7	39	36	34	32		8	59	55	51	49
8	2	4	3	—	—		9	72	68	63	61
	3	9	8	6	—		10	86	81	77	73
	4	15	14	12	11		11	100	96	91	87
	5	23	21	19	17	12	2	5	4	—	—
	6	31	29	27	25		3	11	10	8	7
	7	41	38	35	34		4	19	17	15	13
	8	51	49	45	43		5	28	26	23	21
9	2	4	3	—	—		6	38	35	32	30
	3	10	8	7	6		7	49	46	42	40
	4	16	14	13	11		8	62	58	53	51
	5	24	22	20	18		9	75	71	66	63
	6	33	31	28	26		10	89	84	79	76
	7	43	40	37	35		11	104	99	94	90

续表

m	n	α 0.05	0.025	0.01	0.005
12	12	120	115	109	105
13	2	5	4	3	—
	3	12	10	8	7
	4	20	18	15	13
	5	30	27	24	22
	6	40	37	33	31
	7	52	48	44	41
	8	64	60	56	53
	9	78	73	68	65
	10	92	88	82	79
	11	108	103	97	93
	12	125	119	113	109
	13	142	136	130	125
14	2	6	4	3	—
	3	13	11	8	7
	4	21	19	16	14
	5	31	28	25	22
	6	42	38	34	32
	7	54	50	45	43
	8	67	62	58	54
	9	81	76	71	67
	10	96	91	85	81
	11	112	106	100	96
	12	129	123	116	112
	13	147	141	134	129
	14	166	160	152	147
15	2	6	4	3	—
	3	13	11	9	8
	4	22	20	17	15
	5	33	29	26	23
	6	44	40	36	33
	7	56	52	47	44
	8	69	65	60	56
	9	84	79	73	69
15	10	99	94	88	84
	11	116	110	103	99
	12	133	127	120	115
	13	152	145	138	133
	14	171	164	156	151
	15	192	184	176	171
16	2	6	4	3	—
	3	14	12	9	8
	4	24	21	17	15
	5	34	30	27	24
	6	46	42	37	34
	7	58	54	49	46
	8	72	67	62	58
	9	87	82	76	72
	10	103	97	91	86
	11	120	113	107	102
	12	138	131	124	119
	13	156	150	142	136
	14	176	169	161	155
	15	197	190	181	175
	16	219	211	202	196
17	2	6	5	3	—
	3	15	12	10	8
	4	25	21	18	16
	5	35	32	28	25
	6	47	43	39	36
	7	61	56	51	47
	8	75	70	64	60
	9	90	84	78	74
	10	106	100	93	89
	11	123	117	110	105
	12	142	135	127	122
	13	161	154	146	140
	14	182	174	165	159

续表

m	n	α			
		0.05	0.025	0.01	0.005
17	15	203	195	186	180
	16	225	217	207	201
	17	249	240	230	223
18	2	7	5	3	—
	3	15	13	10	8
	4	26	22	19	16
	5	37	33	29	26
	6	49	45	40	37
	7	63	58	52	49
	8	77	72	66	62
	9	93	87	81	76
	10	110	103	96	92
	11	127	121	113	108
	12	146	139	131	125
	13	166	158	150	144
	14	187	179	170	163
	15	208	200	190	184
	16	231	222	212	206
	17	255	246	235	228
	18	280	270	259	252
19	1	1	—	—	—
	2	7	5	4	3
	3	16	13	10	9
	4	27	23	19	17
	5	38	34	30	27
	6	51	46	41	38
	7	65	60	54	50
	8	80	74	68	64
	9	96	90	83	78
	10	113	107	99	94
19	11	131	124	116	111
	12	150	143	134	129
	13	171	163	154	148
	14	192	183	174	168
	15	214	205	195	189
	16	237	228	218	210
	17	262	252	241	231
	18	287	277	265	258
	19	313	303	291	283
20	1	1	—	—	—
	2	7	5	4	3
	3	17	14	11	9
	4	28	24	20	18
	5	40	35	31	28
	6	53	48	43	39
	7	67	62	56	52
	8	83	77	70	66
	9	99	93	85	81
	10	117	110	102	97
	11	135	128	119	114
	12	155	147	138	132
	13	175	167	158	151
	14	197	188	178	172
	15	220	210	200	193
	16	243	234	223	215
	17	268	258	246	239
	18	294	283	271	263
	19	320	309	297	289
	20	348	337	324	315

注:① 有两个样本,Wilcoxon 秩和检验临界值表中的秩和 W 是容量比较小的那一个样本的秩和.用 n 表示容量比较小的那一个样本的样本容量,用 m 表示容量比较大的那一个样本的样本容量;

② 令 $c_\alpha = n(N+1) - d_\alpha$,其中 $N=m+n$,则 $P(W_y \geqslant c_\alpha) = \alpha$.

附表 3　Ansari-Bradley 检验临界值表

$P(A \leqslant d_{\alpha}) = \alpha, P(A \geqslant c_{\alpha}) = \alpha$

m	n	α							
		0.05		0.025		0.01		0.005	
		$d_{0.05}$	$c_{0.05}$	$d_{0.025}$	$c_{0.025}$	$d_{0.01}$	$c_{0.01}$	$d_{0.005}$	$c_{0.005}$
4	3	—	10	—	—	—	—	—	—
	4	6	14	6	14	—	—	—	—
5	2	2	—	—	—	—	—	—	—
	3	4	11	—	—	—	—	—	—
	4	7	15	6	16	6	—	—	—
	5	10	20	10	20	9	21	—	—
6	2	2	8	—	—	—	—	—	—
	3	4	13	4	13	—	—	—	—
	4	7	17	7	17	6	18	6	18
	5	11	22	10	23	9	24	9	24
	6	15	27	14	28	13	29	12	30
7	2	2	—	—	—	—	—	—	—
	3	5	13	4	14	—	—	—	—
	4	8	19	7	19	6	20	6	—
	5	11	24	11	24	10	25	9	26
	6	16	29	15	30	14	32	13	32
	7	21	35	19	37	18	38	17	39
8	2	2	10	2	10	—	—	—	—
	3	5	15	4	16	—	16	—	—
	4	8	20	7	21	6	22	6	22
	5	12	26	11	26	10	28	10	28
	6	17	31	16	32	14	34	14	34
	7	22	38	20	39	19	41	18	42
	8	27	45	26	46	24	48	23	49
9	2	2	11	2	—	—	—	—	—
	3	5	16	4	17	4	17	—	—

续表

m	n	α							
		0.05		0.025		0.01		0.005	
		$d_{0.05}$	$c_{0.05}$	$d_{0.025}$	$c_{0.025}$	$d_{0.01}$	$c_{0.01}$	$d_{0.005}$	$c_{0.005}$
9	4	9	21	8	22	7	23	6	24
	5	13	27	12	28	11	29	10	30
	6	18	34	16	35	15	36	14	37
	7	23	40	21	42	20	43	19	44
	8	29	48	27	49	[illegible]	[illegible]	[illegible]	[illegible]
	9	35	55	33	57	31	59	30	60
10	2	2	12	2	12	—	—	—	—
	3	5	17	5	18	4	19	—	19
	4	9	23	8	24	7	25	7	25
	5	14	29	12	30	11	32	10	32
	6	18	36	17	37	16	38	15	39
	7	24	43	22	44	21	46	20	47
	8	30	50	28	52	26	54	25	55
	9	36	58	34	60	32	62	31	64
	10	43	67	41	69	39	71	38	72
11	2	2	13	2	—	—	—	—	—
	3	6	18	5	19	4	20	—	—
	4	10	24	9	26	7	27	7	27
	5	14	31	13	32	12	33	11	34
	6	19	38	18	39	16	41	15	42
	7	25	45	23	47	22	48	20	50
	8	31	53	29	55	27	57	26	58
	9	38	61	36	63	34	65	32	67
12	2	2	14	2	14	—	—	—	—
	3	6	20	5	21	4	22	4	22
	4	10	26	9	27	8	28	7	29
	5	15	33	14	34	12	36	11	37

续表

m	n	α							
		0.05		0.025		0.01		0.005	
		$d_{0.05}$	$c_{0.05}$	$d_{0.025}$	$c_{0.025}$	$d_{0.01}$	$c_{0.01}$	$d_{0.005}$	$c_{0.005}$
12	6	20	40	19	41	17	43	16	44
	7	25	48	23	50	22	51	21	53
	8	32	56	30	58	28	60	27	61
13	2	3	14	2	15	2	—	—	—
	3	6	21	5	22	4	23	4	23
	4	11	27	9	29	8	30	7	31
	5	16	34	14	36	13	37	12	38
	6	21	42	19	44	18	46	16	47
	7	27	50	25	52	23	54	22	55
14	2	3	15	2	16	2	16	—	—
	3	7	22	6	23	5	24	4	25
	4	11	29	10	30	9	31	8	32
	5	16	36	15	38	13	40	12	41
	6	22	44	20	46	18	48	17	49
15	2	3	16	2	17	2	—	—	—
	3	7	23	6	24	5	25	4	26
	4	12	30	10	32	9	33	8	34
	5	17	38	15	40	14	41	12	43
16	2	3	17	2	18	2	18	—	—
	3	7	24	6	25	5	27	4	28
	4	12	32	11	33	9	35	8	36
17	2	3	18	2	19	2	—	—	—
	3	8	25	6	27	5	28	4	29
18	2	3	19	2	20	2	20	—	—

注：有两个样本，Ansari-Bradley 检验临界值表中的 A 是容量比较小的那一个样本的 Ansari-Bradley 检验统计量的值．用 n 表示容量比较小的那一个样本的样本容量，用 m 表示容量比较大的那一个样本的样本容量．

附表 4　Kruskal-Wallis 检验临界值表

$$P(H \geqslant c_\alpha)=\alpha$$

n_1	n_2	n_3	α 0.05	α 0.01	n_1	n_2	n_3	α 0.05	α 0.01	n_1	n_2	n_3	α 0.05	α 0.01
3	3	3	5.600	7.200	5	5	1	5.127	7.309	6	5	5	5.729	8.028
3	3	2	5.361	—	5	4	4	5.657	7.760	6	5	4	5.661	7.936
3	3	1	5.143	—	5	4	3	5.656	7.445	6	5	3	5.602	7.590
3	2	2	4.714	—	5	4	2	5.273	7.205	6	5	2	5.338	7.376
4	4	4	5.692	7.577	5	4	1	4.985	6.955	6	5	1	4.990	7.182
4	4	3	5.598	7.144	5	3	3	5.648	7.079	6	4	4	5.681	7.795
4	4	2	5.455	7.036	5	3	2	5.251	6.909	6	4	3	5.610	7.500
4	4	1	4.967	6.667	5	3	1	4.960	—	6	4	2	5.340	7.340
4	3	3	5.791	6.745	5	2	2	5.160	6.533	6	4	1	4.947	7.106
4	3	2	5.444	6.444	5	2	1	5.000	—	6	3	3	5.615	7.410
4	3	1	5.208	—	6	6	6	5.801	8.222	6	3	2	5.348	6.970
4	2	2	5.333	—	6	6	5	5.765	8.124	6	3	1	4.855	6.873
5	5	5	5.780	8.000	6	6	4	5.724	8.000	6	2	2	5.345	6.655
5	5	4	5.666	7.823	6	6	3	5.625	7.725	6	2	1	4.822	—
5	5	3	5.705	7.578	6	6	2	5.410	7.467					
5	5	2	5.338	7.338	6	6	1	4.945	7.121					

注：有三个样本，它们的样本容量分别为 n_1,n_2 和 n_3. 表中的 n_1,n_2,n_3 由大到小排列，即 $n_1 \geqslant n_2 \geqslant n_3$. 如果问题中的 n_1,n_2,n_3 不是由大到小排列，例如 $n_1=2,n_2=5,n_3=3$，我们只需要将(2,5,3)调整为(5,3,2)，在 $n_1=5,n_2=3,n_3=2$ 时查表得到的 Kruskal-Wallis 检验的临界值就是 $n_1=2,n_2=5,n_3=3$ 时的临界值.

附表 5　趋势的秩检验临界值表

$$P(T \geqslant c_\alpha)=\alpha$$

n_1	n_2	n_3	α 0.05	α 0.01	n_1	n_2	n_3	n_4	α 0.05	α 0.01
2	2	2	154	—	1	1	1	1	50	—
3	3	3	477	501	2	2	2	2	344	356
4	4	4	1 080	1 128	3	3	3	3	1 080	1 128
5	5	5	2 040	2 130						

注：① 附表 5 列出 k 组样本容量都相等，即 $n_1=n_2=\cdots=n_k$ 时的趋势的秩检验的临界值，其中 $k=3,4$；

② 令 $d_\alpha=N^2(N+1)-c_\alpha$，其中 $N=bk$，则 $P(T \leqslant d_\alpha)=\alpha$.

附表 6　Jonckheere-Terpstra 检验临界值表

(A)

$P(J \geqslant c_\alpha)=\alpha$

n_1	n_2	n_3	α 0.05	α 0.01	n_1	n_2	n_3	α 0.05	α 0.01	n_1	n_2	n_3	α 0.05	α 0.01
2	2	2	11	—	3	3	3	22	25	4	5	7	59	66
2	2	3	14	16	3	3	4	26	29	4	5	8	65	72
2	2	4	17	19	3	3	5	30	34	4	6	6	60	67
2	2	5	20	23	3	3	6	34	39	4	6	7	67	74
2	2	6	23	26	3	3	7	39	43	4	6	8	73	81
2	2	7	26	29	3	3	8	43	48	4	7	7	74	82
2	2	8	29	33	3	4	4	31	35	4	7	8	81	89
2	3	3	18	20	3	4	5	36	40	4	8	8	88	98
2	3	4	21	24	3	4	6	40	45	5	5	5	54	60
2	3	5	25	28	3	4	7	45	50	5	5	6	61	67
2	3	6	28	32	3	4	8	50	56	5	5	7	67	74
2	3	7	32	36	3	5	5	41	46	5	5	8	74	81
2	3	8	36	40	3	5	6	46	52	5	6	6	68	75
2	4	4	26	29	3	5	7	52	58	5	6	7	75	83
2	4	5	30	33	3	5	8	57	64	5	6	8	82	90
2	4	6	34	38	3	6	6	52	58	5	7	7	82	91
2	4	7	38	43	3	6	7	58	65	5	7	8	90	99
2	4	8	42	47	3	6	8	64	71	5	8	8	98	108
2	5	5	35	39	3	7	7	65	72	6	6	6	75	83
2	5	6	39	44	3	7	8	71	79	6	6	7	83	92
2	5	7	44	49	3	8	8	79	87	6	6	8	91	100
2	5	8	49	54	4	4	4	36	40	6	7	7	91	101
2	6	6	45	50	4	4	5	42	46	6	7	8	100	110
2	6	7	50	56	4	4	6	47	52	6	8	8	108	119
2	6	8	55	62	4	4	7	52	58	7	7	7	100	110
2	7	7	56	62	4	4	8	58	64	7	7	8	109	120
2	7	8	62	69	4	5	5	48	53	7	8	8	118	130
2	8	8	69	76	4	5	6	54	59	8	8	8	128	140

注:① 有三个样本,它们的样本容量分别为 n_1,n_2 和 n_3. 附表 6(A)中的 n_1,n_2,n_3 由小到大排列,即 $n_1 \leqslant n_2 \leqslant n_3$. 如果问题中的 n_1,n_2,n_3 不是由小到大排列,我们只需要将它们调整为由小到大排列再查表即可;

② 令 $d_\alpha = n_1 n_2 + n_1 n_3 + n_2 n_3 - c_\alpha$,则 $P(J \leqslant d_\alpha)=\alpha$.

(B)

$P(J \geqslant c_\alpha) = \alpha$

n_1	n_2	n_3	n_4	n_5	α 0.05	α 0.01	n_1	n_2	n_3	n_4	n_5	n_6	α 0.05	α 0.01
2	2	2	2		19	22	5	5	5	5	5		160	174
3	3	3	3		40	44	6	6	6	6	6		226	244
4	4	4	4		67	73	2	2	2	2	2	2	43	47
5	5	5	5		100	110	3	3	3	3	3	3	90	98
6	6	6	6		141	154	4	4	4	4	4	4	154	167
2	2	2	2	2	30	33	5	5	5	5	5	5	234	252
3	3	3	3	3	62	69	6	6	6	6	6	6	330	354
4	4	4	4	4	106	116								

注:① 附表6(B)列出 k 组样本容量都相等,即 $n_1 = n_2 = \cdots = n_k$ 时的 Jonckheere-Terpstra 检验的临界值,其中 $k=4,5,6$;

② 令 $d_\alpha = \frac{k(k-1)n^2}{2} - c_\alpha$,则 $P(J \leqslant d_\alpha) = \alpha$.

附表7 Friedman 检验临界值表

$P(Q \geqslant c_\alpha) = \alpha$

k	b	α 0.05	α 0.01	k	b	α 0.05	α 0.01	k	b	α 0.05	α 0.01
3	3	6.000	—	3	13	6.000	9.385	5	2	7.600	8.000
	4	6.500	8.000		14	6.143	9.000		3	8.533	10.133
	5	6.400	8.400		15	6.400	8.933		4	8.800	11.200
	6	7.000	9.000	4	2	6.000	—		5	8.960	11.680
	7	7.143	8.857		3	7.400	9.000		6	9.067	11.867
	8	6.250	9.000		4	7.800	9.600		7	9.143	12.114
	9	6.222	8.667		5	7.800	9.960		8	9.200	12.300
	10	6.200	9.600		6	7.600	10.200	6	2	9.143	9.714
	11	6.545	9.455		7	7.800	10.371		3	9.860	11.760
	12	6.167	9.500		8	7.650	10.350				

注:k 是处理个数,b 是区组个数.

附表 8　Page 检验临界值表

$$P(P \geqslant c_{\alpha}) = \alpha$$

k	b	α		k	b	α		k	b	α	
		0. 05	0. 01			0. 05	0. 01			0. 05	0. 01
3	2	28	—	4	8	214	220	6	11	852	869
	3	41	42		9	240	246		12	928	946
	4	54	55		10	266	272	7	2	252	261
	5	66	68		11	292	288		3	370	382
	6	79	81		12	317	324		4	487	501
	7	91	93	5	2	103	106		5	603	620
	8	104	106		3	150	155		6	719	737
	9	116	119		4	197	204		7	835	855
	10	128	131		5	244	251		8	950	972
	11	141	144		6	291	299		9	1 065	1 088
	12	153	156		7	338	346		10	1 180	1 205
	13	165	169		8	384	393		11	1 295	1 321
	14	178	181		9	431	441		12	1 410	1 437
	15	190	194		10	477	487	8	2	362	376
	16	202	206		11	523	534		3	532	549
	17	215	218		12	570	581		4	701	722
	18	227	231	6	2	166	173		5	869	893
	19	239	243		3	244	252		6	1 037	1 083
	20	251	256		4	321	331		7	1 204	1 232
4	2	58	60		5	397	409		8	1 371	1 401
	3	84	87		6	474	486		9	1 537	1 569
	4	111	114		7	550	563		10	1 703	1 736
	5	137	141		8	625	640		11	1 868	1 905
	6	163	167		9	701	717		12	2 035	2 072
	7	189	193		10	777	793				

注:① k 是处理个数,b 是区组个数;

② 令 $d_{\alpha}=\frac{bk(k+1)^{2}}{2}-c_{\alpha}$,则 $P(P \leqslant d_{\alpha})=\alpha$.

附表 9　Spearman 秩相关系数检验临界值表

$$P(r_s \geqslant c_\alpha) = \alpha$$

n	α 0.05	α 0.01	n	α 0.05	α 0.01	n	α 0.05	α 0.01	n	α 0.05	α 0.01
5	0.900	1.000	29	0.312	0.433	53	0.228	0.320	77	0.189	0.265
6	0.829	0.943	30	0.306	0.425	54	0.226	0.317	78	0.188	0.264
7	0.714	0.893	31	0.301	0.418	55	0.224	0.314	79	0.186	0.262
8	0.643	0.833	32	0.296	0.412	56	0.222	0.311	80	0.185	0.260
9	0.600	0.783	33	0.291	0.405	57	0.220	0.308	81	0.184	0.259
10	0.564	0.745	34	0.287	0.399	58	0.218	0.306	82	0.183	0.257
11	0.536	0.709	35	0.283	0.394	59	0.216	0.303	83	0.182	0.255
12	0.503	0.678	36	0.279	0.388	60	0.214	0.300	84	0.181	0.254
13	0.484	0.648	37	0.275	0.383	61	0.213	0.298	85	0.180	0.252
14	0.464	0.626	38	0.271	0.378	62	0.211	0.296	86	0.179	0.251
15	0.446	0.604	39	0.267	0.373	63	0.209	0.293	87	0.177	0.250
16	0.429	0.582	40	0.264	0.368	64	0.207	0.291	88	0.176	0.248
17	0.414	0.566	41	0.261	0.364	65	0.206	0.289	89	0.175	0.247
18	0.401	0.550	42	0.257	0.359	66	0.204	0.287	90	0.174	0.245
19	0.391	0.535	43	0.254	0.355	67	0.203	0.284	91	0.173	0.244
20	0.380	0.520	44	0.251	0.351	68	0.201	0.282	92	0.173	0.243
21	0.370	0.508	45	0.248	0.347	69	0.200	0.280	93	0.172	0.241
22	0.361	0.496	46	0.246	0.343	70	0.198	0.278	94	0.171	0.240
23	0.353	0.486	47	0.243	0.340	71	0.197	0.276	95	0.170	0.239
24	0.344	0.476	48	0.240	0.336	72	0.195	0.274	96	0.169	0.238
25	0.337	0.466	49	0.238	0.333	73	0.194	0.272	97	0.168	0.236
26	0.331	0.457	50	0.235	0.329	74	0.193	0.271	98	0.167	0.235
27	0.324	0.448	51	0.233	0.326	75	0.191	0.269	99	0.166	0.234
28	0.317	0.440	52	0.231	0.373	76	0.190	0.267	100	0.165	0.233

注：$P(r_s \leqslant -c_\alpha) = \alpha$.

附表 10　Kendall-τ 相关系数检验临界值表

$$P(\tau \geqslant c_{\alpha}) = \alpha$$

n	α		n	α		n	α		n	α	
	0.05	0.01		0.05	0.01		0.05	0.01		0.05	0.01
5	0.800	1.000	14	0.363	0.473	23	0.257	0.352	32	0.210	0.290
6	0.733	0.867	15	0.333	0.467	24	0.246	0.341	33	0.205	0.288
7	0.619	0.810	16	0.317	0.433	25	0.240	0.333	34	0.201	0.280
8	0.571	0.714	17	0.309	0.426	26	0.237	0.329	35	0.197	0.277
9	0.500	0.667	18	0.294	0.412	27	0.231	0.322	36	0.194	0.273
10	0.467	0.600	19	0.287	0.392	28	0.228	0.312	37	0.192	0.267
11	0.418	0.564	20	0.274	0.379	29	0.222	0.310	38	0.189	0.263
12	0.394	0.545	21	0.267	0.371	30	0.218	0.301	39	0.188	0.260
13	0.359	0.513	22	0.264	0.359	31	0.213	0.295	40	0.185	0.256

注：$P(\tau \leqslant -c_{\alpha}) = \alpha$.

主要参考书目

[1] 陈希孺. 数理统计引论. 北京:科学出版社,1981.

[2] 陈希孺,方兆本,李国英,等. 非参数统计. 上海:上海科学技术出版社,1989.

[3] 陈希孺,柴根象. 非参数统计教程. 上海:华东师范大学出版社,1993.

[4] 孙山泽. 非参数统计讲义. 北京:北京大学出版社,2000.

[5] 吴喜之,王兆军. 非参数统计方法. 北京:高等教育出版社,1996.

[6] 梁小筠. 正态性检验. 北京:中国统计出版社,1997.

[7] 李贤平. 概率论基础. 2 版. 北京:高等教育出版社,1997.

[8] LEHMANN E L. Nonparametrics:Statistical Methods Based on Ranks. San Francisco:Holden-Day,1975.

[9] KRAUTH J. Distribution-Free Statistics:An Application-Oriented Approach. Amsterdam:Science Pub,1988.

[10] RANDLES R H,Wolfe D A. Introduction to The Theory of Nonparametric Statistics. New York:John Wiley & Sons,1979.

[11] HOAGLIN D C,Mosteller F,Tukey J W. Understanding Robust and Exploratory Data Analysis. New York:John Wiley & Sons,1983. 中译本:陈忠琏,郭德媛,译. 探索性数据分析. 中国统计出版社,1998.

[12] WEISBERG S. Applied Linear Regression. John Wiley & Sons,1980. 中译本:王静龙,梁小筠,李宝慧,译. 应用线性回归. 中国统计出版社,1998.

[13] HIGGINS J J. Introduction to Modern Nonparametric Statistics. CA:Cengage Learning Inc,2003.

[14] HARDLE W. Smoothing Techniques:with Implementation in S. New York:Springer-Verlag,1991.

[15] 柳向东. 非参数统计:基于 R 语言案例分析. 广州:暨南大学出版社,2015.

[16] 汤银才. R 语言与统计分析. 北京:高等教育出版社,2008.

郑重声明

高等教育出版社依法对本书享有专有出版权。任何未经许可的复制、销售行为均违反《中华人民共和国著作权法》，其行为人将承担相应的民事责任和行政责任；构成犯罪的，将被依法追究刑事责任。为了维护市场秩序，保护读者的合法权益，避免读者误用盗版书造成不良后果，我社将配合行政执法部门和司法机关对违法犯罪的单位和个人进行严厉打击。社会各界人士如发现上述侵权行为，希望及时举报，我社将奖励举报有功人员。

反盗版举报电话　（010）58581999　58582371

反盗版举报邮箱　dd@hep.com.cn

通信地址　北京市西城区德外大街4号　高等教育出版社法律事务部

邮政编码　100120

读者意见反馈

为收集对教材的意见建议，进一步完善教材编写并做好服务工作，读者可将对本教材的意见建议通过如下渠道反馈至我社。

咨询电话　400-810-0598

反馈邮箱　hepsci@pub.hep.cn

通信地址　北京市朝阳区惠新东街4号富盛大厦1座
　　　　　高等教育出版社理科事业部

邮政编码　100029

郑重声明